U0118044

本书为国家社科基金西部项目
"唐、五代时期的尚书省研究"（17XZS019）结项成果

唐、五代时期的尚书省研究

王孙盈政 ◎ 著

人民出版社

责任编辑：詹　夺
封面设计：姚　菲

图书在版编目（CIP）数据

唐、五代时期的尚书省研究/王孙盈政 著. —北京：人民出版社，
　2024.2
ISBN 978－7－01－026108－9

Ⅰ.①唐… Ⅱ.①王… Ⅲ.①尚书省-研究-中国-唐代
　②尚书省-研究-中国-五代十国时期　Ⅳ.①D691.42

中国国家版本馆 CIP 数据核字（2023）第 222747 号

唐、五代时期的尚书省研究
TANG WUDAI SHIQI DE SHANGSHUSHENG YANJIU

王孙盈政　著

人民出版社 出版发行
（100706　北京市东城区隆福寺街 99 号）

北京中科印刷有限公司印刷　新华书店经销

2024 年 2 月第 1 版　2024 年 2 月北京第 1 次印刷
开本：880 毫米×1230 毫米 1/32　印张：14
字数：303 千字

ISBN 978－7－01－026108－9　定价：89.00 元

邮购地址 100706　北京市东城区隆福寺街 99 号
人民东方图书销售中心　电话（010）65250042　65289539

目　　录

中　篇

绪　　论

一、选题意义

陈寅恪先生曾云："综括言之，唐代之史可分前后两期，前期结束南北朝相承之旧局面，后期开启赵宋以降之新局面，关于政治社会经济者如此，关于文化学术者亦莫不如此。"[①]此结论同样适用于唐代中央官制。因此，当 20 世纪 80 年代以后，中国学术界开始关注由日本学者内藤湖南提出的"唐宋变革期"学说[②]，对唐代中央官制的探讨再度成为热点。学者们在研究过程中逐渐得出共识，即使在同一个朝代，行政运行体制依然处于持续变化中。在唐代近三百年时间里，三省的地位、职能及其内部建制特色，并不能简单地以一个"三省六部"的概念完全概括，故唐代行政运行体制的发展轨迹有重新被审视的必要。

但是，对于唐代前期三省制和三省的转型研究，学者们将视角主要投向中书、门下两省，特别是中书省，并将转型路线看成

---

① 陈寅恪：《论韩愈》，载陈美延编：《金明馆丛稿初编》，生活·读书·新知三联出版社 2001 年版，第 332 页。

② 参见［日］内藤湖南：《概括的唐宋时代观》，译文见刘俊文主编：《日本学者研究中国史论著选译》第一卷，中华书局 1992 年版，第 10—18 页。

是基本直线向前的。就尚书省而言,往往只强调其长官地位和权力下降,继而导致尚书省整体职能转变,结论较为单一。实际上,关于唐代前期官制,特别是宰相制度,官修史籍的记载与墓志内容的呈现存在诸多矛盾,甚至官修史籍之间也有大量不一致的地方。目前的研究通常忽略各种矛盾表述,或强行对其进行解释,导致对三省制发展轨迹的认知存在极大偏差。当三省制解体,"中书门下体制"①初步确立之后,由于唐代后期特殊的政治、经济与社会环境,行政运行体制的发展在不同历史阶段更是呈现出截然不同的特色。虽然目前对中书门下体制的研究成果逐渐增加,却同样存在考察主体相对局限的问题,关注点大多集中在宰相制度(中书门下)和使职差遣(包括内诸司)等方面,针对三省的专门探索几乎空缺。五代诸朝在延续了晚唐行政运行体制的模式的同时,还发展出自身的特色。但五代诸政权普遍存在时间较短,且作为唐宋两大王朝之间的衔接时段,学术界对其重视程度尚不足够。这一时期行政运行体制究竟已经发展到二府制,抑或还处于中书门下体制,尚无定论。就愈发虚化的中央百司在行政运行体制中的地位和作用亦无专论。

自唐初至五代结束,尚书省始终是国家承认的"天下政

---

① "中书门下体制"的概念由刘后滨先生首先提出。参见刘后滨:《公文运作与唐代中书门下体制》,北京大学博士学位论文,1999 年;《从敕牒的特性看唐代中书门下体制》,载荣新江主编:《唐研究》第六卷,北京大学出版社 2000 年版,第 221—232 页;《唐代中书门下体制下的三省机构与职权——兼论中古国家权力运作方式的转变》,《历史研究》2001 年第 2 期。此后刘后滨在其《唐代中书门下体制研究——公文形态·政务运行与制度变迁》一书中,对"中书门下体制"下的唐代政务运行进行了全面阐述,齐鲁书社 2004 年版。

本"。但"天下政本"的含义却在行政运行体制转型过程中,经历了从宰相机构到国家最高行政机构,再到国家名义上最高行政机构(在一定程度上保有政令权)的转变。其中每一阶段都存在一个从量变到质变的过程。尚书省"天下政本"含义的转变,即尚书省与宰相(宰相机构)权力、职能、地位和作用的交替变换,是唐、五代行政运行体制转型的实质内容,亦是中央官制发展的重要组成部分。伴随着这种转变,中央其他行政机构、职官系统性质亦发生不同程度的变化,职掌趋于模糊,进而又对尚书省在国家政务运作中的地位和作用形成冲击。在此冲击之下,尚书省或积极调整,或被动回应,内部从建制、运行模式到机构之间的关系都随之演进。这种变化正是唐、五代时期官制发展的缩影,充分展现出唐宋变革时期的诸种特色。

二、研究综述

史学界对于唐代中央官制的研究,在宰相制度、使职差遣与内诸司使等方面,都取得了显著成果。但就尚书省的考察,却多是在论述唐代整体官制,特别是三省制时进行的。因为相对于门下、中书两省,尚书省的职权与地位在学术界并没有引发过多争议。虽然在行政运行体制演进过程中,尚书省始终处于不断变化中,且这种变化直接影响体制演进本身,但这种情况并未引起足够关注。

(一) 三省制下的尚书省

长期以来,史学界有关唐代三省制的论著颇多,相关研究综述可参见刘后滨所著《唐代中书门下体制研究——公文形态·

政务运行与制度变迁》第一章导论的第一部分《唐代三省制研究的学术积累与新问题的呈现》①。笔者重点关注的是尚书省在三省制下的具体运行机制、三省之间的关系以及地位变化等方面的研究。

早在1930年，日本学者内藤乾吉撰写《唐代的三省》②一文，认为尚书、中书和门下三省是唐代最高统辖机构，在政务运行过程中，"中书省主起草诏敕及天子批答章表的文案，传达颁行天子的旨意，故具有天子秘书官的性质。门下省主审查复核中书省所下的诏敕，如有异议则修正返还；此外还审查[尚书省]各司申报的奏抄，驳正违失，是给天子旨意以获准的机关。尚书省统辖吏、户、礼、兵、刑、工部六个行政机构，是实施已为天子与门下省许可的诏敕奏章的实体。因此重要国事，大体都要经过这三个机关。"这一结论定位了三省制下三省的职能，虽然还不尽准确，但明确了尚书省国家最高行政机构的地位。此外，内藤氏还通过公文书的应用论证了三省制下政务运行程序。这一视角给后人以启发。

罗永生《唐前期三省地位的变化》③一文首先揭示了开元十一年（723），中书令张说奏改政事堂为中书门下，乃国家决策部

① 刘后滨：《唐代中书门下体制研究——公文形态·政务运行与制度变迁》，齐鲁书社2004年版，第3—45页。

② 译文见刘俊文主编：《日本学者研究中国史论著选译》第八卷，中华书局1992年版，第225—251页。

③ 罗永生：《唐前期三省地位的变化》，《历史研究》1992年第2期。此后，罗永生著《三省制新探——以隋和唐前期门下省职掌与地位为中心》（中华书局2005年版），惜未能延续此文成就，且对史料的理解存在诸多不合理之处。

门,同时具有管理行政事务的权力,尚书省听命于中书门下,中书门下的建立标志着三省制结束。罗氏从三省以及政事堂地位升降变化的角度对张说改革的背景、原因进行探讨,并简要论述了唐代前期三省关系的发展脉络与政事堂议政制度的建立、运行与功能。其中对于尚书省与政事堂转换的论证,为进一步探讨行政运行体制转型过程中,尚书省与中书门下的职能演变奠定了一定的基础。此外,作者以公文书运行为切入点,分析三省职权变换的原因,亦值得借鉴。

雷家骥著有《隋唐中央权力结构及其演进》[①]一书,提到唐代前期尚书省的发展变化在三省制向中书门下体制转变过程中具有重要作用。认为由于左右仆射权位下降,六部尚书权位上升,故都省会议无人总其成。此后,多有六部长官加衔入相,导致由都堂会议解决的政务移至政事堂,并将这一点归结为玄宗将政事堂改为中书门下的主要原因。雷氏的论述已经涉及唐代行政运行体制转变的重要线索。

任士英《略论唐代三省体制下的尚书省及其变化》[②]一文论证了三省制下行政中枢尚书省职权广泛:主要表现为都省在转奏公文过程中,拥有勾检权;在制敕下发过程中,拥有封驳权。任氏还叙述了尚书令与左右仆射的权力变化,以及六部长官兼任宰相的情况,阐明了尚书省长官作为宰相,权力逐渐削弱,乃至消亡的过程。

---

① 雷家骥:《隋唐中央权力结构及其演进》,东大图书公司1995年版。
② 任士英:《略论唐代三省体制下的尚书省及其变化》,《烟台师范学院学报》1998年第3期。

郝松枝在《汉唐时期尚书省的演变》①中梳理了自汉代至唐代前期尚书省的地位转变与权力消长,以及尚书省与中书、门下两省的关系。认为唐代前期三省制下,尚书省是三分宰相权力的中枢机构与最高行政机构。

以上成果对三省制演变进行了分析,强调了三省制与三省处于不断变化的背景下,使后人可以立足于尚书省地位和运行机制转变的基础上,重新对其进行审视。然而,这些研究多数都是阐述在国家行政运行体制整体转变过程中,尚书省丧失决策权、退出宰相队伍的步骤与原因,对于尚书省因此而出现的改变则少有提及。

严耕望在 20 世纪 50 年代就撰有《论唐代尚书省之职权与地位》②,其中探究了尚书省在国家行政系统中的地位以及六部与寺监机构之间上承下行的关系,并以图表形式展示出开元时期行政体系的构成,首次将人们带出对于尚书省与诸寺监职权、地位认识上的误区。

20 世纪 80 年代以后,还有少量关于尚书省的研究成果问世。楼劲通过对敦煌文书 P.2819《开元公式令》残卷的分析,深化了对六部与都省关系的探讨③。他还著有《唐代的尚书

---

① 郝松枝:《汉唐时期尚书省的演变》,《陕西师范大学学报》1998 年第 2 期。

② 《历史语言研究所集刊》二四卷,1953 年;收入《唐史研究丛稿》,新亚研究所 1969 年版,第 1—101 页;再收入《严耕望史学论文选集》,联经出版事业股份有限公司 1991 年版,第 431—507 页。

③ 参见楼劲:《伯 2819 号残卷所载公式令对于研究唐代政制的价值》,《敦煌学辑刊》1987 年第 2 期。

省——寺监体制及其行政机制》①一文,从行政控制、人事控制与信息反馈等方面阐明了皇权与相权、尚书省与寺监及其下署级机构之间的关系,展示出唐代前期尚书省、寺监运行机制,把尚书省与寺监作为一个有机整体,考察三省制下的行政体系。

　　刘后滨撰文《论唐高宗武则天至玄宗时期政治体制的变化》②,专门论述了由于高宗、武则天时期经济、军事与政治等形势的变化,导致各种政治制度改变,进而引发行政体制的重大转变。其变化首先表现在尚书机构的扩大与完善。而左右丞地位提高,则反映了都省勾检职能加强,由行政中枢发展为勾检总署。使职逐渐越过尚书省直接接收中枢机构的政令,取代六部对地方行政进行领导。六部、九寺的部分职能也呈现使职化倾向。刘氏将尚书省与诸寺监的变化特点与当时的背景紧密结合,论证环环紧扣。其后,刘氏在一系列相关论作的基础上,著书《唐代中书门下体制研究——公文形态·政务运行与制度变迁》,从公文运行的角度,揭示了三省在政务处理过程中的关系。

　　雷闻在《隋与唐前期的尚书省》③中,将尚书省置于南北朝

---

　　①　楼劲:《唐代的尚书省—寺监体制及其行政机制》,《兰州大学学报》1988年第2期。

　　②　刘后滨:《话唐高宗武则天至玄宗时期政治体制的变化》,载荣新江主编:《唐研究》第三卷,北京大学出版社1997年版,第215—230页;稍作改动后,收入刘后滨:《唐代中书门下体制研究——公文形态·政务运行与制度变迁》,齐鲁书社2004年版,第139—148页。

　　③　雷闻:《隋与唐前期的尚书省》,载吴宗国主编:《盛唐政治制度研究》第三章,上海辞书出版社2003年版,第68—118页。

以来行政体制发展的脉络中,着重考察了隋代尚书省的制度建设和调整、唐初尚书省的重新定位、隋和唐代前期尚书省内部的结构特点等方面,阐明了隋和唐代前期尚书省乃至中央行政体制的运作情况。雷氏首先指出这一时期尚书省从宰相机构转变为最高行政机构的具体表现,从六部和都省、六部和属司、六部和寺监的关系等角度,分析了六部在中央行政体制中的地位以及特点。又探讨了自高宗、武则天时期,在行政体制变化进程中,都省和六部之间的关系变化,尚书省内职权、运作模式的转变。在三省制不断变化的背景下,将一个因为这种转变而转变与为了适应这种转变而转变的尚书省动态地呈现出来。但因篇幅有限,对于相关政局与制度变迁的关系阐述较少,相关论证可进一步深化和细化。

（二）中书门下体制下的尚书省

政事堂改为中书门下后,行政运行体制的核心发生质变,以怎样的概念对其进行命名,是必须要面对的问题。有学者曾提出自宪宗朝开始,由中书门下、翰林学士与枢密使组成了新的中枢体制,即所谓"新三头"体制①。这一观点得到了一定的支持。但是,翰林学士与枢密使始终处于内廷,并非朝堂上直接领导百官的宰相,所以这种说法存在很大问题②。直至刘后滨将开元十一年以后的行政运行体制明确定义为"中书门下体制",才解

---

① 参见袁刚:《隋唐中枢体制的发展演变》,文津出版社 1994 年版。
② 参见刘后滨:《隋唐政治体制演进的基本线索及"中书门下"体制的历史定位》,《唐代中书门下体制研究——公文形态·政务运行与制度变迁》,齐鲁书社 2004 年版,第 53—62 页。

决了上述疑问,这也为研究唐代后期的中央官制提供了理论框架。刘氏本人即在这一框架下,阐述了三省的职权演变;三省在公务裁决过程中所处的地位及其在文书上的反映;并探讨了尚书省与中书门下宰相机构之间的关系①。他认为中书门下取代尚书都省成为国家政务裁决的中心、尚书都省作为行政中枢的地位丧失,程式性地签署制敕文书的工作成为都省职权的重心,尚书左右丞成为都省长官。如此,都省地位下降,左右仆射成为尊崇大臣的虚衔,仆射身份的高低与尚书省实际地位无关。刘氏进而指出造成这种变化的主因在于唐代政务裁决中心转移至中书门下,国家最高权力的行使以中书门下为核心形成新的运作机制。这就导致国家处理常务最主要的公文由奏抄转变为奏状,尚书省常务多需以奏状形式向君主请示。实际上,唐代后期,中书门下与中央百司的关系错综复杂,公文运行的各种形式待进一步确证。因此,刘氏的部分结论仍有进一步探讨的必要,但这本论著无疑为唐后期政治体制的研究奠定了理论基础。

在刘氏论著出版以前,已有学者论述了中书门下成立以后,宰相机构与尚书省的关系。雷家骥在其前揭书中指出,玄宗朝已经奠定了中书门下通过三省出入命令的方式直接指挥百司体系的模式。从中唐直至宋代,中书门下处于实际指挥国家政务的中心地位,尚书省退居闲曹。雷氏全面梳理了唐代中央权力结构的演进进程,进而明确了中书门下与尚书省地位、职能的转

① 参见刘后滨:《唐代中书门下体制研究——公文形态·政务运行与制度变迁》,齐鲁书社 2004 年版。

变是唐代政治体制转型的关键。杨友庭与郝松枝都认为由于中书门下设立五房,尚书省的议政权被废除,成为宰相机构领导下的执行机构①。杨际平持相反的观点:中书门下并不是无所不统的行政机构,五房只具有秘书性质,不可能取代尚书省部曹与九寺②。学者们都抓住中书门下成立这一关键点,试图阐明新体制下宰相机构与尚书省的关系,以及二者在政务处理过程中的地位。但以上论证都较为简略,未能真实展现中书门下体制的面貌。

此外,俞钢著文《唐后期宰相结构研究——专论六部侍郎平章事职权的变化》③。唐代后期尚书省六部通判官有多人以加平章事一衔入相,俞氏针对这种现象进行了专门论述。以尚书省内某一具体官职为切入点,进而考察整个尚书省机构,亦是一种可借鉴的视角。作者在中书门下作为宰相机构的前提下进行论证,认为随着三省六部制转型,宰相结构发生变化,六部尚书渐成虚衔,侍郎执掌本司,多有加平章事者,成为宰相队伍的重要组成部分。这表明中书门下极大加深了对尚书省政务的影响和干预,尚书省诸司权力一方面转入中书门下,一方面转归六部侍郎。另外,中书、门下侍郎平章事兼任尚书省官职,使宰相机构与尚书省诸司间的联系合法化。六部侍郎宰相既在中书门

---

① 参见杨友庭:《三省六部制的形成及其在唐代的变化》,《厦门大学学报》1983 年第 1 期;郝松枝:《汉唐时期尚书省的演变》,《陕西师范大学学报》1998 年第 2 期。

② 参见杨际平:《隋唐宰相制度的几个问题》,《浙江学刊》1988 年第 3 期。

③ 俞钢:《唐后期宰相结构研究——专论六部侍郎平章事职权的变化》,《上海师范大学学报》1993 年第 3 期。

下参议大政,又在尚书省诸司处理常务,便于迅速贯彻中书门下的旨意。这一认知等于确认了尚书省作为中书门下领导下的执行机构的地位。作者也注意到尚书省与财政使职之间的特殊联系。不过,其有关宰相、尚书省与使职之间在任职、权限等方面的阐述,都有待进一步深化。

(三) 与使职、差遣体系并存的尚书省

唐代自高宗、武则天时期起,使职、差遣逐渐盛行。安史之乱后,许多重要使职开始固定化,构成与职事官机构共同运作的行政体系,这一趋势持续至五代末期。由于这一特点非常明显,故相关研究成果非常丰硕。对于使职、差遣的研究,在一定程度上能从侧面反映出作为职事官机构,尚书省的政令权和重要事务执行权的削弱,甚至丧失。此外,随着宦官集团势力显著膨胀,庞大的内诸司体系逐渐形成,从不同方面和层面插手国家政务,亦对尚书省、寺监权限造成冲击。这种特色也体现在五代后唐庄宗一朝。而宦官集团也正是学界的研究热点。

砺波护在内藤湖南研究的基础上,以制敕王言等公文为基本史料,撰写成《唐の三省六部》①,分析了六部长官、通判官与判官的地位、职权,并论证了在使职发展背景下尚书省职能的变化,以动态的眼光对尚书省进行了探察。

陈仲安《唐代的使职差遣制》②一文较为重要,论述了使职、差遣在唐代的发展阶段以及产生原因。陈氏肯定了使职系统对

---

① ［日］砺波护:《唐の三省六部》,《唐代政治社会史研究》,同朋舍 1986年版,第 197—222 页。

② 陈仲安:《唐代的使职差遣制》,《武汉大学学报》1963 年第 1 期。

于职事官系统的影响,并阐明了三省制的瓦解与使职出现的关系;同时指出有唐一代使职、差遣并未完全取代职事官。以后关于使职的研究多是在此基础上的扩展与延伸。何汝泉、薛明扬与宁志新等学者先后梳理了唐代主要使职,对其职能加以划分,分析其产生的原因与优点等①。

针对内诸司使诸方面的研究也颇多。唐长孺《唐代的内诸司使(上)(下)》②指出,唐代宦官集团控制了一个庞大的内诸司使系统,与朝官的南衙行政系统相对应。并考察了由宦官充任的多种使职的设置与职掌等。赵雨乐在《唐代内诸司使的构造》③一文中,特别阐述了使职制度设置之初,与旧律令体制有继承关系。杜文玉的《唐代内诸司使考略》④根据敦煌文书 P. 3723 号《记室备要》与墓志碑刻等资料,对部分内诸司使的设置、职能与地位作了较详的考证。李锦绣在其《唐代财政史稿》(下卷)⑤,全面梳理了诸财政使职(含内诸司使)与相应职事官机构(主要是尚书省和诸寺监)的关系。以上诸文反映了使职

① 何汝泉:《唐代使职的产生》,《西南师范大学学报》1987 年第 1 期;何汝泉:《武则天时期的使职与唐代官制的变化》,《中国唐史学会论文集》,三秦出版社 1989 年版,第 237—248 页;薛明扬:《论唐代使职的功能与作用》,《复旦学报》1990 年第 1 期;宁志新:《唐朝使职若干问题研究》,《历史研究》1999 年第 2 期;宁志新:《隋唐使职制度研究(农牧工商编)》,中华书局 2005 年版。

② 《魏晋南北朝隋唐史资料》5、6,1983 年,收入唐长孺:《山居存稿》,武汉大学出版社 2013 年版,第 219—246 页。

③ 赵雨乐:《唐代における内诸司使の构造——その成立时点と机构の初步的整理》,《东洋史研究》50-4,1991 年;赵雨乐:《唐宋变革期之军政制度——官僚机构与等级之编成》,文史哲出版社 1994 年版,第 49—111 页。

④ 杜文玉:《唐代内诸司使考略》,《陕西师范大学学报》1999 年第 3 期。

⑤ 李锦绣:《唐代财政史稿》(下卷),北京大学出版社 2001 年版。

与内诸司使对尚书省、寺监职掌最基本的影响，即尚书省机构权力被侵夺，政令权有所削弱。

有唐一代，虽然使职、差遣兴盛发展，逐渐在国家政务运行过程中扮演重要角色，但使职并不能脱离职事官系统单独存在，促进使职、差遣重归旧有官制系统的努力从未停止，官制的发展处于一定的矛盾中。刘后滨《唐后期使职行政体制的确立及其在唐宋制度变迁中的意义》①一文，以郎官出使为例，说明使职体系是在与职事官体系的不断冲突中得以确立。虽然在法律上多次限制郎官出使，但仍有大量郎官承担这项工作。而出使郎官仍然以尚书省二十四曹为依托。何汝泉在《唐代户部使的产生》②中阐述了尚书省户部曹逐渐向户部使司演变的进程。通过个案研究，分析新兴使职与原尚书省机构的渊源和职权转变，揭示出使职的兴起对尚书省内机构的影响。同时还以反向视角分析了会昌元年（841）朝廷促使判户部与判度支向原户部、度支两曹回归的举措③。李锦绣进一步对相关史料进行探讨，指出会昌元年中书门下奏状，"在尚书六部中，再一次划分了财务官员的范围，以户部尚书、侍郎领户部、度支使，以户部司郎官判户部、度支案，从使到判官，都纳入了唐前期户部体系。除盐铁使外，三司中的户部、度支二司形成了向原尚书省户部司的回

---

① 刘后滨：《唐后期使职行政体制的确立及其在唐宋制度变迁中的意义》，《中国人民大学学报》2005 年第 6 期。

② 何汝泉：《唐代户部使的产生》，《历史研究》1995 年第 3 期。

③ 参见何汝泉：《从会昌元年〈中书门下奏〉看唐后期户部的使职差遣》，《中国社会经济史研究》1994 年第 3 期。

归。这体现了从乾元以来,财政使职纳入国家官制体系的发展趋势。"①从使职归回旧有官制的方向分析使职、差遣对尚书省的影响。李锦绣同时强调宰相机构在其中的作用,实际上是从政务运行角度,阐释了中书门下、尚书省与相关使职的关系,突破了以往单纯以权力侵夺为视角研究使职与尚书省权力转换的观点。

　　随着使职运行机制的发展,从高宗、武则天时期开始,尚书省内亦出现了使职化倾向。如上文所述,雷闻与刘后滨都就此进行了论述。严耕望从尚书省职权衰落的角度,阐明使职、差遣对尚书省形成的冲击②。中书门下体制建立以后,特别是安史乱后,尚书省内部呈现的使职化趋势更加明显。孙国栋著《晚唐中央政府组织的变迁》③,条列出自安史乱后至文宗朝,各类机构呈现出的不同特色,包括尚书省在内的职事官机构职权地位变更、功能丧失而废为闲司;各机构内部组织松弛、长官与僚属脱节、同一机构内各种职务渐趋独立;临时性使职转变为经常性职务以代替正官;不少职事官沦为诸使叙品的阶官。宣宗朝

---

① 李锦绣:《唐代财政史稿》(下卷),北京大学出版社 2001 年版,第 187 页。

② 参见严耕望:《论唐代尚书省之职权与地位》,《唐史研究丛稿》,新亚研究所 1969 年版,第 1—102 页。

③ 孙国栋:《晚唐中央政府组织的变迁》,载中华学术院编:《中华学术与现代文化丛书第三册〈史学论集〉》,华冈出版有限公司 1977 年版,第 207—215 页;收入孙国栋:《唐宋史论丛》,上海古籍出版社 2010 年版,第 246—255 页。孙国栋《唐代中书舍人迁官途径考释——兼论唐代中央政府组织的变迁与职权的转移》一文也涉及使职、差遣对尚书省的影响,载孙国栋:《唐宋史论丛》,上海古籍出版社 2010 年版,第 91—146 页。

以后,以上情况进一步发展,导致若干机构解体,政府组织松弛、无所统属,由各种职务集合而成。而这些特点正是职事官机构使职化的表现。顺带一提,作者按阶段分析唐代中央政府在组织与职务运作等方面的变化,特别指出晚唐时期又出现的新变化,揭示出唐代后期中央官制依然处于持续变化中。同时,作者还从机构功能及其内部职务组成的特点探讨政府组织的转变。尽管论证因未结合政治背景而略显简略,但仍给人以启迪。

　　最终将唐代后期尚书省的运行机制定性为使职差遣体制的学者是刘后滨①。他认为德宗、宪宗两朝,使职差遣体制得以确立:尚书省部司丧失了对寺监与地方发符式公文指挥政务的权力,成为直接向中书门下负责的具体执行机构。部司与寺监不再遵循按照事务不同环节分工负责的机制,而是打通各个环节,形成了对事务贯通处分的使职运作机制。此后,使司被纳入中书门下领导之下,中书门下领导部司、寺监与使司的体制确立。但刘氏的部分结论尚待证实。此外,刘氏对于内诸司少有提及,似乎是默认内使包括在其论述的使司范围内。其实,当试图分析枢密使与宣徽使等对中枢权力的分割时,探讨内诸司使的归属权和领导权是个颇有意思的论题。因此,所谓使职行政体制,需要得到进一步确证。

　　(四) 其他相关论文

　　与唐代尚书省相关的研究还有其他成果。郭锋《唐尚书都

---

① 　参见刘后滨:《唐代中书门下体制研究——公文形态·政务运行与制度变迁》,齐鲁书社 2004 年版,第 197—221 页。

省简论》①,梳理了尚书都省的流变,简要介绍其构成与主要职能。张建利《唐代尚书左右丞相初探》②揭示了都省通判官左右丞的职掌与地位变化。王永兴专门考证了尚书都省作为国家最高勾检机构的地位与职能③。不过,王氏所论还是三省制下的都省。事实上,随着行政运行体制的转变,都省地位下降,勾检范围缩小,其领导的勾检体系被新的勾检体系取代。李锦绣在《唐后期的官制:行政模式与行政手段的变革》④一文中对这种变化进行了具体分析,提供了从行政模式与行政手段出发对唐代官制进行再探讨的视角。

　　《唐仆尚丞郎表》作为一本工具书,对唐代历年尚书都省与六部的长官、通判官进行了考证⑤,吉冈真、吴浩与李卫根据碑志等材料,对此书进行了一些补正⑥。岑仲勉《郎官石柱题名新考订》则是对都省与六部的判官进行的考订⑦。这些都是研究尚书省的重要基础。

　　还有学者对尚书省内某一部曹或官职进行过专门考察,如

---

① 郭锋:《唐尚书都省简论》,《中国史研究》1989 年第 3 期。

② 张建利:《唐代尚书左右丞相初探》,北京大学 1992 年硕士学位论文。

③ 参见王永兴:《唐勾检制研究》,上海古籍出版社 1991 年版。

④ 李锦绣:《唐后期的官制:行政模式与行政手段的变革》,载黄正建主编:《中晚唐社会与政治研究》第一章,中国社会科学出版社 2006 年版,第 1—107 页。

⑤ 参见严耕望:《唐仆尚丞郎表》,上海古籍出版社 2007 年版。

⑥ [日]吉冈真:《八世紀前半における唐朝官僚機構中の人の構成》,《平成三・四年度科研報告書》,1994 年;吴浩:《唐仆尚丞郎表考补》,《扬州教育学院学报》2007 年第 4 期;李卫:《〈唐仆尚丞郎表〉订补》,华中师范大学历史文献学 2013 年硕士学位论文。

⑦ 参见岑仲勉:《郎官石柱题名新考订》,中华书局 2004 年版。

董劭伟、张金龙的《唐前期吏部尚书职掌考》①,王建峰的《唐代刑部尚书研究》②,鸟谷弘昭的《唐代の吏部南曹について》③,王东洋的《六朝隋唐时期考功郎隶属及其职掌之变化》④与张达聪的《论比部职掌的演变和唐代的比部审计制度》⑤等。

目前,针对从三省制到中书门下体制发展过程中的尚书省的相关研究非常有限,且已有结论大同小异。实际上,唐、五代之际,尚书省始终是国家政务运行过程中不可或缺的组成部分。其发展变化并非直线轨迹,而是迂回曲折的。这些内容直接影响着对唐宋官制的正确认知。因此,目前的研究成果不能完整真实地展现唐、五代时期中央官制的整体情况。

三、问题的提出与主要内容

21 世纪以来,"走向'活'的制度史"成为研究制度史的整体趋势⑥。特别是随着大量档案文献和实物史料被发掘整理,为制度史研究进一步活化,提供了良好的前提。唐宋变革时期,制度变革最关键的一环,即唐、五代时期的行政运行体制转型,

---

① 董劭伟、张金龙:《唐前期吏部尚书职掌考》,《求索》2007 年第 9 期。

② 王建峰:《唐代刑部尚书研究》,山东大学中国古代史 2007 年博士学位论文。

③ 《立正史学》六五。

④ 王东洋:《六朝隋唐时期考功郎隶属及其职掌之变化》,《史学集刊》2007 年第 3 期。

⑤ 张达聪:《论比部职掌的演变和唐代的比部审计制度》,《江汉论坛》1994 年第 7 期。

⑥ 参见邓小南:《走向"活"的制度史——以宋代官僚政治制度史研究为例的点滴思考》,《浙江学刊》2003 年第 3 期。

其实质正是尚书省与中书门下地位、职能在国家政务运行过程中的转变。而史学界对这一时期官制的研究，恰恰忽略了尚书省这一关键点。一般观念还停留在唐代尚书省长官宰相身份丧失，进而导致尚书省地位下降这一浅显的结论。"中书门下体制"是 20 世纪末才提出的新概念。虽然史学界普遍认同这一概念，但目前的立足点过度局限于宰相（宰相机构），仅将尚书省定位为"中书门下领导下的事务机构"，这不仅太过武断，且显然不能反映二百年间尚书省的变迁。五代作为唐、宋之间的过渡时期，往往被视作这两个时期的附属，五代官制的专门研究少之又少。迄今，史学界关于唐至五代尚书省的系统研究尚为空白，即使零散的成果亦非常有限，不能真实展现唐宋变革之际中央官制的整体情况。而只有在总结唐前期官制的基础上，深化探究唐后期至五代的官制，才能真正理解由彼时开启至宋以降的中央官制，进而全面揭示中国中古社会官僚制度的演进进程。

笔者以尚书省为研究对象，希望可以展示以下三点：本体研究，即通过考察尚书省在唐、五代时期的地位、职能、权力、运作机制、运行模式、都省与省内诸曹职掌之间的关系，以及尚书省在不同历史阶段所呈现的特征，展现尚书省的全貌。关系研究，即将尚书省置于行政体制的框架下，考察它与其他行政机构、职官系统的关系，在国家政策调整过程中，尚书省面对诸机构、系统冲击的回应。将整个中央行政体制作为一个有机整体，从宏观角度审视唐、五代时期中央官制运作的特质。拓展研究，即联系魏晋南北朝与北宋元丰改制以前尚书省的演变，揭示唐、五代时期中央官制在中国中古史演进进程中的地位与作用。

因为学术界对于三省制、中书门下体制以及中书门下体制向二府制过渡时期的尚书省的研究侧重有所不同，故笔者对于三个时期的考察目标也存在区别。尚书省在三省制时期的演变主要是一个量变过程，需要阐述量变过程中尚书省的微观演变，以及在国家政策改变时尚书省的回应，并梳理传统史籍与墓志史料中对尚书省的记述，解决存疑之处，纠正已有成果中的偏差与错漏。唐代"中书门下体制"的概念提出时间较短，因此通过考察尚书省以及相关职官系统，从宏观、微观两方面深化和细化对唐宋变革期中央官制的探讨。五代时期的行政运行体制是从晚唐向北宋元丰改制以前体制的过渡，具有独特之处。因此是以尚书省作为一个切入点，全面探讨行政运行体制的运作，为研究北宋前期的行政运行体制提供必要前提。

上 篇

本篇探讨自唐代建立至五代结束,在行政运行体制经历从三省制到中书门下体制,再到向二府制过渡的进程中,尚书省的演变以及这种演变对行政运行体制转型的影响。

第一章 唐代前期尚书省的发展

——兼及三省制演进进程

隋代重建大一统国家,恢复了魏晋以来的汉族传统政权的官制体系,在炀帝大业三年(607),最终完成了从三公九卿制到三省制的过渡。唐王朝建立后,改变这一体制的不合理之处,协调君相间的关系,使双方更加契合地分层裁处政务,成为历任君主的关注所在。此外,配合不同时局,以调整这一体制为依托,更好地为自身统治服务,也是君主经常采取的手段。故此,自唐建国伊始,三省制就处于持续变化中,三省关系几经变迁,以尚书省、门下省为核心的政务裁决模式与以中书省为核心的政务裁决模式经历若干次转换,最终后者占据主导地位。开元十一年(723),中书门下体制初步确立。

第一节 高祖、太宗两朝对三省制的
构想与尝试

一、高祖朝:从临时性安排到常态化运作

隋大业三年官制改革后,三省制基本确立。但尚书省自西

晋以来即具有宰相机构的尊崇地位,且作为国家最高行政机构,其长官官品又高于其他两省,故三省并不处于同等地位。王世充在篡隋过程中,首先"进拜尚书左仆射,总督内外诸军事……居尚书省,专宰朝政……",再"自为太尉、尚书令……以尚书省为府,置官属"①,表明尚书省依然高高在上。

　　唐代建立伊始,面临进一步调整三省地位、分配三省权力的问题。首先,唐王朝延续了隋代以仆射为尚书省实际长官的惯例。武德元年六月,高祖任命长期在外征战的李世民为尚书令的同时,以裴寂为右仆射,"知政事"。直至六年四月,都只有裴寂一人在仆射任上。此后裴寂升为左仆射,萧瑀任右仆射,这种情况持续到高祖朝结束。中书省方面,长官是萧瑀和封德彝②。萧瑀自唐初任至六年四月,封德彝自三年三月始,任至武德末。从三年三月至六年四月两人同时在任。门下省方面,自二年正月,陈叔达改任兼纳言,直至七年十二月,只有陈叔达一人在任③。此后,裴矩以太子詹事检校侍中,离任后,由宇文士及权检校侍中。门下省等于有两员长官在任。

　　其中,出任仆射的裴寂乃高祖的第一心腹臣僚;内史令则是与李唐皇室有姻亲关系的窦威和萧瑀(窦威随即离世);另一员在王朝初建时期立下汗马功劳的刘文静任纳言(同年罢)④。

①　《新唐书》卷八五《王世充传》,中华书局 1975 年版,第 3691—3692 页。
②　武德六年四月,杨恭仁遥领中书令,在凉州。武德八年十一月,李世民出任中书令。
③　武德二年十月,杨恭仁遥领纳言,至六年四月改任中书令。
④　参见《资治通鉴》卷一八五,中华书局 1956 年版,第 5793 页。

上待裴寂特厚，群臣无与为比，赏赐服玩，不可胜纪；命尚书奉御日以御膳赐寂，视朝必引与同坐，入閤则延之卧内；言无不从，称为裴监而不名。委萧瑀以庶政，事无大小，莫不关掌。①

武德五(元)年，[萧瑀]迁内史令。时军国草创，方隅未宁，高祖乃委以心腹，凡诸政务，莫不关掌。高祖每临轩听政，必赐升御榻……国典朝仪，亦责成于瑀，瑀孜孜自勉，绳违举过，人皆惮之。常奏便宜数十条，多见纳用……

高祖常有敕而中书不时宣行，高祖责其迟，[萧]瑀曰："臣大业之日，见内史宣敕，或前后相乖者，百司行之，不知何所承用。所谓易必在前，难必在后，臣在中书日久，备见其事。今皇基初构，事涉安危，远方有疑，恐失机会。比每受一敕，臣必勘审，使与前敕不相乖背者，始敢宣行。迟晚之愆，实由于此。"②

在三省长官中，裴寂主要是以功臣挚友的身份陪侍高祖。刘文静因薛举入寇，被任命为元帅府长史，跟随李世民出征。稍后任命的纳言窦抗也是"常陪侍游宴，不知朝务"③。陈叔达在任时间虽长，但史籍中却没有关于他处理朝政的记载。国初宰相中起到核心作用的乃中书令萧瑀④。但实际上，萧瑀更多的是在承担

①　《资治通鉴》卷一八五，中华书局 1956 年版，第 5793 页。

②　《旧唐书》卷六三《萧瑀传》，中华书局 1975 年版，第 2400 页。

③　《旧唐书》卷六一《窦抗传》，中华书局 1975 年版，第 2368 页。窦抗在任不满四个月。

④　参见《新唐书》卷一〇一《萧瑀传》亦载"武德元年迁内史令，帝委以枢管，内外百务悉关决……瑀自力孜孜，抑过绳违无所惮。上便宜，每见纳用"，中华书局 1975 年版，第 3950 页。

尚书省和门下省的职责,即"凡诸政务,莫不关掌","国典朝仪,亦责成于瑀"以及"每受一敕,必勘审,使与前敕不相乖背"。

而中书省通判官也开始介入宰相权力。武德三年三月,封德彝正是以侍郎身份兼任中书令的。甚至作为判官的中书舍人也有凭借能力参与中枢政务者,如刘林甫和颜师古①。所以武德中前期,特别是三年三月至六年四月之间,是以中书省作为整个政务处理的核心。

这显然是在国家初建,各项制度草创时期的特殊安排。对于律令制国家而言,国家常务由最高行政机构尚书省承担,门下省行使审核权力,配合尚书省工作才是常态。因此长久以中书省为政务核心,并不符合国家政务的实际处理流程。故六年四月,裴寂升任左仆射的同时,萧瑀改任右仆射,尚书省开始有两员仆射同时在任。萧瑀迁任右仆射后,"内外考绩皆委之司会,为群僚指南,庶务繁总。"②政务核心回到尚书省。七年底至高祖禅让,封德彝担任中书令,裴矩和宇文士及先后担任侍中,三省运作基本恢复常态。太宗当政后,将武德时"政刑纰缪,官方弛紊"的问题归咎于尚书省长官裴寂③,也说明了这一点。

二、太宗中前期尚书省首要地位的确立

太宗掌控大权后,策划玄武门之变的功臣集团随即接掌相

①　参见《册府元龟》卷四五八《台省部·才智》"刘林甫"条,中华书局1960年版,第5441页;卷五五一《词臣部·才敏》"唐颜师古"条,中华书局1960年版,第6615页。
②　《旧唐书》卷六三《萧瑀传》,中华书局1975年版,第2401页。
③　参见《旧唐书》卷五七《裴寂传》,中华书局1975年版,第2288页。

位,萧瑀和封德彝任左右仆射,高士廉任侍中,房玄龄和宇文士及为中书令①。武德九年八月,突厥入侵,在对敌过程中,三省长官都发挥了重要作用②。但到了贞观二年正月,尚书省第一次出现无长官的局面,房玄龄担任中书令,杜如晦以兵部尚书检校侍中,同时摄吏部尚书(刑部尚书、检校中书令李靖三月出征);加上以御史大夫、检校吏部尚书加衔入相的杜淹,一共只有三位宰相。尚书省的主要政务权力开始与门下、中书两省联结。三月“壬子,命中书门下五品以上及尚书议决死罪”③。两省进一步介入八座的议政权。与之对应,太宗作出了将尚书省长官职权向左右丞转移的尝试。此时,担任左右丞的分别是“性明敏,达于从政,处断明速”的戴胄和“有经国之才”的魏征④。太宗对戴胄称:“尚书省天下纲维,百司所禀,若一事有失,天下必有受其弊者。今以令、仆系之于卿,当称朕所望也。”⑤戴、魏二人随即兼任谏议大夫,可以凭借谏官身份参与军国重事的讨论⑥,在某种意义上拥有议政权。显然,太宗有重新

---

① 参见《旧唐书》卷二《太宗上》“武德九年七月壬辰”条,中华书局 1975 年版,第 30 页。

② 参见《册府元龟》卷四四《帝王部·神武》“武德九年八月”条,中华书局 1960 年版,第 500 页。

③ 《新唐书》卷二《太宗纪》,中华书局 1975 年版,第 29 页。

④ 参见《旧唐书》卷七〇《戴胄传》,中华书局 1975 年版,第 2533 页;卷七一《魏征传》,中华书局 1975 年版,第 2547 页。

⑤ 《旧唐书》卷七〇《戴胄传》,中华书局 1975 年版,第 2533 页。

⑥ 贞观元年正月规定“中书、门下及三品以上入内平章军国,必使谏官随之,欲其预闻政事,有所开说”(《册府元龟》卷一〇二《帝王部·招谏一》“太宗贞观元年正月”条,中华书局 1960 年版,第 1222—1223 页)。

定位三省关系的意图。

只是这种对尚书省及其长官设定的转变并非一朝一夕可以完成。贞观三年二月,中书令房玄龄和侍中杜如晦双双升任仆射,三省再度开启以尚书省为主导的体制。任命房、杜二人的诏令特别指出"尚书政本",为仆射者"宜总司衡轴,光阐大猷",①表明尚书省才是合议政权与监督百官执行权的首要之司。三月,太宗要求仆射"当助朕广耳目,访贤材",避免"阅牒讼日数百","乃敕细务属左右丞,大事关仆射"。②四月,太宗宣称:"中书、门下,机要之司,诏敕有不便者,皆应论执"③,重申两省的主要作用体现在王言形成过程中。至此,三省的地位和职掌都明确了,仆射成为实际的首相。房、杜共掌朝政,"至于台阁规模及典章文物,皆二人所定,甚获当代之誉。"④虽然两员仆射在军国大政方面发挥了巨大的作用,但尚书省内常务处理却存在问题。贞观七年,当尚书省滞讼有不决者,甚至需要临时召侍中魏征评理⑤,至十年,尚书省常务运作仍然处于非正常状态,导致治书侍御史(御史中丞)刘洎上疏进谏:

> 尚书万机,实为政本,伏寻此选,受授诚难。是以八座

---

① 《册府元龟》卷七二《帝王部·命相二》"贞观三年二月诏",中华书局1960年版,第821页。

② 《新唐书》卷九六《房玄龄传》,中华书局1975年版,第3854—3855页。参见《册府元龟》卷一五七《帝王部·诫励二》,中华书局1960年版,第1895页。

③ 参见《资治通鉴》卷一九三,中华书局1956年版,第6064页。

④ 《册府元龟》卷三一〇《宰辅部·问望》,中华书局1960年版,第3657页。

⑤ 参见《旧唐书》卷七一《魏征传》,中华书局1975年版,第2549页。

比于文昌,二丞方于管辖,爰至曹郎,上应列宿,苟非称职,窃位兴讥。伏见比来尚书省诏敕稽停,文案壅滞,臣诚虽庸劣,请述其源。贞观之初,未有令仆,于时省务繁杂,倍多于今。左丞戴胄、右丞魏征,并晓达吏方,质性平直,事应弹举,无所回避。陛下又假以恩慈,自然肃物,百司匪懈,抑此之由。及杜正伦续任右丞,颇亦厉下。比者纲维不举,并为勋亲在位,品非其任,功势相倾……所以郎中抑夺,唯事谘禀;尚书依违,不得断决。或惮闻奏,故事稽延。案虽理穷,仍更盘下。去无程限,来不责迟,一经出手,便涉年载。或希旨失情,或避嫌抑理。勾司以案成为事了,不究是非;尚书用便僻为奉公,莫论当否。递相姑息,唯务弥缝……至于懿戚元勋,但优其礼秩,或年高耄及,或积病智昏,既无益于时宜,当致之以闲逸。久妨贤路,殊为不可。将救兹弊,且宜精简四员。左右丞、左右司郎中如并得人,自然纲维略举,亦当矫正趋竞,岂唯息其稽滞哉![1]

尚书省公务出现大量堆积,无法得到及时妥善的处理。刘洎把这种情况的主因归结为都省丞郎人选不得当。刘洎上疏后,很快被任命为右丞,由于"洎健于职,于是尚书复治如[魏]征时"[2]。此时,房玄龄尚任左仆射,中书令温彦博调任右仆射。同时"太常卿杨师道为侍中,参豫朝政;魏征罢为特进,知门下

---

① 《旧唐书》卷七四《刘洎传》,中华书局 1975 年版,第 2607—2608 页。刘洎由治书侍御史改任右丞在贞观十年或十一年,上疏在改任之前。本传记载上疏在贞观十五年,误。

② 《新唐书》卷九九《刘洎传》,中华书局 1975 年版,第 3917 页。

省事,朝章国典,参议得失"①;而中书省出现了长官空缺的局面②;另一员宰相是兵部尚书(后改任吏部尚书)、参豫朝政侯君集。除尚书省长官,包括门下省长官在内的其他三员宰相都带有加衔。此外,魏征还被特诏"自徒流以上罪,详事奏闻"③,在负责门下事务的同时,正式分担仆射的工作④。故尚书省在国家政务运作中处于重中之重。

贞观十三年十一月,杨师道改任中书令,刘洎以黄门侍郎加参知政事衔。中书省长官在空缺三年半之后,重获任命;两省侍郎首次加衔进入宰相行列。十六年正月,中书侍郎岑文本加参知机密入相。两省官员在宰相队伍中的构成基本相同。七月,任端揆长达十五年的房玄龄升任司空(总朝政);次年六月,右仆射高士廉改官;此后尚书省开始长期不置仆射,左右丞再次在尚书省常务中发挥重要作用⑤。只是这一格局还未得以巩固,

① 《新唐书》卷六一《宰相上》,中华书局 1975 年版,第 1633 页。同书卷一〇〇《杨师道传》亦载:"贞观十年,拜侍中,参豫朝政……"中华书局 1975 年版,第 3927 页。

② 至贞观十三年十一月杨师道由侍中改任中书令以前,没有对中书令任命的记载。贞观十一年,群臣、儒士探讨封禅礼仪,最后由"左仆射房玄龄、特进魏征、中书令杨师道慎采众议,以为永式"(《册府元龟》卷三五《帝王部·封禅一》,中华书局 1960 年版,第 385 页),将杨师道的官职侍中误记载为中书令。此处没有中书令参与,亦说明这一时期无中书令在任。

③ 《唐大诏令集》卷五四《魏征特进制》,中华书局 2008 年版,第 290 页。

④ 参订朝章国典,是房、杜的主要工作。判流以上罪,则是尚书省通过奏抄处理的政务之一。参见《唐六典》卷八《门下省》"侍中职掌"条,中华书局 1992 年版,第 242 页。

⑤ 参见左丞杨纂"长于吏道,所在皆有声绩"(《旧唐书》卷七七《杨纂传》,中华书局 1975 年版,第 2673 页);右丞宇文节"明习法令,以干局见称",太宗劳之曰:"朕所以不置左右仆射者,正以卿在省耳"(《册府元龟》卷四六一《台省部·宠异》,中华书局 1960 年版,第 5494 页)。

就被突发事件阻断。

三、李治为储与三省制的调整

贞观十七年四月,太宗怀着极度无奈的心情,立李治为太子。为了使其顺利接掌帝位,宰相群体的任命皆围绕这一目的进行。"己丑,加司徒、赵国公长孙无忌太子太师,司空、梁国公房玄龄太子太傅,特进、宋国公萧瑀太子太保;兵部尚书、英国公李勣为太子詹事,仍同中书门下。"①最受太宗信任的臣僚都被赋予了东宫官身份。李勣更是史无前例地获得了"同中书门下"之衔。同年六月,右仆射高士廉请求逊位,以开府平章政事。自此三省无长官。在新任命的东宫辅弼中,太宗特别托付的是自李治晋王时期就任王府官的李勣②。李勣任太子詹事,相当于尚书省长官。后来,太宗遗命即以李勣为仆射。围绕着建立新君辅助群体一事,仆射将再次回到国家中枢的核心。

十八年八月,太宗再度调整宰相群体,为其亲征高丽时太子监国做好万全准备。升任中书令的岑文本、(摄?)中书令杨师道和检校侍中长孙无忌随驾出征,房玄龄留守京师。高士廉摄太子太傅,与新任侍中刘洎、中书令马周,太子左庶子许敬宗、右

---

① 《旧唐书》卷三《太宗纪下》,中华书局1975年版,第55页。

② 参见《旧唐书》卷六七《李勣传》,中华书局1975年版,第2486页。李治为李勣撰写神道碑,亦称太宗"以朕托公"(《大唐故司空公太子太师上柱国赠太尉扬州大都督英贞武公李(勣)公之碑》,图版和录文分别见张沛编著:《昭陵碑石》,三秦出版社1993年版,第66、193页)。

庶子高季辅、少詹事张行成同掌机务①。左右庶子在东宫职官体系中相当于两省长官。由于李勣先行前往辽东,故少詹事张行成加入辅佐太子的队伍,同时检校左丞②。无论是朝廷还是东宫体系,在李治身边都形成了三省建制,确保特殊时期国家机器正常运作。

贞观二十二年,马周和房玄龄先后离世,宰相群体中只剩下坚决拥立李治为太子的三人。长孙无忌以司徒兼检校中书令、知尚书、门下省事,集三省大权于一身,褚遂良升任中书令,李勣依然以太子詹事加衔任职。新君继位后的三人辅政群体已经形成。

第二节 高宗、武后权力之争下的尚书省地位、职能演变

一、太宗驾崩与武氏立后对尚书省政务核心地位的影响

高宗登基之初,长孙无忌由司徒升为三公之首的太尉,同时延续在太宗末期的任职,即检校中书令,知尚书、门下省事。但这一次,无忌恳辞。因为按照太宗的意图,无忌应该在新皇初期承担辅助行使皇权的责任,需要陪侍高宗,随时接受顾问咨询。

---

① 参见《新唐书》卷六一《宰相上》"贞观十九年二月乙卯"条,中华书局1975年版,第1636页。

② 参见严耕望:《唐仆尚丞郎表》卷七《辑考二上·左丞》"张行成"条,上海古籍出版社2007年版,第406页。

如果无忌同时统领三省,将内辅和首相身份完全合一,不但不利于三省运作,且将自身置于嫌疑之地①。故无忌最终只是以太尉身份拥有议政权,没有对三省进行直接领导②。

如前所述,太宗精心设计,希望可以在高宗朝起到首相作用的是李勣,故事先将其安排在太子詹事的职位上。"[贞观]二十三年,太宗寝疾,谓高宗曰:'汝于李勣无恩,我今将责出之。我死后,汝当授以仆射,即荷汝恩,必致其死力。'"③太宗令高宗亲自以李勣为仆射,目的是使李勣感戴高宗之恩,"致其死力",可知仆射乃三省长官中最具权力者。李勣不仅是高宗朝的首位仆射,也是自贞观十七年六月以来的首位仆射。根据太宗遗命,空缺长达六年之久的尚书省长官之位在新朝重获任命。除辅政三人外,高宗还任命了侍中于志宁、兼侍中张行成和兼中书令高季辅。二十三年十一月,晋州地震,请逊位者为太尉长孙无忌、司空荆王元景和李勣④,即三公和仆射。三省中,只有仆射才是名实相符的宰相。同样被太宗托孤的中书令褚遂良却没有这样的身份。正因为如此,任职仅一年后,李勣就抗表求解左仆射,以远离国家政务核心。

----

① 太宗对长孙无忌的评价正是"善避嫌疑"(《资治通鉴》卷一九七"贞观十八年八月"条,中华书局 1956 年版,第 6210 页)。

② 只是诸史皆记载无忌固辞的是"知尚书省事"(《资治通鉴》卷一九九"贞观二十三年六月癸未"条,中华书局 1956 年版,第 6268 页;《旧唐书》卷六五《长孙无忌传》,中华书局 1975 年版,第 2454 页),可知尚书省在三省中的核心地位。

③ 《旧唐书》卷六七《李勣传》,中华书局 1975 年版,第 2487 页。

④ 参见《册府元龟》卷三三一《宰辅部·退让二》"长孙无忌"条,中华书局 1960 年版,第 3905 页。

永徽二年八月，全面调整宰相职任。侍中于志宁和张行分别升任左右仆射；中书令高季辅改任侍中；中书令一职暂时空缺。显然，国家政务运作的重点仍然设定为以尚书省作为最高行政机构，门下省对其审核监督方面。任希古作《和左仆射燕公（于志宁）春日端居述怀》，有"玉鼎升黄阁，金章谒紫宸。礼闱通政本，文昌总国钧"之句①，指出尚书省地位不同于门下、中书两省②，具有"总国钧"的职权。故张行成乞骸骨时，高宗竟然流泪劝阻，称："公，我之故旧腹心，奈何舍我而去？"张行成不得不继续视事，不久卒于尚书省③。可见尚书省的重要性和繁忙程度。

永徽年间，唐王朝最为重要的事件莫过于建储和废立皇后。"时（永徽三年）王皇后无子，其舅中书令柳奭说后谋立［陈王］忠为皇太子，以忠母贱，冀其亲己，后然之。奭与尚书右仆射褚遂良、侍中（实为黄门侍郎同三品）韩瑗讽太尉长孙无忌、［左］仆射于志宁等，固请立忠为储后，高宗许之。"④柳奭、褚遂良、韩瑗和长孙无忌为同一利益群体。除于志宁外，尚有两位宰相侍中高季辅和宇文节在任，但柳奭等并未争取他们的支持。六年，"高宗将废皇后王氏，立昭仪武氏为皇后，召太尉长孙无忌、司

---

① 参见《文苑英华》卷二四一，中华书局1966年版，第1212页。

② 黄阁指代门下省，参见《唐大诏令集》卷四五《苗晋卿侍中制》，中华书局2008年版，第224页；同书卷五一《萧遘监修国史等制》，第268页。紫宸指代中书省，参见《唐大诏令集》卷四四《张说中书令制》，中华书局2008年版，第218页；同书卷四五《萧华（中书侍郎）平章事制》，中华书局2008年版，第224页。

③ 参见《旧唐书》卷七八《张行成传》，中华书局1975年版，第2705页。

④ 《旧唐书》卷八六《燕王忠传》，中华书局1975年版，第2824页。

空李勣、尚书左仆射于志宁及［右仆射褚］遂良以筹其事。"①
长孙、李、褚三人乃太宗托孤重臣,此外高宗试图劝服者又只
有左仆射于志宁,两省长官来济、崔敦礼和韩瑗完全不在议事
范围。

永徽四年九月,右仆射张行成薨逝,褚遂良接任其职。五年
六月,因王皇后失宠,柳奭主动请辞中书令一职,此后中书省长
官空缺几乎一年。因高宗企图废王立武而引发的政局变动揭开
序幕。六年九月,褚遂良被贬,此后,尚书省只有于志宁一位长
官,且六部无人入相②。相对于两省,尚书省官员在宰相队伍中
人数开始处于明显劣势。国家中枢核心也随之发生转移。李义
府先以中书侍郎参知政事进入宰相队伍,"［显庆］二年,代崔敦
礼为中书令,兼检校御史大夫,监修国史、［弘文馆］学士并如
故。寻加太子宾客,进封河间郡公……荣宠莫之能比……广树
朋党,倾动朝野。"③三年,代李义府为中书令的许敬宗亦是"任
遇之重,当朝莫比"④。而"［显庆二年五月］庚子,宰相奏天下
无虞,请隔日视事;许之。"⑤故以中书省权相为核心的宰相群体
在国家政务中的作用日趋增强。但是,这种现象的出现带有一
定的偶然性。

① 《旧唐书》卷八〇《褚遂良传》,中华书局 1975 年版,第 2738 页。
② 杜正伦在显庆三、四年间,先后以侍中和中书令兼任度支尚书。
③ 《旧唐书》卷八二《李义府传》,中华书局 1975 年版,第 2767 页。
④ 《旧唐书》卷八二《许敬宗传》,中华书局 1975 年版,第 2763 页。
⑤ 《资治通鉴》卷二〇〇,中华书局 1956 年版,第 6303 页。

二、帝后相争与三省制畸形运作

显庆四年四月，长孙无忌、于志宁解职，"[八月]乙卯，长孙氏、柳氏缘无忌、奭贬降者十三人……于氏贬者九人。自是政归中宫矣。"①此后长达十七年的时间里，再没有任命尚书省长官，三省的平衡机制被彻底打破。五月，兵部尚书任雅相同三品，度支尚书卢承庆参知政事（十一月改同三品），八月，吏部尚书李义府同三品，六部长官半数入相。同年十一月起，中书、门下两省通判官无人入相。宰相队伍除司空李勣外，通常由一员中书令、一员侍中和尚书省加衔宰相构成。

龙朔二年（662）二月，改易官名，侍中和中书令分别改称东台左相和西台右相，两省长官正式获得宰相称谓。与此同时，对左右相的任命却非常奇特。"帝自显庆已后，多苦风疾，百司表奏，皆委天后详决。自此内辅国政数十年，威势与帝无异，当时称为'二圣'。"②伴随着高宗对武后专权日益不满，立后功臣们的权力逐渐被削弱，有人甚至获刑。八月，右相许敬宗改任太子太师同三品、知西台事；十月，左相许圉师下狱（十二月解职）。次年，李义府接任右相仅三月有余，亦下狱。随后，被高宗亲自提拔的西台核心人物上官仪和刘祥道又因企图废后一事下台。这一时期，左右相或缺，或外出领兵，极少同时在任，左相不在任的情况更为明显。咸亨元年（670），官名复旧后，这种情况依然持续。两省侍郎加衔入相的情况也是时断时续。黄门侍郎（东

---

① 《资治通鉴》卷二〇〇，中华书局 1956 年版，第 6317 页。
② 《旧唐书》卷六《则天皇后纪》，中华书局 1975 年版，第 115 页。

台侍郎)除显庆四年许圉师、乾封二年(667)李安期短暂入相外,至总章二年二月,张文瓘同三品,再无入相者。总章二年,张文瓘以东台侍郎加同三品,同三品始入衔。此后,两省侍郎基本分别有一至两员在宰相队伍,中书省的情况更为良好。无论官名改易与否,因为帝后相争,两省宰相在任人数较少,且更换频繁,而尚书省则被排除于中枢核心,三省制呈现畸形发展趋势。

三、三省职权受限与长官任命异常

上元二年八月,刘仁轨和戴至德分别受任左右仆射。仪凤四年正月,戴至德薨;刘仁轨独自在仆射任上,至永隆二年七月,以太子少傅同三品。与太宗确定的仆射不关细务的原则相反,新上任的两员仆射是尚书省细务的实际裁处者。因为这一时期尚书省受理的诉讼内容十分繁杂,两仆射不得不轮值,"更日受牒诉"①。

> 至有财物相侵,婚田交争,或为判官受嘱,有理者不申;或以按主取钱,合得者被夺;或积嫌累载,横诬非罪;或肆忿一朝,枉加杀害;或频经行阵,竟无优赏;或不当矢石,便获勋庸,改换文簿,更相替夺;或于所部,频倩织作,少付丝麻,多收绢布;或营造器物,耕事田畴,役即伍功,雇无半直。又境内市买,无所畏惮,虚立贱价,抑取贵物,实贪利以侵人,乃据估以防罪;或进退丁户等色,多有请求;或解补省佐之

---

① 《资治通鉴》卷二〇二,中华书局 1956 年版,第 6378 页。

流,专纳贿赂;或征科赋役,差点兵防,无钱则贫弱先充,有货则富强获免。亦有乡邑豪族,容其造请;或酒食交往,或妻子去还,假托威恩,公行侵暴。凡如此事,固非一绪。经历台省,往来州县,动淹年岁,曾无与夺……①

民间诸多琐事均需尚书省最终裁决。仆射显然难以履行宰相职能。与此同时,各类表状开始绕过尚书省,直接奏呈君主。上元二年以后,"帝风疹不能听朝,政事皆决于天后……"②故借攘夺尚书省权力,进一步介入朝政者实为武后,以致高宗正式下达诏令恢复尚书省在国家政务运作中的功用:

然以万机事广,恐听览之或遗;四海务殷,虑编辑之多阙。南宫故事,综核已殚;内史旧章,搜罗殆尽……比者,在外州府,数陈表疏,京下诸司,亦多奏请……自今以后,诸有表奏,事非要切,并准敕令,各申所司。③

尚书省在国家政务运行过程中的作用日益单一化。通过尚书省——中书省上呈的政务开始频繁由武后参决。自仪凤二年三月起,李敬玄独自任中书令,次年正月,以洮河道行军大总管兼安抚大使,检校鄯州都督,④直至永隆元年八月被贬,其人基本都在外征战,中书令职任实际空缺。这一时期,北门学士群体已经形成,"天后多引文学之士著作郎元万顷、左史刘祎之等,

---

① 《唐大诏令集》卷八二《申理冤屈制》,中华书局 2008 年版,第 472 页。
② 《旧唐书》卷五《高宗纪下》,中华书局 1975 年版,第 100 页。
③ 《唐大诏令集》卷八二《颁行新令制》,中华书局 2008 年版,第 472 页。
④ 参见《新唐书》卷六一《宰相上》"仪凤三年正月丙子"条,中华书局 1975 年版,第 1647 页。

使之撰《列女传》、《臣轨》、《百僚新戒》、《乐书》，凡千余卷。朝廷奏议及百司表疏，时密令参决，以分宰相之权，时人谓之北门学士。"①也正是在此时，三省长官开始出现加同三品的情况，宰相任职的不确定性进一步增强②。

高宗末年，仆射再度缺任。两省侍郎开始以平章事为加衔入相。吏部和兵部侍郎亦以平章事为加衔进入宰相行列。而都省通判官有受到君主特别委任者。

> ［冯元常］历官左右丞，多所厘革，朝无留事。高宗大渐，敕诸长史曰："朕四体不好，百司奏事，可共元常平章以闻。"其委任如此。③

高宗病重之际，所委任者亦是都省通判官。如此，尚书省逐渐进入以通判官为主体的时期。可知在武氏立后，以长孙无忌为首的关陇集团核心权贵覆灭之后，整个国家政务运作并未在三省制的轨道上正常行进。武后对于国家政权的介入，高宗和武后的权力争夺，都导致包括尚书省在内的三省职权受限，长官任命非正常化。如果把这些看成专门针对尚书省的打压手段，恐怕有失公允。

---

① 《资治通鉴》卷二〇二，中华书局 1956 年版，第 6376 页。

② 此外，非三省加衔入相者皆为东宫重臣，再无他官，储权与君权的联结愈发紧密，应该是高宗以储权对抗武后，为太子登基后掌控朝政铺路。

③ （唐）刘肃：《大唐新语》卷六《友悌一二》"冯元常"条，许德楠、李鼎霞点校，中华书局 1984 年版，第 84 页。《新唐书》卷一一二《冯元常传》略同，中华书局 1975 年版，第 4178 页。

第三节　女主称帝、储位之争与
三省制的阶段性变化

一、从实际确立中书省权力核心到名义上以尚书省为三省之首（弘道元年十二月至永昌元年二月）

永淳二年十一月（是年十二月改元弘道），高宗病笃，以太子显监国，辅相为侍中裴炎、黄门侍郎平章事刘景先和中书侍郎平章事郭正一。两员出自门下省，一员出自中书省，且非长官①。

> 是夜（十二月丁巳夜），召裴炎入，受遗诏辅政，上（高宗）崩于贞观殿。遗诏太子枢前即位，军国大事有不决者，兼取天后进止……庚申，裴炎奏太子未即位，未应宣敕，有要速处分，望宣天后令于中书、门下施行。甲子，中宗即位，尊天后为皇太后，政事咸取决焉……甲戌，以刘仁轨为左仆射，裴炎为中书令；戊寅，以刘景先为侍中。故事，宰相于门下省议事，谓之政事堂，故长孙无忌为司空，房玄龄为仆射，魏征为太子太师，皆知门下省事。及裴炎迁中书令，始迁政事堂于中书省。②

高宗遗诏裴炎辅政，并没有直接改授其为中书令，故高宗并无在新朝确立以中书省为政务核心的意图。中宗即位后，随即

---

① 此时中书省无长官，仅郭正一在相位。
② 参见《资治通鉴》卷二〇三，中华书局 1956 年版，第 6416 页。

调整三省任命,裴炎改任中书令,刘景先由黄门侍郎升任侍中,刘仁轨以左仆射留守京师,尚书省实际无长官。另外,同时入相的还有兵部尚书同三品岑长倩、黄门侍郎同三品事魏玄同和左散骑常侍平章事郭待举。随后,裴炎凭借首辅身份执政事笔①,以此为契机,将政事堂迁于中书省,三省制内部发生着深刻变化。这显然是在武后默许下,以中书省长官作为其膀臂,以掌控军国大政的手段。

次年(嗣圣元年,684,是年二月改元文明,九月改元光宅)二月,发生皇位废立事件。随着豫王旦(睿宗)登基,两位豫王府官员王德真和刘祎之入相。由于裴炎逐渐显露出维护李唐皇室的立场,遭到武后猜忌,协同武后裁决政务者改为刘祎之。刘祎之出身北门学士,乃武后亲自提拔②。"则天临朝,甚见亲委。及豫王立,祎之参预其谋,擢拜中书侍郎、同中书门下三品,赐爵临淮男。时军国多事,所有诏敕,独出祎之……"③虽然门下省两员长官(刘景先和王德真)在任,国家大政的实际裁决者却是中书省通判官宰相。这与诏令必须由中书省起草、宣行有直接关系。中书令不便随时草诏,中书舍人资历过浅,不宜入相④。中书侍郎为相成为配合专政女主的最合适人选。且刘祎之的加衔并非高宗为四品官所定的平章事,而是同三品,取得了与裴炎

---

① 参见《新唐书》卷一一七《裴炎传》,中华书局 1975 年版,第 4247 页。
② 《资治通鉴》卷二○二,中华书局 1956 年版,第 6376 页。
③ 《旧唐书》卷八七《刘祎之传》,中华书局 1975 年版,第 2848 页。
④ 如光宅元年十月凤阁舍人李景谌因坚称裴炎必反,被武后加平章事衔,随即罢。

同等的地位。经过中宗、睿宗继立风波,以此确立起以中书省为政务中枢的新的宰相集团。而中书省通判官作为实际首相(权相),又符合武后压制宰相权力的意图。

睿宗成年继位,武后于紫宸殿垂帘视朝,李唐王室人人自危,徐敬业以此为借口发动叛乱。其间,裴炎因不断出现期望武后还政,压制武氏一族的言行而被诛杀。与其立场相同的刘景先遭到贬职。接替内史(中书令)一职的骞味道正是裴炎案的审理者①。随即凤阁侍郎韦方质以平章事入相。而鸾台在魏玄同改任后,只有纳言王德真一人在相位。此时,宰相集团的核心依然是凤阁侍郎(中书侍郎)刘祎之,其"累承天泽,特冠朝伦。每献嘉谋,必筵厚赐,或申直谏,更锡殊恩"②。

> 司门员外郎房先敏坐累贬卫州司马,诉于相府,内史骞味道谓曰:"太后旨。"祎之曰:"乃上从有司所奏云。"后闻,以味道归非于上,贬青州刺史,加祎之太中大夫,赐物百段。③

房先敏因贬官一事"诉于相府",回应他的只有两位凤阁宰相。从个人角度而言,刘祎之和骞味道的回答都是事实。政务多由刘祎之和武后配合裁决,骞味道则是执行者的身份,故骞味道被贬多少含冤。

---

① 武后于光宅元年九月改元,并改三省及诸官称谓。以下官员皆称新名。骞味道先以检校内史、同三品,垂拱元年初,守内史。

② (唐)刘扬名:《大唐故中书侍郎同中书门下三品昭文馆学士临淮县开国男赠中书令刘(祎之)氏先府君墓志铭并序》,见毛阳光:《洛阳新出土唐〈刘祎之墓志〉及其史料价值》,《史学史研究》2012年第3期。

③ 《新唐书》卷一一七《刘祎之传》,中华书局1975年版,第4251页。

　　在确立刘祎之实际首相的地位后,经裴炎、骞味道事件,武后的原则是以绝对信任之人担任两省长官。接替骞味道者为已故孝敬皇帝李弘的岳父裴居道,史称其凭借外戚身份获此官职①。纳言则由深受武后礼遇的苏良嗣担任。史籍中并无对裴居道和苏良嗣处理政务的具体记载,二人发挥的作用很可能有限。宰相群体的首要人物依然是刘祎之。

　　武后当政之初,急于应对皇位继承的突发情况和稳固自身统治,尚书省常务并非重点。高宗朝后期长期担任左仆射的刘仁轨再度任职,只是出守西京,直至垂拱元年(685)正月离世,都未回到洛阳。光宅元年八月,黄门侍郎魏玄同改任左丞,仍同三品。九月甲寅,大赦,改元,标志着武后正式当权。"又改尚书省为文昌台,左、右仆射为左、右相,六曹为天、地、四时六官;门下省为鸾台,中书省为凤阁,侍中为纳言,中书令为内史……"②在武氏政权"万象更新"之时,再次确立了尚书省上应天象的地位,居三省之首。仆射改称左右相,这是有唐一代尚书省长官首次称"相"。左相刘仁轨留守西京,无右相,右肃机(右丞)人选不明,魏玄同是都省唯一的长官和宰相。六部方面却与都省相反。岑长倩在高宗末年就以兵部尚书平章事,武后将其升为同三品。垂拱元年,天官(吏部,韦待价)、春官(礼部,

---

① 参见《新唐书》卷八一《孝敬皇帝弘传》载:"妃即裴居道女……而居道以妃故拜内史纳言……"中华书局1975年版,第3590页。《旧唐书》卷八六《裴居道传》所载略同,中华书局1975年版,第2831页。此时距孝敬皇帝离世已有十年之久,可知武后对裴居道本人颇为信任。

② 《资治通鉴》卷二〇三,中华书局1956年版,第6421页。

武承嗣)和秋官(刑部,裴居道)长官皆有加同三品,不同时长在相位者。尤其是六月以后,天官和夏官(兵部)尚书都在相位,似有八座重现的趋势。

垂拱二年六月,正式任命文昌左右相,分别由苏良嗣和韦待价担任。与武后时期其他宰相含冤或被牵连而遭诛杀相比,当苏良嗣被韦方质污蔑之际,武后竟然亲自"保明之"①,这在武后一朝绝无仅有。故苏良嗣当为誓死效忠武后之人。韦待价的情况与之相近。身为李唐江夏王道宗的女婿,虽然任天官尚书(同三品)时,导致铨衡失序,仍被升为右相。"既累登非据,颇不自安,频上表辞职,则天每降优制不许之。"②苏良嗣任职时已是八十一岁高龄,韦待价又非治国之才,二人执掌文昌台,不要说发挥宰相职权,恐怕治理文昌台烦冗的常务都未必称职。

凤阁方面,除长官裴居道外,本以夏官尚书同三品的岑长倩改任内史。在垂拱三年四月刘祎之被诛杀以前,宰相队伍实际仍以其为首。刘祎之事件的原委诸史记载明确:

> 后祎之尝窃谓凤阁舍人贾大隐曰:"太后既能废昏立明,何用临朝称制? 不如返政,以安天下之心。"大隐密奏其言。则天不悦,谓左右曰:"祎之我所引用,乃有背我之心,岂复顾我恩也!"垂拱三年,或诬告祎之受归州都督孙万荣金,兼与许敬宗妾有私,则天特令肃州刺史王本立推

---

① 《旧唐书》卷七五《苏良嗣传》,中华书局 1975 年版,第 2630 页。
② 《旧唐书》卷七七《韦待价传》,中华书局 1975 年版,第 2672 页。

鞫其事。本立宣敕示祎之,祎之曰:"不经凤阁鸾台,何名为敕?"则天大怒,以为拒捍制使,乃赐死于家,时年五十七。①

武后任命诸相,唯刘祎之实乃协同其掌国政之人。得知刘祎之有背叛言论,武后内心的感受可想而知。后王本立向刘祎之宣示由禁中直出的墨敕,刘祎之称正式王言必须经两省法定程序发布,不承认墨敕的合法性,实际是以宰相的出令权反对武后个人意旨,武后无论如何不能忍受,刘祎之以十恶重罪被赐死。其实刘祎之本人应曾多次按照武后意图撰写墨敕指挥政务,这也正是武后加强凤阁,特别是侍郎权力的原因。此后,张光辅"以讨平越王贞之功,拜凤阁侍郎、知政事"②。此人"少明辨,有幹局",历任官职皆有政绩③。

鸾台的情况与凤阁相反。垂拱二年二月,侍郎平章事魏玄同改职以后,再无通判官入相。在苏良嗣升任文昌左相后,担任纳言的韦思谦在几个月后就请求致仕,得到批准。垂拱三年四月,裴居道由内史改任纳言;八月,魏玄同则由地官(户部)尚书同三品改任地官尚书、检校纳言。十月,魏玄同出任西京留守。次年底,裴居道又出任西京留守。故虽有两员纳言任职,但其一并不履行职责。

① 《旧唐书》卷八七《刘祎之传》,中华书局 1975 年版,第 2848 页。
② 《旧唐书》卷九〇《张光辅传》,中华书局 1975 年版,第 2922—2923 页。
③ 参见《册府元龟》卷八四四《总录部·勤幹》"张光辅"条,中华书局 1960 年版,第 10021 页。

二、武周代唐对尚书省权力、地位的影响(永昌元年三月至延载元年二月)

永昌元年(689)三月,大规模调整宰相人选,三省皆有两员长官在任。值得注意的是,癸酉(二十日),下敕曰:"元阁会府,区揆实繁,都省勾曹,管辖綦重。还依仍旧之职,未协维新之政。其文昌左右丞,进为从三品阶。"①诏令强调了文昌都省作为最高行政机构的地位。文昌台通判官由此升入诸司长官行列。而正是在同一日,武承嗣出任纳言。三省运作的主导再次向以文昌台——鸾台为核心回归。

载初元年(690,是年九月改元天授)伊始,武后着手准备正式篡夺李唐皇位。三省中,武承嗣和岑长倩分别任文昌左右相;邢文伟任内史,武攸宁任纳言。九月,以周代唐后,又以宗秦客检校内史;史务滋守纳言,傅游艺为鸾台侍郎平章事。宰相群体以武氏亲族和支持者构成。最引人注目的是储君人选武承嗣被授任文昌台长官,唯一曾任宰相的岑长倩也入主文昌台②。武攸宁则任纳言。武后以凤阁为政务核心的意图完全改变,三省制逐渐回归正常轨迹。史称"时武承嗣、三思用事,宰相皆下之"③。武三思时任天官尚书,属于八座中的显赫之职。天授三年(是年四月改元如意,九月改元长寿)一月,武后母族的杨执

---

① 《唐会要》卷五八《尚书省诸司中·左右丞》,上海古籍出版社 2006 年版,第 1169 页。

② 岑长倩之所以能首入武周核心集团,是因为"则天初革命,尤好符瑞,长倩惧罪,颇有陈奏,又上疏请改皇嗣姓为武氏,以为周室储贰……"(《旧唐书》卷七〇《岑长倩传》,中华书局 1975 年版,第 2539 页)。

③ 《资治通鉴》卷二〇四,中华书局 1956 年版,第 6463 页。

柔任夏官尚书平章事。文昌台在三省中的核心地位重新确立①，文昌左相为"机权"之任②。虽然如此，武承嗣并非武后真心倚重主持政务之人，他的存在更多是一种象征意义，当时政局主要表现为武后"躬亲庶绩"③。

"武周革命"之初，三省各有两员长官，鸾台还有一员侍郎入相，无三省之外的加衔宰相。天授元年十月，武后从父姊之子，因"潜劝则天革命称帝，由是累迁内史"④的宗秦客"以奸赃获罪，文伟坐附会秦客，贬授珍州刺史"⑤。两员内史离任后，直至长寿二年九月，才再度任命内史。天授二年六月，任知古以凤阁侍郎平章事，次年一月贬；八月李昭德以凤阁侍郎平章事，次年一月改任。这一阶段的绝大多数时间里，凤阁无长官；有时甚至无人在相位。相反，鸾台的任职情况要好得多。虽然如意元年八月武攸宁罢相后，没有任命新的纳言，但鸾台侍郎始终有加平章事入相者。

朝廷反复就改立皇储之事发生争执，宰相中多人因支持太子旦而遭诛杀、流贬。最终，李昭德凭借"承嗣已王，不宜典机衡，以惑众庶。且父子犹相篡夺，况姑侄乎"⑥之语劝服武后，自

----

① 《新唐书》卷一一七《李昭德传》："武后营神都，昭德规创文昌台及定鼎、上东诸门，标置华壮。"（第4255页）此文昌台虽非尚书省，但是具有极强的象征意义。武后以尚书省称文昌台，可见其意图。

② 参见《旧唐书》卷八七《李昭德传》，中华书局1975年版，第2854页。

③ 参见《旧唐书》卷一八三《武承嗣传》，中华书局1975年版，第4730页。

④ 《旧唐书》卷九二《宗楚客传》，中华书局1975年版，第2971页。

⑤ 《旧唐书》卷一八九下《邢文伟传》，中华书局1975年版，第4058页。

⑥ 《新唐书》卷一一七《李昭德传》，中华书局1975年版，第4256页。

己也得到其完全信任。如意元年八月十六日,武承嗣、武攸宁和杨执柔全部离开相位。同一日,左右丞复为四品①。为配合武氏政权,以文昌左右相为首相的政策结束。新的宰相队伍组成:姚璹和李元素以左右肃机平章事,李昭德以凤阁侍郎平章事,崔元综以鸾台侍郎平章事。三省无长官,四品通判官组成国家政务中枢。同时在任的加衔(平章事)宰相为冬官(工部)尚书李游道、夏官尚书王璿和司宾卿(鸿胪卿)崔神基。宰相群体中无法定宰相,且所有宰相加衔均为平章事,表明"挟刑赏之柄以驾御天下,政由己出"②的武后企图进一步控制宰相队伍。文昌台宰相过半,其国家政务核心地位没有改变。仅一个月,五位宰相李游道、王璿、袁智弘、崔神基和李元素就被陷害而流岭南,都省宰相仅剩左肃机姚璹一人。长寿二年一月,李昭德改任夏官侍郎。凤阁再度无人在相位。左肃机姚璹、鸾台侍郎崔元综和两员夏官侍郎李昭德、娄师德加平章事组成宰相队伍。直至九月,豆卢钦望任内史,鸾台侍郎陆元方加平章事入相,姚璹离任,右肃机韦巨源始加平章事。

这一时期,李峤为凤阁舍人,"则天深加接待,朝廷每有大手笔,皆特令峤为之。"③故多有高官请李峤代写让官表。参看李峤为几位尚书所作之文:

---

① 参见《唐会要》卷五八《尚书省诸司中·左右丞》,上海古籍出版社2006年版,第1169页。

② 《资治通鉴》卷二〇五"长寿元年一月丁卯"条,中华书局1956年版,第6478页。

③ 《旧唐书》卷九四《李峤传》,中华书局1975年版,第2992—2993页。

　　夫以天台峻密,帝猷殷旷,端揆隆于八座,枢衡总于万机,非夫贤才,孰能综理?况周官司马,有甲兵之职;汉服珥貂,兼喉舌之任:历观前载,此选尤难。

　　伏奉恩制,命臣[夏官尚书]同凤阁鸾台平章事……遂得持衡天阙,摄职斗枢,忝八座之政本,忝三军之戎务……

　　且夫八座位隆,五曹望重,典南宫之喉舌,象北斗之枢机,式资藻鉴,奚综宾实……顾斯政本,实总国彝……①

　　这三封让官表表述了文昌台的"政本""枢机""喉舌"的地位,即合议政权与监督百官执行权为一,并突出了八座在政务中的作用。李峤乃深知武后政治意图之人,故在武周新朝恢复文昌台的首要地位,甚至进一步增加八座整体的权力,是可以明见的。

三、武后"厌怠细政"与三省无序发展(长寿元年三月至久视元年九月)

　　长寿三年(是年五月改元延载)三月,宰相班底大变动。右肃机平章事韦巨源改任夏官侍郎平章事,都省再次长期无人入相。六部之中,除夏官长官或通判官长期在相位,只有秋官尚书同三品娄师德任使在外。借讨伐突厥之机,夏官侍郎平章事李昭德以检校内史任朔方道行军长史,苏味道以凤阁侍郎平章事

---

　　①　分别见(唐)李峤:《为欧阳通让夏官尚书表》,《文苑英华》卷五七七,中华书局1966年版,第2974页;(唐)李峤:《为杨执柔让同凤阁鸾台平章事表》,《文苑英华》卷五七二,中华书局1966年版,第2942页;《为李景谌让天官尚书表》卷五七七,中华书局1966年版,第2973页。

任行军司马(最终未行),进入凤阁为相。实际上,自如意元年八月武承嗣罢相后,宰相群体即以李昭德为核心。李昭德的政敌上疏称:

> 陛下创业兴王,拨乱英主,总权收柄,司契握图。天授已前,万机独断,发命皆中,举事无遗,公卿百僚,具职而已。自长寿已来,厌怠细政,委任昭德,使掌机权……臣近于南台见敕目,诸处奏事,陛下已依,昭德请不依,陛下便不依。昭德参奉机密,献可替否,事有便利,不预谘谋,要待画旨将行,方始别生驳异。扬露专擅,显示于人,归美引怨,义不如此。州县列位,台寺庶官,入谒出辞,望尘习气。一切奏谳,与夺事宜,皆承旨意,附会上言。今有秩之吏,多为昭德之人。①

表明经过多方调整,"厌怠细政"的武后再次以腹心处凤阁,辅助自身裁决国家政务。此时,凤阁有三员宰相,长官豆卢钦望和李昭德,通判官苏味道;鸾台无长官,只有两员侍郎平章事崔元综和陆元方;首相为李昭德。史称李昭德为内史,"执权用事,钦望与同时宰相韦巨源、陆元方、苏味道、杜景俭等并委曲从之。"②只是仅半年时间,李昭德就因专权而遭罢黜,附会者均贬为地方官③。证圣元年(695,是年九月改元天册万岁)二月以后,两省宰相只有纳言姚璹、鸾台侍郎平章事杨再思和凤阁侍郎平章事李元素。另有秋官尚书同三品娄师德在外任使,夏官尚

---

① 《旧唐书》卷八七《李昭德传》,中华书局1975年版,第2856页。
② 《旧唐书》卷九〇《豆卢钦望传》,中华书局1975年版,第2922页。
③ 参见《旧唐书》卷九〇《豆卢钦望传》,中华书局1975年版,第2922页。

书平章事王孝杰领兵出征。

万岁通天二年(697,是年九月改元神功)四月,王及善出任内史,两省长官任命和通判官入相相对正常化。而文昌台除圣历二年八月至次年二月外,均无长官在任,且无通判官入相。六部中,除武三思和武攸宁曾以春官尚书和夏官尚书同三品短暂入相,其他入相者基本为夏官侍郎平章事。与两省相比,文昌台地位显然处于下降趋势。

这一时期,内史三人:王及善、武三思和狄仁杰。王及善于圣历二年(699)九月薨,时年八十二,故其任内史时当为八十岁。虽然史称其"虽无学术,然清正难夺,有大臣之节",但并无对其裁决政务的记载。甚至当王及善请月余病假,武后都未过问①。圣历元年三月,庐陵王李显被召回洛阳,九月,成为太子。武承嗣确认自己被册立储君无望后病逝。随即武三思检校内史,武攸宁为夏官尚书同三品。武三思为相,一方面因为武后要在皇位日后重归李氏的前提下,保障武氏一族的权位;另一方面,"时薛怀义、张易之、昌宗皆承恩顾。三思与承嗣每折节事之。"②此时,"太后春秋高,政事多委张易之兄弟……"③"三思又以则天厌居深宫,又欲与张易之、昌宗等扈从驰骋,以弄其权。"④以上记载表明武三思并非协同武后裁决军国大政的

---

① 《资治通鉴》卷二〇六,中华书局 1956 年版,第 6541 页。王及善任内史,关于其参与政务的记载主要有劝说武后诛杀来俊臣,迎立李显和上奏请抑张易之兄弟。

② 《旧唐书》卷一八三《武三思传》,中华书局 1975 年版,第 4735 页。

③ 《资治通鉴》卷二〇七,中华书局 1956 年版,第 6556 页。

④ 《旧唐书》卷一八三《武三思传》,中华书局 1975 年版,第 4735 页。

心腹重臣。圣历三年(是年五月改元久视)初,武三思罢相,坚定支持立李氏储君的狄仁杰继任其职。

> 太后信重内史梁文惠公狄仁杰,群臣莫及,常谓之国老而不名。仁杰好面引廷争,太后每屈意从之……仁杰屡以老疾乞骸骨,太后不许……仍免其宿直,戒其同僚曰:"自非军国大事,勿以烦公。"[久视元年九月]辛丑,薨,太后泣曰:"朝堂空矣!"①

狄仁杰深受武后信任,以其为内史,表面看似乎与以李昭德为内史掌机权的情况相像。但狄仁杰以老病之身任内史仅数月,且不能正常履行公务。而在入主凤阁之前,神功元年闰十月,狄仁杰先以鸾台侍郎平章事,次年八月再任纳言,直至改职②。故狄仁杰任相期间,更多的是以鸾台长官身份发挥作用。这一时期,以凤阁侍郎入相者多是文章之选,如王方庆、李峤和苏味道等③。圣历二年腊月,吉顼出任天官侍郎平章事,"太后以顼有干略,故委以腹心。"④后睿宗因表彰吉顼为李氏立储作出的努力追赠其官位,特别强调其"尝以经纬之才,允膺匡佐之委"⑤。随着年龄增长,重新确立李氏储君,厌倦国家政务的武后其实对于如何操控政局,分配三省权力处于一种茫然且无能

---

① 《资治通鉴》卷二〇七,中华书局1956年版,第6550—6551页。
② 与狄仁杰先后出任纳言的另一人为娄师德,但主要在河西、陇右任使。
③ 史称王方庆"苟非文学,斯焉取斯"(《旧唐书》卷八九"史臣曰",中华书局1975年版,第2908页)。李峤和苏味道所凭亦是"文章资历"(《旧唐书》卷八九《狄仁杰传》,中华书局1975年版,第2894页)。
④ 《资治通鉴》卷二〇六,中华书局1956年版,第6544页。
⑤ 《旧唐书》卷一八六上《吉顼传》,中华书局1975年版,第4850页。

为力的状态,缺少明确的指向性。

四、尚书省内重要事务逐渐归入两省(久视元年十月至长安四年)

这一时期,再度调整三省宰相群体的构成。自久视元年十月纳言韦巨源罢相,韦安石以鸾台侍郎知政事,三省无长官。凤阁、鸾台两省皆以通判官入相;文昌都省无人在相位。但夏官侍郎始终保持知政事,且天官侍郎一度加入宰相队伍。除肃正台(御史台)长官魏元忠加衔入相,多次领兵出征和出使,不在朝外,国家中枢完全以两省和夏官、天官通判官运作。长安二年(702)十月,凤阁侍郎苏味道、鸾台侍郎韦安石和夏官侍郎李迥秀皆由平章事升至同三品①。

"[长安三年闰四月]己卯,改文昌台为中台。以中台左丞(平章事)李峤知纳言事。"②与此同时,鸾台另一位宰相韦安石兼任神都留守。李峤成为中台和鸾台唯一的宰相。中台和鸾台事务因同一位宰相被更加紧密地联系在一起。一年之后,三省宰相构成再度变化。李峤改任知内史事,韦安石以知纳言事检校左丞。文昌台处于逐渐由两省掌控的局面。两省长官均非正式任命,而是以差遣形式任职,更易受君主操控。

武周一朝伴随着各种政治斗争,武后本人长期深陷立何人为储君的矛盾中。在这样的背景下,三省制运作几经调整。如

---

① 天官侍郎平章事顾琮此月薨。
② 《资治通鉴》卷二〇七,中华书局1956年版,第6562页。

前所述,即使在政事堂位于门下省时期,宰相群体仍然要前往中书省处理部分公务,故政事堂迁址乃是必然趋势。在这一过程中,试图建立以中书省为核心的政务中枢,也符合武后亲掌政权后,进一步控制机要之权的需要。只是在经历了裴炎和刘袆之的背叛之后,武后重新将三省核心归于尚书省,并将储君之选的武氏诸人授予尚书省和门下省长官之位。再度确认以李氏为储君时,又出现了武后宠信的二张弄权之事。武周时期,还曾两度组成以三省通判官入相的宰相队伍。除个别权臣如李昭德、刘袆之外,中书省长官(或通判官)并不具备首相的权势。尚书省在三省中的地位处于随时调整中。两省宰相有兼任都省或六部长官、通判官者。都省通判官和六部长官、通判官也有入相的情况。兵部侍郎入相者最多,其次是吏部侍郎。无论三省关系怎样调整,都需要解决尚书省长官无法兼顾最高行政权和机要之权的情况,且监督百官执行权又要尽量与议政权合一,这在一定程度上是矛盾的。所以武周时期三省制的发展轨迹处于曲折行进的状态。

第四节　玄宗继位与中书门下体制的初步确立、调整

在经过中宗和睿宗二次登基的混乱局面后,延和元年(712,是年八月改元先天)七月,玄宗扫除太平公主一党势力,迫使睿宗全面交出权力,开始有意识地向确立中书门下体制过渡。

　　中国封建王朝的宰相必须同时拥有议政权和监督百官执行权。其中监督百官执行权,包括出令权和施政权两部分。所谓出令权,即草拟诏意及承宣承制之类;所谓施政权,即推行政令及统御百官之类(推行政令者,必然是百官之实际统御者。也只有统御百官,才能有效推行政令。这两项权力是相辅相成的)。推行政令主要指将已形成的诏令颁布施行和独立下达文书,发出政令,指挥政务①。

　　唐代初建,虽然尚书省名义上作为宰相机构,但实际议政权开始逐渐分散,而监督百官执行权中的出令权也交由中书、门下二省,只有施政权在尚书省手中。中书、门下两省对军国大政的介入更多是凭借其君主侍从的身份。早在太宗一朝,两省五品以上侍臣群体即在议政方面发挥过重要作用②。而出令权乃王言的撰写与发布,故与此相关的两省通常被认为负有枢密机务之责③。因此只要将宰相的权力和身份作出进一步限定,即可将尚书省(仆射)与宰相群体分离开。开元初年,分别担任紫微令(中书令)和黄门监(侍中)的姚崇和卢怀慎被称为"对掌枢

---

　　① 祝总斌认为西晋时期,尚书台有权独立颁下文书(尚书符)指挥政务,以此作为尚书台是宰相机构的标志之一;且称晋代尚书符为"根据政务需要和皇帝批准的原则,由尚书台自行起草、颁下的文书"(祝总斌:《两汉魏晋南北朝宰相制度研究》,北京大学出版社 2017 年版,第 178—179 页)。

　　② 太宗曾下诏:"自今后中书门下及三品以上入阁,必遣谏官随之"(《旧唐书》卷七〇《王珪传》,中华书局 1975 年版,第 2528 页)。

　　③ 贞观早期,"时[左射]房玄龄、[右仆射]李靖、[侍中]温彦博、[参豫朝政]戴胄、[参豫朝政]魏征与[侍中王]珪同知国政",只有温彦博和王珪自称"枢近"(《旧唐书》卷七〇《王珪传》,中华书局 1975 年版,第 2528—2529 页)。

密"。四年,卢怀慎临终上表亦自认为"待罪枢密,颇积年序"①。这种情况持续到开元十一年(723)中书门下体制确立以后。

> [开元]十七年六月甲戌,制曰:"出纳王言,发挥纶翰,宰臣之任,选众推贤。简较黄门侍郎·同中书门下平章事杜暹、中书侍郎·同中书门下平章事李元绂等,咸励忠勤,用登枢揆……"②

所谓宰相职任即掌"枢揆",其具体内容与出令权的"出纳王言,发挥纶翰"紧密相连,是为传统意义上的门下、中书两省之职,这些职掌与尚书省没有关联。

此后,宰臣自成近侍系统,与众臣,包括仆射独立开来。每当国家有祥瑞,宰臣在百官之外单独上贺表,皆强调其近臣身份。

> [开元]十九年四月己丑,侍中裴光庭、中书令萧嵩奏曰:"顷以春季夏初,微愆时泽,虽无溥润,尚未为灾。臣等亲承德音,忧勤万姓,处诚云汉,自结坛场,有孚斯感,不疾而速,则有鹤鸟和鸣,油云杳起。未崇朝而四溟飞洒,不终夕而万里滂沱……臣等幸参近侍,亲奉殊祥,蹈跃之诚,实百常品。望宣付史馆。"

> [开元]二十七年十二月,宰臣牛仙客、李林甫奏曰:"臣等伏见皇太子送十一月德音付史官。伏承陛下前月五日将欲巡幸渭北。是夜,梦玄元皇帝曰:明日子欲游乎!北

---

① 《旧唐书》卷九八《卢怀慎传》,中华书局 1975 年版,第 3068 页。
② 《册府元龟》卷三三三《宰辅部·罢免二》,中华书局 1960 年版,第 3930 页。

神不在,此事宜止,五更当自有应。且子之享国多年矣,何必此日。陛下二更便停敕。至五更,果烈风大起,际暮方定……臣等谬当枢近,又忝史官,预闻德音,不胜忭跃。伏望宣示百僚,颁及中外。"

[开元二十八年]四月庚辰,有慈乌巢于紫宸殿之拱。侍中牛仙客、中书令李林甫上表贺曰:"臣等伏因侍奉之际,天恩令臣升殿观此乌巢……臣等幸忝枢近,亲睹休祥。望颁示中外,以彰灵感。"①

天宝(742—756)以后,从宰相个人上表发展到中书门下宰相机构上表,依然自称"近侍"。

[天宝十载六月]乙亥,中书门下奏曰:"臣等今日因奏事,伏承昨日辰时大同殿前钟楼上,忽闻钟声。其殿院常扃闭,内更无人。即令检覆其钟,楼门及殿院门皆闭。须臾其钟又鸣,如此者三度。闻钟声响六十下。其声清彻,特异人间。左右侍臣及女道士等皆闻……臣等幸参近侍,窃听休征,欣跃之诚,实万常品。无任庆忭之至。谨奉状陈贺以闻。仍请宣示中外,编诸史册。"②

尚书省官员,包括仆射,除非加同中书门下,否则并不属于"近侍"集团。无论从枢密之权,抑或近侍身份,尚书省仆射都

---

① 分别见《册府元龟》卷二六《帝王部·感应》,中华书局 1960 年版,第 280 页;卷五三《帝王部·尚黄老一》,中华书局 1960 年版,第 593 页;卷二四《帝王部·符瑞三》,中华书局 1960 年版,第 262 页。

② 《册府元龟》卷五四《帝王部·尚黄老二》,中华书局 1960 年版,第 604—605 页。

被隔绝于宰相机构。

玄宗一朝,宰相群体的构成颇简,通常二至三人,而以其一为主导。姚崇、张说、李林甫和杨国忠四人为中书令时,皆以中书令处于绝对的权力核心。宋璟和源乾曜为侍中时,中书省一度无长官,只有侍郎平章事。宋璟主持朝政,而源乾曜则处于从属地位。以两省长官,特别是中书省长官为主导是宰相群体的特征。这与玄宗自身在国家政务中所起的作用紧密相关。开元前期,"帝方躬万机,朝夕询逮,它宰相畏帝威决,皆谦惮,唯独崇佐裁决,故得专任。"①而开元二十年以后,"是时,上在位岁久,渐肆奢欲,怠于政事。"②到天宝三载之际,玄宗甚至有"欲高居无为,悉以政事委林甫"的打算③。故李林甫和杨国忠为中书令之际,完全处于"权假宰相"的政局④。

改元开元之际,左右仆射改称左右丞相⑤,唐王朝第一次出现丞相之名。但是,自西晋以来,除人臣篡位以前通常自居丞相外,正常时期,并无丞相一职,故此次改名,是完全架空仆射的手段之一。此后,长期不任命两丞相。中书、门下两省联合处理政务的情况频繁出现。

> [开元]五年正月,行幸东都,敕行幸所经州,宜令紫微、黄门察访刺史、上佐政术,定作三等奏闻。仍令于具负内,简

---

① 《新唐书》卷一二四《姚崇传》,中华书局 1975 年版,第 4385 页。

② 《资治通鉴》卷二一四,中华书局 1956 年版,第 6823 页。

③ 参见《资治通鉴》卷二一五,中华书局 1956 年版,第 6862 页。

④ 参见《资治通鉴》卷二一七,中华书局 1956 年版,第 6928 页。

⑤ 参见《旧唐书》卷八《玄宗上》"开元元年十二月庚寅"条,中华书局 1975 年版,第 172 页。同时,中书省改称紫微省,门下省改称黄门省,侍中称监。

上中下。刺史、上佐有称职者,条录奏闻,将随才录用。①

宁王宪奏选人薛嗣先请授微官,事下中书、门下。[吏部尚书兼黄门监宋]璟奏:"嗣先两选斋郎,虽非灼然应留,以懿亲之故,固应微假官资。在景龙中,常有墨敕处分,谓之斜封。自大明临御,兹事杜绝,行一赏,命一官,必是缘功与才,皆历中书、门下。至公之道,唯圣能行。嗣先幸预姻戚,不为屈法,许臣等商量,望付吏部知,不出正敕。"从之。②

[开元八年]八月丁丑,敕中书、门下:"南天竺王远遣朝贡,其使却还,并须周旋发遣,令满望。"乃以锦袍、金带、鱼袋七事赐其使,遣之。③

[开元]八年十一月,中书、门下奏曰:"伏以冬至,一阳初生,万物潜动,所以自古圣帝明王皆于此日朝万国,视云物。礼之大者,莫逾是时。其日亦祀圜丘,皆令摄官行事。质明既毕,日出视朝。国家已来,更无改易。缘新格,将其日祀圜丘,遂改用小冬至日受朝。若亲拜南郊,受朝须改。既令摄祭,礼不可移。伏请改正。"从之。因敕自今冬至日受朝,永为常式。④

---

① 《册府元龟》卷六三五《铨选部·考课一》,中华书局1960年版,第7622页。

② 《资治通鉴》卷二一二"开元七年"条,中华书局1956年版,第6738页。

③ 《册府元龟》卷九七四《外臣部·褒异一》,中华书局1960年版,第11447页。

④ 《册府元龟》卷一〇七《帝王部·朝会一》,中华书局1960年版,第1175页。

开元八年敕："内外官犯赃贿,及私自侵渔入己,至解免已上,有诉合雪及减罪者,并令大理审详犯状,申刑部详覆。如实冤滥,仍录名送中书、门下。其有远年断雪,近请除罪,亦准此。其余具刑部格。"①

从上引史料可见,中书、门下宰相频繁共同工作,在军国大政之外,亦涉及国家常务的裁决,包括选官、考课、礼仪、刑法和外交等方方面面,而其中有相当一部分权力原属于尚书省部曹。中书、门下在处理选官和刑法之事时,越过尚书都省,将省内部曹直接置于其领导之下,实际履行的是最高行政机构的施政权。玄宗还亲自强化宰臣对尚书都省的领导。"[开元]十一年六月,帝谓宰臣曰:'尚书省诸曹,事多因循,颇亏格式。伪滥之辈,缘此得行。可令左右丞申明勾当,勿使更然。'"②

至[开元十年]十一月二十八日,敕曰:"侍中源乾曜、中书令张嘉贞、兵部尚书(同三品)张说等忠诚辅弼,以致昇平,襃德赏功,先王制也。自今已后,中书、门下宜供食实封三百户。自我礼贤,为百代法,仍令所司即令支给。"③

到政事堂改为中书门下的前一年,宰相共同领实封三百户,表明政事堂已经从一个临时议政场所,渐进发展成为常设性质的机构。

---

① 《唐会要》卷六六《大理寺》,上海古籍出版社 2006 年版,第 1357 页。标点据文意,径自改之。

② 《册府元龟》卷一五五《帝王部·督吏》,中华书局 1960 年版,第 1878 页。

③ 《唐会要》卷五三《崇奖》"开元十年八月"条,上海古籍出版社 2006 年版,第 1076 页。标点据文意,径自改之。

　　开元十一年底，中书令张说奏改政事堂为中书门下，正式创建宰相机构，中书门下体制初步确立。此后，中书门下宰相机构进一步介入国家常务运作，并试图加强对尚书省的直接领导。开元二十三年正月，就宗庙、郊祀奠献相关事务展开讨论，"付尚书省集众官详议"，最后奏议的结果由宰相奏上①。李林甫当权之际，"上欲广求天下之士，命通一艺以上皆诣京师。李林甫恐草野之士对策斥言其奸恶……乃令郡县长官精加试练，灼然超绝者，具名送省，委尚书覆试，御史中丞监之，取名实相副者闻奏。"②表明尚书省在宰相（权相）的掌控中。"杨国忠秉政，郎官不附己者悉出于外"③，宰相直接握有对郎官的任免权。反之，都省对省内曹司的领导权限逐渐缩小。

　　为了确保以两省宰相为主体的宰相机构顺利建立，直至中书门下出现，依然没有任命左右丞相，丞相一职甚至被排除在朝廷高官恩赏的范围外④。但是，宰相必须是百官的实际统御者⑤。如何使得中书门下在名义上和实际上都获得施政权，是必须要

---

　　①　参见《册府元龟》卷五八九《掌礼部·奏议一七》"韦绍"条，中华书局1960年版，第7038—7040页。

　　②　《资治通鉴》卷二一五，中华书局1956年版，第6876页。

　　③　参见《旧唐书》卷一一二《李岠传》，中华书局1975年版，第3342页。

　　④　参见《册府元龟》卷一三一《帝王部·延赏二》"开元九年十二月"条，中华书局1960年版，第1570页；卷八〇《帝王部·庆赐二》"开元十一年二月壬子"条，中华书局1960年版，第931页。

　　⑤　参见《旧唐书》卷七三《薛稷传》载："睿宗以钟绍京为中书令，稷劝令礼让，因入言于帝曰：'绍京素无才望，出自胥吏，虽有功勋，未闻令德。一朝超居元宰，师长百僚，臣恐清浊同贯，失于圣朝具瞻之美。'"（第2591页）可知，身为宰相者当"师长百僚"（虽然名义上"师长百僚"的始终是两仆射）。

解决的问题。

借开元十三年东岳封禅大礼之际，"以［侍中源］乾曜为尚书左丞相兼侍中，中书令张说为尚书右丞相兼中书令。"①但随着张说罢相，左右丞相基本成为前宰相的恩宠职衔。只是张说罢相之后，"朝廷每有大事，上常遣中使访之。"②开元十七年三月，仍"知京官考"③。而且自张说离任，中书令空缺四年。张说不是宰相，却保留丞相之职，成为玄宗的私人顾问，并行使统领百官的权限。显然，当中书门下体制确立后，究竟赋予宰相怎样的名与实，是玄宗反复探索的难题。

在宰相自成近侍系统的同时，玄宗为丞相保留了"师长百僚"的身份。开元十七年，正是两丞相源乾曜和张说上表请以八月五日玄宗生日为千秋节④。开元十九年四月，当侍中裴光庭和中书令萧嵩单独上表贺祥瑞之际，丞相宋璟则率众臣上表⑤。此后，丞相多次领衔百官上贺表或回应玄宗询问⑥。

―――――――――――

① 《册府元龟》卷三一九《宰辅部·襃宠二》，中华书局 1960 年版，第 3773 页。

② 《资治通鉴》卷二一三，中华书局 1956 年版，第 6782 页。

③ 《册府元龟》卷六三五《铨选部·考课一》，中华书局 1960 年版，第 7623 页。

④ 参见《唐会要》卷二九《节日》，上海古籍出版社 2006 年版，第 631 页。

⑤ 参见《册府元龟》卷二六《帝王部·感应》，中华书局 1960 年版，第 280 页。

⑥ 参见《册府元龟》卷五三《帝王部·尚黄老一》"开元二十年十二月"条，中华书局 1960 年版，第 591—592 页；卷二四《帝王部·符瑞三》"开元二十二年十月"条，中华书局 1960 年版，第 260—261 页；卷五三《帝王部·尚黄老一》"开元二十三年三月癸未"条，中华书局 1960 年版，第 592 页；卷三六《帝王部·封禅二》"开元二十八年九月己丑"条，中华书局 1960 年版，第 404 页。

李林甫为中书令,加左丞相。天宝改元时,侍中和中书令改称左右相,丞相恢复仆射之名。李林甫打破中书令兼右仆射的惯例,以左仆射兼右相,乃真正统御百官的首相,正所谓"久典枢衡,天下威权,并归于己"①,符合代表君主统治国家的身份。而左相陈希烈空有宰相头衔②,并未获得右仆射的兼职。裴光庭得玄宗赐谥号"忠献",史官韦述以为非当:"裴光庭以守法之吏,骤登相位,践历机衡,岂不多愧?张燕公有扶翊之勋,居讲讽之旧,秩跻九命,官历二端,议者犹谓赠之过当,况光庭去斯犹远,何妄窃之甚哉!"③可知左右仆射身份之贵重,甚至超过侍中。

虽然监督百官执行权在一定程度上被忽视,但这一权力却是宰相长期有效地行使议政权的重要保障。只有握有对百官考课和任免的权力,宰相才能真正协同君主把控政局。卢怀慎、宋璟和裴光庭都曾以侍中身份兼任吏部尚书。吏部所注拟的官职本来就要经过门下省审核,门下省长官兼任吏部尚书是控制了整个六品以下官员的任命流程。裴光庭奏用循资格,甚至还将吏职的选任握于手中④。而吏部选官,实由门下主之⑤。兵部

---

① 《旧唐书》卷一〇六《李林甫传》,中华书局 1975 年版,第 3238 页。

② 参见《资治通鉴》卷二一五载"上或时不视朝,百司悉集林甫第门,台省为空。陈希烈虽坐府,无一人入谒者"(中华书局 1956 年版,第 6884 页)。

③ 《旧唐书》卷八四《裴光庭传》,中华书局 1975 年版,第 2807—2808 页。

④ 参见《旧唐书》卷八四《裴光庭传》,中华书局 1975 年版,第 2807 页;《资治通鉴》卷二一三"开元十八年四月乙丑"条,中华书局 1956 年版,第 6789 页。

⑤ 参见"时有门下主事阎麟之,为光庭腹心,专知吏部选官,每麟之裁定,光庭随而下笔"(《旧唐书》卷八四《裴光庭传》,中华书局 1975 年版,第 2807 页)。

方面,开元中前期,多由兵部尚书同三品入相。至开元二十七年四月,"己丑,以牛仙客为兵部尚书兼侍中,李林甫为吏部尚书兼中书令,总文武选事。"①此后,中书令和侍中分别兼吏部和兵部尚书成为定例。天宝末年,韦见素入相,因资历较浅,"遂拜武部(兵部)尚书、同中书门下平章事、集贤院学士,知门下省事。"②朝廷文官武将的选授权均在相府③。

至玄宗朝末年,中书门下体制顺利发展,在几度反复后,到李林甫为相掌控朝政之时,原属于尚书省的监督百官执行权中的施政权逐渐转移至宰相府。只是随着安史之乱的爆发,国家政务运行陷入非常态,中书门下体制的发展一度中断,其完全确立,只能静待战后。

唐代前期,行政运行体制从三省制向中书门下体制过渡,并非始终处于直线前行的轨迹上。其中,太宗以李治为储和武后试图以武承嗣为储,都伴随着提高尚书省(长官)地位,恢复以尚书省为三省制政务核心的尝试。甚至在中书门下体制确立后的一段时期里,玄宗还将中书令一职空置,以仆射作为私人咨询的对象。故此,无论在三省制逐渐解体,抑或中书门下体制初步发展过程中,尚书省的地位和职能始终处于动态变化中。这种特征也延续至安史之乱以后。

---

① 《资治通鉴》卷二一四,中华书局1956年版,第6837页。

② 《新唐书》卷一一八《韦见素传》,中华书局1975年版,第4267页。

③ 虽然史称"开元以来,宰相位望渐崇,虽尚书知政事,亦于中书决本司事以自便。而左、右相兼兵部、吏部尚书者,不自铨总"(《新唐书》卷四五《选举下》,中华书局1975年版,第1177页),但宰相仍掌控选官大权。

表1　唐代前期(不包括中宗、睿宗两朝)三省长官与加衔宰相简表

年份	左仆射	右仆射	中书令	中书侍郎	侍中	门下侍郎	其他
高祖朝							
武德元年(618)		裴寂	窦威(六月卒)萧瑀		刘文静(八月除名)窦抗(大将作兼侍中,六月始,十月薨)陈叔达(黄门侍郎判纳言,六月始)		李世民(尚书令)
二年		裴寂	萧瑀		陈叔达改兼纳言(正月)杨恭仁遥领(十月)		李世民
三年		裴寂	萧瑀封德彝(内史侍郎兼中书令,三月始)		陈叔达杨恭仁		李世民(四月改)
四年		裴寂	萧瑀封德彝(正月加判吏尚)		陈叔达杨恭仁		

年份	左仆射	右仆射	中书令	中书侍郎	侍中	门下侍郎	其他
五年		裴寂	萧瑀 封德彝		陈叔达 杨恭仁		
六年	裴寂（四月始任）	裴寂（四月改） 萧瑀（四月始）	萧瑀（四月改） 封德彝（四月正任） 杨恭仁（吏尚兼中书令，检校凉州诸军事，在凉州，四月始）		陈叔达 杨恭仁（四月改）		
七年	裴寂	萧瑀	封德彝 杨恭仁		陈叔达 裴矩（詹事，检校侍中，十二月始）		
八年	裴寂	萧瑀	封德彝 杨恭仁 李世民（十一月始）		陈叔达 裴矩（十一月改） 李元吉（十一月始） 宇文士及（权检校，十一月始）		

续表

年份	左仆射	右仆射	中书令	中书侍郎	侍中	门下侍郎	其他
九年	裴寂（正月改）	萧瑀	封德彝 杨恭仁 李世民		陈叔达 李元吉 宇文士及		
太宗朝							
武德九年	萧瑀（十月免）	封德彝	房玄龄 宇文士及		陈叔达（十月免）高士廉		
贞观元年（627）	萧瑀（六月始；十二月免）	封德彝（六月薨）长孙无忌（七月始）	房玄龄 宇文士及（八月检校凉州都督，九月改）		高士廉（八月贬）		杜淹（御史大夫，检校吏尚，参预朝政，九月始。他官参预朝政自此始）
二年	长孙无忌（正月罢）		房玄龄 李靖（刑尚检校中书令，三月为关内道行军大总管）		杜如晦（检校侍中，摄吏尚，监东宫兵马事）王珪（十二月始）		杜淹（十月卒）

续表

年份	左仆射	右仆射	中书令	中书侍郎	侍中	门下侍郎	其他
三年	房玄龄（二月始）	杜如晦（选知事，二月始，十二月薨）	房玄龄（二月改）李靖（二月改，检校中书令，八月为定襄道行军大总管）		杜如晦（二月改）王珪		魏征（秘书监，参预朝改，二月始）
四年	房玄龄	李靖（八月始）	李靖（八月改）温彦博（二月始）		王珪		魏征 萧瑀（御史大夫，参议朝政，二月始，七月罢）戴胄（民尚，参豫朝政，二月始）侯君集（兵尚，参豫朝改，十一月始）
五年	房玄龄	李靖	温彦博		王珪		魏征 戴胄 侯君集
六年	房玄龄	李靖	温彦博		王珪 魏征（检校，五月始）		魏征（五月改）戴胄 侯君集（三月以丧罢，十月起复）

续表

年份	左仆射	右仆射	中书令	中书侍郎	侍中	门下侍郎	其他
七年	房玄龄	李靖	温彦博		王珪（三月罢）魏征（三月正任）		戴胄（六月罢）侯君集
八年	房玄龄	李靖（十月，三两月，三日一至门下中书，平章政事，十一月罢）	温彦博		魏征		侯君集（十二月为积石道行军大总管）
九年	房玄龄		温彦博		魏征		侯君集 萧瑀（特进，参豫朝政，十二月始）
十年	房玄龄	温彦博（六月始）	温彦博（六月改）		魏征（六月改，知门下省事）杨师道（六月始）		侯君集 萧瑀（十二月罢）
十一年	房玄龄	温彦博（六月罢）			魏征 杨师道		侯君集

年份	左仆射	右仆射	中书令	中书侍郎	侍中	门下侍郎	其他
十二年	房玄龄	高士廉（七月始）			魏征 杨师道		侯君集（八月改吏尚，为当弥道行军大总管）
十三年	房玄龄	高士廉	杨师道（十一月始）		魏征 杨师道（十一月改）	刘洎（参知政事，十一月始）	侯君集（十二月为交河道行军大总管）
十四年	房玄龄	高士廉	杨师道		魏征	刘洎	侯君集（交河道行军大总管，十二月还）
十五年	房玄龄	高士廉	杨师道		魏征	刘洎	侯君集 李勣（兵尚，参谋国改，十一月始？）
十六年	房玄龄（七月改）	高士廉	杨师道	岑文本（专知机密）	魏征（十一月改太子太师，知门下省事）	刘洎	侯君集 李勣 房玄龄（司空，七月始）
十七年	房玄龄（七月改）	高士廉（六月改）	杨师道（四月改）	岑文本	魏征（正月薨）房玄龄（司空，太子太傅，知门下省事，四月始）	刘洎	侯君集（四月诛）房玄龄（四月改）李勣（四月改管事，同中书门下）高士廉（开府，同中书门下，六月始）张亮（刑尚，参豫朝改，八月始）

续表

年份	左仆射	右仆射	中书令	中书侍郎	侍中	门下侍郎	其他
十八年			岑文本（八月始）马周（八月始）	岑文本（八月改）	房玄龄 刘洎（八月始）	刘洎（参知政事，八月改）褚遂良（参豫朝政，八月始）	李勣（十一月为辽东道行军大总管）高士廉 张亮
十九年			岑文本（四月卒）马周 杨师道（摄，二月始，十一月贬）		房玄龄 刘洎（十二月赐死）长孙无忌（司徒、太子太师兼检校侍中，三月始）	褚遂良	李勣 高士廉 张亮（二月，高士廉摄太子太傅，与刘洎、马周，右庶子高季辅、少詹事张行成同掌机务，辅助太子监国）
二十年			马周		房玄龄（三月辞护之职）长孙无忌（三月辞护之职）	褚遂良	李勣 高士廉 张亮（三月诛）
二十一年			马周		房玄龄 长孙无忌	褚遂良（十月以父丧罢）	李勣（三月为辽东道行军大总管）高士廉（正月薨）

续表

年份	左仆射	右仆射	中书令	中书侍郎	侍中	门下侍郎	其他
二十二年	长孙无忌（司徒校兼检中书令、知尚书，门下二省事）		马周（正月卒）长孙无忌（司徒兼检校中书令、知尚书，门下二省事）褚遂良（九月始）	崔仁师（参知机务，二月除名）	房玄龄（七月薨）长孙无忌（司徒检校中书令、知尚书，门下二省事）	褚遂良（二月起复，九月改）	李勤
高宗朝							
贞观二十三年	长孙无忌（六月辞）李勤（九月始）		长孙无忌 褚遂良 高季辅（兼中书令，检校吏尚，五月始）		长孙无忌（六月辞）于志宁（五月始）张行成（兼侍中，检校尚，五月始）		李勤（五月贬）长孙无忌（太尉，六月始）李勤（开府，同中书门下参掌机密，六月始，九月改）
永徽元年（650）	李勤（九月解）		褚遂良（十一月贬）高季辅		于志宁 张行成（正任）		长孙无忌（开府，参国政，九月始）李勤（开府，参国政，九月始）

续表

年份	左仆射	右仆射	中书令	中书侍郎	侍中	门下侍郎	其他
二年	于志宁（八月始）	张行成（八月始）	高季辅（八月改）	柳奭（同三品）	于志宁（八月改）张行成（八月改）高季辅（八月始）	宇文节（同三品）	长孙无忌 李勤
三年	于志宁	张行成	柳奭（三月始）	柳奭（三月改）来济（同三品,九月始）	高季辅 宇文节（三月始）	宇文节（三月改）韩瑗（同三品,三月始）	长孙无忌 李勤 褚遂良（吏尚同三品,正月始）
四年	于志宁	张行成（九月薨）褚遂良（九月始,知选事）	柳奭	来济	高季辅（十二月卒）宇文节（三月流）崔敦礼（十一月始）	韩瑗	长孙无忌 李勤 褚遂良（吏尚同三品,九月改）
五年	于志宁	褚遂良	柳奭（六月罢）	来济	崔敦礼	韩瑗	长孙无忌

续表

年份	左仆射	右仆射	中书令	中书侍郎	侍中	门下侍郎	其他
六年	于志宁	褚遂良（九月贬）	来济（兼检校吏部尚，五月始）崔敦礼（七月始）	来济（五月改）李义府（参知政事，七月始）	崔敦礼（七月改）韩瑗（五月始）	韩瑗（五月改）	长孙无忌
显庆元年（656）	于志宁		来济 崔敦礼（七月改）	李义府	韩瑗	杜正伦（同三品，三月始）	长孙无忌 崔敦礼（太子少师同中书门下，七月始，八月卒）
二年	于志宁		来济（八月贬）李义府（兼校御史大夫，三月始）杜正伦（九月始，兼度支尚书）	李义府（三月改）	韩瑗（贬）许敬宗（八月始）	杜正伦（七月兼度支尚书，九月改）	长孙无忌

续表

年份	左仆射	右仆射	中书令	中书侍郎	侍中	门下侍郎	其他
三年	于志宁		李义府（十一月罢）杜正伦（十一月罢）许敬宗（权检校，随即十一月始）		许敬宗（十一月先以侍中权检校中书令，随即改任中书令）辛茂将（兼，十一月始）		长孙无忌
四年	于志宁（四月解）		许敬宗		辛茂将（十一月卒）许圉师（散骑常侍，检校侍中，十一月始）	许圉师（同三品，四月始，十一月改）	长孙无忌（四月解）于志宁（四月始，随即免）任雅相（兵尚同三品，五月始）卢承庆（度支尚书，知政事，五月同三品）李义府（度支尚书，五月三品）李义府改同三品，十一月始（兼吏尚同三品，八月始）

续表

年份	左仆射	右仆射	中书令	中书侍郎	侍中	门下侍郎	其他
五年			许敬宗		许圉师		任雅相 卢承庆(七月免) 李义府
龙朔元年(显庆六年,661,二月,官更名)			许敬宗		许圉师		任雅相(五月为浿江道大总管) 李义府
二年			许敬宗(八月改太子少师,知三品同三品,知西台事)	上官仪(同三品,十月始)	许圉师(五月由左侍极、检校左相改左相,十月下狱,十二月解)		任雅相(二月卒于军) 李义府司列(二月正拜大司列,七月以丧免,九月起复)
三年			许敬宗 李义府(知选事,正月始,四月下狱,除名)	上官仪			

续表

年份	左仆射	右仆射	中书令	中书侍郎	侍中	门下侍郎	其他
麟德元年(664)			许敬宗(八月去知西台事?) 刘祥道(大司列兼右相,八月始,十二月罢)	上官仪(十二月诛) 乐彦玮(知军国政事,寻同三品,十二月始) 孙处约(知军国政事,寻同三品,十二月始)	窦德玄(大司元,检校左相,八月始)		许敬宗(太子少师同三品,八月去知西台事?)
二年			陆敦信(左侍极,检校右相,四月始)	乐彦玮(四月停) 孙处约(四月停)	窦德玄		许敬宗 姜恪(兼大司戎,三月始) 刘仁轨(大司宪兼知政事,十月始)
乾封元年(666)			陆敦信(四月罢) 刘仁轨(七月始)		窦德玄(八月卒)		许敬宗 姜恪 刘仁轨(七月改)

续表

年份	左仆射	右仆射	中书令	中书侍郎	侍中	门下侍郎	其他
二年			刘仁轨	杨武（同三品，六月始）戴至德（同三品，六月始）		李安期（正谏大夫、检校东台侍郎，同三品，六月始，八月改）	许敬宗 姜恪 赵仁本（少司列兼正谏大夫大同三品，六月始，不知何时兼检校右中护） 张文瓘（东台侍郎，参知政事，六月始）
总章元年（乾封三年，668）			刘仁轨（正月任辽东道副大总管，阎立本（十二月始）	杨武（四月卒）戴至德	姜恪（大司戎，检校左相，十二月始）		许敬宗 姜恪 赵仁本 张文瓘
二年			刘仁轨 阎立本	戴至德 李敬玄（同三品，兼检校少司列，二月始）	姜恪（是年卸大司戎）	张文瓘（同三品，二月始）郝处俊（同三品，三月始）	许敬宗 赵仁本 张文瓘

续表

年份	左仆射	右仆射	中书令	中书侍郎	侍中	门下侍郎	其他
咸亨元年（总章三年，670，十二月官复旧名）			刘仁轨（正月致仕）阎立本	戴至德 李敬玄（二月以丧免，四月起复）	姜恪（闰九月为凉州道大总管）	张文瓘 郝处俊	许敬宗（三月致仕）赵仁本（十月罢）
二年			阎立本	戴至德 李敬玄	姜恪（正任）	张文瓘 郝处俊	
三年			阎立本	戴至德加兼户尚 李敬玄（九月改）郝处俊（同三品，十月始）	姜恪（九月卒于河西镇守）	张文瓘（九月检校大理卿）郝处俊（十月改）	李敬玄（吏待同三品，十月始）刘仁轨（同三品，左庶子十二月始）
四年			阎立本（十月卒）	戴至德 郝处俊		张文瓘	李敬玄 刘仁轨
上元元年（咸亨五年，674）				戴至德 郝处俊		张文瓘	李敬玄 刘仁轨（二月为鸡林道大总管）

— 79 —

年份	左仆射	右仆射	中书令	中书侍郎	侍中	门下侍郎	其他
二年	刘仁轨（八月始）	戴至德（八月始）	郝处俊（八月始）	戴至德（八月改）郝处俊（八月改）	张文瓘（八月始）	张文瓘（八月改）	李敬玄（八月改吏尚同三品）刘仁轨（八月改）
仪凤元年（上元三年，676）	刘仁轨	戴至德	郝处俊（是年兼太子宾客，检校兵尚）李敬玄（十一月始）	薛元超（同三品，三月始，十一月为河北道大使）李义琰（同三品，四月始）	张文瓘	来恒（同三品，三月始，十一月为河南道大使）高智周（同三品，六月始）	李敬玄（十一月改）
二年	刘仁轨（六月为洮河军镇守使）	戴至德	郝处俊（三月改）李敬玄	薛元超李义琰（三月改）	张文瓘	来恒高智周（三月改）	郝处俊（左庶子同三品，三月始）高智周（左庶子同三品，三月始）李义琰（右庶子同三品，三月始）张大安（右庶子同三月始）

续表

年份	左仆射	右仆射	中书令	中书侍郎	侍中	门下侍郎	其他
三年	刘仁轨	戴至德	李敬玄（正月为洮河道大总管兼安抚大使,检校鄯州都督）	薛元超	张文瓘（九月卒）	来恒（十一月卒）	郝处俊 高智周 李义琰 张大安
调露元年（仪凤四年,679）	刘仁轨	戴至德（正月薨）	李敬玄	薛元超	郝处俊（四月始）		郝处俊（四月改） 高智周（十一月罢） 李义琰 张大安
永隆元年（调露二年,680）	刘仁轨		李敬玄（八月贬）	薛元超 王德真（同三品,四月始,九月罢）	郝处俊	裴炎（同三品,四月始） 崔知温（同三品,四月始）	李义琰 张大安（八月贬）
开耀元年（永隆二年,681）	刘仁轨（三月兼太子少傅,七月罢）		崔知温（七月始） 薛元超（七月始）	薛元超（七月改）	郝处俊（三月罢） 裴炎（七月始）	裴炎（七月改） 崔知温（七月改）	李义琰 刘仁轨（太子少傅同三品,七月始）

续表

年份	左仆射	右仆射	中书令	中书侍郎	侍中	门下侍郎	其他
永淳元年（开耀二年，682）			崔知温 薛元超	郭正一（秘书少监检校中侍平章事，四月始）	裴炎	郭待举（平章事，四月始）刘景先（平章事，十月始）	李义琰 刘仁轨 岑长倩（兵侍平章事，四月始）魏玄同（吏侍平章事，四月始）
武后朝							
弘道元年（683）	刘仁轨（京师留守，十二月始）		崔知温（三月薨）薛元超（七月罢）裴炎（十二月始）	郭正一（四月正除中侍，十二月罢）	裴炎（十二月改）刘景先（十二月始）	郭待举（十二月改）刘景先（十二月改）魏玄同（同三品，十二月始）	李义琰（三月致仕）刘仁轨（十二月改）魏玄同（十二月改）岑长倩（同三品）郭待举（左散骑常侍同三品，十二月始）

续表

年份	左仆射	右仆射	中书令	中书侍郎	侍中	门下侍郎	其他
光宅元年（684）	刘仁轨（京师留守）		裴炎（十月诛） 骞味道（检校，十月始）	刘祎之（同三品，二月始） 韦方质（平章事，十一月始）	刘景先（十月罢） 王德真（二月始）	魏玄同（八月改）	韦弘敏（太府卿同三品，正月始，十月罢） 岑长倩 郭待举（十一月罢） 武承嗣（大常卿同三品，闰五月始，八月罢） 魏玄同（左丞同三品，八月始） 李景谌（凤阁舍人平章事，十月始，随即罢） 沈君谅（正谏大夫平章事，十月始） 崔詧（正谏大夫平章事，十月始）

续表

年份	左仆射	右仆射	中书令	中书侍郎	侍中	门下侍郎	其他
垂拱元年(685)	刘仁轨(正月薨)		骞味道(守内史,四月贬)裴居道(五月始)	刘祎之 韦方质(五月由平章事改同三品)	王德真(五月流) 苏良嗣(五月始)	魏玄同(同三品,七月始)	岑长倩 沈君谅(二月罢) 崔詧(三月使河北,罢) 魏玄同(七月改) 武承嗣(春尚同三品,二月罢) 韦思谦(右台御史大夫同三品,二月改) 裴居道(秋尚同三品,二月始) 韦待价(天尚同三品,五月始) 韦待价(六月始,十一月为燕然道大总管)
二年	苏良嗣(六月始)	韦待价(六月始)	裴居道 岑长倩(知夏官尚事,四月始)	刘祎之 韦方质	苏良嗣(六月改) 韦思谦(六月始)	魏玄同(二月改)	岑长倩(四月改) 韦思谦(六月改) 韦待价(六月改) 魏玄同(地尚同三品,二月始)

年份	左仆射	右仆射	中书令	中书侍郎	侍中	门下侍郎	其他
三年	苏良嗣(四月留守西京,十月还?)	韦待价(十二月为安息道大总管)	裴居道(四月改)岑长倩	刘祎之(四月诛)韦方质张光辅(平章事,四月始)	韦思谦(二月致仕)裴居道(四月始)魏玄同(地官尚书检校纳言,八月始,十月留守西京?)		魏玄同(八月改)
四年	苏良嗣	韦待价(五月为安息道大总管,七月流)	岑长倩(九月为后军大总管)	韦方质张光辅(九月为诸军节度)	裴居道(十二月留守西京?)魏玄同(是年或明年二月卸地官)		骞味道(左台御史大夫平章事,二月诛)王本立(夏侍平章事,九月始)
永昌元年(689)	苏良嗣	韦待价(五月为安息道大总管,七月流)	岑长倩张光辅(三月始,八月诛)	韦方质(二月改)张光辅(三月改)邢文伟(平章事,十月始)	裴居道魏玄同(闰?九月赐死)张光辅(随即始)武承嗣(三月始)		王本立(三月改左台御史大夫平章事,八月同三品)韦方质(地官同三品,二月始)范履冰(春尚平章事,十月始)

续表

年份	左仆射	右仆射	中书令	中书侍郎	侍中	门下侍郎	其他
天授元年(690)	苏良嗣(一月改) 武承嗣(一月始)	岑长倩(一月始)	岑长倩(一月改) 邢文伟(一月始,十月贬) 宗秦客(检校,九月始,十月贬)	邢文伟(一月改)	裴居道(一月改) 武承嗣(一月改) 武攸宁(九月始) 史务滋(九月始)	傅游艺(平章事,九月始)	王本立(一月罢) 韦方质(一月流) 范履冰(四月诛) 苏良嗣(特进同三品,一月始,三月薨) 裴居道(太子少傅或太保?同三品始,八月下狱或死)
二年	武承嗣	岑长倩(五月为武威道大总管,十月诛)		任知古(平章事,六月始)	武攸宁(八月罢) 史务滋(司礼卿兼判纳言事,八月始,十月自杀) 欧阳通(司礼卿兼判纳言事,八月始,十月诛) 武攸宁(九月始)	傅游艺(下狱死) 乐思晦(平章事,六月始,十月诛)	格辅元(地尚平章事,六月始,十月诛) 裴行本(冬特平章事,九月始) 狄仁杰(地侍,判尚书事平章事,九月始)

续表

年份	左仆射	右仆射	中书令	中书侍郎	侍中	门下侍郎	其他
长寿元年（692）	武承嗣（八月罢）			任知古（一月罢）、李昭德（平章事，八月始）	武攸宁（八月罢）	崔元综（平章事，八月始）	裴行本（一月流）、狄仁杰（一月贬）、杨执柔（夏尚平章事，一月始，八月罢）、李游道（冬尚平章事，一月始，八月流）、袁智弘（秋尚平章事，二月始，九月流）、崔神基（司宾卿平章事，八月始，九月流）、姚璹（左丞平章事，九月始）、李元素（右丞平章事，八月始，九月流）、王璿（夏尚平章事，八月始，九月流）

续表

年份	左仆射	右仆射	中书令	中书侍郎	侍中	门下侍郎	其他
二年			豆卢钦望（九月始）	李昭德（一月改）		崔元综 陆元方（平章事，九月始）	姚璹（九月罢）娄师德（夏侍平章事，一月始）李昭德（夏侍平章事，一月始）韦巨源（右丞平章事，九月始）
延载元年（694）			豆卢钦望（检校，三月为朔方道行军长史，九月末出征，九月贬）李昭德（三月为朔方道行军司马，未出征）	苏味道（平章事，三月始，三月为朔方道行军司马，未出征）杜景俭（平章事，八月始）李元素（平章事，十月始）周允元（检校凤阁侍郎平章事，十月始）	姚璹（八月始）	崔元综（流）陆元方 杨再思（平章事，八月始）	娄师德（三月改河源积石怀远等军营田大使）李巨源（三月改）韦巨源（平章事）王孝杰（夏官同三品，武威道总管，四月始，七月为瀚海道总管）武什方（正谏大夫平章事七月始，八月归山）

续表

年份	左仆射	右仆射	中书令	中书侍郎	侍中	门下侍郎	其他
天册万岁元年（证圣元年，695）			豆卢钦望（一月贬）	苏味道（一月贬）杜景佺（一月贬）李元素 周允元（二月薨）	姚璹	陆元方（一月贬）杨再思	娄师德 韦巨源（一月贬）王孝杰（一月为朔方道总管，七月为肃边道大总管）
万岁通天元年（万岁登封元年，万岁封元年，696）				李元素 王方庆（平章事，十月始）	姚璹（七月为安抚输关道副大使）	杨再思 王方庆（平章事，九月始，十月改）	娄师德（一月改左台御史大夫平章事，边道总管，四月贬）王孝杰（三月免）孙元亨（检校夏官侍平章事，四月始）李道广（殿中监平章事，九月始）

续表

年份	左仆射	右仆射	中书令	中书侍郎	侍中	门下侍郎	其他
神功元年（万岁通天二年，697）			王及善（四月始）	李元素（二月诛）王方庆娄师德（平章事，二月始，后兼右台御史大夫、知左台事，五月为左右副大总管，六月安抚河北，九月改）杜景俭（平章事，闰十月始）	姚璹（八月改）娄师德（九月始）	杨再思狄仁杰（平章事，闰十月始）	孙元亨（二月诛）李道广（六月始）宗楚客（检校夏侍平章事，六月始）洛州长史武承嗣（特进同三品，七月始）武三思（春尚同三品，七月罢）

续表

年份	左仆射	右仆射	中书令	中书侍郎	侍中	门下侍郎	其他
圣历元年(698)			王及善武三思（检校,八月始）	王方庆（八月罢）杜景佺（七月罢）苏味道（平章事,九月始）李峤兼凤阁侍郎监,知凤阁侍郎,十月始）	娄师德（四月为陇右诸校河大使,检校河西营田事）狄仁杰（兼,八月始,九月改检校纳言,河北道副元帅,知元帅事,十月为河北道安抚大使）	杨再思狄仁杰（八月改）	李道广（正月罢）崇楚客（正月罢）武攸宁（夏尚同三品,九月始）姚元崇（夏侍平章事,十月始）
二年	王及善（八月始,九月罢）	豆卢钦望（八月始）	王及善（八月改）武三思（八月正任）	苏味道李峤魏元忠（平章事,腊月始,四月检校并州长史,天兵军大总管）	娄师德（四月为天兵军副大总管,仍充陇右诸军大使,八月罢）狄仁杰	杨再思（八月罢）陆元方（平章事,八月始）	武攸宁（二月罢）姚元崇吉顼（天冬侍平章事,腊月始）

续表

年份	左仆射	右仆射	中书令	中书侍郎	侍中	门下侍郎	其他
久视元年（圣历三年，700）		豆卢钦望（二月罢）	武三思（正月罢）、狄仁杰（腊月始，九月薨）	苏味道、李峤（三月改）、魏元忠（三月兼洛州长史，六月改）、张锡（七月始）	狄仁杰（腊月改）、韦巨源（腊月始，十月罢）	陆元方（最晚此年罢）、李峤（平章事，三月始，七月罢）、韦安石（平章事，十月始）	姚元崇（正月罢）、吉顼（正月贬）、魏元忠（左台御史大夫平章事，六月始，八月为陇右诸军州大总管，十月为萧关道大总管）
长安元年（大足元年，701）				苏味道（七月充使幽州按察兵马）、张锡（三月流）、姚元崇（平章事，二月始，四月任并州长史以北检校诸军州兵马，六月兼知夏官事）		韦安石、李怀远（平章事，二月始，七月罢）	姚元崇（二月改）、魏元忠（道大总管，兼群牧大使）、顾琮（天侍郎章事，五月改同三品）、李迥秀（夏侍平章事，六月始）

续表

年份	左仆射	右仆射	中书令	中书侍郎	侍中	门下侍郎	其他
二年				苏味道（十月同三品）姚元崇		韦安石（十月同三品）	魏元忠（五月为安北道行军副元帅，寻授并州道行军大总管兼营劳使，兼知并州事，十二月为安东道安抚使）顾琮（十月薨）李迥秀（三月充使山东诸州安置军马并检校武骑兵，十月同三品）
三年				苏味道 姚元崇	李峤（兼左丞平章事，知纳言，闰四月始）	韦安石（闰四月为神都留守，兼判天官，秋官尚书事）	魏元忠（九月贬）李迥秀 李峤（兼左丞平章事，闰四月始，随即知纳言事）朱敬则（正谏大夫平章事，七月始）唐休璟（夏尚同三品，七月始）

续表

年份	左仆射	右仆射	中书令	中书侍郎	侍中	门下侍郎	其他
四年			李峤（知内史事，四月改，六月改）杨再思（七月始）	苏味道（三月贬）姚元崇（六月罢）韦嗣立（同三品，正月始，三月检校沂州刺史，六月追赴官所，十月检校魏州刺史，十二月罢）韦承庆（平章事，十月始）张柬之（平章事，十月始）	李峤（四月改）韦安石（知纳言事，四月始，旋加检校左丞，兼左庶子，八月兼检校扬州长史）	韦安石（四月改）崔玄暐（平章事，六月始）	李迥秀（三月贬）朱敬则（三月致仕）唐休璟（八月兼幽营二州都督，安东都护）宗楚客（夏侍平章事，三月始，七月贬）李峤（祭酒同三品，六月始，十月罢）姚元崇（兼知夏尚三品，六月始，八月兼知春尚，随即罢，随即为司仆卿同三品，九月知群牧使，兼摄右台御史大夫，十月为灵武道行军大总管，安抚大使，灵武道安抚大使，权检校左台大夫）张柬之（判秋侍平章事，十月始，随即改）房融（正谏大夫平章事，十月始）

续表

年份	左仆射	右仆射	中书令	中书侍郎	侍中	门下侍郎	其他
玄宗朝							
开元元年（先天二年，713）	窦怀贞（七月自杀）	刘幽求（知军国重事，七月始，九月改同三品，十一月兼侍中，十二月罢）	崔湜（七月诛）萧至忠（正月始，七月诛）张说（检校，九月始，十二月罢）姚崇（兵尚兼中书令，十二月始）	陆象先（七月罢）	魏知古（七月岑羲诛）刘幽求（右仆射同三品兼侍中，十一月、十二月罢）	卢怀慎（平章事，十二月始）	郭元振（兵尚，朔方道行军大总管同三品，六月始，十月罢）姚崇（兵尚同三品，十月始，十一月改）
二年			姚崇		魏知古（五月罢）卢怀慎（检校，正月始）		
三年			姚崇		卢怀慎（兼吏尚，检校，正月始）		

续表

年份	左仆射	右仆射	中书令	中书侍郎	侍中	门下侍郎	其他
四年			姚崇（闰十二月罢）	苏颋（平章事,闰十二月始）	卢怀慎（正兼吏尚,十一月始）宋璟（吏尚兼黄门监,闰十二月始）	源乾曜（平章事,十一月始,闰十二月罢）	
五年				苏颋	宋璟		
六年				苏颋	宋璟		
七年				苏颋	宋璟		
八年			张嘉贞（五月始）	苏颋（正月罢）张嘉贞（平章事,正月始,五月改）	宋璟（正月罢）源乾曜（五月始）	源乾曜（平章事,正月改,五月改）	
九年			张嘉贞		源乾曜		张说（九月始）
十年			张嘉贞		源乾曜		张说

续表

年份	左仆射	右仆射	中书令	中书侍郎	侍中	门下侍郎	其他
十一年			张嘉贞（正月贬）张说（兼，正月始，四月正除）		源乾曜		张说（正月改）王晙（兵尚同三品，四月始，五月充朔方节度兼知河北河东陇右兵马使，六月出巡，十二月罢）
十二年			张说		源乾曜		
十三年	源乾曜侍中（兼，十一月始）	张说（兼中书令，十一月始）	张说（十一月改右丞相兼侍中）		源乾曜（十一月改左丞相兼侍中）		
十四年	源乾曜	张说（四月停兼中书令）	张说（四月罢）	李元纮（平章事，四月始）	源乾曜	杜暹（平章事，九月始）	
十五年	源乾曜	张说（二月致仕）		李元纮	源乾曜	杜暹	
十六年	源乾曜			李元纮	源乾曜	杜暹	萧嵩（兵尚同三品，河西节度使，十一月始，河西节度使，判凉州事）

续表

年份	左仆射	右仆射	中书令	中书侍郎	侍中	门下侍郎	其他
十七年	源乾曜（八月改）张说（八月始）	张说（三月始，八月改）宋璟（八月始）	萧嵩（兵尚兼中书令，六月始）	李元纮（罢）裴光庭（平章事，六月始，八月加兼御史大夫，九月改）	源乾曜（六月罢，停兼侍中）	杜暹（六月罢）宇文融（平章事，六月始，九月贬）裴光庭（平章事，兼御史大夫，九月始）	
十八年	张说（正月薨）	宋璟	萧嵩		裴光庭（正月始，兼御史大夫，四月改兼吏尚）		
十九年		宋璟	萧嵩		裴光庭（盖兼吏尚）		
二十年		宋璟	萧嵩（十二月改吏尚兼中书令）		裴光庭（十二月御吏尚）		
二十一年	宋璟（十二月致仕）萧嵩（十二月始）	宋璟（十二月致仕）萧嵩（十二月始）	萧嵩（十二月罢）	张九龄（平章事，十二月始）	裴光庭（三月薨）	韩休（平章事，三月始，十二月罢）裴耀卿（平章事，十二月始）	

续表

年份	左仆射	右仆射	中书令	中书侍郎	侍中	门下侍郎	其他
二十二年		萧嵩	张九龄（五月始）	张九龄（五月改）	裴耀卿（五月始）	裴耀卿（五月改）	李林甫（礼尚同三品，五月始）
二十三年		萧嵩	张九龄		裴耀卿		李林甫（闰十一月户尚同三品）
二十四年	裴耀卿（十一月始）	萧嵩（十一月改）张九龄（十一月始）	张九龄（十一月罢）李林甫（兵尚兼中书令，十一月始）		裴耀卿（十一月罢）牛仙客（工尚同三品，知门下省事，十二月始）		李林甫（七月改兵尚同三品）牛仙客（工尚同三品，十一月始，十二月知门下省事）
二十五年	裴耀卿	张九龄（四月贬）	李林甫		牛仙客		
二十六年	裴耀卿		李林甫		牛仙客（守侍中，正月始）		
二十七年	裴耀卿		李林甫（正月改吏尚兼中书令）		牛仙客（正月改兵尚兼侍中）		

年份	左仆射	右仆射	中书令	中书侍郎	侍中	门下侍郎	其他
二十八年	裴耀卿		李林甫		牛仙客		
二十九年	裴耀卿		李林甫		牛仙客		
天宝元年（742）	裴耀卿（八月改）李林甫（兼右相，文尚，八月始）	裴耀卿（八月始）	李林甫（八月改为左仆射兼中书令，文尚）		牛仙客（七月薨）李适之（八月始，随即兼武尚）		
二年	李林甫	裴耀卿（七月薨）	李林甫		李适之		
三载	李林甫		李林甫		李适之		
四载	李林甫		李林甫		李适之		

续表

年份	左仆射	右仆射	中书令	中书侍郎	侍中	门下侍郎	其他
五载	李林甫		李林甫		李适之(四月罢)	陈希烈(平章事,四月始)	
六载	李林甫		李林甫		陈希烈(兼武尚,三月始)	陈希烈(三月改)	
七载	李林甫		李林甫		陈希烈		
八载	李林甫		李林甫		陈希烈		
九载	李林甫		李林甫		陈希烈		
十载	李林甫		李林甫		陈希烈		
十一载	李林甫(十一月薨)		李林甫(十一月薨)杨国忠(兼文尚,十一月始)		陈希烈		
十二载			杨国忠		陈希烈		

续表

年份	左仆射	右仆射	中书令	中书侍郎	侍中	门下侍郎	其他
十三载	安禄山（兼平卢范阳河东节度使，正月始）		杨国忠（三月改司空兼右相，文尚）		陈希烈（八月罢）韦见素（武侍平章事，知门下省事，八月始）		
十四载	安禄山（十一月反）		杨国忠		韦见素		

第二章　唐代后期尚书省的
发展阶段

　　以开元十一年（723）中书门下建立为标志，唐代行政运行体制发生了根本性转折。安史之乱爆发后，中书门下体制发展进程被迫中断。战后，随着政局的变化，中央政府反复调整对尚书省—寺监运作体系的政策和具体措施。在这一过程中，尚书省也采取了不同的态度和方式进行回应，进行新的尝试，地位、职掌、建制和运作模式都不断变化。在不同的历史阶段，发展呈现出迥然不同的特色。

第一节　混乱停滞时期：至德元载
（756）至广德元年（763）

　　安史之乱爆发后，肃宗于灵武匆忙即位。其在位期间，唐王朝始终处于战乱中。战争带来的直接后果就是国家政务处理陷入混乱，原有行政运行体制无法正常运转。肃宗的心腹臣僚，以银青光禄大夫"俾掌枢务"的李泌，开始参议"四方文状，将相迁除"，"位非宰相，实辅臣也。"①与此同时，利用马嵬之变取得肃宗宠信的权宦李辅国不仅与君主商议朝政，而且在公文上下行过程中，直接控制了裁决政务的权力。这就导致中书门下与三省都无法发挥作用。《资治通鉴》卷二二一肃宗乾元二年(759)条略云：

> 太子詹事李辅国，自上在灵武，判元帅行军司马事，侍直帷幄，宣传诏命，四方文奏，宝印符契，晨夕军号，一以委之。及还京师，专掌禁兵，常居内宅，制敕必经辅国押署，然后施行，宰相百司非时奏事，皆因辅国关白、承旨。常于银台门决天下事，事无大小，辅国口为制敕，写付外施行，事毕闻奏。②

战乱期间，国家常务裁决大量减少。此前由于中书门下建立，尚书省的政令权已经有所削弱，此时省内诸曹更显空虚。随着李辅国成为转奏宰相、百司事务的媒介，在公文上行过程中，尚书省对常务以及中书省对非常务行使的权力所剩无几。本来，尚书都省和诸部曹司在制敕行下过程中拥有封驳权。且至开元中期，尚书省的敕后起请与敕后商量状尚为制定政务实施细则的主要公文。但李辅国"口为制敕"，不仅剥夺了中书省的草诏权，也导致门下省与尚书省封驳王言的权力形同虚设。尚书省不可能在制敕下达后，提出任何处理或修正意见。三省在裁处政务过程中的职能，因李辅国专权而丧失殆尽。这进一步促进了三省功用的瓦解。

---

① 《册府元龟》卷九九《帝王部·亲信》"李泌"条，中华书局 1960 年版，第 1187 页。《旧唐书》卷一三〇《李泌传》略同，中华书局 1975 年版，第 3621 页。
② 《资治通鉴》，中华书局 1956 年版，第 7073 页。

在这样的背景下,中书门下无法巩固自身已经获取的权力,不能在奏状上行过程中进行参议。中书门下力图取代尚书省成为国家最高行政机构,将省寺体系转变为宰相领导下的执行机构的努力暂时停滞。因此,非因李辅国得立的宰相进行了反击。乾元二年三月,肃宗起用李岘、吕諲、李揆与第五琦等人为相①,其中站在宦官集团对立面的李岘拥有实权。"及李岘为相,于上前叩头,论制敕皆应由中书出,具陈辅国专权乱政之状"②。故肃宗下诏称:"比缘军国务殷,或宣口敕处分诸色取索及决配囚徒,虽务从权,实为乱政,自今已后,一切并停,如非正宣,并不得行用。中外诸务,各归有司。英武军虞候及六军、诸使、诸司等,比来或因论竞,悬白进摄,既紊纲纪,复扰氓黎。自今已后,一切须经台府,如所由处断不平,即任具状奏闻。"③此诏内容颇多,上引诸条是针对宦官集团者。最主要的即否认口敕等同正宣的效力,进而保证通过正式王言裁决政务。但这一权力的恢复,主要有利于中书门下,与尚书省并无实质关系④。从内容上

---

① 参见《旧唐书》卷一〇《肃宗纪》"乾元二年三月甲午"条、"乙未"条,中华书局 1975 年版,第 255 页;《新唐书》卷六二《宰相中》"乾元二年三月甲午"条、"乙未"条,中华书局 1975 年版,第 1694—1695 页。李岘以吏部尚书平章事为相,掌握大权,成为这一时期尚书省官员为相掌权的特例。

② 《资治通鉴》卷二二一"肃宗乾元二年"条,中华书局 1956 年版,第 7074 页。

③ 《册府元龟》卷六四《帝王部·发号令三》"乾元二年三月诏",中华书局 1960 年版,第 715 页。

④ 因为尚书省参与政务的主体公文是奏抄,御画奏抄并非制敕。战乱中,奏状的使用大幅度增加,经中书门下裁决,皇帝批准后制成王言。因此在三省制已被破坏的背景下,强调正式王言的应用,有利于中书门下权力的巩固。

看，这封诏令旨在全面打击宦官势力，包括限制宦官介入中枢决策权和常务裁决权。所以仅过了月余时间，李岘即被免职①。不过，李岘的努力还是在某种程度上遏制了李辅国的权势。乾元三年敕："诸司使、诸州府进奏文状，应合宣行三纸已上，皆自写宣付四本。中书省宣过，中书省将两本与门下省。"②奏状获批后形成正式王言，经中书省宣行，过门下省审核，而非宦官口传。宝应元年（762）五月，代宗即位后重申："诸道州府所承上命，须凭正敕，后可施行，不得悬信中使宣言敕，即便遵行。"③中书门下裁决政务的权力得到了一定保障，尚书省的地位受到宰相机构更为持久的挑战。

尚书省层层申报、审批的政务处理模式不能适应战时需要，而合署办公的宰相机构办事效率却远高于尚书省。战乱期间，逐渐政务官化的中书门下经常接受君主的临时指派，直接处理尚书省事务。首先，至德元载八月，敕命中书门下召礼官商定是否以永康、兴宁二陵为署之事，最后中书门下领导礼院作出裁决④。次年，丹凤楼大赦文规定"其律令格式未折中者，委中书门下简择通明识事官两三人并法官两三

---

① 参见《旧唐书》卷一〇《肃宗纪》"乾元二年五月辛巳"条，中华书局1975年版，第256页；《新唐书》卷六二《宰相中》"乾元二年"条，中华书局1975年版，第1695页。

② 《唐会要》卷五四《省号上·中书省》，上海古籍出版社2006年版，第1088页。

③ 《唐会要》卷六五《内侍省》"宝应元年五月十九日敕"，上海古籍出版社2006年版，第1339页。

④ 参见《唐会要》卷二〇《陵议》"天宝十三载二月制"，上海古籍出版社2006年版，第460页。

人删定"①。中书门下负责选择删定法令的人选,成为此项工作的监督者。乾元元年三月敕:"县令、录事参军,自今已后,选司所拟,宜准故事,过中书门下,更审详择。仍永为例程。"②由吏部所注拟的县令和录事参军,在门下过官外,还要再过中书门下,直接将中书门下置于吏部和门下省之上。同月,还诏令"自今以后,诸色律令,杀人、反逆、奸盗及造伪十恶外,自余烦冗一切删除。仍委中书门下与刑部、大理法官共详定,具件奏闻"③,中书门下再一次以刑部领导机构的身份出现。上元二年(761)正月德音:"国计军储,取给而已,犹欲累加损抑,以惠黔黎。宜令中书门下勾当,令度支使与诸供司,一切减省,应可蠲免,每司各条件闻奏,当使施行。"④这是将与财政有关的职事官机构和使职都置于中书门下之下。这些王言主要规定有二:一是在部分常务处理过程中,由中书门下直接领导事务执行机构,将尚书省排除在外;一是由中书门下领导尚书省及相关机构,从事某项工作,在尚书省之上形成了更高一级机构。因此,这一时期宦官侵权及宰相反侵权的斗争,多少也体现了行政运行体制转换过程中,中书门下希望取代尚书省的意图。

---

① 《册府元龟》卷八七《帝王部·赦宥六》"至德二年十二月戊午"条,中华书局 1960 年版,第 1034 页。

② 《唐会要》卷六九《县令》"乾元元年三月五日敕",上海古籍出版社 2006 年版,第 1441 页。

③ 《册府元龟》卷六一二《刑法部·定律令四》"乾元二年三月诏",中华书局 1960 年版,第 7349 页。

④ 《唐大诏令集》卷八四《以春令减降囚徒德音》,中华书局 2008 年版,第 481 页。

在战乱的影响下,这一时期中央百司多呈现"空虚"的特征,所谓"艰虞以来,百司不纲,事或流末,官备职虚,多不厉己"①。尚书省的形势则更堪忧,皆以间日视事②。故此时已有恢复省寺职能的微小呼声,并发布了相关诏令。肃宗时,尚书右丞徐浩进言:"故事,有司断狱,必刑部审覆。自李林甫、杨国忠当国,专作威福,许有司就宰相府断事,尚书以下,未省即署,乖慎恤意。请如故便",获得批准③。代宗朝伊始,即强调"天下刑狱须大理正断,刑部详覆,不得中书门下便即处分"④。

虽然不能完全正常履行职责,但省内重要部曹依然拥有政令权。李辅国于上元二年八月担任兵部尚书一职⑤,诏曰:"洎大兵之后,戎务实繁,[李辅国]职统中外,事无大小,克徇恭敬之节,用申协赞之勋……加兵部尚书"⑥。李氏任职是为其行使军权取得合法性,说明与军政相关的政令权依然在兵部手中。由于铨选工作的进行,吏部和考功也制定了相应规条。宝应元

---

① (唐)李观:《上陆相公书》,《全唐文》卷五三三,中华书局 1983 年版,第 5418 页。

② 参见《唐会要》卷五七《尚书省诸司上·尚书省》"贞元二年正月"条,上海古籍出版社 2006 年版,第 1157 页。

③ 参见《新唐书》卷一六〇《徐浩传》,中华书局 1975 年版,第 4965—4966 页。

④ 《册府元龟》卷一五一《帝王部·慎罚》"代宗宝应三年七月壬寅"条,中华书局 1960 年版,第 1826 页;《唐大诏令集》卷九《广德元年册尊号敕》,中华书局 2008 年版,第 58 页。

⑤ 参见《新唐书》卷一〇《肃宗纪》"上元二年秋八月癸丑朔"条,中华书局 1975 年版,第 262 页。

⑥ 《册府元龟》卷六六五《内臣部·恩宠》"李辅国"条,中华书局 1960 年版,第 7963 页。

年,吏部针对州县官选任之事提出:"今望令已校三考官,待替到;如替人不到,请校四考后停。"①乾元元年大赦文要求吏部、兵部作条目,征召未经推荐的俊义之士②。宝应二年,考功奏请设立京外按察司,"各访察官吏善恶",作为定考的依据③。后又上商量状,要求不在任的员外官与试官"准中中例叙用"④。礼部也有关于贡举事的奏请,包括贡举条目和对道举停后崇玄生的处理⑤。战乱期间,开三司作为临时法庭。但刑部还是几次奏请就不合宜的法律条文进行改定⑥。这些情况均表明尚书省诸部曹的政令权及具体执行要务权的保留。中书门下并非始终位于尚书省之上,领导其进行工作。

　　与尚书省相比,寺监机构以及殿中、秘书两省发生的变革更

---

　　① 《唐会要》卷八一《考上》"宝应元年十月"条,上海古籍出版社 2006 年版,第 1779 页。

　　② 参见《唐大诏令集》卷六九《乾元元年南郊赦》,中华书局 2008 年版,第 384 页;《册府元龟》卷六八《帝王部·求贤二》"乾元元年四月"条,中华书局 1960 年版,第 764 页。

　　③ 参见《唐会要》卷八一《考上》"宝应二年正月"条,上海古籍出版社 2006 年版,第 1779 页;《册府元龟》卷六三五《铨选部·考课一》"宝应三(二)年正月"条,中华书局 1960 年版,第 7624 页。

　　④ 《唐会要》卷八一《考上》"宝应二年闰正月"条,上海古籍出版社 2006 年版,第 1779—1780 页;《册府元龟》卷六三五《铨选部·考课一》"宝应三(二)年闰月"条,中华书局 1960 年版,第 7624 页。

　　⑤ 参见《唐会要》卷七六《贡举中·孝廉举》"宝应二年六月二十日"条,上海古籍出版社 2006 年版,第 1652 页;卷七七《贡举下·崇玄生》"天宝十三载十月十六日"条,上海古籍出版社 2006 年版,第 1661 页。

　　⑥ 参见《唐会要》卷三九《议刑轻重》"乾元元年十二月十四日"条、"二年六月十四日"条、"宝应元年九月八日"条,上海古籍出版社 2006 年版,第 830 页。

为明显。乾元元年，废除军器监，监以下并停①，改置军器使，由宦官担任②。从此，尚书省领导的不再是"九寺五监"，库部权力更是受到削弱。不过，还有部分寺监进行了内部调整，以适应不断变化的政局。"乾元元年十月，司农寺奏：'旧规名额，仍为中署，特望升入上署。'敕旨依奏。"③同年，司天台也进行了改革④，成为这一时期较为活跃的事务机构。宗正寺在肃宗朝曾修订宗籍⑤。光禄寺成为朝廷造酒的唯一机构⑥。太常寺太卜署因肃宗不豫，建言"祟在山川"⑦。可见，寺监并非完全处于停滞状态。寺监机构的运作，使尚书省曹司政令权并未完全虚化。

这一时期，尚书省郎官与御史开始成为出使的重要人选⑧。唐代前期的郎官出使，主要承担宣慰工作⑨。但此时，郎官发挥

---

① 参见《唐会要》卷六六《军器监》"总序"条，上海古籍出版社 2006 年版，第 1376 页；《册府元龟》卷六二〇《卿监部·总序》，中华书局 1960 年版，第 7455 页。

② 《唐会要》卷六六《军器监》"乾元元年六月"条，上海古籍出版社 2006 年版，第 1376 页。

③ 《唐会要》卷六六《木炭使》，上海古籍出版社 2006 年版，第 1363 页。

④ 参见《唐会要》卷四四《太史局》，上海古籍出版社 2006 年版，第 933 页。

⑤ 《唐大诏令集》卷四〇《甄叙皇属敕》，中华书局 2008 年版，第 190—191 页。《唐大诏令集》载此敕，未标明时间；《全唐文》卷四四将此敕列入肃宗名下，中华书局 1983 年版，第 484 页。

⑥ 参见《册府元龟》卷五〇四《邦计部·榷酤》，中华书局 1960 年版，第 6042 页。

⑦ 参见《新唐书》卷一〇九《王玙传》，中华书局 1975 年版，第 4108 页。

⑧ 参见《唐会要》卷八六《关市》"宝应元年九月敕"，上海古籍出版社 2006 年版，第 1872 页。

⑨ 参见《册府元龟》卷一〇五《帝王部·惠民一》"高宗永徽二年正月"条，中华书局 1960 年版，第 1257 页；"中宗神龙元年四月"条，中华书局 1960 年版，第 1258 页。

的主要是监察作用,即所谓君主之"耳目"。此后,尚书都省和郎官的监察职责不断被强调,郎官的工作开始不局限于省内。

综上所述,至德元载至广德元年,唐代行政体制的运行因为战乱爆发和权宦非法介入,处于混乱状态。经过宰相的争取,发生了有利于中书门下的变化,三省制没有任何恢复迹象,中书门下则获得了参与裁决大部分政务的可能。中书门下的政务官化,对尚书省最高行政机构的地位造成冲击。中书门下力图确立对尚书省领导的意图,已昭然若揭。但尚书省的部分政令权力得以保留,与其对应的诸寺监也处于运作中。在行政运行体制转型过程中,尚书省—寺监体系被动地处于中书门下的对立面。

第二节　恢复旧制时期:广德二年 (764)至贞元三年(787)

广德元年正月,史朝义自杀,安史之乱宣告结束。十月,吐蕃陷长安,旋退。在经历了长期战乱之后,唐王朝的政局暂时稳定,战后重建工作迫在眉睫。君主和臣僚集团面对残破的家国,回想王朝早年的繁盛,很自然地把重建升平景象的希望寄托在施行原有政治制度上。自广德二年至贞元三年,朝廷进行了一系列恢复旧制的改革。其重点从表面上看,即重现三省制下以尚书省作为国家最高行政机构的行政运行体制。

广德二年二月,举行南郊大典,发布大赦文,在战后首次明确尚书省的地位:"尚书省政理所系,左右丞纲辖攸归,比来百司,职事皆废,宜令明征式令,各举所职",同时强调慎选都省和六部官员的原则①。可见重启国家常务正常运作的责任,被赋予了尚书省。次月,又规定:"文武百官及诸色人等,有论时政得失上封事者,状出后,宜令左右仆射、尚书,及左右丞、诸司侍郎、御史大夫、中丞等于尚书省详议可否,具状闻奏。"②封事内容并不属于国家常务,本不在尚书省裁决范围内。这一规定不仅表明尚书省在重建工作中地位不可忽视,且使得尚书省介入国家变革的讨论当中。需要注意的是,左右仆射被列入议政行列,进一步显示出朝廷恢复尚书省,特别是都省职能的意图。

广德二年底至永泰元年(765)八月,爆发仆固怀恩叛乱。平叛后,唐王朝继续复兴国运的计划。永泰二年(是年十一月改元大历,766)四月十五日,下制曰:

> 周有六卿,分掌国柄,各率其属,以宣王化。今之尚书省,即六官之位也。古称会府,实曰政源,庶务所归,比于喉舌,犹天之有北斗也。朕纂承丕绪,遭遇多难,典章故事,久未克举。其尚书宜申明令式,一依故事。诸司诸使及天下州府,有事准令式各申省者,先申省司取裁,并所奏请。

---

① 参见《唐大诏令集》卷六九《广德二年南郊赦》,中华书局 2008 年版,第 386 页。

② 《册府元龟》卷一〇二《帝王部·招谏一》"广德二年三月诏",中华书局 1960 年版,第 1225 页。《唐大诏令集》卷一〇五《令台省详议封事诏》略同,中华书局 2008 年版,第 536 页。

敕到省,有不便于事者,省司详定闻奏,然后施行。自今以后,其郎官有阙,选择多识前言、备谙故事、志业正直、文史兼优者,勿收虚名,务取实用。六行之内,众务毕举,事无巨细,皆中职司。酌于故实,遵我时宪,凡百在位,悉朕意焉。[1]

此制开篇即强调尚书省下合周礼,上应天象,作为国家最高行政机构("庶务所归"之"政源"),乃理所当然。故恢复旧制的核心,即"其尚书宜申明令式,一依故事"。三省制下受尚书省领导的寺监、地方州府和不受尚书省领导的使职,准令式申省之事均由省司裁决,再通过都省上达君主,掌庶务之诸机构均在其政令指挥之下。这也表明三省制下尚书省裁处常务的主要文书形式奏抄恢复行用。同时该制加强了尚书省在制敕下行过程中的封驳权和奏议权。由于国家正式王言基本都需经过尚书省行下,这一规定其实还赋予了省司对除常务外的军国大政的讨论权力。虽然尚书省长官并没有重回宰相行列,但其议政权却以另一种形式在一定程度上得以体现。此外,对郎官人选的重视和还权六部(曹司)的政策也是确保尚书省正常运作的有效手段。只是世易时移,随着律令制的破坏,诸机构上奏的事务不申省者更多,故此制书对于尚书省的积极意义大为减弱。

由于专典禁兵的内侍监鱼朝恩权倾朝野,与代宗及宰相元

---

[1]　《唐会要》卷五七《尚书省诸司上·尚书省》,上海古籍出版社 2006 年版,第 1155—1156 页。

载的矛盾日深,大历五年三月,被秘密缢杀。此后,朝廷开始清理鱼氏余党的工作。相关制书内容与尚书省息息相关:

> 唐虞之际,内有百揆,庶政惟和;至于宗周,六卿分职,以倡九牧。《书》曰:龙作纳言,帝命惟允;《诗》云:仲山甫王之喉舌,皆尚书之任也。虽西汉以二府分理,东京以三公总务,至于领录天下之纲,综核万事之要,邦国善否,出纳之由,莫不处正于会府也。令、仆以综详朝政,丞、郎以弥纶国典,法天地而分四序,配星辰而统五行,元元本本,于是乎在。九卿之职,亦中台之辅助,小大之政,多所关决。

> 自王室多难,一纪于兹,东征西伐,略无宁岁。内外荐费,征求调发,皆迫于国计,切于军期,率于权便裁之,新书从事,且救当时之急,殊非致理之道。今外虞既平,罔不率俾,天时人事,表里相符。宜昭画一之法,未布维新之令,陶甄化原,去末归本。

> 魏晋有度支尚书,校计军国之用,国朝但以郎官署领,办集有余。时艰之后,方立使额,参佐既众,簿书转烦,终无宏益,又失事体。其度支使及关内、河东、山南西道、剑南西川转运常平盐铁等使宜停。礼仪之本,职在奉常,往年置使,因循未改,有乖旧制,实旷司存。委太常卿自举本职,其使宜停。

> 汉朝丞相与公卿已下,五日一决事,帝亲断可否。且国之安危,不独注于将相;政之理乱,固亦在于庶官。尚书、侍郎、左右丞及九卿,参领要重,朕所亲倚,固当朝夕进见,以之匡益也。顷以边陲未宁,日不暇给。又省(寺)

之务,多有所分,简而无事,旷而不接。令大举纲目,重颁
宪章,并宜详校所掌,明征典故。一一条具,面陈损益。
如非时宜,须有奏议,亦听诣阁请对,当览其意,择善
而从。①

此制不但强调了尚书省—寺监体系在国家常务中的作用,
承认了尚书省长官拥有议政权,甚至还暗示了仆射的宰相身
份②。按照常理,在描述战乱之际不得以用权宜之法处理政务
的背景后,理应直接提出如何调整三省,特别是尚书省与中书门
下之间的关系,以恢复尚书省的最高行政权。但此制却话锋一
转,具体的措施只有两点;一是停废由鱼朝恩亲信第五琦所掌的
西部财政使职和裴士淹担任的礼仪使③(其他使职,包括刘晏所
领的东部盐铁转运使皆保留)④;二是给予尚书、丞郎和九卿面
见君主,陈明对于如何恢复旧制的观点的机会。由此可见,永泰
二年制并未得以有效、全面贯彻。此时,尚书省的最高行政权非
常有限,省内曹司仍然相对闲简;且使职并未处于省司领导之
下。而大历五年制书最终亦是一纸空文。西部财政使职并未废

---

① 《唐大诏令集》卷九九《复尚书省故事制》,中华书局 2008 年版,第
502—503 页。

② 此制开篇确认仆射为尚书省长官。"且国之安危,不独注于将相;政之
理乱,固亦在于庶官"中的庶官包括尚书、丞郎和九卿,而无仆射。故仆射当属
于"将相"。

③ 《旧唐书》卷一一《代宗纪》载:"[大历五年五月]庚辰,贬礼仪使、礼
部尚书裴士淹为虔州刺史,户部侍郎、判度支第五琦为饶州刺史,皆鱼朝恩党
也。元载既诛朝恩,下制罢使,仍放黜之"(第296—297 页)。

④ 由判度支和盐铁转运使分掌国家西部和东部财政体系的相关论证,参
见李锦绣:《唐代财政史稿》(下卷),北京大学出版社 2001 年版,第72—81 页。

止，而是转由元载亲判①；礼仪使则在两年之后再度设立②。所谓"朝廷诛内臣，修百度，弥纶经费，委重有司"③，只是空话而已。裴倩在第五琦罢任后，被任命为度支郎中，敕书称："底慎财赋之殷，校计军国之用，得专其任，爰举旧章，伫尔发挥，以之赡济"④。看似财权重归尚书省，但裴倩在任期间并无任何实际事务，直至离世⑤。

最终，从大历五年制书受益的只有元载集团。

代宗一朝所谓恢复尚书省职权的改革至此结束。再度改革的诏令，由德宗皇帝发出。德宗于大历十四年五月即位，六月御丹凤楼，大赦敕文与尚书省相关者仅一句："天下诸使及州府，有须改革处置事，一切先申尚书省，委仆射已下众官商量闻奏，外使及州府不得辄自奏请。"⑥此敕内容虽然简单，却是重建尚

---

①　参见《旧唐书》卷一一《代宗纪》，中华书局1975年版，第296页；《资治通鉴》卷二二四"代宗大历五年三月乙丑"条，中华书局1956年版，第7213页。

②　参见《唐会要》卷三七《礼仪使》"大历五年三月二十六日"条，上海古籍出版社2006年版，第785页。

③　(唐)权德舆：《唐尚书度支郎中赠尚书左仆射正平节公裴(倩)公神道碑铭并序》，《权德舆诗文集》卷一七，郭广伟点校，上海古籍出版社2008年版，第262页。

④　(唐)常衮：《授裴倩度支郎中制》，《文苑英华》卷三八九，中华书局1966年版，第1983页。

⑤　参见(唐)权德舆：《唐尚书度支郎中赠尚书左仆射正平节公裴(倩)公神道碑铭并序》，《权德舆诗文集》卷一七，郭广伟点校，上海古籍出版社2008年版，第262页。

⑥　《册府元龟》卷八九《帝王部·赦宥八》"德宗大历十四年五月癸亥"条，中华书局1960年版，第1057页；卷六四《帝部·发号令三》"大历十四年六月赦书"，中华书局1960年版，第718页；《唐会要》卷五七《尚书省诸司上·尚书省》"大历十四年六月赦"，上海古籍出版社2006年版，第1156—1157页。

书省权位最有成效的一次。这一次特别指出"改革处置事"必须申省，即律令范围外的事务亦要通过尚书省上达君主，作为地方、使职与君主之间的枢纽，国家常务的各个方面（准令式者和改革处置事），都交回到尚书省手中。意味着在战后重新确立行政运行体制的过程中，进一步明确了尚书省全国最高行政机构的地位。为了确保这一命令被确实执行，同月规定郎官充使绝本司务者改为检校官①，不可占用省内名额。这样，尚书省最基本的判案官员就不至延误工作。同年八月，力主重建旧制的杨炎入相，对改革措施进一步施行自有积极作用。这次改革促进了尚书省曹司再度行使政令权。即使在唐代前期就属于冷衙门的都官、虞部和屯田三曹，都有政令权的恢复②。甚至因为财政使职的设置而丧失职掌的金部、仓部二曹也开始了收回权力的步伐③。不过，此时诸曹裁决常务，多是以奏状，而非奏抄形式进行的，需要君主可否。尚书省的政令权与三省制下相比不可同日而语。

---

①　《唐会要》卷六二《御史台下·出使》"大历十四年六月敕"，上海古籍出版社 2006 年版，第 1277 页；《唐会要》卷七八《诸使中·诸使杂录上》"大历十四年六月一日敕"，上海古籍出版社 2006 年版，第 1702 页。

②　《唐会要》卷五九《尚书省诸司下·虞部员外郎》"大历十四年八月"条，上海古籍出版社 2006 年版，第 1222 页；卷八六《奴婢》"大历十四年八月"条，上海古籍出版社 2006 年版，第 1860—1861 页；卷九二《内外官职田》"大历十四年八月敕"，上海古籍出版社 2006 年版，第 1981 页。

③　大历十四年八月，都官奏请加强对官奴婢的管理时，提出要按照旧制，由金、仓部给衣粮。即二部必须恢复旧有管理国家财富的权力。见《唐会要》卷八六《奴婢》"大历十四年八月"条，上海古籍出版社 2006 年版，第 1860—1861 页。

建中元年(780),杨炎开始大刀阔斧地改革税制,其中伴随着夺取刘晏所掌利权的斗争。正月辛未南郊大赦文称:"自艰难已来,征赋名目繁杂,委黜陟使与诸道观察使、刺史作年支两税征纳。比来新旧征科色目一切停罢,两税外辄别率一钱,四等官准擅兴赋,以枉法论。"①虽然此条诏令与尚书省没有直接关系,却重新明确了四等官制的运行②。四等官制是《唐律》规定的官府机构的行政运行模式③。重申这一规定,是唐王朝力图进一步恢复旧制的表现,有利于尚书省的正常运转和对寺监、地方州府的领导。随后,杨炎借还权尚书省之机,停废了刘晏担任的财政使职。甲午诏曰:"东都河南江淮山南东道等转运租庸青苗盐铁等使、尚书左仆射晏,顷以兵车未息,权立使名,久勤元老,集我庶务,悉心瘁力,垂二十年,朕以征税多门,乡邑凋耗,听于群议,思有变更,将置时和之理,宜复有司之制。晏所领使宜停,天下钱谷委金部、仓部,中书门下拣两司郎官,准格式调掌。"④只是唐王朝的财政体系早已不在职事官机构的掌控中,将财权完全还于金、仓部的举措很难真正实现,所谓"本司职事

① 《册府元龟》卷四八八《邦计部·赋税二》,中华书局1960年版,第5833页。大赦全文见《册府元龟》卷八九《帝王部·赦宥八》"建中元年正月辛未"条,中华书局1960年版,第1058页。

② 此后又有措施规定州府通判官的任期,并令其入考。参见《唐会要》卷六九《别驾》"建中元年正月十九日"条,上海古籍出版社2006年版,第1438页;同卷《都督刺史已下杂录》"乾元元年六月六日敕",上海古籍出版社2006年版,第1436页。

③ 参见《唐律疏议》卷五《名例律》"同职犯公坐"条,中华书局1983年版,第110—111页。

④ 《旧唐书》卷一二《德宗上》,中华书局1975年版,第324页。

久废,无复纲纪,徒收其名,而莫总其任"①。时任仓部郎中的孙成,其墓志记载:"属权臣计赋,主馈得罪,悉罢使务,归于有司,遂命为仓部郎中。虽投艰有余,图难每易,深自引退,湔洒前政。无何,命为泽潞太原卢龙等道宣慰使,与王定、裴冀分道而出。"②孙成乃杨炎心腹③,都未真正从事仓部本职工作,而是被派出使。随后,只能"复以谏议大夫韩洄为户部侍郎、判度支,以金部郎中万年杜佑权江、淮水陆转运使"④。

建中改革不失为一次力图多角度恢复旧制的变革。唐人记述此次改革,"建中初,朝廷厘饬百度,高选尚书诸曹郎"⑤;"我后统天,式张百揆。公(右丞孟晫)居右辖,实总联事。"⑥可见建中改革是以重新确立尚书省职权为核心,以税制改革为主要内容,恢复旧制的举措。这次改革,就废黜财政使职,还权户部而言,其成果只是昙花一现;但就地方州府正常运作,以配合尚

① 《册府元龟》卷四八三《邦计部·总序》,中华书局 1960 年版,第5770 页。

② (唐)孙绛:《唐故中大夫守桂州刺史兼御史中丞充桂州本管都防御经略招讨观察处置等使上柱国乐安县开国男赐紫金鱼袋孙(成)府君墓志铭并序》,载周绍良主编:《唐代墓志汇编》贞元〇二六,上海古籍出版社 1992 年版,第 1856 页。

③ 参见《旧唐书》卷一一八《杨炎传》,中华书局 1975 年版,第 3423 页。

④ 《资治通鉴》卷二二六"建中元年三月癸巳"条,中华书局 1956 年版,第 7279 页。参见《旧唐书》卷一二《德宗上》"建中元年三月癸巳"条,中华书局 1975 年版,第 325 页。

⑤ (唐)梁肃:《处州刺史李(端)公墓志铭》,《文苑英华》卷九五一,中华书局 1966 年版,第 5003 页。

⑥ (唐)梁肃:《为雷使君祭孟(晫)尚书文》,《文苑英华》卷九八二,中华书局 1966 年版,第 5168—5169 页。

书省工作来看,则在更长时间内发挥了成效。

自建中二年起,唐王朝逐渐陷入藩镇之乱。战争平息后,再次出现因为宰相与财政使职冲突,以还权六部为名的改革。

> 贞元二年,[崔造]以给事中同中书门下平章事……造久在江左,疾钱谷诸使罔上,或干没自私,乃建言:"天下两税,请委本道观察使、刺史选官部送京师。诸道水陆转运使、度支巡院、江淮转运使,请悉停,以度支盐铁务还尚书省,六曹皆宰相分领。"于是齐映判兵部,李勉刑部,刘滋吏、礼二部,造户、工二部;又以户部侍郎元琇判诸道盐铁、榷酒事,吉中孚度支诸道两税事。①

崔造改革实际与尚书省(户部)权力恢复并无关联,只不过"其度支、盐铁,委尚书省本司判;其尚书省六职,令宰臣分判"②。依然是由户部官员以使职身份判案,负责财政事务,同时宰相亲身掌控名义上归还户部的权限。即使职统领财政体系,宰相统领财政使职。不仅如此,尚书省其他五部亦改由宰臣分判。这一时期,吏部、户部和礼部皆无尚书在任,工部尚书先是分司东都,后离任③。诸部曹司直接被置于中书门下的领导

---

① 《新唐书》卷一五〇《崔造传》,中华书局 1975 年版,第 4813 页。参见《旧唐书》卷一二《德宗上》"贞元二年正月癸丑"条、"甲寅"条,中华书局 1975 年版,第 352 页;卷一三〇《崔造传》,中华书局 1975 年版,第 3627 页;《唐会要》卷五七《尚书省诸司上·尚书省》"贞元二年正月"条,上海古籍出版社 2006 年版,第 1157 页。

② 《旧唐书》卷一三〇《崔造传》,中华书局 1975 年版,第 3627 页。

③ 参见严耕望:《唐仆尚丞郎表》卷三《通表中·吏户礼尚侍》,上海古籍出版社 2007 年版,第 148—149 页;卷四《通表下·兵刑工尚侍》,上海古籍出版社 2007 年版,第 272 页。

下,变为庶务执行机构,都省对诸曹的统辖关系被进一步削弱。只是崔造财政改革的措施并未能有效实施,宰相判六部的情况亦随之告终。崔造改革的失败,对于企图重建自身地位的都省,乃至诸部曹司而言,可谓是一件幸事。

贞元三年三月,根据宰相张延赏的奏请,下敕尚书省郎官,除休假外,每日视事①。但这一措施仅实施了几个月。七月,延赏薨后,即告停止。由于尚书省内诸曹职掌或多或少皆有丧失,而且部分曹司在唐代前期已经是"入省不数"②,在职掌削弱、餐钱不充的情况下,实无每日入省的必要。至此,代、德之际,所谓"恢复旧制"的大规模改革告一段落。

以上简单分析了广德二年至贞元三年,唐王朝名义上以恢复尚书省权限为目的的诸次改革。改革分为两种形式:一是力图恢复三省制下尚书省的地位、职权和行政运行模式,将寺监、州府乃至诸使皆置于尚书省政令之下。其中以广德二年制、永泰二年制和大历十四年制为代表。永泰诏书,是恢复奏抄的使用,其中蕴含着重建律令制国家的意图;大历敕书则将非律令事务亦交由尚书省裁处。如果这两封诏书的内容全部得以施行,将与中书门下体制在战后的进一步确立产生矛盾。在三省制瓦解的背景下,二制得以全面执行的可能性并不存在。第二种改革是罢黜重要使职,还权六部(亦属恢复尚书省职权的内容)。

---

①　参见《唐会要》卷五七《尚书省诸司上·尚书省》"贞元二年正月"条,上海古籍出版社2006年版,第1157页。贞元三年正月,张延赏入相,七月薨。故此事发生在三年三月。《唐会要》错将此事系于贞元二年。

②　(宋)钱易:《南部新书》丁,黄寿成点校,中华书局2002年版,第45页。

以大历五年、建中元年和贞元二年改革为代表。这三次改革，都伴随着错综复杂的政治斗争（主要是宰相对财权的争夺）。"还权尚书省"成为当权者打击政敌，夺取其手中权力的借口。每一次被罢黜的使职职掌，仍以使职机制运作，并被控制于权相之手。改革最终只能是"终亦不行"①，"今更从旧"②。使职体系对于职事官机构，特别是尚书省、寺监的影响从未消除。而崔造改革，更是赤裸裸地将六部置于宰相机构的掌控下，以权判形式将省内部曹变为中书门下指挥下的庶务执行机构。一面声称废除使职，一面又以使职机制运作国家政务，亦是官制建设中的一种矛盾表现。

不过，短短二十余年间，针对尚书省进行了六次改革，应该并非"仅署人事之调处，本无规复旧章之诚意"③。只是唐代君臣对世事变迁没有充分的认识，中书门下体制与以三省机制运作国家政务不能并存。且使职体系日趋庞大，介入国家政务诸多方面和层面，亦不能在短时间内重新被纳入尚书省—寺监体系。职事官机构与使职协同运作，才符合当时的官制现状。因此，恢复旧制的改革不可能成功。

但经过一系列改革后，代宗朝奏抄的使用应该有所增加。常衮于广德年间以考功郎官知制诰，充翰林学士，永泰元年至大

---

① 《唐会要》卷五九《尚书省诸司下·别官判度支》，上海古籍出版社2006年版，第1196页。

② 《资治通鉴》卷二三二，中华书局1956年版，第7475页。

③ 严耕望：《论唐代尚书省之职权与地位》，《唐史研究丛稿》，新亚研究所1969年版，第77页。

历九年任中书舍人①。其在此期间所草诏书,突出强调了郎官草奏和给事中对尚书省奏议的封驳。如《授邵说兵部郎中制》云:"蔼然盛名,光我华省,长于奏议,多所损益。"②《授崔夷甫金部员外郎等制》提到驾部、祠部郎官"参订奏议,颇练朝章"③。对将改任主客员外郎的陆海,令其"俾参奏议,期有损益"④。可见尚书省奏议在这一时期政务裁处中的重要地位。而对给事中职掌的描述则为"文昌奏议,多所论驳"⑤;"分曹殿中,职在论驳,尚书奏议,俾尔平之"⑥;"评南宫之上书"⑦,这些都是指对诸曹上奏的审核。在上行文书中,门下省的审读对象只有奏抄和露布。因此,所谓的"尚书奏议"当为奏抄。可见,这一时期奏抄的应用绝非个例。随着大历十四年敕的下达,尚书省获得了裁可奏状的权力,在接下来的一段时间内,奏抄依然行用。建中四年六月,中书、门下两省奏状:"应送诸司文状,检

---

① 参见《旧唐书》卷一一九《常衮传》,中华书局 1975 年版,第 3445 页;严耕望:《唐仆尚丞郎表》卷三《通表中·吏户礼尚侍》,上海古籍出版社 2007 年版,第 141 页。

② (唐)常衮:《授邵说兵部郎中制》,《文苑英华》卷三九〇,中华书局 1966 年版,第 1985 页。

③ (唐)常衮:《授崔夷甫金部员外郎等制》,《文苑英华》卷三九一,中华书局 1966 年版,第 1990 页。

④ (唐)常衮:《授陆海主客员外郎制》,《文苑英华》卷三九一,中华书局 1966 年版,第 1992 页。

⑤ (唐)常衮:《授崔优萧直给事中制》,《文苑英华》卷三八一,中华书局 1966 年版,第 1943 页。

⑥ (唐)常衮:《授贺若察给事中制》,《文苑英华》卷三八一,中华书局 1966 年版,第 1942—1943 页。

⑦ (唐)常衮:《授赵涓给事中制》,《文苑英华》卷三八一,中华书局 1966 年版,第 1943 页。

勘节限中考文状等,并是每年长行之事,尚书省各依限录奏。旧例经一宿即出,如经三日不出,请本司更修单状重奏。又三日不出,即请本司长官面奏,取进止。其内状到,各令本司两日内具省案及宣黄,送到中书,依前件所定限勘会宣下,即事免稽滞。"①诸司"每年长行之事"的文状经尚书省上奏,按常理应该使用奏抄。君主只在奏抄上画"闻",并不行使否决权。但此状表明部分长行之事的文状可能留中不出。如此,则需重奏或由长官面见君主请旨。这部分文状,实际是以奏状形式进行处理的。对于这一类文书,中书门下又可对其进行勘定,更显明其奏状性质。故奏抄的应用虽然有所恢复,但在国家政务裁决中所起到的作用十分有限。

在整体性恢复旧制的过程中,尚书省只有少量曹司凭借诸次改革的某些具体条款,重掌部分失丧的权力。如前所论,由于大历十四年改革在诸次改革中,对于尚书省地位的重建最具现实意义,故尚书省曹司以此为契机,收回的政令权相对较多。此外,当年十二月,还取消了御史监临南选的规定,令所差郎官"专达"②。建中初,德宗别置三司以决庶狱,右司郎中裴谞随即上疏规谏,最后权力"悉命归于有司"③。甚至在建中改革的领袖宰相杨炎被罢免之时,刑部还收归了本由宰相兼掌的删定格

---

① 《唐会要》卷五四《省号上·中书省》,上海古籍出版社 2006 年版,第 1089 页。标点据文意,径自改之。

② 《唐会要》卷七五《选部下·南选》"大历十四年十二月二日敕",上海古籍出版社 2006 年版,第 1622 页。

③ 参见《旧唐书》卷一二六《裴谞传》,中华书局 1975 年版,第 3568 页;《新唐书》卷一三〇《裴谞传》,中华书局 1975 年版,第 4491 页。

式的权力①。贞元二年三月,吏部奉敕选授,"除台省常参官,余六品已下,并准旧例,都付本司处分"②。但这一阶段,始终都没有出现尚书省诸部曹普遍收归权力的局面。这些零散被收回的权力,对于尚书省整体地位和职能的恢复并无实质意义。但是,正是由于尚书省收回和保有一定的政令权,指挥寺监机构和地方州府的权力没有完全丧失,故仍有"国政之本"之名③。

尚书省地位的重建,首先应该是都省的复兴,而都省的复兴又与作为长官的左右仆射的权力恢复有一定关系。但即使大历五年诏令含蓄地表明了仆射的宰相身份和议政权力,两仆射在这一时期从未重获宰相地位,更遑论在裁决政务的过程中取得实质权力。大历十三年,宰相常衮为了削弱"久掌铨衡,兼司储蓄"的刘晏的权力,以其为左仆射,"外示崇重,内实去其权。"④可见仆射之职不能对宰臣产生任何威胁。这一时期,左右仆射履行的多是事务性职责。永泰元年,"太常博士程皓议[韦陟]谥'忠孝',颜真卿以为许国养亲不两立,不当合二行为谥,主客员外郎归崇敬亦驳正之。右仆射郭英乂无学术,

---

①　参见《唐会要》卷七八《诸使中·诸使杂录上》"建中元年四月一日"条,上海古籍出版社 2006 年版,第 1703 页;《册府元龟》卷六一二《刑法部·定律令四》"德宗大历十四年六月诏"注,中华书局 1960 年版,第 7349 页。可知杨炎罢使,也是有针对性的,绝非罢黜所有使职,还权省寺。

②　《唐会要》卷七四《选部上·吏曹条例》"贞元二年三月"条,上海古籍出版社 2006 年版,第 1598 页。

③　参见《资治通鉴》卷二二六,中华书局 1956 年版,第 7276 页。

④　参见《旧唐书》卷一二三《刘晏传》,中华书局 1975 年版,第 3514 页;参见《新唐书》卷一四九《刘晏传》,中华书局 1975 年版,第 4795 页。

卒用太常议云。"①右仆射以尚书省长官身份决定官员谥号。建中年间,右仆射崔宁定兵部侍郎刘迺考上下②,亦是以长官身份定属官的考绩。虽然仆射行使某些事务性权力,但这种权力也是有限的。代宗朝以后的告身,甚至不再保留仆射的署位③。

　　真正管辖省事的是左右丞。虽然如此,左右丞从未获得尚书省法定长官的身份。由于实际长官地位较低,品阶只有四品,尚未进入高官行列,尚书省要想与中书门下抗衡,几乎是不可能的。不仅如此,由于都省地位没有实质性恢复,诸曹与都省的关系逐渐出现错位。建中三年正月,左丞庾准上奏:"省内诸司文案,准式,并合都省发付诸司判讫,都省句检稽失。近日以来,旧章多废,若不由此发句,无以总其条流。其有引敕及例不由都省发句者,伏望自今以后,不在行用之限。"④省内诸司文案在建中时出现了不由都省发付、勾检的现象。虽然庾准此奏得到批准,敕旨再次强调了二丞的职能,肯定了其对省内工作的领导,使得都省与诸曹的关系暂时得以梳理,但省内曹司、职掌日趋独立于都省的趋势并没有真正逆转。

------

① 《新唐书》卷一二二《韦陟传》,中华书局1975年版,第4353页。

② 参见《旧唐书》卷一二三《班宏传》,中华书局1975年版,第3518—3519页;《新唐书》卷一四九《班宏传》,中华书局1975年版,第4802页。崔宁于建中二年七月任右仆射,至建中四年十月被杀。见严耕望:《唐仆尚丞郎表》卷二《通表上·仆丞》,上海古籍出版社2007年版,第53—54页。

③ 参见《代宗朝赠司空大辨正广智和上表制集》所收制敕,《大正新修大藏经》第52册,新文丰出版股份有限公司1983年版,第826—860页。

④ 《唐会要》卷五七《尚书省诸司上·尚书省》,上海古籍出版社2006年版,第1157页。

此外,虽然这一时期所谓的"罢黜使职"并无实质意义,不过物议竟以崔造改革为"举旧典"之举①,认为改革确实为还权省司的行动。表明户部官员掌判财政事务,即使以使职形式进行,仍被理解为从事本职工作。这是因为财政使职往往被看作是属于户部的机构。"[大历十二年]十月,京畿水旱,京兆尹黎干奏损田。户部侍郎、判度支韩滉执奏干不实,乃命巡覆。时渭南县令刘澡曲附度支,具干善名,以县界田并无损白于府。及户部分巡御史赵计不欲忤度支,奏报协澡。"②御史台六巡御史负责监察尚书省六部。判度支工作属于户部分巡御史所领范畴,表明判度支名义上属于户部。户部官员充任财政使职从事相关工作时,强调的是其本职身份,而非使职职掌。包佶在建中年间以户部郎中权盐铁使,权德舆在祭祀包佶之文中记述其工作:"俄复郎署,俾均繇赋。经费委输,待公而具。"③正是因为如此,财政使职获得了中央机构中只有尚书省才拥有的以符式公文指挥政务的权力。恢复旧制的改革实际导致使职与尚书相关机构的关系更加密不可分,这一点并不利于尚书省收归被使职侵夺的权力。

由于使职与职事官体系,特别是尚书省—寺监体系存在错综复杂的关系,故这一时期的官制呈现出比较混乱的局面。建

---

① 参见《旧唐书》卷一三〇《崔造传》,中华书局 1975 年版,第 3627 页;《新唐书》卷一五〇《崔造传》,中华书局 1975 年版,第 4814 页。

② 《册府元龟》卷一五二《帝王部·明罚一》,中华书局 1960 年版,第 1848 页。

③ (唐)权德舆:《祭故秘书包(佶)监文》,《权德舆诗文集》卷四八,郭广伟点校,上海古籍出版社 2008 年版,第 757 页。

中初年,杜佑所上奏议略云:

> 昔咎繇作士,今刑部尚书、大理卿,则二咎繇也。垂作
> 共工,今工部尚书、将作监,则二垂也。契作司徒,今司徒、
> 户部尚书,则二契也。伯夷为秩宗,今礼部尚书、礼仪使,则
> 二伯夷也。伯益为虞,今虞部郎中、都水使司,则二伯益也。
> 伯冏为太仆,今太仆卿、驾部郎中、尚辇奉御、闲厩使,则四
> 伯冏也。①

使职和尚书省、寺监体系都在国家政务处理中起到作用。
只是有些使职取代了尚书省、寺监的某些职掌,有些使职分担了
尚书省、寺监的某些职掌,还有使职和尚书省、寺监相关机构之
间的职掌划分尚处于调整中。亲身以户部官员充任财政使职的
杜佑在恢复旧制的过程中,都无法确定省司与财政使职以及司
农、太府两寺的关系,只能以虚职司徒替代。

除了使职体系从外部对于尚书省的影响外,尚书省内部的
某些职掌也以使职机制运作。此时,郎官互判现象已经出现。
令狐峘在大历中以刑部员外郎判南曹②;贞元二年,司门员外郎
王休判刑部③。由于只有本曹郎官不在任时,才会派遣他曹郎
权判,所以互判现象表明郎官在任人数有限,尚书省曹司较为
空闲。

改革过程中,并没有大幅度提高尚书省官员的经济待遇。

---

① 《新唐书》卷一六六《杜佑传》,中华书局 1975 年版,第 5086 页。
② 参见《旧唐书》卷一四九《令狐峘传》,中华书局 1975 年版,第 4013 页。
③ 参见《册府元龟》卷五一六《宪官部·振举一》"德宗贞元二年七月"
条,中华书局 1960 年版,第 6167 页。

省官俸禄寡少,是在京百司中较为突出的①。这种情况导致了贞元三年三月前,省内曹司只能间日视事的不利于尚书省正常运作的局面。

第三节　转型期:贞元四年(788)至宝历二年(826)

一、非正常运作时期:贞元四年至二十年

在二十余年恢复旧制的过程中,每一次尝试或悄然停止,或以失败告终。随着宰相张延赏离世,尚书省曹司每日视事的措施宣告结束,德宗一朝再无大规模恢复尚书省地位或职权的制度出台。尚书省最高行政机构的地位最终一去不返。贞元三年以后,中书门下依然凌驾于尚书省之上,并且力图进一步取代尚书省的权位,二者的关系处于重新调整的状态。

"贞元四年二月,太仆寺郊牛生犊,六足,太仆卿周皓白宰相李泌,请上闻……又京师人家豕生子,两首四足,有司以白御

---

① 参见《新唐书》卷一三九《李泌传》:"薛邕由左丞贬歙州刺史,家人恨降之晚。崔祐甫任吏部员外,求为洪州别驾。使府宾佐有所忤者,荐为郎官。"(第4635—4636页)薛邕任歙州刺史在大历八年至十年,由吏部侍郎贬。参见郁贤皓:《唐刺史考全编》,安徽大学出版社2000年版,第2113页。崔祐甫任吏部员外郎,亦在大历年间。据(清)劳格、(清)赵钺《唐尚书省郎官石柱题名考·吏部员外郎》,崔祐甫列于元挹和令狐峘之间,此二人皆在大历中任职,故崔祐甫亦应在此时任职(中华书局1992年版,第223页)。

史中丞［兼户部侍郎］窦参,请上闻……"①太仆寺事宜,应该经尚书省与君主取得联系,但此时太仆卿却直接要求宰相上达君主,显示出恢复旧制的改革过后,尚书省作为寺监和君主纽带的地位再度呈弱化趋势。同时,京师类似事件还可通过御史台兼任相关尚书省官员者上闻,不仅是御史台从行政运行体制方面影响尚书省的开始,也反映出中书门下和尚书省的地位尚未完全固定。在遇到重大问题,需要百官共同商讨时,同样出现了中书门下和尚书省分别负责的情况。贞元十四年下诏讨论昭陵修复事宜,"宜令中书门下百官,同商量可否闻奏。"②这是中书门下率领百官上疏。而贞元十一年,就禘祫之仪下敕:"于頖等议状,所请各殊,理在讨论,用求精当。宜令尚书省会百寮,与国子监儒官,切磋旧状,定其可否,仍委所司具事件奏闻。"③尚书省领导众官对礼仪事宜展开商议④。以上事件表明中书门下和尚书省都拥有对百僚的领导地位。只不过尚书省的领导地位只是名义上的,主要是凭借传统,而非实际权力获得的。

而且中书门下对尚书省保持着绝对威势,在一些情况下,依

---

① 《旧唐书》卷三七《五行一》,中华书局 1975 年版,第 1370 页。参见《旧唐书》卷一三六《窦参传》,中华书局 1975 年版,第 3746 页;《新唐书》卷一四五《窦参传》,中华书局 1975 年版,第 4730 页。

② 《唐会要》卷二〇《陵议》"贞元十四年四月诏",上海古籍出版社 2006 年版,第 461 页。

③ 《唐会要》卷一三《禘祫上》"贞元八年正月二十三日"条,上海古籍出版社 2006 年版,第 362 页。

④ 关于唐后期中书门下和尚书省在诸次集议中所起到的作用,参见叶炜:《唐代集议述论》,载王佳晴、李隆国主编:《断裂与转型:帝国之后的欧亚历史与史学》,上海世纪出版股份有限公司 2017 年版,第 166—190 页。

然将尚书省诸机构置于其直接领导下。贞元十一年,出台了对
冬荐官下等人的处理办法:"其下等人,有司便以时罢退,任待
他年重荐。如情愿同吏部六品以下选不合得留人例,请授远慢
官者,任经都省陈状,吏部勘责限等第,敕出后一月内,送中书门
下商量进拟。"①冬荐官下等人的注拟掌握在中书门下手中,都
省收状、吏部勘检,都是为中书门下注拟服务,都省和吏部成为
中书门下裁处常务过程中的具体办事机构。大历以后,诸道多
自写官告,贞元十一年,宰相请罢吏部、司封和司勋急书告身官
九十一人②。本属吏部诸曹的事宜却由宰相做主上奏。贞元八
年,宰相还"建议郎官不宜专于左右丞,宜令尚书及左右丞、侍
郎各举本司"③,企图削弱都省对诸曹郎官的领导。如果这一措
施得以施行,将有利于中书门下进一步越过都省,对诸曹事务进
行指挥。

　　只是中书门下和尚书省关系的调整,由于德宗特殊的用人
政策而推迟。自恢复旧制的改革结束,德宗表现出极度不信任
臣下的态度,采用了唐代后期罕见的任官原则,致使政务裁处无
法正常进行。当时中央各机构"颇多阙员","常不充备"④;"自

---

① 《唐会要》卷八二《冬荐》"贞元十一年正月敕",上海古籍出版社 2006
年版,第 1791 页。

② 参见《唐会要》卷五七《尚书省诸司上·尚书省》"贞元十一年十月"
条,上海古籍出版社 2006 年版,第 1157 页。

③ 《唐会要》卷五七《尚书省诸司上·尚书省》"贞元八年敕",上海古籍
出版社 2006 年版,第 1157 页。《旧唐书》卷一三《德宗下》"贞元八年五月戊
辰"条略同,中华书局 1975 年版,第 374 页。

④ (唐)陆贽:《再奏量移官状》,《陆贽集》卷二〇,王素点校,中华书局
2006 年版,第 660 页。

御史台、尚书省以至于中书门下省咸不足其官"①;甚至出现了"东省闭阒累月,南台惟一御史"的境况②。这种情况也令"贾耽、陆贽、赵憬、卢迈为相,百官白事,更让不言",最终不得不恢复宰相秉笔处事的制度③。贞元十年底,一度备受德宗宠信的宰臣陆贽,在反复遭受谗言攻击后,终于被贬收场。德宗开始"躬亲庶政,不复委成宰相,庙堂备员,行文书而已"④。贞元十二年八月,甚至出现了宰相绝班的局面⑤。

　　恰恰是因为德宗亲身处理庶务,这一期间,尚书省曹司在君主的直接指挥下,官员选任情况是诸台省中最好的,作为具体执行机构,运作相对正常,正所谓"德宗躬决庶政,本于尚书,责成曹郎……"⑥。顾少连曾在贞元八年以后担任户部、礼部、吏部三侍郎和左丞等职。其神道碑记载:"帝深嘉之,方将大任,以文昌理本,历试其能。凡三践列曹……一为左丞,虽分职各殊,领者数矣。公之在地官也,辨土地之名物,稽夫家之众寡,四人不渎,五教允敷,敛施以时,贵贱有节,所以法通制而济经费也。

① (唐)韩愈:《进士策问》其七,《韩昌黎文集注释》卷二,阎琦校注,三秦出版社2004年版,第160页。注释称此文作于贞元十四年或元和五年前后。但是这种情况,与宪宗朝的情况明显不符,故应为贞元十四年所作。
② 参见《新唐书》卷一三一《李石传》,中华书局1975年版,第4515页。
③ 参见《资治通鉴》卷二三四"贞元九年七月"条,中华书局1956年版,第7547—7548页。
④ 《旧唐书》卷一三五《韦渠牟传》,中华书局1975年版,第3729页。参见《新唐书》卷一六七《韦渠牟传》,中华书局1975年版,第5110页。
⑤ 参见《唐会要》卷五三《杂录》,上海古籍出版社2006年版,第1082页。
⑥ (唐)吕温:《故太子少保赠尚书左仆射京兆韦(夏卿)府君神道碑》,《文苑英华》卷九〇一,中华书局1966年版,第4745页。

公在秩宗,明典礼以正威仪,变乐府而和上下,错综经术,辨论俊造,黜浮伪而尚敦素,所以观人文而化天下也。公在天官,综六典以佐邦理,纠八柄以驭群司,登降庸勋,权衡流品,抑贪冒而进贤能,所以代天工立人极也……旋持左辖,旁总机曹之事。凡三典宾贡,三掌铨衡,藻鉴表于知人,情通播于令问。"①顾少连在尚书省各部司通判官的位置上,可谓兢兢业业,取得了良好的业绩。尚书省由于执行皇命,承担了诸多常务,因此在德宗亲裁庶政的情况下,被君主认可为"文昌理本"。都省对省内的管辖也因此加强。赵憬担任左丞,"整南宫之纪律,稽郎吏之功绪,风望素重,法制尤精"②,甚至因为"清勤奉职",为宰相所恶③。

贞元、元和时期(785—820),是唐代后期使职体系最终固定的时期。尚书省和寺监机构在自身任官形势较好的情况下,为了适应新的政治环境,也开始积极转型。尚书省主要是吏部结构变化较大,新兴机构到贞元时已经全部出现,经过调整后基本定型。流外铨在贞元三年七月已经复置④。急书告身官在十一年人员大量精减后,被保留下来⑤。功状院、白院等机构

①　(唐)杜黄裳:《东都留守顾(少连)公神道碑》,《文苑英华》卷九一八,中华书局1966年版,第4832页。

②　(唐)权德舆:《唐故正议大夫守门下侍郎同中书门下平章事成纪县开国男赐紫金鱼袋赠太子太傅贞宪赵(憬)公神道碑铭并序》,《权德舆诗文集》卷一三,郭广伟点校,上海古籍出版社2008年版,第213页。

③　参见《旧唐书》卷一三八《赵憬传》,中华书局1975年版,第3776页。

④　参见《唐会要》卷七五《选部下·杂处置》"贞元三年七月"条,上海古籍出版社2006年版,第1614页。

⑤　贞元十二年,急书告身官尚置有独立的本钱。见《唐会要》卷九三《诸司诸色本钱上》"贞元十二年"条,上海古籍出版社2006年版,第1988页。

亦已设立①。这是重要职掌开始逐渐以使职机制运作的表现。

　　与之相对应的是省寺诸职掌相对于上级直属机构呈现出明显的独立化倾向。贞元十二年，御史台奏诸司公廨本钱，包括尚书都省一万二百一十五贯二百三十八文、吏部尚书铨三千一百八十二贯二十文、东铨二千四百四十五贯三百一十文、西铨二千四百三十三贯六百六十一文、南曹五百八十贯文、甲库二百八十四贯六十五文、功状院二千五百贯文、流外铨三百贯文、急画（书）五百贯文、主事五百贯文、白院五千六百二十三贯文、考功一千五百二十六贯一百九十五文、司勋二百二十八贯文、兵部六千五百二十贯五百五十二文、户部六千贯五百五十六文、工（金）仓部四百二十七贯三百三十文、刑部六十贯文、礼部三千五百二十八贯五百三十七文、工部四千三百二十贯九百五十九文、太常寺一万四千二百五十四贯八百文、太常礼院一千七百贯文、光禄寺一百五十六贯文、卫尉寺一千二百四贯八百七文、宗正寺一千八百八十四贯文、大理寺五千九十二贯八百文、太仆寺三千贯文、鸿胪寺六千六百五贯一百二十九文、司农寺五千六百五贯二百八十二文、太仓诸色供七百八十七贯四百二十四文、太府寺二千二百八十一贯六百三文、左藏库和将作监各七百贯文、少府监六百七十八贯七百文、中尚七百七十贯文、国子监三千三百八十二贯三百六十文、总监三千贯文②。首先吏部曹司是单

---

　　①　参见《唐会要》卷九三《诸司诸色本钱上》"贞元十二年"条，上海古籍出版社 2006 年版，第 1988 页。
　　②　参见《唐会要》卷九三《诸司诸色本钱上》"贞元十二年"条，上海古籍出版社 2006 年版，第 1988—1989 页。

独设置公廨本钱,但吏部本身并没有置本,而是由所属各重要职务、机构分别置本,包括三铨、流外铨,以及与铨选相关的南曹、功状院、白院和甲库等,表明吏部组织结构相对诸曹最为松散。吏部铨选自前期已经分为三铨,各铨分别单独注官。南曹勘检在选官之前已经完成。功状院和急书都是因为战时需要而出现的,与原来的工作本来就没有太多联系。甲库则主要负责档案保存,不直接参与铨选。所以即使分开办公,也不会造成太大困难。寺监机构中,太常礼院以及和国家财政、公产公业息息相关司农寺太仓及总监、太府寺的左藏库和少府监的中尚(中尚多以少府监为使职领导)等重要署级机构也都单独置本。这些都是由专人专掌的机构和职掌,建制上相对独立,以便于它们与相应使职和中书门下联系。反之,这些机构和职掌更少受到寺监机构本身的领导,导致与这些寺监对应的尚书省曹司的政令权无法有效行使。

此外,自贞元四年起,内诸司开始直接收夺寺监机构下署级机构的权力。三月,卫尉寺武库首先转归宦官担任的军器使管辖①。这一时期,内司分割寺监权力的情况更是比比皆是。内诸司的侵权,导致寺监职掌的失丧,进而剥夺了尚书省相应曹司的政令权。

---

① 　参见《唐会要》卷七二军《杂录》"贞元四年三月"条,上海古籍出版社2006年版,第1540页;《册府元龟》卷一四《帝王部·都邑二》"贞元四年三月"条,中华书局1960年版,第159页。

二、转型期：贞元二十一年（永贞元年）至宝历二年

顺宗登基伊始，即重患缠身。为了打击掌控财权的王伾、王叔文集团的势力，度支、盐铁转运使杜佑提出改革方案。"先是，度支以制用惜费，渐权百司之职，广署吏员，繁而难理；佑始奏营缮归之将作，木炭归之司农，染练归之少府，纲条颇整，公议多之，朝廷允其议。"①此次改革后，虽然从表面上发生了有利于与公产公业相关之寺监的变化，但一切都只是暂时现象。

同年，顺宗禅位，监国太子李淳承继大统，是为宪宗皇帝。君臣，特别是君相关系得到了极大的改善。"临御讫于元和，军国枢机尽归之宰相。由是中外咸理，纲目用张焉。"②元和前半期，君相关系更是高度契合。这种局面对行政运行体制的演进产生了一定的影响。元和九年八月，因"其中书、门下两省及尚书省、御史台，或务总枢机，或职司弹纠"③，诏令提高三省和御史台的食料本钱。可知此时对两省的定位是"务总枢机"，对尚书省和御史台的定位是"职司弹纠"。两省侍郎皆为宰相，二省属员也多被差于中书门下任职，故为枢机之任。而尚书省与御史台并列，则是这一时期官制的新特征。元和八、九年间，以强

①　《旧唐书》卷一四七《杜佑传》，中华书局 1975 年版，第 3979 页。参见《新唐书》卷一六六《杜佑传》，中华书局 1975 年版，第 5088 页。
②　《册府元龟》卷五八《帝王部·致治》"宪宗"条，中华书局 1960 年版，第 657 页。
③　《册府元龟》卷五〇七《邦计部·俸禄三》"元和九年八月诏"，中华书局 1960 年版，第 6085 页。

直著称的左丞吕元膺两次封还制敕①；十三年，右丞张正甫再度行使此项权力②，充分体现了都省的纠弹之职。而六部曹司也有同样的举动。"元和六年有医工崔环，自淮南小将为黄州司马。敕至南省，[吏部尚书郑]余庆执之封还，以为诸道散将无故受正员五品官，是开侥幸之路，且无阙可供。"③元稹草《授韦审规等左司户部郎中等制》，特别提到"尚书郎会天下之政，上可以封还制诰……"④，这种说法在其他时期并未见到。元和四年下敕："自今以后，大理寺检断，不得过二十日。刑部覆下，不得过十日。如刑部覆有异同，寺司重断，不得过十五日。省司重复，不得过七日。如有牒外州府看勘节目，及于京城内勘，本推即以报牒到后计日数，被勘司却报，不得过五日。仍令刑部、大理寺具初授文牒月日及有牒勘者，具遣牒及报牒到月日，牒报都省及牒访察使，各准敕文，勾举纠访，如有违越，奏听进止。"⑤此

---

① 参见《旧唐书》卷一五四《吕元膺传》，中华书局 1975 年版，第 4104 页。

② 参见《唐会要》卷八一《谥法下·厉》"于頔"条注，上海古籍出版社 2006 年版，第 1741 页。参见《旧唐书》卷一五六《于頔传》，中华书局 1975 年版，第 4131 页。

③ 《册府元龟》卷四六九《台省部·封驳》，中华书局 1960 年版，第 5589—5590 页。《旧唐书》卷一五八《郑余庆传》略同，中华书局 1975 年版，第 4165 页。参见《唐会要》卷五八《尚书省诸司中·吏部尚书》"元和七年十一月"条，上海古籍出版社 2006 年版，第 1178 页；《新唐书》卷一六五《郑余庆传》，中华书局 1975 年版，第 5060 页。

④ （唐）元稹：《授韦审规等左司户部郎中等制》，《元稹集校注·补遗》卷四，周相录校注，上海古籍出版社 2011 年版，第 1481 页。

⑤ 《唐会要》卷六六《大理寺》"元和四年九月敕"，上海古籍出版社 2006 年版，第 1357—1358 页。《册府元龟》卷六一二《刑法部·定律令四》"元和四年九月诏"略同，中华书局 1960 年版，第 7350 页。

处，都省亦行使了"勾举纠访"的职能。可见整个尚书省，从都省到诸部曹曹司，"职司弹纠"确为其主要工作，即尚书省的职能集中体现在行政监察方面。

宪宗朝以后，尚书省继续此项工作。宝历元年正月，南郊赦文再度强调"其元和已来诏书，并长庆四年三月三日赦令……其在台阁者，左右丞据诏条司额，重加分配，勿容推倚。若因循寝废，无所申明，及虽曾宣下，不能提举者，具事由闻奏，量加沙汰"①。左右丞在促进省内诸司施行诏令方面，担负了巨大的责任。户部尚书、判度支胡证等在丁忧期间获得爵位。相关赦文到达省司后，左司员外郎宇文鼎认为此事有伤教化，随即上奏："臣谬迹都曹，职当综覆。致兴物论，不敢不举。"最后，赐爵被落，司封郎官受到都省处分②。

就尚书省与中书门下的关系而言，尚书省则多在后者的领导下，处理各类具体事务。省内部曹直接申状中书门下，请示对重要公务的处理意见。元和十二年赦令规定了左降官考满量移条款，"其曾任刺史、都督、郎官、御史，并五品以上常参官，刑部检勘其所犯事由闻奏，中书门下商量处分。"③另外，诸部曹对政务的裁处结果，有一些不能直接呈递君主，需要经中书门下转

① 《唐大诏令集》卷七〇《宝历元年正月南郊赦》，中华书局 2008 年版，第 394 页。

② 参见《册府元龟》卷四七四《台省部·奏议五》"宇文鼎"条，中华书局 1960 年版，第 5659 页。

③ 《唐会要》卷四一《左降官及流人》"元和十二年七月赦"，上海古籍出版社 2006 年版，第 862 页；《册府元龟》卷六一二《刑法部·定律令四》"元和十二年七月己酉赦"，中华书局 1960 年版，第 7351 页。

奏。元和六年八月，中书门下奏："得兵部侍郎许孟容等状，当司准六月二日(敕)，减省官员及厘革三卫等应管京官及外官，共三千三百二十九员……伏请存旧例，六番三卫，都四千九百六十三人，纵使分番当上，配役处多，移牒勘会，须得详请，续商量闻奏。"①这些本该由省内部曹独立负责的事务，改由中书门下总领，部曹承其政令执行。

与此同时，尚书省连接君主与百司、地方的纽带作用进一步削弱。这一局面的出现，不仅有中书门下的影响，还有御史台的侵夺。元和十四年，御史台上奏："据山南(东南)东道观察使孟简状奏，称得复州刺史许志雍状，请于复、郢二州界内修筑郑敬古堤，兼塞断鸬鹚港，壅截界水开地，有利于当道。又据荆南观察使裴武奏称，山南东道筑堤及塞鸬鹚港有害于当道。"②诸道州府的奏状，经御史台，而非尚书省或中书门下上呈君主。而且，御史台在转引地方奏状时，很可能对内容进行了删节。

穆、敬两朝，御史台进一步担当起连接中央诸司，以及中央与地方的职能。元和十五年，内外命妇朝参者的名单，就是由御史台转牒诸司的③。穆宗即位初期，曾下诏："货轻钱重，征税暗

---

① 《唐会要》卷五九《尚书省诸司下·兵部侍郎》"元和六年八月"条，上海古籍出版社 2006 年版，第 1211 页。

② 《册府元龟》卷四九七《邦计部·河渠二》"元和十四年五月"条，中华书局 1960 年版，第 5954 页。

③ 参见《唐会要》卷二六《命妇朝皇后》"元和十五年二月"条，上海古籍出版社 2006 年版，第 576 页。

加。宜令百僚各陈意见,以革其弊。"①中书门下根据此诏的内容,形成牒(帖)文。袁州刺史韩愈收到的帖文正是由御史台发出的②。臣僚回应的议状很可能还是经御史台转呈中书门下,最后再上达君主的。这种公文运行模式与唐代前期"凡制、敕施行,京师诸司有符、移、关、牒下诸州者,必由于都省以遣之"③的规定完全不同。中书门下和御史台形成双重纽带,连接君主与诸司、地方,把都省排除在外。宪宗朝以后,中书门下和御史台都进一步政务官化,二者承担传递部分皇命和公文的职责,正是其政务官化在文书运行方面的反映。有时,二者只是单纯转达皇命,或转呈诸司、地方的意愿;有时则对奏状主要内容进行概括,将归纳好的信息呈递君主。

宪宗统治初期,曾表现出对尚书省的重视。"元和二年正月,左丞郑元璹请取河中羡余三千贯,充助都省厨本钱";三年,右仆射裴均又"奏请取荆南杂钱一万贯,修尚书省",都被批准④。在工作重心转变之后,尚书省也确实发挥了应有的作用。

这一时期,诸寺监也继续贞元年间的发展趋势。宗正寺最晚在元和七年已经设置了由图谱官、孔目官以及修玉牒官组成

---

① 《册府元龟》卷五〇一《邦计部·钱币三》"穆宗元和十五年闰正月诏",中华书局 1960 年版,第 6003 页。

② 参见(唐)韩愈:《钱重物轻状》,《韩愈文集汇校笺注》卷二七,刘真伦、岳珍校注,中华书局 2010 年版,第 2835 页。

③ 《唐六典》卷一《尚书都省》"左右司郎中"条,中华书局 1992 年版,第 11 页。

④ 参见《唐会要》卷五七《尚书省诸司上·尚书省》"元和二年正月"条、"三年五月"条,上海古籍出版社 2006 年版,第 1158 页。

的图谱院①。元和三年八月,司农少卿崔酆奏停太仓丞一(二)员和监事二员②,太仓署官员构成中新型官吏比例增高。另外,元和初年,宦官使职取代鸿胪寺对礼宾院进行领导③。一些寺监差遣固定后,显现出再次使职化的倾向。

> [元和]十五年六月,敕今月祫享太庙,阙宪宗皇帝室祝版,刻睿宗皇帝室祝版勾当点检,并进署官知庙宗正少卿、嗣宁王李子鸿,监察御史崔锐,太常博士王彦威等各得款状。敕:"……李子鸿专司庙事,错进祝文,罪有根源,理难降减,宜停见任……"④

太庙属宗正寺,由少卿一人专知。故进署祝文之事应由专知太庙的少卿负责。而李子鸿却又单独加带"进署官"的头衔,有临时差遣的意味。寺监的上述变化,给尚书省带来了一定的消极影响。无论是寺监职掌丧失,还是院级机构形成,

---

① 参见《唐会要》卷六五《宗正寺》"元和七年十二月"条,上海古籍出版社2006年版,第1351页;修图谱官最早见于元和四年(《唐会要》卷七五《选部下·选限》"元和四年三月二十五日敕",上海古籍出版社2006年版,第1606页)。图谱院的工作,是修玉牒的基础。此前,皇室玉牒由皇帝临时差派大臣修撰。由于图谱院的出现,使得专门修撰成为可能。故修玉牒官应该也在这一时期出现(《新唐书》卷四八《百官三》"宗正卿、少卿"条,中华书局1975年版,第1251页)。

② 参见《唐会要》卷六六《木炭使》"元和三年八月"条,上海古籍出版社2006年版,第1363页;卷八八《仓及常平仓》"元和三年八月"条,上海古籍出版社2006年版,第1916页。

③ 宦官李辅光在元和元年至四年的某时,出任礼宾使[(唐)崔元略:《唐故兴元元从正议大夫行内侍省内侍知省事上柱国赐紫金鱼袋赠特进左武卫大将军李(辅光)公墓志铭并序》,载周绍良主编:《唐代墓志汇编》元和〇八三,上海古籍出版社1992年版,第2007页]。

④ 《唐会要》卷一八《缘庙裁制下》,上海古籍出版社2006年版,第424页。

或是诸职掌的使职化倾向,都导致尚书省曹司相关政令权削弱。

虽然在贞元四年至二十年与永贞元年至宝历二年这两个历史时期,君主的用人政策与对宰臣的信任程度截然不同,但尚书省都不可能再恢复三省制下的地位和职能。故贞元四年恢复旧制的大规模改革停止后,尚书省逐渐自觉、不自觉地以较为积极的态度,面对新的政局,在现行行政运行体制下走上了转型之路。当中书门下逐渐发展成为裁处国家常务的主体后,尚书省开始承担起大量的行政监察工作,并更多地在宰相机构的领导下处理具体事务。同时,尚书省作为连接君主与中央诸司以及地方的纽带,因为中书门下和御史台的双重介入,作用大为削弱。这种职能转换,正是行政运行体制在转型过程中的特征。

第四节　再度恢复旧制期:大和元年 (827)至大中十三年(859)

宝历二年底,敬宗遇弑身亡,江王李涵入继大统,是为文宗。文宗即位后,显示出大展宏图之志,施行了一系列恢复旧制的举措。尽管其间历经甘露之变,但恢复旧制的过程并未因此中断,一直持续到武宗、宣宗两朝。这也是大唐帝国在政局进入一片混乱之前,试图复兴的最后努力。文、武、宣三朝的改革,以大和九年九月到大中四年六月力图在各级行政机构重新全面实行四等官制为高潮。与安史乱后恢复旧制的改革不同,唐代君臣并未打算重建尚书省最高行机构的地位,而是促使其在中书门下的领导下正常运作,发挥应有的作用。

一、力保尚书省运作期:大和元年至九年八月

文宗在藩邸时,已知穆、敬两朝之积弊,登基之始即力图复兴国运。大和元年,文宗拉开了促使尚书省正常运作的改革序幕。虽然没有宏伟的计划与目标,却在保证尚书省官员在岗,规范六察御史对尚书省的监察职责与提高尚书省地位等方面,逐步促进尚书省运作正常化。代宗朝以来,尚书省郎官与御史经常出使或担任重要使职及地方幕府的属僚。为了避免因官员缺任而延误公事,朝廷主要通过禁止奏请现任郎官、御史充职等手段,确保尚书省与御史台官员在岗。大和二年六月、五年四月以敕书形式两度明确相关规定。首先,除统帅专征初建戎府,别听进止外,诸道不可奏请尚书省现任郎官充职①。另外,刑部郎官不得充任盐铁判官②。在刑部长官多有兼任盐运使的情况下,这一规定显示出不允许因为担任使职属下职掌,影响郎官本职公务的原则。

这一时期,还屡次出台规范御史台六察制度的规定。首

---

① 参见《唐会要》卷七九《诸使下·诸使杂录下》"大和二年六月"条,上海古籍出版社 2006 年版,第 1709 页。

② 《唐会要》卷五九《尚书省诸司下·刑部员外郎》"大和五年四月敕",上海古籍出版社 2006 年版,第 1217 页;《册府元龟》卷六五《帝王部·发号令四》"大和五年四月敕",中华书局 1960 年版,第 724 页。

先,六察御史不得外出推事,以便专心本职事务①。其次,如果所察之司出现重大违法事件,本察御史会受到贬斥②。最后,重新确定御史监察六部的转差次序,"所冀察务有常,公事知守。"③在六察御史的监督下,尚书省应该会更加有序地处理常务。

文宗还注意抬高尚书省官员的地位。其中,最引人注目的是仆射地位的上升。大和三年四月,根据两省议状,针对御史台和尚书省相争的仆射上事等仪注,作出了有利于省司的规定。敕旨批示:"仆射实百僚师长,国初为宰相正官,品秩至崇,仪制特异。近或勋臣居任,遂使故事不行,卑列上凌,旧章下替。昨令参议,颇为得中,宜付所司,永为定制。"④四年十一月,最后确定"左右仆射上,请受四品六品丞郎以下拜"⑤。虽然大和六、七两年,御史中丞李汉与右丞李固言先后提出反对意见,但文宗还是坚持了四年十一月诏的规定⑥。此外,都省与六部通判官的

---

① 参见《唐会要》卷六〇《御史台上·御史台》"大和元年十二月"条,上海古籍出版社 2006 年版,第 1230 页;《册府元龟》卷五一六《宪官部·振举一》"文宗大和元年十二月"条,中华书局 1960 年版,第 6170 页。

② 参见《唐大诏令集》卷二九《大和七年册皇太子德音》,中华书局 2008 年版,第 107 页。

③ 《唐会要》卷六〇《御史台上·御史台》"大和八年九月"条,上海古籍出版社 2006 年版,第 1244—1245 页。

④ 《唐会要》卷五七《尚书省诸司上·左右仆射》,上海古籍出版社 2006 年版,第 1165 页。

⑤ 《唐会要》卷五七《尚书省诸司上·左右仆射》,上海古籍出版社 2006 年版,第 1166 页。

⑥ 参见《旧唐书》卷一七下《文宗下》"大和六年八月甲戌"条,中华书局 1975 年版,第 546 页;"大和七年七月甲辰"条,中华书局 1975 年版,第 550 页。

地位也都有所提升。大和七年四月，九姓回鹘可汗薨，"仍令诸司文武三品、尚书省四品已上官就鸿胪寺吊其使者。"①此前，凡回鹘可汗之丧，只有文武三品以上官员才有吊祭资格②。而这一次，尚书省四品丞郎加入吊祭队伍。九年二月，左丞庾敬休薨，下诏曰："官至丞郎，皆朕所委，不幸云亡者，宜其为之废朝。况朝会班列，本在诸司三品之上，比限近敕，或乖通理。时因敬休殒丧，载深伤恻，自今丞郎宜准诸司三品官罢朝日。"③都省与六部通判官再次获得了和诸司长官同等的待遇。

在文宗的努力下，大和年间尚书省更多地扮演了由宰相机构领导处理各种政务的角色。文宗皇帝即位之初，曾下令"元和、长庆之中，皆因用兵，且欲济事，所下制条，或是权宜，今四方少宁，庶政须理。每有司检举行下，则诸道援引申论，所执不同，遂成舛驳者，若不刊定，则无准凭。宜令尚书省诸司郎官，各取本司元和已来制敕，参详定讫送都省，令左右丞重与尚书、侍郎覆视，更加裁度，送中书门下议定闻奏"④。这

---

① 《册府元龟》卷九七六《外臣部·褒异三》"大和七年四月辛酉"条，中华书局 1960 年版，第 11465 页。

② 参见《册府元龟》卷九七六《外臣部·褒异三》"贞元五年十二月庚午"条、"贞元十一年二月甲子"条、"元和三年三月丁亥"条、"长庆元年二月辛卯"条，中华书局 1960 年版，第 11462、11463、11465 页。

③ 《册府元龟》卷四六一《台省部·宠异》"庾敬休"条，中华书局 1960 年版，第 5495 页。参见《旧唐书》卷一七下《文宗纪》"大和九年二月庚午"条，中华书局 1975 年版，第 557 页。《唐会要》卷二五《辍朝》记载此事，时间混乱，误，上海古籍出版社 2006 年版，第 551 页。

④ 《唐大诏令集》卷八二《删定制敕》，中华书局 2008 年版，第 474 页。

正是文宗心目中理想的宰相机构与尚书都省及省内曹司关系的定位。相关曹司详定各种具体政令,由都省长官与六部长官共同裁夺,但并不形成最后的法律条款,更高的决定权掌控在中书门下手中。换言之,在尚书省之上,形成了更高级别的政务裁决机构。

在处理具体事务的过程中,尚书省和中书门下之间的关系也与此相类似。大和五年六月下敕:

> 南曹检勘,废置详断,选人倘有屈事,足以往覆辨明。近年以来,不问有理无理,多经中书门下接诉。致令有司失职,莫知所守;选人踰分,唯望哀矜。若无条约,恐更滋甚。起今以后,其被驳选人,若已依期限,经废置详断不成,自谓有屈,任经中书门下陈状。状到吏部后,铨曹及废置之吏,更为详断,审其事理,可收即收。如数至三人已上,废置郎官请牒都省罚直。如至十人已上,具事状申中书门下处分。如未经废置详断,公然越诉,或有已经详断不错,更有投论者,选人量殿两选,当日具格文榜示,冀无冤滥,亦免幸求。①

根据此条诏令,确认选人资格的最终权力由中书门下掌握。对工作失误的废置郎官作出处罚的最高权限,也归中书门下所有。只有废置郎官的错误较小时,才由都省进行处罚。大和二年三月,都省上奏请落下三铨所注当年甲内超资

---

① 《唐会要》卷七四《选部上·吏曹条例》"大和五年六月敕",上海古籍出版社 2006 年版,第 1601—1602 页;《册府元龟》卷六三一《铨选部·条制三》"大和五年六月敕",中华书局 1960 年版,第 7569 页。

官六十七人。但处理此事的敕旨是根据宰相的裁决发出的："其三铨已授官,都省落下者,并依旧注,重与团奏,仍限五日内毕。其如官超一资半资,以今授稍优者,至后选日,量事降折。"①都省对省内事务的管辖权,在宰相的干预下化为乌有。

虽然对省内部曹的领导权被削弱,都省却较好地履行了行政监察的使命。大和三年八月下敕"自今尚书省、御史台所有制敕及官属除不当,宜封章上论。其事状分明,亦任举按"②,强调了尚书省对下行公文的监察权和弹劾权。大和四年又要求"其诸司应推狱,有稽缓稍甚,与夺或乖者,仍委尚书左右丞及分察御史纠举以闻"③,左右丞负责纠举诸司刑狱,表明都省对诸司事务拥有监察权。七年闰七月,朝廷第一次规定了承担地方行政监察工作的出使郎官由左右丞勾当④,明确了都省对地方常务的监察权力,表明其监察范围有所扩大。但上引史料也显示出都省需要与御史台分担这种权力,御史台同样拥有较大

① 《唐会要》卷七四《选部上·掌选善恶》"大和二年三月"条,上海古籍出版社 2006 年版,第 1596 页;《册府元龟》卷六三一《铨选部·条制三》"大和二年闰三月"条略同,中华书局 1960 年版,第 7567 页。

② 《唐会要》卷五四《省号上·给事中》"大和三年八月"敕,上海古籍出版社 2006 年版,第 1103—1104 页;《册府元龟》卷六五《帝王部·发号令四》"大和三年八月诏",中华书局 1960 年版,第 723 页。

③ 《册府元龟》卷一五一《帝王部·慎罚》"大和四年六月壬申"条,中华书局 1960 年版,第 1827 页。

④ 参见《册府元龟》卷六五《帝王部·发号令四》"大和七年闰七月己未诏",中华书局 1960 年版,第 724 页。《唐会要》卷六二《御史台下·出使》将此诏系于元和年间,上海古籍出版社 2006 年版,第 1277—1278 页。

的行政监察权①。

唐后期有一个特别现象,每当在上事仪注方面作出有利于仆射的决定时,不但会令御史台不满,而且会引发左右丞的反对。大和七年七月,正是右丞李固言上奏,"论仆射省中上事,不合受四品已下拜。"②可见,左右丞作为尚书省实际长官的地位已是根深蒂固,仆射想要重获领导尚书省的权力,即使在都省内部,也会出现阻碍。

大和元年至八年,在政局相对稳定的背景下,文宗通过恢复旧制,显示出励精图治的抱负。他采取各种措施以提高尚书省官员的地位,并确保尚书省部曹正常运转。但文宗并非要恢复尚书省在三省制下的地位、职能,而是促进省司正常运转,以适应宪宗朝以来的行政运行体制的发展。尚书省部曹很大程度上是处于中书门下的领导下,从事各种政令和事务工作;而都省也继续与御史台分掌行政监察职能。

二、恢复职事官体系正常运行时期:大和九年九月至大中四年七月

"恢复旧制"主要包括两方面内容:维持职事官机构正常运

---

① 大和四年,御史台要求"诸司诸使及诸州府县并盐院等,公事申牒臣当台,各令遵守时限",并制定了具体的惩罚规定(《唐会要》卷六〇《御史台上·御史台》"大和四年九月"条,上海古籍出版社2006年版,第1230—1231页)。七年,御史台提出大理寺断狱和刑部详覆案件不得违背法定期限(《册府元龟》卷六一三《刑法部·定律令五》"大和七年九月乙卯"条,中华书局1960年版,第7354页)。御史台的权限已经完全脱离了司法监察的范围。

② 《旧唐书》卷一七下《文宗纪》"大和七年七月甲辰"条,中华书局1975年版,第550页。

转;促使使职回归职事官系统。从大和后期开始,文宗就显露出全面恢复旧制的意图。大和七年八月敕曰:"诸王等今后相次出阁,且授紧、望已上州刺史、上佐。"①如果这条敕令得以实施,将势必改变各州通判官虚衔化或长官化的趋势。虽然诸王最终未能出阁,但文宗在全国各级行政机构中重新确立四等官制的决心,并未改变。九年九月甲子,下诏宣布:"京诸司少卿监、少尹等并大卿监、大尹分曹视事,同裨大政。河南、太原等七州少尹及大都督府左右司马、诸州上佐等,亦如之。"②全面恢复四等官制的步伐启动。至大中四年正月,重申"自今后,州县公事,上佐、丞、簿,得失须共参详。如有败阙,或不遵法理,及百姓流亡不先举明,并须连坐"③。这一次,不仅是诸州,还扩展到县一级,通判官和勾官也要参与日常公事。七月,同样的规定再度延伸至中央,"自今已后,九寺三监少列,宜与大卿通判文案。"④

文宗、宣宗两朝重建四等官制的模式,相关诏令并未提到尚书省。这是因为省内诸司常务基本延续了唐代前期的模式,没有实质改变。此外,在开成年间(836—840),文宗也积极推动仆射参与本省常务,行使其长官职责,确保省寺体系从整体上正

---

① 《唐会要》卷六九《别驾》"大和七年八月九日敕",上海古籍出版社2006年版,第1438页。

② 《册府元龟》卷六一《帝王部·立制度二》,中华书局1960年版,第681页。

③ 《册府元龟》卷一五五《帝王部·督吏》"宣宗大中四年正月诏",中华书局1960年版,第1879—1880页。

④ 《唐会要》卷六五《太常寺》"大中四年七月"条,上海古籍出版社2006年版,第1343页。

常运转。元年三月,规定开延英殿之日,仆射、尚书、丞郎与大卿监要候对。因为等待候对时间过长,影响本司公务处理,三年二月改为"如须顾问,隔宿及临时宣召"①。后又改为"仆射、尚书、侍郎、左右丞、太(大)卿监每遇坐日,宜令两人循次进对"②。四年正月,出于"虑妨公事"的考量,取消尚书省四品以上官和诸卿监待制③。可见,仆射在省内常务处理中的作用已有所恢复。开成元年正月,左仆射令狐楚请修尚书省,获得批准④。三年,又增加了尚书省本钱,以确保丞郎入省日的费用⑤。这一时期,省寺运作相对正常。但都省地位回升,导致省内机构不满。会昌年间(841—846),借提升御史台地位之机,最终,六部侍郎兼任御史大夫或中丞者,可立于左右丞之上⑥。

在恢复四等官制的同时,朝廷还尽力促使使职体系回归职事官系统。开成二年底,再次重申诸司、诸使不得奏请中书、门下两

<hr />

① 《唐会要》卷二五《杂录》"开成三年二月"条,上海古籍出版社2006年版,第555页。

② 《旧唐书》卷一七下《文宗下》"开成三年二月乙巳"条,中华书局1975年版,第573页;《册府元龟》卷五八《帝王部·勤政》"开成三年二月诏",中华书局1960年版,第652页。

③ 参见《唐会要》卷二五《杂录》,上海古籍出版社2006年版,第555页。

④ 参见《册府元龟》卷四八四《邦计部·经费》"开成元年正月辛酉"条,中华书局1960年版,第5790页。

⑤ 参见《唐会要》卷九三《诸司诸色本钱下》"开成三年七月敕",上海古籍出版社2006年版,第1996页;《册府元龟》卷五〇七《邦计部·俸禄三》,中华书局1960年版,第6091页。

⑥ 参见《唐会要》卷二五《文武百官朝谒班序》"会昌二年十月"条,上海古籍出版社2006年版,第567页;"三年二月"条,上海古籍出版社2006年版,第568页;卷五八《尚书省诸司中·左右丞》"会昌三年三月"条,上海古籍出版社2006年版,第1174—1175页。

省供奉官与尚书省、御史台现任郎官、御史充职。三年底下制："应京有司有专知别当及诸色职掌等,近日诸司奏请州县官及六品已下官,充本司职掌,援引旧例,色目渐多,致使勾留,溢于旧额。起今已后,各于本司见任官寮之中,拣择差署,不得别更奏官。"①勒留官属于使职、差遣的一种。此制旨在减少在京百司勒留官的数量,令职事官接掌本司相关职掌,有利于克服中央诸司重要职掌的使职化倾向,削弱这类职掌相对于本司的独立性。大中三年九月,中书门下又奏请解决京兆府及下辖两县官职相分的问题:"近日判府司及两县簿、尉,多系诸司职掌,遂使额外假称,一人兼判数曹,易为因循,难以责办。臣等商量,自今以后,诸司职掌,改集贤馆、宏文馆,并不得带府判司及两县簿、尉。集贤馆、宏文馆,仍每司不得过一员。见在诸司充职者,请勒归本司。"②此后,京兆府及长安、万年两县判官和勾官不会再因任馆职影响公务。

这一时期,与尚书省相关,最值得关注的措施,即会昌元年二月武宗批准的中书门下奏状:

> 伏以南省六曹,皆有职分,若各守官业,即不因循。比来户部、度支两司,尚书侍郎多奏请诸行郎官判钱谷文案,遂令本司郎吏束手闲居,至于厅事,皆为他官所处。臣等商量,请自今已后,其度支、户部钱谷文案,望悉令本司郎官分判,不在更请诸行郎官限。仍委尚书侍郎,同诸司例,便自于司内选择差判,不必更一一闻奏。其户部行郎官……仍

---

① 《册府元龟》卷六三一《铨选部·条制三》"开成三年十二月诏",中华书局1960年版,第7573页。
② 《唐会要》卷六七《京兆尹》,上海古籍出版社2006年版,第1405页。

委中书门下,皆选择与公务相当除授。如本行员数欠少,亦任于诸行稍闲司中,选其才职资序相当者奏请转授。所冀莅事有常,分官无旷,庶或可久,以革从权。[①]

首先,奏状指出户部、度支的判案郎官由户部尚书和侍郎奏请,表明户部长官、通判官承担判户部与判度支的工作,即户部、度支两使司属于原户部。其次,户部、度支判案郎官,只能从户部本行选授,不可差派别行郎官,再次显示出二司所属户部的身份,减少二司官吏任命方面的使职特色[②]。在使职、差遣体系全面回归旧制的背景下,中央最具权势的财政使职也被强调属于国家原有行政机构。然而,这与其说是尚书省(户部)重获财权,不如说中书门下在与财政使职的较量中,占据上风。

自大和末至大中前期重建旧制的改革,是以恢复各级职事官机构四等官制运行为重心,以促进使职体系回归职事官机构为主要手段。在此期间,左右仆射开始重新参与尚书省常务,财政使职再度被强调其户部属性。但大多数改革条款都是由中书门下奏请的,表明中书门下掌握政令权。改革本身与尚书省权限没有直接关系,对尚书省地位的重建亦无实质影响。

然而,所谓"旧制",本是以尚书省最高行政权为核心的。

---

① 《唐会要》卷五九《尚书省诸司下·户部员外郎》"会昌元年二月"条,上海古籍出版社 2006 年版,第 1195 页。参见《旧唐书》卷一八上《武宗纪》"会昌元年二月壬寅"条,中华书局 1975 年版,第 586 页。

② 关于会昌元年二月的财政改革,参见李锦绣:《唐代财政史稿》(下卷),北京大学出版社 2001 年版,第 197 页;陈明光:《论晚唐中枢权力分配格局的变动》,载朱雷主编:《唐代的历史与社会》,武汉大学出版社 1997 年版,第 70 页。

因此,每次旧制的恢复,都自觉、不自觉地会与尚书省地位的重建相连(即使仅为表面现象,或被某一政治集团利用)。大和九年十二月,"左仆射(令狐楚)合诸道奏:'诸节(度)使新授,具巾抹,带器仗,省中参辞兵部尚书、侍郎者。伏以军国异容,古今定制。苟不由旧,务祈改常。未闻省阁之门,忽入弓刀之器,伏请停罢。如须参谢,任具公服,到本州岛县后,交割兵马,诣实申奏。'从之。"①因李训、郑注之乱造成政治恐慌,很多官员对新任节度使戎装参辞兵部的礼仪提出质疑。诸道奏状是由左仆射令狐楚合为一状,呈递君主的。可见,此时尚书省至少可以接收部分奏状。开成三年二月下敕:"中书文状悉在中书断割,裁量须归根本。如关钱谷刑狱等事,有宣付诸司处置者,宜更令覆奏,候旨敕施行。"②具体事务交由诸司处理,再奏请皇帝批示。而所谓"根本""诸司"正是尚书省相关曹司。会昌五年六月敕规定:"此后事关礼法,群情有疑者,令本司申尚书都省,下礼官参议。如是刑狱,亦先令法官详议,然后申刑部参覆。如郎官、御史有能驳难,或据经史故事,议论精当,即擢授迁改以奖之。"③

---

① 《唐会要》卷七九《诸使下·诸使杂录下》,上海古籍出版社 2006 年版,第 1711 页。参见《旧唐书》卷一七二《令狐楚传》,中华书局 1975 年版,第 4463 页;《册府元龟》卷四七四《台省部·奏议五》"令狐楚"条,中华书局 1960 年版,第 5661 页。

② 《唐会要》卷五四《省号上》,上海古籍出版社 2006 年版,第 1091 页。

③ 《旧唐书》卷一八上《武宗纪》"会昌五年六月丙子敕",中华书局 1975 年版,第 604 页。《唐会要》卷五七《尚书省诸司上·尚书省》"会昌五年六月敕"略同,上海古籍出版社 2006 年版,第 1158—1159 页。参见《册府元龟》卷三一四《宰辅部·谋猷四》"李德裕会昌五年六月奏",中华书局 1960 年版,第 3703 页。

这是恢复了尚书省有关礼法事宜的部分政令权。

但是，当时国家常务运行的主体依然是中书门下。以开成二年二月吏部判张克勤回授官爵事为例。吏部奏状称："准制，请叙一子官。张茂昭男左武卫大将军克勤进状称：'男小未堪授任，请回与外甥。'准起请节文，只许回与周亲。克勤又奏：'承前诸家，请回授外甥，并蒙允许。'中书省牒吏部详断。左司员外郎、权判吏部废置裴夷直断：'一子官，恩在报功，贵延赏典，若无己子，许及周亲。今张克勤自有息男，妄以外甥，奏请移于他族，知是何人！倘涉卖官，实为乱法。虽援近日敕例，难破著定节文，国章既在必行，宅相恐难虚授。具状上中书门下，并牒申中书省，克勤所请不允。'"①据此，此事的处理，是由中书省接收文状，转发吏部裁决，结果不仅要奏呈君主，还要发往中书门下，中书门下享有覆奏权。此事中，详断的结果不是由判废置官员本身发出的，而是采用了吏部的名义。因此，吏部各重要职掌的独立性是有限的。

改革促使尚书省以更为活跃的态势参与到国家常务的运作中。只是在德宗、宪宗时期基本定型的行政运行体制并无根本改变。尚书省虽握有部分政令权，但在常务裁处方面，中书门下往往拥有更大的权力。

---

① 《册府元龟》卷六三一《铨选部·条制三》"开成二年二月"条，中华书局 1960 年版，第 7572 页。参见《唐会要》卷五八《尚书省诸司中·吏部员外郎》"长庆元年正月"条，上海古籍出版社 2006 年版，第 1181 页；《旧唐书》卷一一四《张克勤传》，中华书局 1975 年版，第 3859—3860 页。以上二书将此事系于长庆年间，误。

三、维持改革成果时期:大中四年八月至十三年

大中四年七月以后,宣宗朝再无全面改革的措施出台,但改革的精神和主旨得以延续,大唐帝国度过了最后的稳定时期。

首先,继续强调在地方官府和寺监机构中施行四等官制的原则。杜牧先后任知制诰与中书舍人,曾在大中五年九月至六年底的某个时间草《马迥除蜀州别驾等制》:"中散大夫、前守彭王府司马、上柱国马迥等。以尔入仕岁久,愈知为理,半刺上佐,得与二千石参校政事短长利病者也。今以名郡,藉其佽助……慎守官常,无自偷惰。"①孙方绍于大中十三年任大理正,"除书云详,丹笔之典,必务平返。念赭衣之徒不忘哀敬,在正批断精覆,卿长知重,遂较殊考。"②大理正为大理寺通判官之一。四等官制在诸州和寺监内确实得到了落实。

其次,朝廷依然尽量减少使职机制对职事官系统的影响。大中六年裴休入相,判盐运使。江淮米所过地里"悉令县令兼董漕事,能者奖之。自江津达渭口,以四十万之佣,岁计缗钱二十八万贯,悉使归诸漕吏,巡院无得侵牟"③。巡院对州县职务的侵夺减少。

正因为"恢复旧制"的精神延续,尚书省的"政本"地位得以保留,并被强调。杜牧在大中中期所草诏书中明确提到"尚书

---

① 吴在庆:《杜牧集系年校注》,中华书局 2008 年版,第 1110 页。

② (唐)孙郇:《唐故承议郎使持节都督登州诸军事守登州刺史孙(方绍)府君墓志铭并序》,载周绍良主编:《唐代墓志汇编》咸通〇六八,上海古籍出版社 1992 年版,第 2431 页。

③ 《旧唐书》卷一七七《裴休传》,中华书局 1975 年版,第 4593 — 4594 页。参见《新唐书》卷一八二《裴休传》,中华书局 1975 年版,第 5372 页。

天下之本"①;称都省左右司是"提纲主辖之司,为邦立理之本",其工作为"四海百司之条目,举之在勤"②。大中五年,兵部甚至获得了检勘诸道"所教习马步及各执所艺人数"之权③。

只是中书门下可以对尚书省的政令权进行否决。大中六年十二月,祠部奏请规范建置佛堂并剃度僧尼等事,"伏乞允臣所奏,明立新规,旧弊永除,天下知禁。"宰臣随后上言称"有司举陈,实当职分,但须酌量中道,使可久行",最后所有条款均为宰相制定④,祠部政令权顿为乌有。

大中四年以前的改革措施,在宣宗中后期继续被贯彻。职事官机构运作更加正常化,使职机制干扰减弱。因此,尚书省更加积极活跃,发挥了政令机构的某些作用。只是在中书门下的干预下,这种权力随时可能遭到侵夺。

从大和元年至九年底,君臣集团采取了一系列举措,尚书省、寺监的运作情况有了很大改善。这些改革渐进、缓慢而有条理地进行着,颇有"润物细无声"的味道。开成元年至大中四年,重建旧制的措施在全国范围内推行。施行旧有的行政运行模式,减少使职、差遣的影响,还权职事官机构,成为改革的重

---

① (唐)杜牧:《韩宾除户部郎中裴处权除礼部郎中孟璲除工部郎中等制》,载吴在庆:《杜牧集系年校注》卷一七,吴在庆校注,中华书局 2008 年版,第 1035 页。

② (唐)杜牧:《皇甫鈆除右司员外郎郑溧除侍御史内供奉等制》,载吴在庆:《杜牧集系年校注》卷一七,中华书局 2008 年版,第 1041 页。

③ 参见《册府元龟》卷一二四《帝王部·修武备》"宣宗大中五年五月敕",中华书局 1960 年版,第 1492 页。

④ 《唐会要》卷四八《议释教下》"大中六年十二月"条,上海古籍出版社 2006 年版,第 987—988 页。

心。这与中书门下作为全国政务的主要裁决机构有直接关系。使职、差遣职事官化,职事官机构的使职运作机制消除,都有利于宰相权力的进一步加强。大中四年以后,相关改革并未停止。尚书省不再呈现"空虚"局面,仆射一度重新领导尚书省。在改革过程中,尚书省显示出务实的态度,在适应现有行政运行体制的前提下,配合中书门下工作,争取更多的权力。由于仆射权位的重建,也引发了尚书省内部的矛盾。左右丞公然提出挑战,诸部曹与都省之间也进行了地位之争。这些是省内诸司为更有效地行使本职权力而作出的努力。从中却显示出省内关系依然松散,都省领导权削弱,地位下降的现实。文宗、武宗、宣宗三朝恢复旧制的改革与安史乱后的改革存在本质区别。尚书省只能在中书门下体制下有限地行使政令权,并承担庶务执行机构的职务。

第五节　逐渐衰落期:咸通元年(860)至天祐四年(907)

大中一朝,在有"小太宗"之名的宣宗皇帝的领导下,政治环境相对安定,行政运行体制运作较为平稳。懿宗即位后,大唐帝国最后的复兴宣告结束,开始走向败亡之路。懿宗、僖宗和昭宗三朝,外有庞勋、黄巢起事,内有宰相与宦官集团殊死斗争,日趋强大的藩镇势力逐渐介入李唐中央统治。僖宗两次出逃,险些被废;昭宗在被驱赶下台,又重新执政后,未能逃脱被弑的悲惨命运;哀帝被迫禅位新朝后惨死。中枢权力在几经争夺后,落入后来居上的藩镇之手,最终改朝换代。如此复杂的环境,导致晚唐政局全面混乱。在这种背景下,尚书省的运作可分为两个阶段,咸通元年至天复二年(902),尚书省及相关寺监机构尚勉强维持运转;天复三年正月至唐末,宦官集团彻底被诛灭,内诸司体系瓦解,省寺权力表面得以恢复,实际却无任何改变。使职承担起朱全忠篡位前的准备工作。

一、维持运转时期:咸通元年至天复二年

这一时期,虽然饱受藩镇、内司与翰林院势力的影响,宰相(机构)在裁决军国大政与常务方面的权力受到的打击有限。乾宁三年(986)二月,下承旨榜子:"凡中书覆状奏钱物,如赐召征促,但略言色额,其数目不在言内,但云并从别敕处分。中书覆状,如云中书门下行敕,其诏语不得与覆状语同。"①中书门下在绝大部分奏状审批行下的过程中,拥有覆奏的权力。中书门下的意见,在常务处理中起到重要作用。很多琐细之事,也由宰相作出最后裁决。"大顺(890—891)初,天武都头李顺节恃恩颇横,不期年领浙西节度使,俄加平章事。谢日,台吏申中书,称天武相公衙谢,准例班见百僚。[门下侍郎、平章事孔]纬判曰:'不用立班。'"②可见,宰相的政务官化已经到了无孔不入的程度。中书门下仍然可以越过尚书省,直接领导省内重要事务。咸通十年,"其礼部贡举,宜权停一年,付中书行敕指挥。"③部司

---

① 《唐会要》卷五七《翰林院》,上海古籍出版社 2006 年版,第 1153 页。
② 《旧唐书》卷一七九《孔纬传》,中华书局 1975 年版,第 4652 页。
③ 《旧唐书》卷一九上《懿宗纪》"咸通十年十二月"条,中华书局 1975 年版,第 673 页。

重要职掌,转归中书门下。

这一时期,中书门下的政务官化还体现在宰相亲身担任重要使职方面。财政三司使开始固定由宰臣分判。自僖宗末年,逐渐形成太清宫使、弘文馆大学士、延资库使充盐运使,监修国史判度支,集贤殿大学士判户部的格局①。修奉太庙使亦由宰相兼任②。财政、礼仪事务由宰相亲身负责,相关权力转归中书门下。

但尚书省从未完全丧失权力,依然承担了大量工作。钱珝在乾宁、光化(898—901)年间先后出任知制诰和中书舍人③,草诏称:"国之旧章,系会府者仅什六七。坐曹郎见坠不举,焉用官为。"④此语表明尚书省职务虽有减少,但其政令权力尚存的事实。前朝恢复旧制的改革成果,还有一部分得以保留。其中之一就是各级行政机构持续四等官制的运行模式⑤。尚书省

---

① 参见李锦绣:《唐代财政史稿》(下卷),北京大学出版社 2001 年版,第208—210 页。

② 参见徐彦若、崔胤和李知柔都曾出任此职。参见《旧唐书》卷二〇上《昭宗纪》"光化三年九月乙巳"条、"戊申"条,中华书局 1975 年版,第 769 页;《新唐书》卷八一《李知柔传》,中华书局 1975 年版,第 3603 页。

③ 钱珝由宰相王抟推荐释任官。王抟任相即在乾宁、光化间。参见《新唐书》卷一七七《钱珝传》,中华书局 1975 年版,第 5273 页;卷六三《宰相下》"乾宁二年三月"条,中华书局 1975 年版,第 1751 页;《旧唐书》卷二〇上《昭宗纪》"光化三年六月戊辰"条,中华书局 1975 年版,第 766 页。

④ (唐)钱珝:《授赵昌翰考功郎中制》,《文苑英华》卷三八九,中华书局1966 年版,第 1982 页。

⑤ 咸通四年正月,丹凤楼大赦文强调:"州牧令录上佐官,在任须终三考。"(《旧唐书》卷一九上《懿宗纪》"咸通四年正月庚午"条,中华书局 1975 年版,第 654 页)"乾符戊戌岁,大理少卿徐焕,以决狱平允,授弋阳郡。"(《太平广记》卷三一二《徐焕》引《三水小牍》,中华书局 1961 年版,第 2471 页)州府和寺监通判官都有实际工作。

长官仆射依然参与裁处公务。咸通十四年，因"考簿上中下字朱书，吏缘为奸，多有揩改"，"［考功员外郎王］徽白仆射，请以墨书，遂绝奸吏之弊。"①郎官将本曹事务的改革措施直接上呈仆射请求批准。左右丞对郎官任免依然有较大的发言权。咸通十三年与乾符二年，分别发生了左丞李璋与右丞李景温禁为止郎官入省，而对抗宰相的事件②。钱珝草制，称左司郎中郑凝吉"升在郎署，不忘公家。多称抱材，足以集事"；又称"都曹郎总率之职，次管辖焉。吾今举典用人，孰云匪重"③。由上引史料可见，都省三官依然发挥了管辖省事的作用。只是随着时间推移，仆射职能再度呈现虚化倾向。

尚书省内重要部曹与职掌基本上都能维持运作。吏部三铨以及南曹、废置与考功，甚至司封、司勋两曹都有职掌。吏部尚书萧仿和王徽因掌铨受到赞扬④。判南曹刘崇望配合尚书崔安潜"涤除宿弊，复清选部"⑤。司封勘检请加封号者的

---

① 《旧唐书》卷一七八《王徽传》，中华书局1975年版，第4640页。参见《新唐书》卷一八五《王徽传》，中华书局1975年版，第5408页；《唐会要》卷八二《考下》"咸通十四年"条，上海古籍出版社2006年版，第1789—1790页；《册府元龟》卷六三六《铨选部·考课二》"咸通十四年"条，中华书局1960年版，第7632页。

② 参见《资治通鉴》卷二五二，中华书局1956年版，第8164页；《新唐书》卷一七七《李景温传》，中华书局1975年版，第5291页。

③ 《授左司郎中郑凝京兆少尹前龙州刺史韦贻范右司郎中制》，《文苑英华》卷四〇六，中华书局1966年版，第2062页。

④ 参见《旧唐书》卷一七二《萧仿传》，中华书局1975年版，第4482页；《旧唐书》卷一七八《王徽传》，中华书局1975年版，第4643页；《新唐书》卷一八五《王徽传》，中华书局1975年版，第5409页。

⑤ 《旧唐书》卷一七九《刘崇望传》，中华书局1975年版，第4664页。

资格,并为符合条件者奏请赐封。宰相陆扆之妻高氏进封燕国夫人,相关制书就是根据司封奏状下发的①。如前文,考功因为工作中存在弊端,还进行了改革。此外,六部之中,刑部亦是较为繁忙的部门。崔凝任刑部尚书,曾"定三典之轻重……弥彰功绪"②。刑部曹被描述为"务剧望高",需要两名员外郎同时在任处理公务③。连被认为完全丧失职权的金部,也没有停止运作。至咸通十二年,金部与其他机构尚有公文往来④。

再考察用人方面,例如乾符年间郎官的任命:

[乾符二年十月]以考功员外郎赵蕴为吏部员外郎,户部员外郎卢庄为起居员外郎,礼部员外郎萧遘为考功员外郎。

[乾符三年六月]主客郎中崔福为汾州刺史,荆南节度副使王慥为主客郎中。

[乾符三年七月]以户部郎中李节为驾部郎中,金部郎中王慥为户部郎中,主客郎中郑諴为金部郎中,金部员外郎张谯为主客郎中,屯田员外郎窦玙为金部员外郎,京兆司录

---

① 参见(唐)钱珝:《中书侍郎同中书门下平章事陆扆妻渤海郡夫人高氏进封燕国夫人制》,《文苑英华》卷四一九,中华书局 1966 年版,第 2119 页。

② (唐)狄归昌:《唐故刑部尚书崔(凝)公府君墓志并序》,载周绍良主编:《唐代墓志汇编续集》乾宁〇〇三,上海古籍出版社 2001 年版,第 1161 页。

③ 韦瞳、崔荆同制授任刑部员外郎[(唐)钱珝:《授李褒刺史等制》,《文苑英华》卷四一一,中华书局 1966 年版,第 2083 页]。

④ 侍御史李磎曾根据金部发往御史台的公文,进状皇帝(《册府元龟》卷三《帝王部·名讳》"顺宗"条注,中华书局 1960 年版,第 36 页)。

赵晔为屯田员外郎。

[乾符三年]十一月,以司门员外郎郑蒐为池州刺史,水部员外郎樊充为工部员外郎,汴宋度支使杜孺休为水部员外郎。

[乾符四年三月]以判盐铁案、检校考功郎中郑澂为司封员外郎,充转运判官。兵部员外郎裴渥为蕲州刺史,职方员外郎卢澄为兵部员外郎。①

首先,任命涉及吏部、司封、考功、户部、金部、主客、兵部、职方、驾部、司门、屯田、水部等六部十二曹。其中部分曹司是所谓的"冷衙门",如司门、水部两曹。且这些郎官基本没有兼任其他职掌。其次,在郎官转迁过程中,职位几乎没有空缺。一旦有郎官离任,立刻安排接替者。这很可能是力图保持尚书省运作的一种举措。但部分郎官任期非常短暂。例如乾符三年六、七月间,王愊、郑諴与张谯先后出任主客郎中。短短两个月内,一个职位竟三易其人。如此频繁的调任,诸曹郎官恐怕很难充分发挥才能。

寺监方面,除太常寺及其下礼院与宗正寺等始终运作较好外,尚有诸多寺监保有一定职掌。大乱过后,为了重振国学,宰相孔纬曾亲自兼任国子监祭酒②,抽文臣本官料钱,助修国学③。僖

---

① 分别见《旧唐书》卷一九下《僖宗纪》,中华书局 1975 年版,第 695—698 页。

② 参见《旧唐书》卷一七九《孔纬传》,中华书局 1975 年版,第 4651 页。

③ 参见《唐会要》卷三五《褒崇先圣》"大顺元年二月"条,上海古籍出版社 2006 年版,第 747 页。

宗再幸宝鸡之日,列圣神主被盗,由少府监择日依礼改造①。一旦有重大礼仪,官员服饰亦由少府监制作②。太府寺内,少卿专知左藏库的工作,在战乱时期越发重要。乾宁初,太府少卿李元实曾欲收取九品以上官员两月俸,以助军兴③。侯昌业在咸通年间,曾授"司天御史,忝知乾象,谬辩星辰"④。"司天御史"很可能是晚唐时期新增设的官职,当属司天监。除观测天象外,司天监也曾参与造历活动。司天少监胡秀林承担过制《景福崇玄历》的工作⑤。

　　虽然天下大乱,中书门下政务官化趋势进一步加强,但省寺机构的重要职务都有所保留,运作秩序并未混乱。

二、"还权省寺"时期:天复三年至天祐四年

　　天复三年正月,大权在握且对宦官集团恨之入骨的朱全忠,在崔胤的怂恿下,一时悉诛宦官⑥。由于此前翰林学士已经失

---

　　①　参见《唐会要》卷一七《庙灾变》"光启元年十二月"条,上海古籍出版社 2006 年版,第 413 页。

　　②　龙纪元年十一月,行郊庙之礼。两中尉和枢密使欲朝服助祭,因少府监无素制冠服,令其立造。参见《旧唐书》卷一七九《孔纬传》,中华书局 1975 年版,第 4651 页。

　　③　参见《新唐书》卷一八三《朱朴传》,中华书局 1975 年版,第 5385 页。

　　④　P.2811《金紫光禄大夫守刑部尚书兼御史中丞侯昌业直谏表》,载吴钢主编:《全唐文补遗》第九辑,三秦出版社 2007 年版,第 27 页。

　　⑤　参见《资治通鉴》卷二五九"景福元年十二月"条注,中华书局 1956 年版,第 8437—8438 页。

　　⑥　参见《旧唐书》卷二〇上《昭宗纪》"天复三年正月辛未"条,中华书局 1975 年版,第 775 页;《新唐书》卷一〇《昭宗纪》"天复三年正月庚午"条,中华书局 1975 年版,第 300 页。

去介入中枢权力的可能①,一切非法参与中枢决策的势力都被扫除净尽。表面上,中书门下重新确立了在国家政务中的核心地位,同时,因朱全忠与崔胤的要求,"悉罢诸司使,其事务尽归之省寺"②。但是,这封诏令的内容并未真正得以执行。在朱全忠集权的形势下,省寺机构按部就班处理事务的模式显然无法适应朱氏的篡权计划。反之,为避免朱氏过早篡权的唐代宰相集团,也只能通过兼任使职抢夺重要职掌,与其对抗。昭宗还京之时,崔胤已经身兼延资库使、盐运使和判度支,掌制了国家财权。宦官集团覆灭后,"全忠奏留步骑万人于故两军,以朱友伦为左军宿卫都指挥使;又以汴将张廷范为宫苑使,王殷为皇城使,蒋玄晖充街使。于是全忠之党布列遍于禁卫及京辅。"③为了抢夺京师禁军武装,崔胤再亲判六军十二卫,招募六军六千余人,并以京兆尹郑元规任副使④。天复三年底,宰相集团与朱氏矛盾激化,朱全忠请诛崔胤、郑元规二人。随即,皇城使王建勋、飞龙使陈班、阁门使王建袭、客省使王建乂等亦被诛杀⑤。此

---

①　史称天复元年十月后"学士不复得对矣"(《资治通鉴》卷二六二"天复元年十月戊戌"条,中华书局 1956 年版,第 8559 页)。

②　《资治通鉴》卷二六三"昭宗天复三年正月庚午"条,中华书局 1956 年版,第 8594 页。

③　《资治通鉴》卷二六四"天复三年二月乙未"条,中华书局 1956 年版,第 8604 页。

④　参见《唐会要》卷七一《十二卫》"天复三年二月"条,上海古籍出版社 2006 年版,第 1525 页;《资治通鉴》卷二六四,中华书局 1956 年版,第 8609 页。

⑤　参见《旧唐书》卷二〇上《昭宗纪》"天复三年十二月丙申"条,中华书局 1975 年版,第 778 页;《新唐书》卷一〇《昭宗纪》"天祐元年正月乙巳"条、"己酉"条,中华书局 1975 年版,第 301 页。《旧唐书》与《新唐书》、《资治通鉴》对朱全忠铲除崔胤一党的时间,记载略有不同。

后,由宰相裴枢与独孤损分判左右三军,并充盐运、度支二使①。闰四月,掀起了第二次废除内司的高潮,"敕内诸司惟留宣徽等九使时惟留宣徽两院、小马坊、丰德库、御厨、客省、阁门、飞龙、庄宅九使。外,余皆停废,仍不以内夫人充使。以蒋玄晖为宣徽南院使兼枢密使,王殷为宣徽北院使兼皇城使,张廷范为金吾将军、充街使,以韦震为河南尹兼六军诸卫副使,又征武宁留后朱友恭为左龙武统军,保大节度使氏叔琮为右龙武统军,典宿卫,皆全忠之腹心也。"②朱全忠通过使职掌控朝廷政局,以及京城治安。而内诸司使最终并未废除,而是改由南衙朝官担任。同年十月,朱全忠心腹张全义接判六军诸卫事③。天祐三年三月,朱全忠本人兼领诸道盐铁转运等使,判度支户部事,充三司都制置使④,切断了唐王朝的经济命脉。至此,朱全忠完全是通过使职令唐政权名存实亡的。

　　然而,始终由尚书省部司负责的重要事务,并不是由使职接

---

① 参见《资治通鉴》卷二六四"天祐元年春正月"条,中华书局1956年版,第8624页。

② 《资治通鉴》卷二六四"天祐元年闰四月戊申"条,中华书局1956年版,第8631—8632页。参见《旧唐书》卷二〇上《昭宗纪》"天祐元年闰四月戊申"条,中华书局1975年版,第780页。

③ 参见《旧唐书》卷二〇《哀帝纪》"天祐元年十月丙申"条,中华书局1975年版,第788页;《资治通鉴》卷二六五"天祐元年十月丁酉"条,中华书局1956年版,第8637。《新唐书》则记载朱全忠本人于天祐三年丁未,兼判左右神策及六军诸卫事(卷一〇《哀帝纪》"天祐元年三年丁未"条,中华书局1975年版,第302页)。

④ 参见《旧唐书》卷二〇下《哀帝纪》,中华书局1975年版,第806页。《资治通鉴》称"全忠辞不受"(卷二六五"天祐三年三月戊寅"条,中华书局1956年版,第8658页)。

掌,而是继续由原机构执行,甚至宰相对这些事务的控制还相对减少。天祐二年四月敕规定"应天下府州令录,并委吏部三铨注拟。自四月十一日以后,中书并不除授"①。三年正月下敕旨,所试明经,"宜令准常年例解送礼部,放人多少,酌量施行。但不徇嘱求,无致侥幸。付所司。"②选与举本是封建王朝的头等大事。但在篡权前夕,朱全忠通过对权相和职事官机构进行权力再分配,以达到有利于自身的目的。

但从官员任职情况来看,末世之征仍可见一斑。天祐二年八月戊子,"制中书舍人姚洎可尚书户部侍郎,充元帅府判官,从全忠奏也。"③六部正员通判官充任幕府判官,是一种新形式。此前,省内判官出任幕僚,都要加检校之名。另外,天祐二年四月,有两位刑部尚书同时在任④。唐代原本只设刑部尚书一人。两员刑尚的出现,亦是改朝换代前,官制极度混乱的表现。

自天复三年开始,朱全忠一党加快了篡权的步伐,通过接掌

---

① 《唐会要》卷七四《选部上·论选事》,上海古籍出版社2006年版,第1591页。参见《册府元龟》卷六三二《铨选部·条制四》"哀帝天祐二年三月诏",中华书局1960年版,第7576页;《旧唐书》卷二〇下《哀帝纪》"天祐二年四月丁未敕",中华书局1975年版,第792—793页。

② 《旧唐书》卷二〇下《昭宗纪》"天祐三年正月辛巳"条,中华书局1975年版,第806页。

③ 《旧唐书》卷二〇下《哀帝纪》"天祐二年八月戊子制",中华书局1975年版,第798页。

④ 分别为张祎和裴迪。天祐二年四月乙未,刑部尚书张祎以奉山陵之劳,获赐一子正员官(《旧唐书》卷二〇下《哀帝纪》,中华书局1975年版,第792页)。裴迪二月壬子,以汝州刺史身份升任刑尚,十一月在任(《旧唐书》卷二〇下《哀帝纪》,中华书局1975年版,第789—790页;《资治通鉴》卷二六五"天祐二年十一月"条,中华书局1956年版,第8651页)。

重要使职,完全掌控了国家政治与经济大权。唐代宰相集团也以同样的方式进行反击。因此,虽然宦官集团毁灭,名义上还权省寺,但权力只是由内使转至南衙使职之手。尚书省内只有最重要的职务尚存,作为朱全忠削弱中书门下选举权力的手段。省内长官、通判官任职情况混乱,呈现出明显的末世迹象。

自肃宗一朝至唐代灭亡,朝廷在行政运行体制转型的过程中,针对不同时期的不同需求,对尚书省及寺监机构采取的政策亦有转所变。因此,尚书省在国家政务的裁处流程中的地位、职能与作用都处于变化中。马嵬之变后,肃宗在慌乱中继位,至代宗初年,战争尚未平息,整个国家运作杂乱无章,行政运行体制的转型基本停滞。宦官集团的首脑与中书门下展开争权斗争。虽然宦官势力一度猖獗,但在政务官化方面,最终产生了有利于宰相机构的结果。中书门下获得了裁处大部分政务的可能。这直接给地位已岌岌可危的尚书省带来消极影响。

战后,唐王朝随即展开以恢复尚书省最高行政机构的地位为核心的重建工作。自广德二年至贞元三年,历经六次改革,最终尚书省在国家政务裁处中的主体地位伴随着三省制的瓦解,一去不返。从此,尚书省开始了在中书门下体制下的转型过程。宪宗继位后,一改德宗中后期的弊端,中书门下最终拥有了最高行政权。尚书省除接受中书门下的领导处理具体政务外,行政监察成为其工作重心。

文宗至宣宗时期,开始了"恢复旧制",全国范围内重新确立四等官制;使职亦向职事官系统归回。改革虽然与重建尚书省地位、职能并无直接关联,但仆射职掌开始实权化,省内部曹趁势收回了部分权力。

懿宗朝以后，大唐帝国进入末世。南衙、北司都积极联合藩镇，争取更大的利益。宰相政务官化到了无孔不入的地步。最终宦官集团被诛灭，名义上还权省寺，但使职才是唐末国家政务的主要承担者。

第三章　五代时期诸政权的政务运作与官制变革

——以尚书省为中心

五代乃分裂时期,中原地区改朝换代颇为迅速。各政权都在战乱频仍的背景下竭力维持统治。为了确保在对其他地方政权和外藩少数民族政权的争斗中取得优势,国家政务的重心放在如何运作军政大权方面。就中央官制改革而言,焦点即机要之权的发挥,对于国家常务只要维系运作即可。因此,尚书省、寺监机构,甚至部分在唐代中后期极为兴盛的使职,都呈现衰败的景象。

第一节　后梁时期

目前所见后梁时期政务运作层面的史料非常少。因为分裂再现,后梁以藩镇为基础立国,需要首先解决对外征讨、自存壮大的问题。开平时期,本由尚书省(含财政三司)负责的常务,开始以宰相分判。《旧五代史》卷一四九《职官志》记载了后梁财政机构及其长官人选的发展：

> 梁开平元年（907）四月，始置建昌院，以博王友文判院事，以太祖在藩时，四镇所管兵车赋税、诸色课利，按旧簿籍而主之。其年五月，中书门下奏请以判建昌院事为建昌官使，仍以东京太祖潜龙旧宅为官也。二年二月，以侍中判建昌宫事……三年九月，以门下侍郎平章事薛贻矩兼延资库使，判建昌宫事……乾化二年（912）五月，以门下侍郎平章事于兢兼延资库使，判建昌宫事。其年六月，废建昌官，以河南尹魏王张宗奭为国计使，凡天下金谷兵戎旧隶建昌官者悉主之。[①]

可知，在后梁太祖一朝，宰相判建昌宫事基本成为定制。此外，开平三年九月和十月，分别下诏将祠祭之事和司门出给过所事交由宰相薛贻矩和赵光逢专判[②]。财政、礼仪、关卡等对于国家存亡有实质意义或象征意义的事务都交由宰相集中处理，一方面是出于提高办事效率的考量，一方面也与藩镇为国，国家事务较大一统时期大量减少有关。

第二节　后唐时期

经过与后梁的长期战争，后唐王朝建立，"时朝廷草创，庶

---

① 《旧五代史》卷一四九《职官志》，中华书局 1976 年版，第 1995 页。
② 《五代会要》卷四《缘祀裁制》"梁开平三年九月诏"，上海古籍出版社 2006 年版，第 55 页；卷一六《司门》"开平三年十月敕"，上海古籍出版社 2006 年版，第 262 页。

物未备,班列萧然,寺署多缺。"①在维持中央机构基本运作的基础上,针对这种现状,朝廷作出了制度上的调整。同光元年(923)十一月,进入洛阳之后,中书门下随即提出具体方案;

> 诸寺、监各请只置大卿、监,少卿、监,祭酒,司业各一员;博士两员。其余官属并请权停。惟太常寺事关大礼,大理寺事关刑法,除太常博士外,许更置丞一员。其王府及东宫官属、司天五官正、奉御之类,凡不急司存,并请未议除授。其诸司郎中、员外郎,应有双曹处,且署一员。左右散骑常侍、谏议大夫、给事中、起居郎、起居舍人、补阙、拾遗,各置一半。三院御史,仍委御史中丞条理申奏。②

左右散骑常侍等两省供奉官与国家日常政务并无实质关联,减半之后不会影响政务处理流程,御史员数的调整则交由御史台长官自行处理,王府及东宫官属等更是虚职,暂不除授。此方案实际涉及的即尚书省诸曹和寺监机构。尚书省方面,没有关于都省和六部长官、通判官的内容,表明仆尚丞郎设置不变。各司郎官,包括都省和二十四司,应置两员者,权署一员。一方面国家需要维持尚书省诸司的基本运作,另一方面,尚书省职官多作为宰相群体和内廷要员的本职升迁之用,因此必须保持一定的人数。

---

① 参见《旧五代史》卷六七《卢程传》,中华书局1976年版,第887—888页。

② 《五代会要》卷二○《中外加减官》"后唐同光元年十一月条",上海古籍出版社2006年版,第323页。《旧五代史》卷三○《庄宗四》"同光元年十一月戊申"条(第418页)、卷一四九《职官志》"后唐同光元年十一月条"(第2000页)记载同一上奏时,少卿监的设置问题较为混乱。

　　值得注意的是,寺监被列在诸机构的首位,表明其为这次改制的主要对象。最终,四等官制在寺监机构全面废止①。除太常寺和大理寺因执行国家礼法要务有一员判官外,其他机构不再设置判官一级。且负责勾检文案的勾官不复存在。对任何机构而言,判官都是相关事务的主要处理者。这种裁减判官的做法表明后唐建立初期,寺监机构处于全然萧条的局面。

　　随着政权日益稳定,省寺机构运作亦逐渐恢复。

　　　　后唐同光二年四月,史馆奏:"本朝旧例,中书并起居院诸司及诸道州府,合录事件如后……天文详变、占候征验,司天台逐月录报,并每月供送历日一本,祥瑞礼节逐季录报,并诸道合画图申送。蕃客朝贡使至,鸿胪寺勘风俗、衣服、贡献物色、道里远近,并具本国王名录报……变革音律及新造曲调,太常寺具录所因,并乐词牒报。法令变革、断狱新议、赦书德音,刑部逐季具有无牒报。详断刑狱、昭雪冤滥,大理寺逐季牒报。州县废置及孝子顺孙、义夫节妇有旌表门闾者,户部录报。有水旱虫蝗、雷风霜雹,亦户部录报。封建天下祠庙,叙封、进封邑号词,司封录报。京百司长官、刺史以上除授,文官吏部录报,武官兵部录报。诸色宣敕,门下中书两省逐月录报。王公百官定谥,考功录行状并谥议,逐月具有无牒报。宗室任官课绩,并公主出降仪制,宗正寺录报……右乞宣下所司,条件施

_____

　　① 参见同光二年四月,州府县各级官府在四等官制已经全面废止的基础上,再次减省机构和官员。勾官之外,判官一级,只有与民生密切相关的部门被保留,州设户曹,县则设司法和司户。参见《五代会要》卷二〇《中外加减官》,上海古籍出版社 2006 年版,第 324 页。

行。"从之①。

史馆要求将相关公务进行报备的机构包括尚书省吏部、司封、考功、户部、兵部和刑部诸曹，以及司天台、鸿胪寺、太常寺、大理寺和宗正寺等寺监机构。不过，曹司需要关报史馆之事基本上是录写君主或中书门下等裁决的与本曹相关的事务。故曹司的作用与寺监机构并无实质区别。

即便如此，六察制度的恢复表明尚书省曹司普遍处于运作之中。

> ［同光二年］五月己酉，御史台奏："准本朝故事，当司六察合行职事，条例如后：吏察，应吏部行内南北两曹磨勘选人，合具驳放，判成人具名衔报分察使。及三铨应锁注官后，具前衔后，拟报分察使典简，如有逾滥，即察使举追本行令使推勘。兵察，应兵部司公事——合报察使。户察，应户部司诸州户帐、贡物、出给蠲符，具事件合报察使。刑察，应刑部司法律、赦书、德音、流贬量移、断罪重轻，合报察使。礼察，应礼部补转铸印、诸祠祭科法物，合报察使。工察，应工部司工役等，合报察使。伏以御史台六员监察，谓之分察使，察访网举，动静必行。但缘旷废，久不施行。今欲重行条贯。"从之②。

---

① 《五代会要》卷一八《诸司送史馆事例》，上海古籍出版社 2006 年版，第 293—294 页。

② 《册府元龟》卷五一七《宪官部·振举二》，中华书局 1960 年版，第 6175—6176 页。《五代会要》卷一七《监察御史》"后唐同光二年五月"条略同，上海古籍出版社 2006 年版，第 288—289 页。

　　监察御史分察尚书省六部，是唐代设立的制度："兴元元年（784），以第一人察吏部、礼部，兼监祭使；第二人察兵部、工部，兼馆驿使；第三人察户部、刑部。岁终议殿最。元和中，以新人不出使无以观能否，乃命颛察尚书省，号曰六察官。"①显然，六察御史履行职任，是以尚书省六部诸曹的正常运作为前提的。此次恢复六察制度，同时确定了各分察御史的监察范围，即六部的职权范围。吏部的工作限于铨选事宜；户部负责户籍、贡物和出给蠲符，即户部曹的基本事务；刑部掌刑部曹司法相关事务；礼部仅剩有斋郎补转、印章和祭祀事宜，即礼部曹和祠部曹的部分工作；工部只剩下工部曹的工役，兵部甚至没有提到其任何具体职掌。基本可见诸曹司的权限范围大规模缩水，且与发布政令的职能脱节。兵部没有具体职任，四曹完全闲置，应该与郭崇韬以枢密使身份当权，将所有军事职掌皆收归手中相关。

　　寺监机构职能亦逐渐恢复。同光三年八月敕："诸寺监人吏授官，从来只计劳考，年满起选，方许离司。近日以来，颇隳条制，到司曾无考课，公事尚未谙详，便求荐论，深为侥倖。遂使故事都废，盖由旧人不存，岂唯劳逸不均，兼致司局旷败。自今年除劳考满三铨官，即许赴任，非时不得奏荐。如有主掌任重，劳绩可称，许赴司奏闻，当与减选。或是显然事迹，在司年深，只役不任，即许解职赴任。余依格条处分。"②为保证寺监更好地行

---

　　① 《新唐书》卷四八《百官三·御史台》"监察御史职掌"条，中华书局1975年版，第1240页。

　　② 《五代会要》卷一七《杂录》，上海古籍出版社2006年版，第277—278页。

使职能,避免旷败,特别调整了相关人吏的选任原则。寺监运作的恢复或多或少会使得尚书省对应曹司的权力有所增加。只是随着省曹与寺监性质的模糊,这种权力越发有限。

朱梁时期,内诸司"并废众职"。"后唐庄宗即位,稍复本朝内省旧官。时有内侍五百人,复以中人居枢密使、副使、宣徽、内客省等使之任。增置内勾之目,以主天下钱谷。诏诸道悉遣中人赴阙,至者仅千人,皆委之事务,复有内供奉之职。"①甚至有规定:"将作常以太原尹兼领,其使以内官为之员。"②故此,在事务执行方面,庄宗一朝,内诸司对省寺的分权是较为严重的。

明宗即位后,随即下诏:"内诸司事(使),有名无事者,并从停废"③,并以诛杀大批宦官的方式,结束了庄宗朝宦官专权的局面④。在此基础上,朝廷试图重建尚书省作为名义上的国家最高行政机构的地位。天成元年(926)七月,中书门下奏:"条制检校官各纳尚书省礼钱,旧例太师、太尉纳四十千,后减落至二十千;太傅、太保元纳三十千,减至十五千;司徒、司空元纳二十千,减至一十千;仆射、尚书元纳一十五千,减至七千;员外、郎中元纳一十千,今纳三千四百者。"据此,诏曰:"会府华资,皇朝

---

① 《册府元龟》卷六六五《内臣部·总序》,中华书局1960年版,第7956页。

② 《册府元龟》卷六二〇《卿监部·总序》,中华书局1960年版,第7455页。

③ 《册府元龟》卷五六《帝王部·节俭》"后唐明宗"条,中华书局1960年版,第629—630页。

④ 参见《旧五代史》卷三六《明宗纪二》"天成元年五月己未"条,中华书局1976年版,第497页。

宠秩,凡沾新命,各纳礼钱。爰自近年,多隳旧制,遂致纪纲之地,遽成废坠之司。况累条流,就从减省,方当提举,宜振规绳……其余自不带平章事节度使及防御、团练、刺史、使府副使、行军已下,三司职掌监务官,州县官,凡关此例,并可征纳……仍委尚书省部司专切检举,置历逐月具数申中书门下。"①礼钱作为公廨钱使用,检校官向尚书省输纳礼钱,表明都省处于运作中。长兴元年(930)九月,甚至还将右丞品级升为与左丞同样的正四品②。

天成元年十月,水部员外郎刘知新奏:"尚书省京师会府,辇毂繁司。奏议虽委于官寮,行遣亦资于胥史。《六典》之制,官吏有俸有粮。其尚书省诸司令史,伏请给赐月粮,俾其奉职。"③吏职是五代中央诸机构公务的重要承担者,向省司令史发放月粮,是省司运作的表现。只是,尚书省诸司只有吏部、礼部(贡院)、刑部因为选举和法律事宜,较为活跃,且所处理的皆为具体事务,与发布政令关系不大。

重建寺监运作机制的尝试也在同步进行。天成元年、二年,分别有少府监聂延祚、太仆少卿王彦镕、太常丞钱傅和国子博士杜昉就本司公事提出奏请④。此外,少府少监杜绍光上言请求:

---

① 《旧五代史》卷三六《明宗纪二》,中华书局1976年版,第503页。
② 参见《旧五代史》卷一四九《职官志》,中华书局1976年版,第1990页。
③ 《册府元龟》卷五〇八《邦计部·俸禄四》,中华书局1960年版,第6098页。
④ 参见《册府元龟》卷六二〇《卿监部·举职》,中华书局1960年版,第7461页。

当司掌朝服、仪仗、祭器服，兵戈已来，散失向尽。苟非得人，难为掌辖。臣准往例，除监一员、少监二员外，比有丞、主簿、五署令，共一十六员。近自伪梁废省，只委曹吏主张，遂至因循，或多隐漏。乞下中书，于先废官员内，量置承（丞）簿置（署）令，分主当局公事。①

根据同光元年诏令，诸寺监不置判官和勾官。为保证掌手工业的少府监正常履行职责，杜绍光奏请本司设置判官、勾官和下属诸署官员，避免同光后期仅以吏职处理公务的情况继续。明宗于天成四年七月下敕："诸司寺监，凡有文簿施行奏覆，司长须与逐司官员同签署申发，不得司长独有指挥。其主印官或请假差使，印须依轮次主掌，不得逾越。"②可知省寺机构内部，四等官制至少在一定程度上有所恢复。

后唐以李唐政权的继承者自居，故多有恢复唐代旧制的举措。天成四年十二月，太子右庶子王郁奏："伏自广明辛丑（广明二年，881，是年七月改元中和）之后，天祐甲子（天祐元年，904）以来，官坏政荒，因循未补。此盖诸司灭丧，人吏曹局亡失簿书，至令官僚中有不知所掌之事者……请下内外文武百司，如本司阙令式者，许就三馆抄《六典》内本司所掌名目，各粉壁书写。"③长兴

---

① 《册府元龟》卷六二〇《卿监部·举职》"杜绍光"条，中华书局 1960 年版，第 7461 页。

② 《册府元龟》卷六五《帝王部·发号令四》，中华书局 1960 年版，第 733 页。《五代会要》卷一七《杂录》"天成四年九月敕"略同，上海古籍出版社 2006 年版，第 278 页。

③ 《册府元龟》卷四七五《台省部·奏议六》"王郁"条，中华书局 1960 年版，第 5673 页。

元年七月,谏议大夫张延雍提出同样的奏请①。二年三月丁亥,太常卿李愚入相②。按照其施政原则,同年闰五月再下敕:

> 应律令、格式、《六典》,准旧制,令百司各于其间录出本局公事,具细一一抄写,不得漏落纤毫,集成卷轴,兼粉壁书在公厅。若未有廨署者,其文书委官司主掌,仍每有新受官到,令自写录一本披寻。或因顾问之时,须知次第,仍令御史台遍加告谕,限两月内抄录及粉壁书写须毕,其间或有未可便行及曾厘革事件,委逐司旋申中书。③

宰相一如其他官员,只是促使各级官员熟识《六典》和诸法之定规,参照施行而已。

末帝即位当年,清泰元年(934)七月丙午,再度重申此敕④。次年六月,又诏在京百司举本司公事⑤。司勋郎中李盈休据此上奏:"奉诏,各令于律令格式内抄出本司合行公事。本司职典勋官,近日凡初叙勋便至柱国。臣见本朝承平时,至于位至宰辅

---

① 参见《册府元龟》卷四七五《台省部·奏议六》"张延雍"条,中华书局1960年版,第5673页。

② 参见《旧五代史》卷四二《明宗纪八》,中华书局1976年版,第577页。

③ 《五代会要》卷一〇《刑法杂录》,上海古籍出版社2006年版,第161页。诏令原文见《册府元龟》卷一五五《帝王部·督吏》"明宗长兴二年闰五月敕",中华书局1960年版,第1880页。《旧五代史》卷一四九《职官志》(第2007页)和《册府元龟》卷六六《帝王部·发号令五》(第734页)将此敕系于长兴二年正月,误。

④ 参见《册府元龟》卷六六《帝王部·发号令五》,中华书局1960年版,第738页;卷六一三《刑法部·定律令五》(有脱文),中华书局1960年版,第7360页。

⑤ 参见《册府元龟》卷四六七《台省部·举职》"夏侯坦"条,中华书局1960年版,第5562页。

藩臣，其勋亦从初叙……勋格自武骑卫七品，至上柱国正二品，凡十二转。今后群官得叙勋者，并请自武骑尉依次叙进，无容隔越。"①司门郎中夏侯坦亦要求："当司官属关令丞及京城诸色人出入过所事，久不施行。其关牙官守捉权知者，伏以关防，以备奸诈，令式素有规程，既奉纶言，合申职分。关防所过，请准令式。"②值得注意的是，在长期事务官化之后，尚书省曹司再度提出对本司政令进行修正。只是前者虽获批准，但在五代官制混乱、勋官品级进一步贬值的情况下，只能是一纸空文。后者则直接未获施行。寺监机构则有宗正寺对此进行了回应："御史台转报百司，各抄《六典》，令式内本司事举行职典。宗庙、陵园、列圣陵寝，多在关西，梁季为贼臣盗发……伏遇中兴，虽有修奉之言，而无掩闭之实。乞差官检讨修奉，置陵令一员，应属陵之四封，各乞寺司管系。"末帝最终派官修奉陵寝，对置陵令一事未置可否③。末帝登基初，李愚尚在相位，对于新皇也只能一味重复抄录《六典》的空洞之词。史称李愚"性刚介，往往形言，然人无唱和者。但举《六典》之旧事，书之粉墙，补六经之阙文，刻其印板。其经纬大略，曾无所施"④。明宗、末帝两朝，恢复

① 《册府元龟》卷四六七《台省部·举职》，中华书局 1960 年版，第 5562 页。

② 《册府元龟》卷四六七《台省部·举职》，中华书局 1960 年版，第 5562 页。

③ 《册府元龟》卷一七四《帝王部·修废》"末帝清泰元年十一月己未"条，中华书局 1960 年版，第 2101—2102 页。

④ 参见《册府元龟》卷三三五《宰辅部·自全》"李愚"条，中华书局 1960 年版，第 3957 页。《新五代史》卷五四《李愚传》亦称："是时，兵革方兴，天下多事，而愚为相，欲依古以创理，乃请颁《唐六典》示百司，使各举其职，州县贡士，作乡饮酒礼，时以其迂阔不用"（中华书局 1974 年版，第 622 页）。

《六典》和唐代律令的举措对国家政务整体运作没有实质意义，对于尚书省—寺监体系的重建也并未产生影响。在一片战火之中，也只有如此流于形式的改革。

不过，长期中断的考功校考工作似有进行。清泰二年五月，翰林学士程逊等人奏请十三事，其五为"望准《考课令》，凡中外官，岁终校考，以行进退"①。同年九月，考功上言："今年五月，翰林学士程逊所上封事内，请自宰相百执事、外镇节度使、刺史，应系公事官，逐年书考，较其优劣。遂检寻《唐书》、《六典》、《会要》考课令书考第。"②次年五月，判考功郝琼要求："计官员千余，当司人吏四人，二人赴官。又公用不足，乞依三铨例，当司归司官逐月交赐纸笔粮钱。"对此下诏："考功人吏两人，依三铨例，给及春冬衣两分。诸司不得为例。"③

后唐诸帝，在形式上均有恢复尚书省、寺监四等官运作和部分职掌的举措，但是，在尚书省最高行政机构地位基本丧失的背景下，这些举措最多促使省寺部分与国家实质相关的事务性职掌有限运作，对于省寺整体的影响几乎为零。

---

① 《册府元龟》卷五五三《词臣部·献替二》，中华书局1960年版，第6635—6636页。

② 《旧五代史》卷一四九《职官志》"后唐清泰二年秋九月庚申"条，中华书局1976年版，第1999页。

③ 《册府元龟》卷六三六《铨选部·考课二》，中华书局1960年版，第7635页。

第三节　后晋时期

后晋高祖建国之初,即开启改革之路,名义上主旨是促使使职、差遣回归职事官系统,以职事官系统履行原有职责,实际目的则是废除内廷诸机构,特别是权力极度膨胀的枢密院,以外廷相关职掌分掌内廷机要,达到对军国大政的进一步操控。

天福二年(937)十一月,中书门下奏:"文官除端明殿、翰林学士、枢密院学士、中书省知制诰外,有兼官、兼职者,仍各发遣本司供事。"高祖画"可"。① 除机要内职外的文官,即使有兼任官职,亦须返回本机构供事。不过,就尚书省官员而言,最多的就是兼任内职,因此这一改革对省司整体的影响微乎其微。

在相关精神的指导下,以重现《六典》定制为名,天福四年,高祖有条不紊地开始了大刀阔斧的改革。在触动国家核心机制之前,高祖再一次投出问路石。"四年三月,御史台奏:'按《六典》,侍御史掌纠举百僚,推鞫狱讼。居上者,判台,知公廨杂事。次知西推、赃赎、三司受事。次知东推、理匦。伏乞今后,准故事施行。'敕:'宜依旧制。'寻以尚书驾部员外郎、兼侍御史知

---

① 《册府元龟》卷一〇八《帝王部·朝会二》,中华书局1960年版,第1290—1291页。《五代会要》卷五《朔望朝参》"晋天福二年十一月"条略同,上海古籍出版社2006年版,第86—87页。

杂事刘皞为河南少尹,自是无尚书郎知杂者。"①担任御史台知杂事的省郎重回省司。

只是高祖醉翁之意不在尚书省,而是此时职兼内外的枢密院和翰林院。其最重要的一步是所谓"废"枢密院。

> 梁太祖以来,军国大政,天子多与崇政、枢密使议,宰相受成命,行制敕,讲典故,治文事而已。帝惩唐明宗之世安重诲专横,故即位之初,但命桑维翰兼枢密使。及刘处让为枢密使,奏对多不称旨,会处让遭母丧,[天福四年四月]甲申,废枢密院,以印付中书,院事皆委宰相分判。以副使张从恩为宣徽使,直学士、仓部郎中司徒诩,工部郎中颜衎并罢守本官。②

> 唐制,枢密使常以宦者为之,自梁用敬翔、李振,至庄宗始用武臣,而权重将相,高祖时,以宰相桑维翰、李崧兼枢密使,[刘]处让与诸宦者心不平之。[杨]光远之讨[范]延光也,以晋重兵在己掌握,举动多骄恣,其所求请,高祖颇裁抑之。处让为光远言:"此非上意,皆维翰、崧等嫉公耳!"光远大怒。及兵罢,光远见高祖,诉以维翰等沮己,高祖不得已,罢维瀚等,以处让为枢密使。处让在职,凡所陈述,多不称旨。处让丁母忧,高祖遂不复拜枢密使,以其印付中书

---

① 《册府元龟》卷五一七《宪官部·振举二》,中华书局1960年版,第6181页。《旧五代史》卷一四九《职官志》将此事系于三年三月,误,中华书局1976年版,第1994页。

② 《资治通鉴》卷二八二,中华书局1956年版,第9201页。

而废其职。①

以上两段史料,将高祖处心积虑废除枢密院的原因解释得非常清楚。第一,一个兼枢密与宰相权力于一身,试图以枢密院取代宰相的枢密使是高祖无法容忍的。第二,一个与藩镇相勾结,力图重建宦官权力体系的宦官枢密使亦非高祖所愿。最佳方案是在法制的名义下,真正由皇权掌控枢密机要系统,因此出现了枢密院名亡实存的局面②。

枢密院虽然不复存在,但枢密院印没有被废弃,而是归中书门下使用。除了枢密使、副使和枢密直学士,即枢密院长官、通判官和判官等实际裁决政务的三等官不置外,枢密院其他职司人吏并没有改任他职,同样归属中书门下,随时可以还其旧任③。如枢密院承旨不仅继续存在,且沿用枢密之名④。因此,枢密之务似乎被置于中书门下领导下。但实际上,却是高祖本

---

① 《新五代史》卷四七《刘处让传》,中华书局 1974 年版,第 526—527 页。

② 此前,借枢密使人选转换之际,高祖已经尽可能建立起属于自己,而非桑维翰的枢密核心圈。天福三年九、十月间,刘处让取代桑维翰成为枢密使。随即,两员枢密直学士吴涓和吴承范皆改任知制诰,远离了中枢权力的核心(《旧五代史》卷七七《高祖纪三》"天福三年十一月甲辰"条,中华书局 1976 年版,第 1021 页)。其中,吴承范为桑维翰器重的心腹。参见《旧五代史》卷九二《吴承范传》:"承范温厚寡言,善希人旨,桑维翰、李崧尤重之,尝荐于高祖,云可大用。"(第 1219 页)四年正月,高祖的儿女亲家、少帝岳父张从恩由澶州防御使调任枢密副使(《旧五代史》卷七八《高祖纪四》,中华书局 1976 年版,第 1025 页)。

③ 参见《五代会要》卷二四《枢密使》"开运元年六月"条,上海古籍出版社 2006 年版,第 377 页。

④ 参见《旧五代史》卷七九《高祖纪五》"天福五年四月丙午诏",中华书局 1976 年版,第 1039—1040 页。

人通过被保留的枢密官吏体系,下发宣类公文,直接处理大量国家要务。

同时被废除的还有端明殿学士①。端明殿学士本是为配合枢密使工作设置的,与枢密院共命运比较容易理解。后晋于天福元年十一月建国,次年正月,后唐任命的两员学士李崧和吕琦被罢免②。此后,任此职者只有和凝一人,这与后唐的两员定制已经有所不同。故高祖对于废除内职是经过深思熟虑,且有先期准备的。

翰林学士的停置并未紧随其后,而是发生在一年以后。唐代翰林院的出现远在枢密院之先,二者在职务上也没有必然关联。且随着宦官权势的增长,枢密院在唐后期对政局的介入,绝非翰林院所能比拟。而高祖却在反复衡量之后,再度以复《六典》旧制之名,决然停置了设立已达二百余年的翰林院(公事)。

> 晋天福五年九月,诏曰:"《六典》云:中书舍人掌侍奉进奏参议表章,凡诏旨制敕、玺书策命,皆按故事起草进画,既下,则署而行之……古昔已来,典实斯在,爰从近代,别创新名。今运属兴王,事从师古,俾仍旧贯,以耀前规。其翰

---

① 天福四年四月甲申,枢密院学士、尚书仓部郎中司徒诩,枢密院学士、尚书工部郎中颜衎并落职守本官,枢密副使张从恩改宣徽使的同时,端明殿学士和凝改任翰林学士承旨(《旧五代史》卷七八《高祖纪四》,中华书局1976年版,第1028页)。据《旧五代史》卷一二七《和凝传》,和凝改职是因为废端明殿学士之职,中华书局1976年版,第1672页。

② 参见《旧五代史》卷七六《高祖纪二》"天福二年正月乙丑"条,中华书局1976年版,第995页;"天福二年正月丙寅"条,中华书局1976年版,第996页。

林学士院公事,宜并归中书舍人。"①

这与桑维翰为枢密使时,对翰林院的控制有直接关系。停罢翰林学士的导火线源于李澣。

> 翰林学士李澣,轻薄,多酒失,上恶之,[天福五年九月]丙子,罢翰林学士,并其职于中书舍人。当是时,枢密直学士既罢,仅有翰林学士尚为亲近儒生;李澣之酒失,罢之是也,因而罢翰林学士,非也。②

与李澣同时改职的还有翰林学士、中书舍人李慎仪③。胡三省以高祖因李澣个人品性而罢翰林学士为非。只是高祖并非只因李澣而罢翰林学士,更非因其醉酒之失而罢。翰林学士公事停罢之时,只有李慎仪和李澣在职④,皆为桑维翰心腹之人。《旧五代史·桑维翰传》载:"及维翰再居宥密,不信宿,奏复置学士院,凡署职者,皆其亲旧。"⑤新任命的五位翰林学士,李慎仪和李澣皆名列其中,李慎仪更居承旨之职⑥。显然天福初年,桑维翰首度担任枢密使时,后晋高祖已经有明确控制翰林院

---

① 《旧五代史》卷一四九《职官志》,中华书局 1976 年版,第 1991 页;《五代会要》卷一三《中书舍人》,上海古籍出版社 2006 年版,第 222 页。

② 《资治通鉴》卷二八二,中华书局 1956 年版,第 9218 页。

③ 参见《旧五代史》卷七九《高祖纪五》"天福五年九月丁丑"条,中华书局 1976 年版,第 1043 页。

④ 此前几日,深受高祖信任的翰林学士承旨、户部侍郎和凝入相(《旧五代史》卷七九《高祖纪五》"天福五年九月丁卯"条,中华书局 1976 年版,第 1042—1043 页)。

⑤ 《旧五代史》卷八九《桑维翰传》,中华书局 1976 年版,第 1169 页。

⑥ 参见《资治通鉴》卷二八四"开运元年六月甲子"条,中华书局 1956 年版,第 9273 页。

的意图。

> [天福]二年,[张昭]改户部侍郎,宰相桑维翰荐为翰林学士。内署故事,以先后入为次,不系官序。特诏昭立位次承旨崔棁。①

> 初,[崔]棁为学士,尝草制,为宰相桑维翰所改。棁以唐故事学士草制有所改者当罢职,乃引经据争之,维翰颇不乐。而棁少专于文学,不能莅事,维翰乃命棁知贡举,棁果不能举职……即罢学士,拜尚书左丞,迁太常卿。②

天福初年,桑维翰就全力于翰林院安插自己的势力,甚至采取迂回手段,迫使不能收为己用的学士离职。

> 晋桑维翰为相……又以冯晖镇灵武,蕃部归心,朝议患之。维翰欲图大举,以制北戎,命将佐十五人皆列藩之帅也,唯晖不预其间。乃上章自陈,未老可用,而制书见遗。维翰招禁直学士答诏,一一条对,其云:"非制书忽忘,实以朔方重地,杂虏窥边,非卿雄名,何以弹压?比欲移卿内地,受代亦须奇才。"晖得诏甚喜。③

虽然此处言桑维翰"为相",但诏书实际处理的是藩镇将帅任命之事。桑维翰可以直接召值于内廷的翰林学士以诏书回复节度使之上奏,可知其与翰林学士通过上下行公文,控制了国家军事要务。

---

① 《宋史》卷二六三《张昭传》,中华书局 1977 年版,第 9090 页。
② 《新五代史》卷五五《崔棁传》,中华书局 1974 年版,第 636 页。
③ 《册府元龟》卷三二三《宰辅部·机略》,中华书局 1960 年版,第 3822 页。

翰林院和枢密院都不是被完全废除,而只是停其公事。在停翰林院公事后,高祖对翰林院事务的处理与枢密院亦有异曲同工之处。

> 初,高祖在位时,诏废翰林学士院,由是并内外制皆归阁下,命舍人直内廷,数年之间,尤重其选。[1]

> 自是舍人昼直者当中书制,夜直者当内制。[2]

高祖再次以对任官者不满为借口,废掉整个机构。但所谓的"废"并非真正废置,内外制的区分并未取消。虽然名义上"并内外制皆归阁下",但实际却"命舍人直内廷",不过是中书舍人同时承担翰林学士的工作,而非把翰林学士的工作重归中书舍人。至此"有兼官、兼职者各回本司供事"的原则从名义上得到了比较彻底的贯彻。但行政运行体制并未改变,而是"内廷"机构和人员从表面上消失了而已,枢密机要之权进一步被君主本身所掌控。

自高宗、武则天之际,尚书省曹司就深受使职体系侵权之苦。高祖令兼官、兼职回归职事官系统,尚书省在一定程度上也算是受益者。此后,使职、差遣确实较少插手尚书省事务。以吏部铨选和礼部贡举为例,都由本部尚书、侍郎自行负责,而没有出现权判现象。

天福二年五月,高祖以御札宣示百官:"应在朝文武臣寮等,各怀异术,早践通班,宜陈经济之谋,用赞兴隆之道,勿失说

---

① 《旧五代史》卷八九《桑维翰传》,中华书局 1976 年版,第 1169 页。

② 《职官分纪》卷一五《翰林学士》,中华书局 1988 年版,第 342 页。

直之议,无苟循避之规,咸罄乃诚,同规不逮。宜令在朝文武臣寮,每人各进封事一件,仍须实封通进,务裨阙政,用副虚怀。凡百寀寮,宜体朕意。"①"命吏部尚书梁文矩等十人置详定院以考之,无取者留中,可者行之。"②百官所上封事分为政令和事务两类。三年三月,详定院奏称:"前守洪洞县主簿卢璨进策云:'伏以刑狱至重,朝廷所难,尚书省分职六司,天下谓之会府。诸道决狱,若关人命,即刑部不合不知。'欲请诸州府,凡决大辟罪人讫,逐季具有无申报刑部,仍具录案款事节,并本判官、马步都虞候、司法参军、法直官、马步司判官名衔申闻。或有案内情曲不圆,刑部可行覆勘。"这是要求在一定程度上恢复刑部的最高政令权力,得到高祖首肯③。天福六年五月十五日,刑部员外郎李象奏:"请今后凡是散官,不计高低,若犯罪不得当赎,亦不得上请。"详定院覆奏:"应内外文武官,有品官者自依品官法,无品官者、有散试官者,应内外带职廷臣宾从、有功将校等,并请同九品官例。其京都军巡使及诸道州府卫前职员、内外离任镇将等,并请准律,不得上请当赎。其巡司马步司判官,虽有曾历品官者,亦请同流外职。准律,杖罪已下依决罚例,徒罪已上

<hr />

① 《册府元龟》卷一〇三《帝王部·招谏二》,中华书局 1960 年版,第 1230 页。

② 《资治通鉴》卷二八一,中华书局 1956 年版,第 9185 页。

③ 参见《五代会要》卷一六《刑部》,上海古籍出版社 2006 年版,第 261 页。又见《册府元龟》卷一五一《帝王部·慎罚》"天福三年三月庚午"条,中华书局 1960 年版,第 1831 页;《旧五代史》卷一四七《刑法志》"天福四(三)年三月庚午"条,中华书局 1976 年版,第 1968—1969 页。

仍依当赎法。"①这一次是刑部本身负责司法政令的官员对于散官是否上请当赎的问题提出建议。详定院据此细化了各类非职事官官职的法律特权。但本属刑部的政令权力,要由详定院裁定,再奏请君主批准。

天福年间,高祖企图亲身掌控内廷中枢机构,以内外合一,重新施行《六典》之制为名,进行改革,本与尚书省无直接关涉。不过,此举却促使使职体系向职事官系统回归,故这一时期,职事官机构本身的运作相对良好。"尚书省分职六司,天下谓之会府"②,"南宫掌陛下经纶之务"③之语再次出现。只是,详定院的设置,令本应该有所恢复的尚书省政令权又一次在一定程度上旁落。

少帝即位后两年,权归桑维翰,枢密院和翰林院随即重置。

> 开运元年(944)六月,依旧置枢密院。其见在中书元系枢密院职司人吏,各勒仍旧。应合行公事,委本院奏取指挥,以宰臣桑维翰兼枢密院使。从中书门下奏请也。④

> [开运元年六月]丙午,复置枢密院,以维翰为中书令

---

① 《五代会要》卷一〇《刑法杂录》,上海古籍出版社 2006 年版,第 162—163 页;又见《册府元龟》卷六一三《刑法部·定律令五》"天福六年五月"条,中华书局 1960 年版,第 7362—7363 页。

② 《五代会要》卷一六《刑部》,上海古籍出版社 2006 年版,第 261 页;《册府元龟》卷一五一《帝王部·慎罚》"天福三年三月庚午"条,中华书局 1960 年版,第 1831 页;《旧五代史》卷一四七《刑法志》"天福四(三)年三月庚午"条,中华书局 1976 年版,第 1968—1969 页。

③ 《旧五代史》卷一四九《职官志》"晋天福三年十一月"条,中华书局 1976 年版,第 2004—2005 页;《册府元龟》卷四七六《台省部·奏议七》"殷鹏"条,中华书局 1960 年版,第 5681 页。

④ 《五代会要》卷二四《枢密使》,上海古籍出版社 2006 年版,第 377 页。

兼枢密使,事无大小,悉以委之。数月之间,朝廷差治。①

已经身为中书令的桑维翰奏请复置枢密院,显然桑维翰希望同时担任宰相和枢密使,而非将枢密院置于中书门下。桑维翰再以枢密使身份奏请重置翰林院,"凡署职者,皆其亲旧。"②

> 开运元年六月敕:"翰林学士与中书舍人,旧分为两制,各置六员。偶自近年,权停内署,况司诏命,必在深严,将使从宜,却仍旧贯。宜复置翰林学士院。"③

> [开运元年六月]戊辰,以右散骑常侍李慎仪为兵部侍郎、翰林学士承旨,都官郎中刘温叟、金部郎中、知制诰武强徐台符、礼部郎中李澣、主客员外郎宗城范质,皆为学士。④

新任命的翰林学士,除李澣和李慎仪外,范质同样是由桑维翰特召入翰林院者⑤。

端明殿学士亦由桑维翰上奏复置⑥,再度证明高祖将内廷机要三司先后停置,是因为枢密院—翰林院—端明殿学士均在枢密使掌控之下,一体化趋势日益增强。桑维翰复位之后,力图重建三司一体化系统,全权控制内廷。少帝皇后冯氏兄冯玉自开运元年七月至次年二月任端明殿学士⑦。只是这一

---

① 《资治通鉴》卷二八四,中华书局 1956 年版,第 9273 页。
② 《旧五代史》卷八九《桑维翰传》,中华书局 1976 年版,第 1169 页。
③ 《五代会要》卷一三《翰林院》,上海古籍出版社 2006 年版,第 228 页。
④ 《资治通鉴》卷二八四,中华书局 1956 年版,第 9273 页。
⑤ 《宋史》卷二四九《范质传》,中华书局 1977 年版,第 8793 页。
⑥ 参见《职官分纪》卷一五《端明殿学士》,中华书局 1988 年版,第 357 页。
⑦ 参见《旧五代史》卷八三《少帝纪三》,中华书局 1976 年版,第 1094、1100 页。

次作为枢密使辅佐的外戚冯玉"与维翰不协",凭借冯皇后威势,至"维翰渐见疏忌",最终少帝"以冯玉为枢密使,以分维翰之权"。①

开运二年八月下敕,恢复了尚书省郎官兼知御史台杂事的惯例②。详定院亦未见其活动的踪影。至此,高祖改革的所有成果,在桑维翰的主持下,无一存留。处于边缘化的省寺机构的重要事务,又开始以使职、差遣处理。

第四节　后周时期

中枢权力分配和军政职能划分,是五代诸朝反复调整的重心。后汉时期,由于没能处理好这些关系,引发了政局的极大混乱,最终导致改朝换代。故后周太祖在广顺元年(951)正月丁卯即位制中即强调:"设官分职,具列司存;离局侵权,诚为紊挠。今后诸司公事,并须各归局分,不得越次施行。朝廷之务,显有旧章;职官具存,安可废坠? 如闻自前诸司公事多有壅滞,今后并可速疾举行。"③后周太祖不仅要进一步梳理中枢机要机构的职能,且希望朝廷诸司按照法律规制正常运作,职事官系统

---

① 《旧五代史》卷八九《桑维翰传》,中华书局1976年版,第1167页。

② 参见《旧五代史》卷一四九《职官志》,中华书局1976年版,第1994页;《五代会要》卷一七《侍御史》,上海古籍出版社2006年版,第288页。

③ 《册府元龟》卷九六《帝王部·赦宥一五》,中华书局1960年版,第1142页;卷六六《帝王部·发号令五》,中华书局1960年版,第741页。

的功用被突出。这也成为后周一朝政务运作总的指导原则。同年九月,两位中书舍人刘涛和杨昭俭未能正常履行职责,分别受到贬官和解官的惩处①。为确保职事官系统公事顺利运作,显德元年(954)正月丙子大赦文规定:"其诸寺监摄官如满七周年以上,应奉公事无遗阙,文书灼然者,并与同明经出身。如不满七周年者,任逐便稳。今后寺监不得以白身署摄。如违,本司官吏并当勘罪。"②

世宗即位后,延续了太祖朝的这一精神,显德二年二月壬戌,下诏:"诸有司局公事者,各宜举职,事有不便者,革之可也,理有可行者,举之可也,勿务因循,渐成讹谬。"③次年十月,再度对诸司寺监收补役人的实际能力提出严格要求,并令吏部据此考察审核:"诸司职员,皆系奏补,当执役之际,悉藉公勤,及任事之时,尤资干敏。苟非慎择,渐至因循。应诸司寺监,今后收补职役人等,并须人材俊利,身言可采,书札堪中,自前行止委无讹滥。勒本司关送吏部引验人材,较考笔札。其中者,更具引验可否,连所试书迹,并本州府不系色役回文,及正身引送中书后,吏部具夹名闻奏。候敕下,勒本司补收。余从前后格敕处分,每年只得一度奏补。其诸司寺监旧额定人数,仍令所司量

---

① 参见《旧五代史》卷一一一《太祖纪二》"广顺元年九月丁丑"条,中华书局 1976 年版,第 1475 页。

② 《册府元龟》卷九六《帝王部·敕宥一五》,中华书局 1960 年版,第 1144 页。《五代会要》卷一七《试摄官》"后周显德元年正月一日敕节文"略同,上海古籍出版社 2006 年版,第 280—281 页。

③ 《旧五代史》卷一一五《世宗纪二》,中华书局 1976 年版,第 1527 页。

公事繁省,于未奏补人数内,酌详添减,别为定额。"①只是诸司寺监的运作主要依靠摄官和役人,因此"班行之中,有员无职者太半"②。

显德五年闰七月,有一次针对中央职事官机构公事的全面调整,涉及省寺和御史台,下敕要求其"删集现行公事,送中书门下"。虽然只是针对诸司具体细事的调整,但是多个机构都有所奏请,隐隐可见尚书省地位、作用似乎有所恢复。尚书省内,吏部流内铨、甲库和考功分别就铨选整个流程、甲库专知令史的工作范围和考功重定官员在任成考时限等事提出具体调整措施,并要求杂事令史须将公事出使官员在职功过和出外事由牒报考功③。兵部对于祭祀武成王庙官员的身份和称谓作出改革④。度支重新制定了漕运水陆行程制度⑤。其中诸司多有对所掌政令进行改革者,只是这些改革举措皆须经由中书门下奏请君主批准。

寺监方面,太常寺、光禄寺、宗正寺、太仆寺、司农寺,以及地

---

① 《册府元龟》卷六三四《铨选部·条制六》,中华书局 1960 年版,第 7609 页。《旧五代史》卷一一六《世宗纪三》"显德三年十月丙寅诏"(第 1550 页)、《五代会要》卷一七《杂录》"周显德三年十月敕"(第 278 页)略同。

② 《资治通鉴》卷二九三"显德四年九月"窦俨上疏,中华书局 1956 年版,第 9572 页。

③ 参见《册府元龟》卷六三四《铨选部·条制六》,中华书局 1960 年版,第 7609—7610 页;《五代会要》卷二二《甲库》,上海古籍出版社 2006 年版,第 356 页;《册府元龟》卷六三六《铨选部·考课二》,中华书局 1960 年版,第 7637—7638 页。

④ 参见《五代会要》卷三《武成王庙》,上海古籍出版社 2006 年版,第 50 页。

⑤ 参见《五代会要》卷一五《度支》,上海古籍出版社 2006 年版,第 258 页。

位相当于寺监的秘书省均就本司公事递交了奏状①。其中,光禄寺、太仆寺所请如下:

> 周显德五年闰七月,光禄寺奏:"准敕节文,删集见行公事,送中书门下者。谨具如后:逐年四季诸郊坛庙祠祭,大祠、中祠、小祠并朔望告庙等,逐季所请礼料,并牒省于诸库务请领,送纳入礼料库,逐月旋具祭数请领,于本库寺封记,赴祠部造馔供应。四般肉酱并鹿脯,省司元指挥在御厨年支制造,合使升合斤两,请领供应……"②

> 周显德五年闰七月,太仆寺奏:"准敕节文,删集见行公事,送中书门下者。谨具如后:……禘祫逐祭供羊二口。已上犊子,寺司申省,准指挥下开封府收买,交付当寺。其羊并肉等,亦准省牒于牛羊司请领供应。"③

光禄寺指出,多种祠祭所用礼料都要上报尚书省,提前在相关府库领取,以备所需。光禄寺还根据尚书省的指挥,将所用肉酱和鹿脯放在御厨制造。可以看出光禄寺为诸祠祭提供相应礼料,以及礼料的制作,都是在省司全权领导之下。太仆寺的情况相同。禘祫之礼所需祭牲,需申省,按照省司指挥到地方购买。相关肉类也是根据尚书省牒文到牛羊司领取。此外,宗正寺所管斋郎室长至年满,亦需"于每年八月印发文字,解送赴南

---

① 参见《五代会要》卷一六,上海古籍出版社 2006 年版,第 266—274 页。

② 参见《五代会要》卷一六《光禄寺》,上海古籍出版社 2006 年版,第 269 页。

③ 《五代会要》卷一六《太仆寺》,上海古籍出版社 2006 年版,第 269—270 页。

曹"①。而秘书省为诸祠祭写祝文事,亦需经尚书省,协作其他寺监机构共同完成。

> 周显德五年闰七月,秘书省奏:"奉今年七月七日敕节文,删集见行公事,送中书门下者。当省逐季准祠部牒到,画日,预先牒著作局修撰祝文,兼牒太常礼院详定神名首尾。及准太常寺牒到逐季五岳四渎,牒著作郎修撰祝文,牒太常礼院详定神名。候太常、宗正两寺供到祝版及献官名衔,省司帖著楷书修写。"②

秘书省著作局修撰祝文,也由祠部指挥。而祝版和献官名衔还需要由尚书省亲命吏员修写,而非秘书省直接与有关吏员联系。可知尚书省在一定程度上再度发挥了中央事务在诸司间,以及中央诸司与地方间的纽带作用。寺监类机构的常务是根据尚书省发出的政令执行的。

表面上省寺职能恢复,二者上承下行协同运作,处理国家日常政务的改革按照世宗的诏令按部就班地进行。只是,翰林学士、判太常卿事窦俨在显德六年上疏时,仍称:"设官分职,授政任功,欲为政之有伦,在位官之无旷。今朝廷多士,省寺华资,无事有员,十乃六七,止于计月待奉,计年待迁……"③窦俨身为寺监长官,对其运作情况应该非常清楚。故"省寺华资,无事有

---

① 《五代会要》卷一六《宗正寺》,上海古籍出版社2006年版,第268页。
② 《五代会要》卷一六《秘书省》,上海古籍出版社2006年版,第266页。
③ 《宋史》卷二六三《窦俨传》,中华书局1977年版,第9096页。《册府元龟》卷五五三《词臣部·献替二》"窦俨"条略同,中华书局1960年版,第6638—6639页。

员,十乃六七"绝非夸大之词。因此,省寺多以吏职行事,维持其运转的情形并未真正改变,省寺地位持续下降,不可能在国家政务运行中发挥更大的作用。

五代诸政权存在时间都较为短暂,除后晋高祖以外,并没有实质性的官制变革发生。经过有唐一代,中书门下体制已经确立,尚书省基本沦为为宰相机构领导下的事务执行机构,且在五代乱世,经常因为使职、差遣的运作,呈现空闲之态。在后梁和后唐庄宗时期尤是如此。后唐明宗和末帝两代都反复强调按照《六典》旧制的原则行事,借此时机,尚书都省、曹司,与之对应的寺监机构相比此前都有更多的事务处理,省司甚至还就政令方面提出改革建议。只是从国家政务的整体运作而言,尚书省曹司和寺监并未发生真正变化。后周世宗一朝,有一次针对省寺政务的全面规划,不过省寺所有的奏请都需经过中书门下先行裁决,此乃进一步恢复中书门下体制正常运作的举措,但随即后周灭亡。后晋高祖和少帝时期就使职、差遣的任用施行了完全相反的处理原则。后晋高祖一朝,担任内廷职掌和其他使职的尚书省官员返回本司,对于尚书省有积极影响。不过,这一成果随着后晋少帝继位化为乌有。故此,五代诸朝,尚书省处于中书门下的领导之下,区别只是处理的事务相对多少而已。

中　篇

本篇分别探讨四种公文书,探讨开元十一年以后至五代末年行政运行体制的特质,揭示宰相机构与君主进一步介入国家政务裁决的方式以及这些方式对尚书省地位、职能产生的影响。中书门下体制初步确立之后,宰相机构需要进一步收归议政权与监督百官执行权,使三省制下分散的宰相权力统一于中书门下。其中最为关键的是取代尚书省成为国家最高行政机构,获得监督百官执行权中的统御百官和颁布政令的权力。因此,中书门下需要通过专用公文转发王言和发布政令指挥地方州府和寺监机构。在这一过程中,敕牒和堂帖、堂判文书应运而生。与此同时,君主在国家政务裁决中的作用逐渐增强,开始将部分非正式王言转化为正式王言,发布其旨意,宣和御札都是其中的代表。

第一章　唐代"敕牒"考

以公文运行程序为视角,可以动态地看出一个历史时期行政运行体制的演进过程。开元十一年(723),中书门下宰相机构建立,唐代行政运行体制发生了实质转变。唐代七种王言中,敕牒的应用最能体现转变后的行政运行体制的特征。考察唐代敕牒文书,以及敕牒与其他王言的关系,有利于全面揭示中书门下在唐代政务运行过程中所扮演的角色,并对开元十一年以后的唐代行政运行体制作出准确定位。

"敕牒"作为唐代七种王言之一,自 20 世纪 90 年代开始,即被中日学者所关注。李锦绣、刘后滨和中村裕一三位先生皆对敕牒进行过专门探讨①。刘氏和中村氏认为敕牒用于皇帝对臣下的奏状作出批示,标志性用语为"奉敕:云云",采用牒式;与同是用于批复奏状的敕旨相比,敕牒处理的是封建王朝的

---

① 　参见李锦绣:《唐"王言之制"初探——读唐六典札记之一》,载李铮、蒋忠新主编:《季羡林教授八十华诞纪念论文集》,江西人民出版社 1991 年版,第 273—290 页;刘后滨:《唐代中书门下体制研究——公文形态·政务运行与制度变迁》,齐鲁书社 2004 年版;[日]中村裕一:《唐代制敕研究》,汲古书院 1991 年版;[日]中村裕一:《唐代公文书研究》,汲古书院 1996 年版。

"细事"。关于敕牒的行下,三位学者一致同意,此类王言只由全体宰相署名,不经过三省。李师和刘氏强调这种文书的运行方式体现了宰相的意志;中村氏则指出敕牒中"奉敕"二字,是皇权的反映,宰相只是转达皇帝的旨意。在敕牒与唐代行政运行体制的关系问题上,刘氏和中村氏都认为,敕牒的产生与中书门下建立紧密相关。在此基础上,刘氏提出了开元十一年以后唐代行政运行体制为"中书门下体制"的概念。此后,又有罗祎楠先生对唐、宋敕牒进行了比较。最重要的观点是唐代敕牒不具备与敕旨同时发往地方的特点,中书门下只是敕牒的发放机构,并不在其中参与意见,唐代行政运行体制始终为三省制①。

以上诸先生的论述都颇为精彩,为后人从公文运行角度进一步探索唐代行政运行体制及其转变奠定了坚实的基础。但是,其中某些结论有进一步商榷的必要。故此,笔者试图在前人的基础上,再次考察唐代敕牒文书,以揭示中书门下在国家政务运行过程中的地位与职能,探讨开元十一年以后唐代行政运行体制的特色。

第一节　敕牒所奉之"敕"的含义

敕牒,顾名思义,即奉敕而牒的公文形式,这一点为史学界

---

① 参见罗祎楠:《刘后滨:〈唐代中书门下体制研究——公文形态·政务运行与制度变迁〉》,见刘东主编:《中国学术》2005年第2辑(总第22辑),商务印书馆2006年版,第279—297页。

所熟知。不过,敕牒所奉敕命的含义,只有刘后滨先生进行过总结。他认为"敕牒中'奉敕:云云。牒至准敕'的敕,是一个抽象的概念,泛指皇帝的旨意,而不是具体文书形态上的敕类文书"①。据《唐六典》,唐代七种王言分别为册书、制书、慰劳制书、发日敕、敕旨、论事敕书和敕牒②。其中前三种属于制类王言,后四种属于敕类王言。刘氏推断敕牒所奉敕命不是发日敕、敕旨或论事敕书,更不是制类王言。从中村裕一先生对敕牒的考证来看,他应该持有同样观点③。罗祎楠先生则肯定,唐代不存在奉敕旨而牒的敕牒④。但有史料表明,敕牒中的"敕",可以是敕旨、发日敕(或制书)、论事敕书(手诏)等具体制敕类王言或单独发布的皇命(敕牒在七种王言中级别最低,故当它和其他王言配合行下时,是奉其他王言而牒)。

一、奉敕旨而牒的敕牒

开成二年(837),翰林待诏唐玄度完成《新加九经字样》一卷,由国子监奏上,中书门下以敕牒进行了回复:

---

① 刘后滨:《唐代中书门下体制研究——公文形态·政务运行与制度变迁》,齐鲁书社 2004 年版,第 344 页。

② 参见《唐六典》卷九《中书省》"中书令职掌"条,中华书局 1992 年版,第 273—274 页。

③ 参见[日]中村裕一:《唐代制敕研究》,汲古书院 1991 年版,第 513—545 页;[日]中村裕一:《唐代公文书研究》,汲古书院 1996 年版,第 279—311 页。

④ 参见罗祎楠:《刘后滨〈唐代中书门下体制研究——公文形态·政务运行与制度变迁〉》,见刘东主编:《中国学术》2005 年第 2 辑(总第 22 辑),商务印书馆 2006 年版,第 289 页。

新加九经字样壹卷

右。国子监奏,得覆定石经字体官、翰林待诏、朝议郎、权知沔王友、上柱国、赐绯鱼袋唐庙讳(玄)度状:准大和漆年(833)拾贰月伍日敕,覆定九经字体者。今所详覆,多依司业张参《五经文字》为准。其旧字样,岁月将久,点画参差,传写相承,渐致乖误。今并依字书参详,改就正讫。诸经之中,别有疑阙,旧字样未载者,古今体异,隶变不同。如总据《说文》,即古体惊俗;若依近代文字,或传写乖讹。今与校勘官同商较是非,取其适中,纂录为《新加九经字样》壹卷。或经典相承,与字义不同者,具引文以注解,今刊削有成,请附于《五经字样》之末,用证纰误者。其字样,谨随状进上,谨具如前。

中书门下牒国子监

牒:奉　敕:宜依。牒至准　敕,故牒。

开成二年八月十二日牒

工部侍郎平章事陈夷行

中书侍郎平章事李石

门下侍郎平章事李固言

右仆射兼门下侍郎国子祭酒平章事[郑]覃

检校司徒平章事刘使

司徒兼中书令使①

从表面上看,此敕牒的形成过程非常清楚,先有唐玄度

---

① （清）王昶:《金石萃编》卷一〇九,《石刻史料新编》第一辑(三),新文丰出版公司1977年版,第1874—1875页。

的状(从"准大和漆年拾贰月伍日敕"到"用证纰误者"为唐玄度状①),此状经国子监上奏,文宗批示"宜依",中书门下奉此旨意,以牒的形式回复国子监。如果是这样,该敕牒所奉之"敕",就是泛指皇命,而非具体文书形态上的敕类王言。但是,《唐会要》卷七七《贡举下·论经义》有一封内容相同的敕旨:

> 开成二年八月敕:"《新加九经字样》一卷,国子监奏定。得覆定石经字体(官)翰林待诏唐玄度状:伏准大和七年(十)二月敕,覆定《九经》字体者。令(今)所详覆,多依司业张参《五经字》为准。其旧字样,岁月将久,画点参差,传写相承,渐致乖误。今并依字样书参详,改邪就正讫。诸经之中,分别疑阙,旧字样未载者,古今体异,隶篆不同。如总据《说文》,即古体惊俗;若近代之文字,或传写乖讹。今与校勘官同商较是非,取其适中,纂录为《新加九经字样》一卷。或经典相承,与字义不同者,引文以注解。今刊削成,请附《九(五)经字样》之末。"敕旨:"宜依。"②

此敕旨同样记载于《唐会要》卷六六《国子监》:

> [开成]二年八月,国子监奏:"得覆定石经字体官翰林待诏唐玄度状,伏准大和七年(十)二月五日敕,覆《九经》字体者。今所详覆,多依司业张参《五经字》为准。其旧字样,岁月将久,画点参差,传写相承,渐致乖误。今并

---

① 参见(唐)唐元(玄)度:《奏九经字样状》,《全唐文》卷七五九,中华书局 1983 年版,第 7889 页。

② 《唐会要》卷七七《贡举下·论经义》,上海古籍出版社 2006 年版,第 1669 页。笔者根据文意修改了标点。

依字书，与较勘同商较是非，取其适中，纂录为《新加九经字样》一卷。请附于《五经样》之末，用证缪误。"敕旨依奏。①

《册府元龟》卷六〇四《学校部·奏议三》所载基本同于《唐会要》卷六六②。《唐会要》卷六六的敕旨，为中村氏所注意，只是没有作出合理解释③。保留唐代制敕最全的《唐会要》和《册府元龟》二书，都表明开成二年八月发出关于唐玄度《新加九经字样》的敕旨。且《唐会要》中的两条史料，显然不出于自相抄录。虽然最后的批语一作"敕旨：'宜依'"，一作"敕旨依奏"，但同样肯定了此诏书为敕旨④，即文宗此命令以敕旨形式下达，中书门下是奉敕旨而牒国子监。这样，上引敕牒中所奉之"敕"，就不是泛指皇帝的旨意，而是敕旨文书。当然，因为文宗的批示是同时发给中书门下和中书省的，因此中书门下所奉"敕旨"，只是具有敕旨的性质，而代表国家意志，真正意义上的敕旨王言，要经过中书、门下两省官署名，并由尚书省行下施行，才具有法律效应。

---

① 《唐会要》卷六六《国子监》，上海古籍出版社 2006 年版，第 1374 页。

② 参见《册府元龟》卷六〇四《学校部·奏议三》，中华书局 1960 年版，第 7255 页。

③ 参见［日］中村裕一：《唐代制敕研究》，汲古书院 1991 年版，第 543 页注②。

④ 刘后滨先生推断，《唐会要》中保留的"敕旨：依（奏）"格式的文书，肯定为敕旨文书；而"敕旨：宜依"格式的文书，有一些可能是敕牒文书。但刘氏没有解释如此判定的理由。参见《唐代中书门下体制研究——公文形态·政务运行与制度变迁》，齐鲁书社 2004 年版，第 350 页注③。

二、奉发日敕(或制书)而牒的敕牒

李德裕《李卫公会昌一品集》卷一三《论嗢没斯下将士二千六百一十八人赐号状》略云：

右。嗢没斯下将士，既与衣粮，又加冠带，赐其军号，实壮边声，抚循其人，莫切于此。臣等商量，望赐号归义军，仍望翰林赐敕书，宣示嗢没斯下归义军将士等。其嗢没斯望且令兼充归义军使。如蒙允许，便添入加工部尚书制宣行，仍与中书门上(下)敕牒。①

李德裕此状显示，任命嗢没斯为工部尚书兼归义军使的诏令有二：用以宣行的"制"和"中书门下敕牒"。此"制"与"敕牒"的内容应该基本相同(根据此"制"，制成告身)。对嗢没斯的任命诏书由李德裕亲草，记载于同书卷八，全文曰：

敕：回鹘代雄绝漠，名振北蕃，而乃厌金革之强，慕朝廷之礼，愿袭冠带，思睹汉仪。蝉蜕自致于洁清，豹变独蔚其文彩，不有豪杰，孰启壮图？嗢没斯禀气阴山，降精斗极，生知忠孝，神授兵钤。自强之心，隐如敌国；卫上之器，森若戈矛。果能因乱布诚，睹几(机)立节，深协怀柔之志，不因告谕之词。昔者取士殊邻，秦能致霸；得贤异壤，晋实用材。是用优以宠光，处之权贵，褒纳忠之显效，锡归义之美名，俾建斾于新军，示绝席于诸将。勉修臣节，服我官常。②

---

① (唐)李德裕：《论嗢没斯下将士二千六百一十八人赐号状》，《李卫公会昌一品集》卷一三，《丛书集成初编》1857，商务印书馆1936年版，第107—108页。

② (唐)李德裕：《授嗢没斯检校工部尚书兼归义军使制》，《李卫公会昌一品集》卷八，《丛书集成初编》1856，商务印书馆1936年版，第59页。

此诏书以"敕"字开篇,根据文书样式,为发日敕。中书门下授给嗢没斯的敕牒,所奉之敕当为此发日敕。

《新五代史·刘岳传》略云:"故事,吏部文武官告身,皆输朱胶纸轴钱然后给,其品高者则赐之,贫者不能输钱,往往但得敕牒而无告身。五代之乱,因以为常,官卑者无复给告身……"①所谓"故事",指"五代之乱"以前的唐制。可见在唐代,敕牒和告身同时行下,已成为定制。授官敕书可以是发日敕或敕旨,故唐代大部分官员所授任官敕牒是奉发日敕或敕旨而牒②。

此外,还有一些将相高官是以制书授官的。因此,相应的敕牒应该是奉制书而牒。《旧五代史·职官志》略云:

> 后唐天成四年(929)八月,诏曰:"朝廷每有将相恩命,准往例,诸道节度使带平章事、兼侍中、中书令,并列衔于敕牒后,侧书'使'字……"③

所谓"将相恩命",即当为制书授官。后唐奉制书授官的敕牒,与奉发日敕或敕旨授官的敕牒不同,除真正行使宰相职

① 《新五代史》卷五五《刘岳传》,中华书局1974年版,第631—632页。
② 刘后滨先生根据任官敕书的结语"可某官"和"可依前件",将唐后期的任官敕书分为两类,认为前者为发日敕,后者为敕旨。参见《唐代中书门下体制研究——公文形态·政务运行与制度变迁》,齐鲁书社2004年版,第334—337页。但这种划分似乎并不绝对。刘氏列举的所谓授官的敕旨有的是以"敕"开头的,且当中书省将该敕以牒式转门下省时,皆称"奉敕如右"。这正是发日敕的标志。敕旨则应以"敕旨"二字开头,并且中书省转牒门下省时,称"奉敕旨如右"。参见中村裕一先生复原的敕旨式(《唐代制敕研究》,汲古书院1991年版,第477页)。
③ 《旧五代史》卷一四九《职官志》,中华书局1976年版,第1990页。

权的宰相外,诸使相亦需列衔。后唐诸多制度皆沿袭唐制,可作为参考。

三、奉手诏(论事敕书)而牒的敕牒

大历八年(773),代宗宠臣田神功暴薨,特赐钱五千贯,作为葬事之用。韩翃为神功弟神玉上表谢恩,称:"伏奉手诏,兼奉敕牒,赐钱五千贯文,给臣亡兄神功葬事用,拜手感恩,阖门悲戴,臣某中谢。"[1]显然,在手诏和敕牒中,主要只有这一项内容,否则田神玉亦会就其他事项叩谢皇恩。换言之,手诏和敕牒处理的事项是相同的。在这里,是否先有田神玉的上疏,不得而知。但根据"赐钱五千贯文,给臣亡兄神功葬事用"之语,此诏应该是代宗为使田神功葬事得以顺利进行,而作出的指示,用以慰藉死者家属,亦即是论事敕书的可能性很高[2]。论事敕书要由中书省宣奉行,经门下省,送往尚书都省发给接收者本人。在这些程序之前,代宗手诏的内容亦送至中书门下,奉此诏,中书门下发出敕牒。

四、单独发布皇命的敕牒

单独发布皇命的敕牒,即不与高级王言配合行下的敕牒分为两类。第一类是学者们已经考证的独立行下用以批答奏状的

---

① (唐)韩翃:《为田神玉谢赐钱供兄葬事表》,见《文苑英华》卷五九七,中华书局1966年版,第3100页。

② 论事敕书用于"慰谕公卿,诫约臣下"(《唐六典》卷九《中书省》"中书令职掌"条注,中华书局1992年版,第274页)。

敕牒,此不多赘。第二类是直接发布皇帝旨意的敕牒。

唐代名僧不空与朝廷之间的往来文书,被收录在《不空表制集》中,该文集保留了多封肃、代之际的敕牒。其卷三有《敕置天下文殊师利菩萨院制一首》及相关谢表,抄录如下:

中书门下　牒不空三藏

牒。奉　敕:京城及天下僧尼寺内,各简一胜处,置大圣文殊师利菩萨院,仍各委本州府长官,即句当修葺,并素文殊像,装饰彩画。功毕,各画图其状闻奏。不得更于寺外别造。牒至准　敕。故牒。

　大历七年十月十六日牒

中书侍郎平章事元载

门下侍郎平章事王缙

兵部尚书平章事李使

司徒兼中书令使

沙门不空言:伏见今月十六日特敕,京城及天下僧尼寺内各简一胜处,置大圣文殊师利菩萨院,并素文殊像,装饰彩画者……不空何幸,生遇圣朝,介修大乘,奉事文殊师利。常以此圣真言,奉为　国家特诵。每蒙护念,　恩德逾深,曰(日)夜思之,无阶上报。不谓忽然　天慈普洽,垂泪宿诚,废寝忘食,无任悲喜,不胜戴荷之至……①

---

① ［日］高楠顺次郎、渡边海旭等监修:《大正新修大藏经》(以下简称《大正藏》)第五十二册,新文丰出版股份有限公司 1983 年版,第 841—842 页。

此敕没有引任何奏文,且应当不是省略不空本人奏状的结果,否则不会有"不谓忽然天慈普洽"之语。谢表亦未提及是其他人上奏致使朝廷作出这一决定。另外,不存在与该敕牒内容相同的其他王言。不空在谢表中称"今月十六日特敕",此十六日,即敕牒行下的日期。受诏令者谢表中提到的奉"某日"制敕,是以公文最后下发日期为准的。上引敕牒,如果存在同一内容且级别更高的制敕,行下日期当晚于十月十六日,谢表中必然提到。故"十六日特敕"即指此敕牒。因此,关于诸寺置文殊师利菩萨院一事,是代宗直接通过敕牒发布的旨意。在这种情况下,中书门下奉"敕",其"敕"的含义与制书(非批答奏状的制书)、发日敕最初所依据的皇命是一样的。

上文探讨了唐代敕牒所奉敕文的性质,可以是敕旨、发日敕(或制书)、论事敕书(推想敕牒亦可奉册书和慰劳制书而牒),也可以是皇帝要求宰相机构将自己的意图直接以牒式行下(包括单独批示奏状)。在前一种情况下,敕牒中"奉敕:云云"的"敕",是《唐六典》中提及的除敕牒外,唐代另外六种王言之一;在后一种情况下,敕牒成为与其他六种王言并列的一种独立的诏令。

第二节　对敕牒定义的再思考

在对敕牒所奉之"敕"的含义进行分析之后,就会引发对敕牒定义的再思考。中村裕一先生称敕牒为"对官府或官员的奏请,

皇帝给予指示,这一指示由中书门下通过'奉敕:云云'的形式,以牒式回复为基本样式"的文书①,并复原了敕牒的一般形式:

　　　　某某之事

　　右。某奏。云云。

　　中书门下牒某

　　牒。奉　敕。云云(宜依。依奏。余依)。牒至准　敕。故牒。

　　　　年月日　牒

　　　　　宰相具官姓名②

　　由此可知,他认为敕牒具有如下特点:1. 用于对奏状进行批示;2. 发文机构为中书门下;3. 内容是"奉敕:云云";4. 采用牒式。此外,中村氏指出敕牒还有一个重要特点,即和其他六种王言相比,敕牒裁处的是封建王朝的最小事务③。目前,史学界普遍认同中村氏对敕牒的定义和复原的敕牒式。但根据上文,中村氏对敕牒的理解,有不准确之处。

　　首先,敕牒不一定是对奏状的批答。《唐六典》略云:"[王言之制]七曰敕牒。随事承旨,不易旧典则用之。"④《石林燕语》称:"唐代中书制诏有四……承旨而行者曰'敕牒'……"⑤这两条

---

①　参见[日]中村裕一:《唐代公文书研究》,汲古书院1996年版,第88页。

②　[日]中村裕一:《唐代制敕研究》,汲古书院1991年版,第529页。

③　参见[日]中村裕一:《唐代制敕研究》,汲古书院1991年版,第513页。刘后滨先生同意这一观点,参见《唐代中书门下体制研究——公文形态·政务运行与制度变迁》,齐鲁书社2004年版,第349页。

④　《唐六典》卷九《中书省》"中书令职掌"条,中华书局1992年版,第274页。

⑤　(宋)叶梦得:《石林燕语》卷三,宇文绍奕考异,侯忠义点校,中华书局1984年版,第37页。

史料都未说明敕牒和奏状有必然联系。唐代其他六种王言,只有部分制书和敕旨用以批答奏状。如果敕牒奉直接发布皇命的制书或发日敕等王言而牒,显然不是对臣下的某种请求以示可否。如果敕牒直接发布皇令,更与奏请没有任何关系。再来参看一封敕牒。《不空表制集》卷二《大历五年七月五日与不空三藏于太原设万人斋制一首》:

中书门下　牒僧不空三藏

牒。奉　敕:宜于太原设一万人斋,取太原府诸色官钱物,准数祇供,勿使阙少。仍令不空三藏检校。牒至准　敕。故牒。

大历五年七月五日牒

中书侍郎平章事元载

门下侍郎平章事王缙

兵部尚书平章事李佋

司徒兼中书令佋①

此敕牒并无对奏状的引用。大历五年四月、五月,彗星现;七月,京畿饥,米斗千钱②。太原乃王兴之地,于此设万人斋之举,恐为笃信佛教的代宗直接下令在非常时期为国求福的众多

① [日]高楠顺次郎、渡边海旭等监修:《大正藏》第五十二册,新文丰出版股份有限公司1983年版,第837页。

② 参见《旧唐书》卷一一《代宗纪》"大历五年四月己未夜"条、"五月己卯夜"条、"七月"条,中华书局1975年版,第296—297页;《新唐书》卷六《代宗纪》"大历五年四月己未"条、"五月己卯"条,中华书局1975年版,第175页;《资治通鉴》卷二二四"代宗大历五年秋七月"条,中华书局1956年版,第7215页。

举措之一。此外,天宝元年(742)的《新平阙令》①,亦可能是直接发布皇命的敕牒。中村氏早已注意到某些敕牒没有对奏状的引用,他认为这些敕牒亦是对臣下上奏的答复,只是文书形式不同而已②。但没有任何证据表明这些敕牒的奏状部分被省略,故中村氏的解释比较牵强。

其次,通过对敕牒奉敕含义的分析,需要重新考虑敕牒处理事务的大小问题。如果敕牒是奉其他王言而牒,该敕牒与相应王言处理的就是同一件事,没有大小轻重之分。《册府元龟》卷六五八《奉使部·举劾》"元稹"条云:

> 元稹为监察御史,宪宗元和四年(809)奉使东蜀,劾奏故剑南东川节度使严砺擅籍没涂山甫等八十八户田宅一百一十一所、奴婢二十七人,税外征草四十一万五千束、钱七千贯、米五千石。敕旨:"田宅、奴婢却还本主。其已货卖,亦赎今(令)还。税外所征配并禁断。其见任刺史各罚两月俸料,仍书下考。"③

元稹弹劾严砺一案在朝廷震动极大。禁止在法令范围外横加赋敛,是唐廷一贯强调的精神。虽然此案惩罚并不严重,却绝非"细事"。且上奏者元稹是衔命出使的御史,身份不低。如果敕旨处理的事务比敕牒重要,此事应该使用敕旨答复。然而,

---

① 唐耕耦、陆宏基编:《敦煌社会经济文献真迹释录》第二辑,全国图书馆文献缩微复制中心1990年版,第586—587页。

② 参见[日]中村裕一:《唐代制敕研究》,汲古书院1991年版,第531—534页。

③ 《册府元龟》卷六五八《奉使部·举劾》"元稹"条,中华书局1960年版,第7883页。

《元稹集》中收录的《弹奏剑南东川节度使状》，所附批示却是敕牒形式。节录如下：

中书门下牒御史台

牒：奉敕："籍没资财，不明罪犯；税外科配，岂顾章程？致使衔冤，无由仰诉，不有察视，孰当举明？所没庄宅奴婢，一物已上，并委观察使据元没数一一分付本主。纵有已货卖破除者，亦收赎却还。其加征钱、米、草等，亦委观察使严加禁断，仍牓示村乡，使百姓知委。判官崔廷等，名叨参佐，非道容身。刺史柳蒙等，任窃藩条，无心守职，成此弊政，害及平人。抚事论刑，岂宜免戾？但以罪非首坐，法合会恩，亦有恩后加征，又已去官停职，俾从宽宥，重此典常。其恩后加征草，及柳蒙、陶锽、李忩、张平、邵膺、陈当、刘文翼等，宜各罚两月俸料，仍书下考，余并释放。"

牒至准敕，故牒。[①]

可以看出，《册府元龟》所引敕旨只记录了处罚内容，而省略了其他语句，但这并不影响其公文形式。朝廷应用了敕旨和敕牒两种公文，发布对同一件弹劾案的处理结果。

不过，单独下达的敕牒，无论是直接发布皇命，或是对奏状进行批答，所处理的往往确为与国家政务整体运作无关的"琐事"，如上引《敕置天下文殊师利菩萨院制一首》。又如开元二十三年，玄宗亲注《老子》并修疏义八卷，以敕牒颁示公卿士庶

---

① （唐）元稹：《元稹集校注》卷三七，上海古籍出版社 2011 年版，第983 页。

及道释二门,听直言可否①。代宗亦单独以敕牒下令于京兆府界为田神功选择墓地,并命京兆尹充使勾当②。此前,史学界对敕牒的研究往往局限于单独批复奏状的敕牒,故有敕牒仅处理国家细务之说。

由于史料缺乏,目前很难给敕牒下一个精确的定义。能肯定的只有敕牒的形式,即中书门下奉敕,以牒式发布皇帝的旨意。此外,敕牒可用于对官府或官员的上奏进行批答,亦可直接发布皇命;可单独行下,亦可与其他王言共同行下;而且敕牒处理事务的内容非常广泛。

第三节　敕牒及相关王言的发布程序

既然敕牒可以奉多种王言而牒,那么其具体的发布程序就是要考虑的问题。敕牒是与其所奉之王言同时下发,抑或存在时间上的差别。

《不空表制集》卷一有乾元元年(758)的《制许搜访梵夹祠部告牒一首》和《请搜检天下梵夹修葺翻译制书一首》,分别抄录如下:

---

① 参见《册府元龟》卷五三《帝王部·尚黄老一》"开元二十三年三月癸未"条,中华书局 1960 年版,第 592 页。

② (唐)韩翃《为田神玉谢兄神功于京兆府界择葬地表》称:"今月三日得上都留后报称,伏奉敕牒,臣亡兄神功宜令所司于京兆府界择地安葬,仍令京兆尹充监护使勾当"(《全唐文》卷四四四,中华书局 1983 年版,第 4529 页)。

制许搜访梵夹祠部告牒一首

中京慈恩等寺及东京圣善、长寿寺并诸州县舍寺村坊,有旧大遍觉义净、善无畏、流支、宝胜等三藏所将梵夹。

右。大兴善寺三藏沙门不空奏,前件梵夹等,承前三藏,多有未翻。年月已深,绳索多断,湮沈零落,实可哀伤。若不修补,恐违圣教。近奉　恩命,许令翻译,事资探讨,证会微言。望许所在检阅收访。其中有破坏缺漏,随事补葺。有堪弘阐助国扬化者,续译奏闻。福资　圣躬,最为殊胜。

天恩允许,请宣付所司。

敕旨:依奏。

乾元元年三月十二日

特进行中书令集贤院大学士知院事监修国史上柱国赵国公臣崔圆宣

中书侍郎阙

中大夫中书舍人兼尚书右丞集贤院学士副知院事上柱国赐紫金鱼袋[臣]徐浩奉行

奉

敕员(旨)如右。牒到奉行。

　　乾元元年三月十五日

特进行侍中弘文馆大学士知太清宫事监修国史上柱国韩国公晋卿

黄门侍郎阙

银青光禄大夫行给事中上柱国缙云县开国男峄

尚书祠部　大兴善寺三藏沙门不空

牒。奉　敕如右。牒至准　敕。故牒。

乾元元年三月十七日　　令史门贵牒

主事唐国兴

员外郎韦少游

请搜检天下梵夹修葺翻译制书一首

中京慈恩、荐福等寺及东京圣善、长寿、福光等寺并诸州县舍寺村坊,有旧大遍觉义净、善无畏、流支、宝胜等三藏所将梵夹。

右。大兴善寺三藏沙门不空奏,前件梵夹等,承前三藏,多有未翻。年月已深,绳索多断,湮沈零落,实可哀伤。若不修补,恐违圣教。近奉恩命,许令翻译,事资探讨,证会微言。望许所在检阅收访。其中有破坏缺漏,随事补葺。有堪弘阐助国扬化者,续译奏闻。福资　圣躬,最为殊胜。

天恩允许,请宣付所司。

中书门下　牒大兴善寺三藏不空

牒。奉　敕:宜依请。牒至准　敕。故牒。

乾元元年三月十二日

特进行中书令崔圆

特进行侍中苗晋卿

司空兵部尚书同平章事李使

司徒尚书左仆射同平章事顺(郭)使①

---

①　[日]高楠顺次郎、渡边海旭等监修:《大正藏》第五十二册,新文丰出版股份有限公司 1983 年版,第 828 页。

上述两件文书皆是对不空同一奏状的批示。《制许搜访梵夹祠部告牒一首》是敕旨,由中书省宣奉行后,经门下省官员审署,通过尚书省祠部下发。《请搜检天下梵夹修葺翻译制书一首》是敕牒,经中书门下宰相署名,使相列衔后下发。具体程序应该是不空奏状上呈之后,乾元元年三月十二日,肃宗作出"依"的批示。奏状内容和肃宗的批示经抄写后,于当日分别发往中书门下和中书省。中书门下接到皇命后,经群相署名,同日以"牒"式行下,发给不空本人。中书省相关官员则对皇帝的批示进行"宣、奉、行",敕文于三月十五日继续下发,经门下省三官审署后(实际只有两官在任),转牒尚书省,最终于三月十七日由尚书省祠部牒不空本人①。《不空表制集》按照时间先后收录文书,《请搜检天下梵夹修葺翻译制书一首》位列《制许搜访梵夹祠部告牒一首》之前。这样,敕牒的行下时间要比内容相同,但级别更高的王言早。

因为敕牒只由中书门下宰相署名,且宰相对敕牒内容本身并不直接行使封驳权,故敕牒行下比起经过三省内容相同的王言,所需的时间要少。那么受文机构或个人收到两种王言的时间是否亦有先后之别呢?韩翃作《为田神玉论(谢)不许赴上都护丧表》:"奏事官潘洽回,伏奉敕书、手诏,兼宣进旨,不许臣辄离所部。又以臣脚弱无力,伏奉批表,以军府政殷,藉卿镇辑,不

---

① 在正常情况下,敕旨都是经尚书省二十四曹下符颁给相关机构的。此敕旨以牒式行下,中村裕一先生解释为发文机构与受文者不存在管隶关系,故不使用符(《唐代制敕研究》,汲古书院1991年版,第503—504页)。此敕旨无都省受付环节,原因详见第四部分。

赴上都也。"①代宗不许田神玉离开所部,赴上都护兄神功丧的意愿,通过敕书、手诏、口宣和批表四种皇命下达,皆由神玉派往京师的奏事官潘洽带回或传达。又崔致远为高骈作《谢加太尉表》称:"今月某日,宣慰使供奉官严遵美至,奉宣圣旨,慰谕臣及将校等,并赐臣敕书手诏各一封,加臣检校太尉,依前充淮南节度使兼东面都统者。"②这是朝廷派专使同时送递任命高骈官职的敕书和手诏,并口宣慰谕之命。可见,虽然各类皇命行下的程序和时间存在差别,但无论何种皇命,甚至口诏,都经由同一途径送递传达。因此,可以推断敕牒与高级别王言发布同一皇命,虽然敕牒所署行下日期早于高级别王言,但二者同时送递受文机构或个人。

首先,两种王言由同一途径同时送出,可以节约人力、物力。此外,高级别王言经过三省,三省特别是门下省,有封驳制敕的权力。唐代后期,给事中封敕的情况屡见不鲜。如果敕牒单独先行发送,内容相同,但级别更高的王言经过门下省时被封还,敕牒的行下则无意义,只会对受文机构造成困扰。更重要的是,当同一皇命以敕牒和高级别王言发布时,敕牒在一定程度上具有转发高级别王言的职能。因此,两种王言必须同时送达。

这里有一个问题。即在唐人的大量谢官表中不见奉敕牒谢官之语,往往只称"奉制命(恩命)""奉敕旨"等。这是因为授官的高级王言和敕牒的发送先后与其他诏令不同。上文已经提

---

① 《文苑英华》卷五九七,中华书局1966年版,第3100—3101页。
② [新罗]崔致远:《桂苑笔耕集校注》卷二,党银平校注,中华书局2007年版,第33页。

到,唐代文武告身,皆须授官者输纳朱胶纸轴钱,才能颁给。因此,任官制书、发日敕和敕旨等先行下发,官员们即据此上表谢恩。按制度输纳钱后,才会得到官告和敕牒,否则只得敕牒。

总而言之,唐代以敕牒和其他王言发布同一皇命,敕牒的行下日期要早于经行三省的其他王言。但由于两类王言是由同一途径送递受文机构或个人,故到达时间是一致的。因此,敕牒的应用可以起到配合其他高级别王言的作用。

第四节　唐代前期尚书省的地位、 职能与王言运行

敕牒形成以前,唐代所有王言均需经由尚书都省行下施行。这与唐前期尚书省的地位、职权有着必然联系。

唐代建立之初,初步确立了三省制,经过高祖一朝和太宗朝前期的调整,三省制趋于完善。尚书、门下和中书省长官同为法定宰相,政事堂作为宰相议政之所,由宰相领导的三省分别协助本省长官承担宰相机构的部分职能。尚书都省为左右仆射会决庶政的机构,左右仆射率领其下六部二十四曹行使国家最高行政机构的权力。尚书省是名副其实的"天下政本",因此在三省中居于首要地位。

中国封建王朝的宰相必须同时拥有议政权和监督百官执行权。其中监督百官执行权,包括出令权和施政权两部分。所谓出令权,即草拟诏意及承宣承制之类;所谓施政权,即推行政令

及统御百官之类。推行政令主要指将已形成的诏令颁布施行和直接发出命令以指挥事务性机构运作。"由宰相将诏令颁布下去,是因为这样可以表示宰相的权威,并意味今后将由宰相来检查执行情况。"①自西汉至魏晋,尚书官员逐渐介入国家政务的处理,尚书机构日益独立,并向宰相机构演化。在这一过程中,尚书机构在获得议政权的基础上,亦将施政权揽入手中,表现之一即形成了诏令非尚书机构下达则无效的规定②。两晋以后,尚书省(台)始终作为宰相机构存在③。至唐王朝建立,尚书省在三省中居于首要地位,依然握有施政权,诏令须经尚书省行下的制度得以延续。"凡制、敕施行,京师诸司有符、移、关、牒下诸州者,必由于[尚书]都省以遣之。"④与之相对应的是都省承担全国行政勾检的责任。各类公文及内外应出文书,案成后皆须送都省检勾⑤。为了保证由都省行下的制敕等公文内容得以有效执行,都省还对全国范围内的政务行使年度最终勾检权力⑥。

---

① 祝总斌:《两汉魏晋南北朝宰相制度研究》,北京大学出版社 2017 年版,第 28 页。

② 参见祝总斌:《两汉魏晋南北朝宰相制度研究》,北京大学出版社 2017 年版,第 92 页。

③ 参见祝总斌:《两汉魏晋南北朝宰相制度研究》,北京大学出版社 2017 年版,第 149—213 页。

④ 《唐六典》卷一《尚书都省》"左右司郎中员外郎职掌"条注,中华书局 1992 年版,第 11 页。

⑤ P.2819《唐开元(公元七一九或七三七年)公式令残卷》存尚书省符式,注云:"其出符者,皆须案成并案送都省检勾……其余公文及内外诸司应出文书者,皆准此。"见唐耕耦、陆宏基编:《敦煌社会经济文献真迹释录》第二辑,全国图书馆文献缩微复制中心 1990 年版,第 558 页。

⑥ 参见《唐六典》卷一《尚书都省》"左右司郎中员外郎职掌"条注,中华书局 1992 年版,第 12 页。

上述规定,不但是自两汉以来尚书机构向宰相机构发展过程中所获权力之延续,也是唐政府根据唐初尚书省的地位和具体职能,进行权力再分配的结果。换言之,制敕王言以及其他公文必须经都省发遣,正是尚书省作为"天下政本"在公文运作方面的反映。只有作为"天下政本"的尚书省才能拥有下达制敕等公文权和全国范围内的行政勾检权。

唐代初年,制敕王言经过中书省三官宣奉行,和门下省三官审署后,即交由尚书都省履行勾检职能,都省都事监而受之,检察稽失,注明接收制敕的具体时间和都事本人姓名,经都省郎官勾讫署名,按照内容,制书、发日敕和敕旨分别发付尚书省相关曹司以符牒的形式送递受文机构或个人。慰劳制书和论事敕书因为是皇帝给臣下的书信,由都省直接颁送。以中村裕一先生复原的贞观(627—649)公式令诏(制)授告身式为例,尚书都省受付的部分为"月日都事姓名受左司郎中名付某司"①。需指出的是,唐代初期,制敕文书,都事受事所署时间不只是日月,而是具体至时。法律明确规定:"其制、敕皆当日行下"②;"制书,在令无有程限,成案皆云'即日行下',称即日者,谓百刻内也。"③可见,唐代对制敕等公文的行下时间有着严格的要求,且日期计算是精确至时刻的。参看太宗、高宗两朝制授告身

---

① [日]中村裕一:《唐代制敕研究》,汲古书院1991年版,第125页。

② 《唐律疏议》卷二七《杂律》"亡失符印求访"条,中华书局1983年版,第520页。

③ 《唐律疏议》卷九《职制律》"稽缓制书官文书"条,中华书局1983年版,第196页。

都省受付相关部分：贞观十五年临川郡公主告身第 16、17 行"正月廿日申后都事郭长者受左司郎中仁师付主爵（司封）"①；永徽元年（650）临川郡长公主告身第 17、18 行"正月廿四日午后都事赵师才守左司郎中范付主爵"②；乾封二年（667）氾文开上护军勋告第 13、14 行"四月廿三日寅时都事韩仁宝受左成务（左司郎中）行功付司勋"③。三封告身，都事接收诏令时间皆为月日时，且都事皆署姓名，也就表示要保证制敕下达和内容执行在规定时间内完成。此外，都省郎官皆于告身上署名，在将制敕交付诸曹之前行勾。都事和都省郎官于制敕上签署姓名或名，正是在法律上承担勾检责任的具体表现。

在三省制向中书门下体制转型的过程中，尚书省最高行政机构的地位受到冲击。在尚书省长官宰相权力削弱，尚书省最高行政机构地位不稳的情况下，尚书都省下发制敕等公文的权力及其在全国范围内的行政勾检权力，必然受到影响。

武后以后的制敕，已经显示出都省在诏令运行过程中勾检作用的改变。参看以下诸诏书：长寿二年（693）张怀寂中散大

---

① 《贞观十五年封临川郡公主诏书刻石》，图版、录文分见张沛编著：《昭陵碑石》，三秦出版社 1993 年版，第 72、199 页。

② 《永徽元年封临川郡公主为长公主诏书刻石》，图版、录文分见张沛编著：《昭陵碑石》，三秦出版社 1993 年版，第 72、200 页。

③ P.3714《唐乾封二年（公元六六七年）诏》，见唐耕耦、陆宏基编：《敦煌社会经济文献真迹释录》第四辑，全国图书馆文献缩微复制中心 1990 年版，第 259 页。中村裕一先生录文为"四月廿一日寅时都事韩仁宝受右成务行功付司勋"（《唐代制敕研究》，汲古书院 1991 年版，第 97 页）。

夫、行茂州都督府司马告身第8、9行"腊(中欠)都事下直右司员外郎下直"①;延载元年(694)氾德达轻车都尉告身第21、22行"十月十八日酉时都事下直 左司郎中下直"②;神龙二年(708)门下省行尚书省文刻石第8、9行"四月六日酉时都事下直 左司郎中下直"③。这三封诏书,都事和都省郎官署名处,未见姓名,却均注有"下直"二字,表明都事与郎官不在岗当值。在唐代,"凡内外百僚日出而视事,既午而退,有事则直官省之。"④氾德达告身和门下省行文为制书,标明都省接收时间是酉时,即十七时至十九时,为非办公时间。但上引氾文开告身都省受事时间为寅时,即三时至五时,亦为非办公时间,告身上却有都事和郎官署名(临川郡公主及长公主告身受事时间亦在午后)。推想唐代早期,尚书都省受付在制敕下发过程中作用重大,故都事和都省郎官每日每时都有人在值。而到了武后朝,这一制度已有所改变。即便如此,都省应有其他直官根据规定在诏书上受付署名。然而,直官并未履行相应职责。从诏书本身无法得知受付者为何人,因此应该无人承担相关勾检责任。换言之,在某些情况下都省的勾检职能形同虚设。可见,都省在王

---

① 大谷2833。图版见《大谷文书集成》壹,法藏馆1984年版,图版104;录文见同书,第104页。

② 阿斯塔那一〇〇号墓文书《武周载初元年(公元六九四年)氾德达轻车都尉告身》,见唐长孺主编:《吐鲁番出土文书》(图录本)叁,文物出版社1996年版,第407页。

③ 图版、录文分见[日]中村裕一:《唐代制敕研究》封一,汲古书院1991年版,第38页。

④ 《唐六典》卷一《尚书都省》"左右司郎中员外郎职掌"条注,中华书局1992年版,第12页。

言下行过程中的作用开始削弱。

开元时期,在中书门下建立前后,尚书省在一定程度上开始向宰相领导下的事务执行机构演变,都省在制敕行下过程中勾检权弱化的情况从法律规定上已经有所体现。据 P.2819《唐开元公式令残卷》所存制授告身式,都省受付部分已与太宗、高宗两朝告身有所不同,第 56、57 行为“月日都事姓名受　右(左)司郎中付某司”①。可见这一时期,经行都省的制敕,受事时间不再需要具体至时刻,都事对行政效率的监督权下降。更重要的是,都省郎官无须于制敕上署名。制敕由都省勾检,特别是省郎勾付的意义被极大地削弱了。

开元以后,伴随着中书门下体制的发展,都省勾检作用持续弱化。天宝十载张无价游击将军制授告身和永泰元年(765)不空的特进、试鸿胪卿发日敕告身虽有受付月日,却无都事和都省郎官署名②。此后的制书和发日敕虽依然保有都事和省郎的署位,往往亦只是流于形式,无任何实质作用可言。元和元年唐授日本国使判官高阶远成中大夫、试太子中允告身以及大中五年洪辩、悟真临坛大德告身,都省受付部分为“月日

---

① 唐耕耦、陆宏基编:《敦煌社会经济文献真迹释录》第二辑,全国图书馆文献缩微复制中心 1990 年版,第 559 页。

② 阿斯塔那五〇六号墓文书《唐天宝十载(公元七五一年)制授张无价游击将军官告》,见唐长孺主编:《吐鲁番出土文书》(图录本)肆,文物出版社 1996 年版,第 392—393 页。《拜不空三藏特进试鸿胪卿兼赐号制书一首》,《不空表制集》卷一,见[日]高楠顺次郎、渡边海旭等监修:《大正藏》第五十二册,新文丰出版股份有限公司 1983 年版,第 832—833 页。

时都事　左司郎中"①，表明这些公文虽然在名义上经行都省，但都省实际并未承担勾检工作。至咸通二年（861），发日敕出现无都省受付环节的情况，如范隋柱国告身②。目前所见肃宗朝以后的敕旨文书，甚至几乎皆无都省受付环节③。在中书门下成立之后，尚书省丧失绝大部分施政权，都省在制敕等公文下行过程中的作用不可能持续下去，其领导下的全国范围内的行政勾检体系趋于解体④。

---

　①　高阶远成告身没有原件存世。录文见［日］中村裕一：《唐代官文书研究》，中文出版社1991年版，第278页。P.3720洪辩、悟真告身，受付部分见《唐大中五年至咸通十年（公元八五一年——公元八六九年）赠僧洪辩、悟真等告身及赠悟真诗》注①，载唐耕耦、陆宏基编：《敦煌社会经济文献真迹释录》第四辑，全国图书馆文献缩微复制中心1990年版，第37页。

　②　此告身石刻被命名为《柱国告石刻》，收入《金石萃编》卷一一七，《石刻史料新编》第一辑（三），新文丰出版公司1977年版，第2126—2127页。

　③　《不空表制集》中所有敕旨文书皆无都省受付环节。《大唐贞元续开元释教录》载有大历七年、建中二年和贞元五年三封敕旨。分见该书卷上，［日］高楠顺次郎、渡边海旭等监修：《大正藏》第五十五册，新文丰出版股份有限公司1983年版，第748—750页；卷中，第762、763页。其中大历七年和贞元五年敕旨无都省受付环节。《句容金石记》卷三所载《敕唐孝子张（涓）府君旌表之碣记》为敕旨，出现同样的情况（《石刻史料新编》第二辑（九），新文丰出版公司1977年版，第6447页）。中村裕一先生认为这是录文时省略的结果，《唐代公文书研究》，汲古书院1996年版，第288—295页。但由于《不空表制集》所载制书和发日敕皆保有都事和都省郎官的署位，所以中村氏的解释可信度不高。只有《大唐贞元续开元释教录》所收建中二年敕旨，权判兵部员外郎卢端因值于都省，故以直官身份代表都省郎官于敕旨上署名。建中元年，宰相杨炎借税制改革之际，恢复四等官制，勾官运作随之恢复。故建中二年敕旨有都省直官署名，可能是改革成果在短时间内延续的表现。

　④　参见李锦绣：《唐后期的官制：行政模式与行政手段的变革》，见黄正建主编：《中晚唐社会与政治研究》第一章，中国社会科学出版社2006年版，第1—107页。

第五节　中书门下宰相机构地位
确立与敕牒形成

　　当尚书都省在王言下行过程中的受付勾检作用逐渐削弱之时,伴随着中书门下的建立,敕牒作为一种新型王言,出现于唐代政务运行的舞台上。敕牒形成,以及敕牒与高级别王言共同发布皇命的特殊形式,皆与中书门下宰相机构地位的确立密不可分。

　　先天二年(713)七月,玄宗铲除太平公主一党,政治局面日趋稳定,为统治集团有意识地转变行政运行体制准备了良好条件。同年底,尚书省开始长期不置左右仆射①。这不仅使得尚书省长官丧失了一切重获议政权的可能,也导致尚书省在国家政务施行过程中的地位进一步下降。开元十一年,中书令张说奏改政事堂为中书门下,作为宰相合署办公的议政、施政机构,三省制正式解体,新的行政运行体制初步确立。中书门下在拥有议政权的基础上,需要进一步掌控监督百官执行权,包括本由尚书省握有的施政权中的下发诏令权和相应的行政勾检权,以便尽快完成与尚书省之间的权力交接。

　　敕牒的运行是中书门下作为宰相机构获得颁布诏令权的反

---

　　① 开元前期仆射空置的情况,参见严耕望:《唐仆尚丞郎表》卷二《通表上·仆丞》,上海古籍出版社 2007 年版,第 40—42 页。

映。敕牒单独发布皇命,经中书门下行下施行是唯一的途径,自
不待言。敕牒和其他王言共同行下,则其他王言的内容亦经中
书门下颁布。不过,目前并存的内容相同的敕牒和其他制敕王
言的数量极为稀少。《不空表制集》中,同一内容的皇命以敕牒
和其他王言两种形式行下的仅有一例,即上引《请搜检天下梵
夹修葺翻译制书一首》和《制许搜访梵夹祠部告牒一首》。似乎
绝大部分高级王言皆不需与敕牒并行。然而,事实并非如此。
因为同一内容的两种王言行下,史籍中往往只保存其中一种。
以任官诏令最为典型。虽然已知唐代后期逐渐形成制敕告身与
敕牒同时行下的制度,唐代官员授官领受敕牒,至晚在德宗初年
已经开始①,但唐人文集中只见授官制书、发日敕或敕旨,却不
见敕牒。且在唐人谢官表中,也不见接收授官敕牒之语。不过,
这并不等于没有相应的敕牒存在。敦煌文书中保有咸通十年授
任悟真为河西都僧统的敕牒:

> 河西副僧统、京城内外临坛大德、都僧录、三学传教大法
> 师赐紫僧悟真。

右河西道沙州诸军事、兼沙州刺使(史)、御史中丞张淮深

奏:臣当道先有　敕授河西管内都统赐紫僧法

荣。前件僧去八月拾肆日染疾身死。悟真见在

---

① 兴元元年,李怀光拥兵河中,德宗"令给事中兼御史大夫孔巢父赍先授
怀光太子太保敕牒",前往宣慰(《招谕河中李怀光诏》,见《唐大诏令集》卷一一
八,中华书局 2008 年版,第 620 页),李怀光的官告和敕牒没有照常例同时送
递。此当为试探李怀光态度之举。如果怀光接受敕牒,朝廷随即会将其太子太
保告身送到。

当州。切以河西风俗,人皆臻敬空王,僧徒累阡,大

行经教。悟真深开阐谕,动迹徽言,劝导

戒惑,寔凭海辨(辨?)。今请替亡僧法荣便充河

西都僧统,裨臣弊政。谨具如前。

中书门下　牒沙州。

牒奉　敕,宜依。牒至准　敕。故牒。

咸通十年十二月廿五日牒①

这应该是一封与敕旨授官告身同时下发的敕牒。在唐代,敕牒与级别更高的王言同时下发的情况,当比现有材料所显示的要多②。

五代时期,敕牒和其他王言共同行下的情况更加普遍。敕牒用语以"奉敕"二字为标志。《五代会要》中通过"奉敕"发布的皇命随处可见,表明敕牒的广泛应用。"奉敕"事宜涉及礼仪、刑法、科举、选官等。其中有一些是事务机构对某一重要事项进行条流,订出执行细则,奏请皇帝批准,通过"奉敕"的形式发布。这些细则出台后,很可能成为格③,作为国家政务运行的准则。因为敕牒独立处理的事务往往是琐事,基本不会与国家政务整体运作相关,因此《五代会要》中所载

---

① P.3720,唐耕耦、陆宏基编:《敦煌社会经济文献真迹释录》第四辑,全国图书馆文献缩微复制中心1990年版,第32页。

② 敦煌文献中尚存有一封五代时期的授僧官敕牒(P.4518-9),亦可作为参考。录文、图版见[日]中村裕一:《唐代公文书研究》,汲古书院1996年版,第93—94页。

③ 参见[日]中村裕一:《唐代公文书研究》,汲古书院1996年版,第432—461页。

"奉敕"的内容,应该有相当一部分同时通过更高级别的王言发布。如后周显德四年(957),侍御史张湜等九人奉诏编集新格。"至五年七月七日,中书门下及兵部尚书张昭远等奏:所编集勒成一部,别有目录,凡二十一卷,目之为《大周刑统》。伏请颁行天下,与律疏令式通行,其《刑法统类》、《开成编敕》等采掇既尽,不在法司行使之限……奉敕:'宜依。'"①此条史料亦载于《册府元龟·刑法部》和《旧五代史·刑法志》,二书对奏文内容的引用更加全面,结尾皆作"敕宜依,仍颁行天下"②。准许新定刑法在全国范围内施行,明确其具有和律疏令式同样的法律地位,并作出废除部分旧有法令的决定,这无论如何不能以"细事"论,当存在级别更高的敕旨文书。《册府元龟》和《旧五代史》所载,"敕"前无"奉"字,很可能就是相应的敕旨③。此外,《五代会要》中收录的某些敕牒形式的公文,在《册府元龟》中确实以敕旨形式出现。如天成元年十二月三日,御史台(御史中丞卢文纪)状奏论每日常朝及五日起居事件二条。《五代会要》所载批答为"奉敕:云云。"《册府元龟》所录,则是以"敕旨"开头,批答文字

---

① 《五代会要》卷九《定格令》,上海古籍出版社 2006 年版,第 149—150 页。

② 《册府元龟》,中华书局 1960 年版,第 7366 页;《旧五代史》,中华书局 1976 年版,第 1964—1965 页。

③ 虽然以"敕"开头的文书当为发日敕,但发日敕不用以批复奏状。故此"敕"字很可能是"敕旨"的省略写法。

基本相同①。可见,自出现之日至五代末年,敕牒与更高级别的
王言配合行下传递皇命的情况日益普遍。就目前的史料而言,
在制书、发日敕和敕旨三种文书中,敕旨和敕牒同时行下的情况
最多。

敕牒是正式王言,作为颁发机构,中书门下必定设有专门的
勾检官对其进行勾检。特别是单独发布皇命的敕牒,经中书门
下是唯一的途径,只有经过全面勾检,才可能下发。中书门下设
堂后五房,其一为孔目房②。孔目房由孔目官所掌,孔目官属于
勾检官的一种,"文案发付、案牍勾检为孔目官的基本职掌。"③
孔目官还"通过受付文案……从单纯的勾检发展演变[为]监督

---

① 参见《五代会要》卷六《杂录》"天成元年十二月三日"条,上海古籍出
版社 2006 年版,第 97—98 页;《册府元龟》卷五一七《宪官部·振举二》"天成
元年十二月丙戌"条,中华书局 1960 年版,第 6177—6178 页。类似的情况还有
两例。《五代会要》卷八《丧葬上》载天成元年十二月二十七日,御史台奏丧葬
相关事宜,获敕牒批答(第 132—134 页)。同一敕文载于《册府元龟》卷四七五
《台省部·奏议六》,形式为敕旨,虽然在文字上变动较大,但内容一致(第
5666—5667 页)。此封文书在《旧五代史》卷三七《明宗纪三》中以"诏"的形式
出现(第 514—515 页)。《五代会要》卷二三《缘举杂录》载长兴四年(933)二
月二十六日,礼部贡院就贡举诸事奏请指示,获得"奉敕"的批示(第 369 页)。
《册府元龟》卷六四二《贡举部·条制四》记载此奏状为知贡举和凝所上,与《会
要》内容基本一致,但文字有所不同,最后使用敕旨作答(第 7696—7697 页)。
《五代会要》与《册府元龟》所载内容相同的各类王言,文字差异较大是一个普
遍现象,不能因此断定敕牒与同一内容的高级别王言分别拟旨。

② 参见《册府元龟》卷三一七《宰辅部·正直二》"韦处厚"条,中华书局
1960 年版,第 3751 页。

③ 李锦绣:《唐后期的官制:行政模式与行政手段的变革》,见黄正建主
编:《中晚唐社会与政治研究》第一章,中国社会科学出版社 2006 年版,第
64 页。

执行者,融勾检、监察及管理于一身……"①。李锦绣认为:"孔目官房掌皇帝与宰相之间的公文联络,职权重大,与唐前期文案受付机关尚书都省作用相近,但更便捷,更利于执行。"②可以推知,当敕牒由中书门下发布时,担负起受付和勾检责任的正是中书门下孔目房。

但是,从现存敕牒完全看不出孔目官从事勾检工作的迹象。上文已论,唐代早期,都省都事和郎官通过签署制敕以示勾检,并承担法律责任。敕牒上却无孔目官署名。不过,《新唐书·夏侯孜传》记载了这样一件事:"初(咸通五年),堂史署制,仆[司空、门下侍郎平章事夏侯]孜怀中,即死。"③堂史(吏)是对五房堂后官的称呼。七种王言中,只有敕牒经行中书门下,此堂史所署之"制",只能是敕牒(此处明言"署制",故非誊写制敕)。在唐代,代署文案是违法行为④,此堂史履行的必然是自身必须承担的责任。因此,这很可能正是孔目官对敕牒勾检署名的情景。与其他王言同时行下的敕牒,敕文当与所奉高级别王言之敕文相同,为中书舍人、知制诰或翰林学士等官所草。单独发布皇命的敕牒处理的事务相对较小,不可能下中书门下由宰相亲草。根据唐代史籍,亦不见新兴官职分掌草诏工作。故

---

① 李锦绣:《唐后期的官制:行政模式与行政手段的变革》,见黄正建主编:《中晚唐社会与政治研究》第一章,中国社会科学出版社2006年版,第69页。

② 李锦绣:《唐后期的官制:行政模式与行政手段的变革》,见黄正建主编:《中晚唐社会与政治研究》第一章,中国社会科学出版社2006年版,第68页。

③ 《新唐书》卷一八二《夏侯孜传》,中华书局1975年版,第5374页。

④ 参见《唐律疏议》卷一〇《职制律》"事直代判署"条,中华书局1983年版,第203页。

单独发布皇命的敕牒,如果需要重新拟旨,亦可能由中书舍人或知制诰官负责。因为敕牒形成的具体过程尚未确定,故对孔目官勾检敕牒的流程,也无法作出准确推测。据《夏侯孜传》,堂史署制之时,宰相即在侧,大概群相在敕牒上署名后,直接召孔目官现场检查稽失,受事发辰,并朱笔行勾。完成这些工作的,可能不止一人。带有孔目官署名的敕牒原件保留于中书门下,重新誊写的抄件由孔目官直接以中书门下的名义发出,中间没有其他环节,故敕牒往往在皇命发布当日即可完成行下。抄件省略了孔目官受付勾检的程序,但孔目官确实进行了这一工作。这与自武后时期开始,经行都省的王言虽然保有都事和省郎的署位,二官却多不履行实际责任的情况,正好相反。与高级别王言同时行下的敕牒,应该无须年终勾检,因为只要勾检高级王言即可。单独发布皇命的敕牒,很可能由中书门下孔目房负责年终勾检,因为尚书都省并没有这部分敕牒的留底文案。

唐代前期,制敕经行两省时,两省宰相皆须署名,并承担相应的法律责任,然后由尚书都省行下施行。敕牒则由包括两省长官在内的全体宰相署名后,由中书门下直接发布。开元以后,中书、门下两省实际长官始终担任宰相。当敕牒奉其他王言而牒时,敕牒发布的皇命同时经中书、门下两省,不违背唐代前期王言形成的程序。即使敕牒单独发布皇命,由于担任两省长官的宰相皆须署名,所以在一定意义上,敕牒也可算作经过两省。

只有都省的受付勾检职能在唐代后期王言形成、下发和执行过程中,失去了原有的意义。敕牒由中书门下孔目房勾检,不经都省,无须再论。制书和发日敕,往往只保留都省都事和郎官的署位,而无人履行职责,至晚唐甚至连省官署位也不复存在。敕旨则从肃宗朝开始,基本不再经由都省受付。当这三种王言与敕牒配合行下时,中书门下孔目房通过发布敕牒,等于对三种王言的内容也进行了勾检,并对所发布之皇命的执行承担实际行政监督责任。上文已经提到,在制书、发日敕和敕旨三种王言中,敕旨与敕牒配合行下的情况最多见。而唐代后期,都省正是最早退出敕旨运行程序的。在都省勾检越薄弱(甚至不复存在)的环节,中书门下孔目房所负担的责任越重大。事实上,当敕牒与高级别王言同时行下时,对王言的勾检完全依赖于中书门下孔目房。在高级别王言不再由都省行下施行之后,对王言的年度勾检权应该也转入了中书门下孔目房。反之,可以推断,唐代后期随着都省对王言勾检作用的虚化,甚至消失,势必导致越来越多的高级别王言与敕牒同时行下。

在唐代行政运行体制转型的关键时期,敕牒产生,一条新型的王言运行通道适时地出现,配合了中书门下掌控监督百官执行权的需要。

第六节　公文运行与开元十一年以后唐代行政运行体制的定位

中书门下以宰相机构的身份出现于玄宗朝的政治舞台上,直接握有对军国要务的议政权,也在很大程度上掌控了监督百官执行权中的出令权。但监督百官执行权中的施政权主要还掌握在尚书省手中。中书门下只有迅速取得施政权,才可成为真正意义上的宰相机构。故自建立之日起,中书门下就与尚书省展开权力之争,并在元和年间最终成为裁处国家政务的主体,推行政令的主要权力转归中书门下。与此同时,中书门下也成为实际统御百官的机构。然而,尚书省的施政权,包括颁布政令权从未完全丧失。唐代后期,尚书省依然被称为"会府",是国家承认的"天下政本",在名义上保有全国最高行政机构的地位。

唐代前期,国家政务主要由尚书省通过奏抄进行裁处。开元十一年以后,特别是安史之乱以后,奏状取代奏抄成为裁处国家政务的主体,中书门下拥有对绝大部分奏状的裁决权。在公文上行过程中,尚书省发出政令,指挥国家常务运作的主要权力,移至中书门下。

唐代前期,尚书省是中央百司中唯一可以使用符牒的机构。尚书省符牒主要功用有二:一是对于一些较小的事务,省司有权直接通过符牒指挥中央寺监机构和地方府州进行处理。中书门下建立后,则使用堂帖、堂判等专用公文,发挥尚书省符的此项功能。二是制敕王言经都省勾检后,省司以符式转发王言,要求相应机构予以执行。如前所论,唐代后期,敕牒与其他王言同时下发的情况日益普遍。当敕牒与高级别王言并行时,等于高级别王言经过中书门下的勾检,并由中书门下以牒式转发。在这种情况下,中书门下在非敕牒类王言行下过程中的职能,在一定程度上相当于都省及其下曹司,敕牒起到了省符转发王言的作用。

中书门下通过堂帖、堂判和敕牒三种下行文书,将尚书省以符牒发号政令的两种权力逐渐收归己有。与此相对应的是,都省领导的全国勾检体系解体,包括敕牒在内的部分公文在下行过程中的勾检权力,甚至年度勾检权力逐渐转移至中书门下孔目房。在公文上下行过程中,中书门下已经将监督百官执行权中的施政权基本控制在手中。

尽管如此,尚书省在名义上保有"天下政本"的地位。安史之乱后,重建唐代前期的政治体制,借以重现升平景象的观念始终存在。在这一思想的指导下,唐王朝在发展新型行政运行体制的同时,也时有恢复三省制下尚书省地位、职权的举措,尽管每一次具体目的和执行力度有所不同。尚书都省及其下二十四曹一方面转型以适应新体制,一方面抓住时机力图重获或维持唐代前期的某些权力。唐代后期的政务运行过程中,始终无法完全消除三省制的影响。尚书省对奏抄的使用并未停止,特别是在大规模恢复旧制的广德二年至贞元三年(787)。与此同时,尚书省持续应用符牒领导寺监和地方府州处理某些常务。在王言下行过程中,都省勾检权力虽然不断弱化,最终不复存在,但在相当长的历史时期内,制书和发日敕等王言却基本上保有都省都事和郎官的署位。除敕牒外的其他正式王言依然通过尚书省以符牒的形式发出。懿宗朝以前,在名义上,都省——尚书省曹司尚为王言经行的最主要通道。此外,除制敕外的部分公文仍经都省发遣,并由都省行使年度勾检权。

对唐代敕牒的内容和中书门下(宰相)在敕牒形成过程中所起的作用的分歧,导致了学者对中书门下建立以后唐代行政运行体制的定位各持己见。罗祎楠先生坚持开元以后,宰相在制敕下发过程中,只起到发放公文的作用,唐后期行政运行体制的整体特征更接近于三省制,有唐一代行政体制没有实质改变。他认为,刘后滨先生在其论著《唐代中书门下体制研究——公文形态·政务运行与制度变迁》中,所引敕牒处理的主要是皇帝批复臣下奏状,签署"宜依"的文件,不需要另外拟旨,因此中书门下不在其中参与意见①。罗氏的论断值得商榷。首先,他对唐代敕牒内容的判断并不全面。因为部分批答奏状的敕牒需要重新拟旨,且唐代存在直接发布皇命的敕牒。其次,中书门下对政务的裁决,更主要体现在奏状上行的过程中,亦即在皇帝作出决定而下达诏令前,已经参与意见。再次,当皇帝下达指示后,如果这一指示需要以高级别王言与敕牒两种形式配合行下,会同日发往中书省和中书门下。该命令在经过中书省宣奉行等程序,成为具有国家法律效应的正式王言之前,已经到达宰相机构。如果宰相对皇帝的旨意持有异议,定然可以先行奏明。因此,中书门下绝非仅仅是敕牒的发放机关,而是参与了相关事务的决策。在唐代,敕牒并不一定需要和其他诏令配合行下。这种情况下,宰相机构在王言颁布过程中,承担独立的责任。敕牒文书由中书门下发出,不经尚书都省。这些都与三省制下公文运作特色有本质区别。与罗氏的观点相反,刘后滨先生更多地强调独立的宰相机构成立以后,唐代行政运行体制发生了实质改变,同于北宋时期的特征,非常重要的证据即敕牒代表的完全是宰相的独立意志。这是因为刘氏未能全面考察敕牒的种类而

①　参见罗祎楠:《刘后滨:〈唐代中书门下体制研究——公文形态·政务运行与制度变迁〉》,见《中国学术》2005 年第 2 辑(总第 22 辑),商务印书馆 2006 年版,第 293 页。

造成的误解。刘氏认为敕牒只有一种形式,即单独对奏请进行批答,却没有注意到敕牒和其他王言配合下发的现象。当敕牒和其他王言配合行下时,敕牒发布的内容依然经过三省,反映的是国家的意志。即使是单独发布皇命的敕牒处理的事务,亦非由宰相独立裁决。这与北宋前期中书门下已经完全成为敕牒形成的主体,有所不同。

众所周知,一种行政运行体制取代旧有体制总是经历漫长的岁月。在体制转换过程中,存在两种体制并行的情况,尽管可能其中一种居于主导地位,但另一种体制的特性并未完全消失。中书门下建立以后,制敕运行依然带有明显的三省制的烙印。大多数诏令仍需经过三省,尚书省是这类诏令的施行机构。同时,宰相机构作为诏令施行主体方面的权力有所加强。敕牒由宰相机构发出,可以单独批答奏状或直接发布皇命。越来越多的高级别王言需要与敕牒同时行下。中书门下孔目房在敕牒经行中书门下时,承担起勾检职能。虽然中书门下尚未在制敕的成立过程中居于绝对主导地位,但宰相无论在裁决制敕处理的事务方面,或是在通过施行制敕监督百官执行方面,都积极参与其中。这又接近于北宋时期所谓中书门下体制下公文运行的特色。

开元十一年以后,中书门下作为唐代国家宰相机构,拥有对军国大政的决策权,并通过公文运行发号政令,统御百官,逐渐在监督百官执行方面承担起主要责任。这与三省制下政务运行模式存在本质区别。因此,笔者认为,虽然开元十一年以后的唐代行政运行体制带有三省制的痕迹,依然应该被定性为"中书门下体制"。

第二章　堂案、堂判与唐、五代中书门下体制下的政务运作

《唐国史补》卷下略云:"宰相判四方之事有堂案,处分百司有堂帖……"①史学界对堂帖的性质有所确定②,但对堂案的研究却几乎空白。到目前为止,没有堂案的实物出土,史籍中提及的与堂案相关的史料少之又少。刘后滨先生在探讨唐代"中书门下体制"时,曾略及堂案,认为中书门下体制的主要特征之一,是作为宰相机构的中书门下呈现明显的政务官化,负责裁处国家常务,堂案正是中书门下处理常务的专用公文,用于"中书门下对一些奏状的直接裁决"③。李全德先生在论及中晚唐堂帖运作时,附带对堂案提出了不同的见解:"堂案只是政事堂内

---

① (唐)李肇:《唐国史补校注》卷下第 3 条"宰相判事目",聂清风校注,中华书局 2021 年版,第 221 页。

② 关于唐、五代时期堂帖的考证参见以下诸文:李全德:《从堂帖到省札——略论唐宋时期宰相处理政务的文书之演变》,《北京大学学报(哲学社会科学版)》2012 年第 2 期;樊文礼、史秀莲:《唐代公牍文"帖"研究》,《中国典籍与文化》2007 年第 4 期;雷闻:《唐代帖文的形态与运作》,《中国史研究》2010年第 3 期;刘后滨:《唐代中书门下体制研究——公文形态·政务运行与制度变迁》,齐鲁书社 2004 年版,第 300—305 页。

③ 刘后滨:《唐代中书门下体制研究——公文形态·政务运行与制度变迁》,齐鲁书社 2004 年版,第 304 页。

部的一种文书档案而不是宰相对外指挥公事的公文书。”①雷闻先生在肯定中书门下体制概念的基础上，综合了刘、李二位的观点，推测“‘堂案’更像是中书门下处理政务之后的档案，与直接处分政事的‘堂帖’不同”②。学者们将公文运作置于行政运行体制转型的背景下进行考察，值得借鉴③。笔者将延续这一视角，在前人研究的基础上，进一步探讨开元十一年以后与宰相处理政务相关的文书，以揭示中书门下体制下政务运作的特色。

第一节　行政运行体制转型与堂案内容变化

唐代建立之初，初步确立了三省制，经过高祖一朝和太宗朝初期的调整，三省制趋于完善。三省长官同为法定宰相，享有议政权，辅助皇帝对军国大政作出决策，政事堂是宰相议政的场所。而国家常务则汇总于尚书省，由都省和二十四曹具体裁决，行使最高行政机构的权力。因此尚书省是名副其实的“天下政本”，在三省中居于首要地位。但此后，尚书省在国家政务运作中的作用呈下降趋势，最高行政机构的地位受到冲击。唐代行

---

① 李全德：《从堂帖到省札——略论唐宋时期宰相处理政务的文书之演变》，《北京大学学报（哲学社会科学版）》2012 年第 2 期。

② 雷闻：《唐代帖文的形态与运作》，《中国史研究》2010 年第 3 期。

③ 此后，有学者再度忽略了三省制和中书门下体制下公文性质的转型，认为堂案和堂帖在唐初已经存在。参见胡宝华：《读〈唐代中书门下体制研究〉——以唐代封驳制度为中心》，《中国史研究》2014 年第 1 期。

政运行体制悄然发生着变化。先天二年(是年十二月改元开元,713)七月,玄宗铲除太平公主一党,政治局面日趋稳定,统治集团进一步有意识地转变行政运行体制。同年底,尚书省开始长期不置左右仆射①。开元十一年,首相中书令张说奏改政事堂为中书门下,作为由宰相领导的军国大政的决策机构。随后,左右仆射被拒于中书门下之外。中书门下开始逐渐取代尚书省兼掌最高行政权,成为国家常务的主要裁决机构。三省制正式解体,中书门下体制初步确立。行政运行体制转型导致唐代公文运作随之发生变化。

但是,堂案却非中书门下体制的产物,三省制时期已经存在所谓的"堂案"。顾名思义,"堂"即"政事堂","堂案"即"政事堂文案"。宋璟曾于睿、玄两朝两次入相,景云元年(710)七月至次年二月,以检校吏部尚书同中书门下三品,开元四年闰十二月至八年正月以吏部尚书兼黄门监(侍中)②。八年正月,接任宋璟为相的张嘉贞③,为求宋璟之规模,尝悉阅璟之"堂案"④,

---

① 开元前期仆射空置的情况,参见严耕望:《唐仆尚丞郎表》卷二《通表上·仆丞》,上海古籍出版社 2007 年版,第 40—42 页。

② 参见《新唐书》卷六一《宰相上》"景云元年七月丁巳"条、"二年二月甲申"条,中华书局 1975 年版,第 1677—1678 页;卷六二《宰相中》"开元四年闰十二月己亥"条、"八年正月辛巳"条,第 1685—1686 页。

③ 参见《新唐书》卷六二《宰相中》,"八年正月辛巳"条,中华书局 1975 年版,第 1685—1686 页。

④ 参见(唐)颜真卿:《有唐开府仪同三司行尚书右丞相上柱国赠太尉广平文贞公宋(璟)公神道碑铭》,《颜真卿集》,(清)黄本骥编订,凌家民点校、简注、重订,黑龙江人民出版社 1993 年版,第 180 页。参见《新唐书》卷一二四《宋璟传》,中华书局 1975 年版,第 4394 页。

"见其危言切议,未尝不失声叹息。"①张嘉贞入相之时,宋璟已经离任,张嘉贞所阅宋璟之"堂案",当为留底档案的性质。三省制下,政事堂只作为宰相议政的场所,这些堂案很可能是宋璟为相时所议军国大政相关表状的存档。这种推断也与"危言切议"一词相合。宋璟为相之际,中书门下体制尚未建立,此"堂案"乃真正的"政事堂案",与中书门下无关。

中书门下体制确立后,依然存在"堂案"这种文书形式。虽然政事堂已经被中书门下取代,但唐及五代时期的人仍习惯将政事堂作为中书门下的别称。因此,中书门下体制下所谓的"堂案"实际就是"中书门下案"。史籍中所载开元十一年至五代末期涉及堂案的材料共有三条②,笔者将逐一分析这三条史料,以明确中书门下体制下堂案文书的性质。

乾元元年(758)六月,肃宗下令惩办前宰相房琯,诏书称:

> 房琯素表文学,凤推名器,由是累阶清贵,致位台衡。而率情自任,怙气恃权。虚浮简傲者进为同人,温让谨令者捐于异路。所以辅佐之际,谋猷匪弘。顷者时属艰难,擢居将相,朕永怀仄席,冀有成功。而丧我师徒,既亏制胜之任;升其亲友,悉彰浮诞之迹。曾未瑜时,遽从败绩。自合首明军令,以谢师旅,犹尚矜其万死,擢以三孤。或

---

① 《新唐书》卷一二四《宋璟传》,中华书局1975年版,第4394页。

② 参见《李德裕文集校笺》卷一三至卷一六内容为《论用兵》,附注:"论兵状请诏者留在内廷,降者敕存于堂案。今捡拾旧稿,得三分之一。"[(唐)李德裕撰,傅璇琮校笺,中华书局2018年版,第267页]此语显然为后人所载,不知出自何处。且此四卷内容并无敕书。

> 云缘其切直,遂见斥退。朕示以堂案,令观所以,咸知乖舛,旷于政事。①

房琯于至德元载(756)七月至二载五月以文部(吏部)尚书同中书门下平章事②。离任之后,有堂案证其为相期间"旷于政事",可知这些堂案必为存档于中书门下的文案。从表面看,这些堂案应与房琯裁处政务相关。但细查肃宗诏书之语,除指责房琯丧师败绩和用人不当外,关于政务,只提到"辅佐之际,谋猷匡弘",即对国事没能提出建设性建议。所以肃宗所示堂案,更可能是房琯对国家政务所发议论之表状。这些存档的表状,可以证明房琯论事并非"切直",而是"乖舛",以至"旷于政事"。中书门下体制下,中书门下既是军国大政的决策机构,也是常务的主要裁决机构,故房琯所论政事应包括军国大政和常务两方面内容。

《资治通鉴》记载大和四年(830)底,为防止南诏入寇蜀地,西川节度使李德裕奏请增调镇兵一千五百人进行防御。因朝中有大臣反对,德裕称:"其朝臣建言者,盖由祸不在身,望人责一状,留入堂案,他日败事,不可令臣独当国宪。"③德裕所言"堂案",如胡三省所注为政事堂(中书门下)文案。此堂案所指非常清楚,即朝臣建言者将其意见以状上呈,存于中书门下。据此推知,堂案应为臣下对国家政务发表议论的表状在中书门下的

---

① 《旧唐书》卷一一一《房琯传》,中华书局1975年版,第3323—3324页。
② 参见《新唐书》卷六二《宰相中》,中华书局1975年版,第1693页。
③ 《资治通鉴》卷二四四,中华书局1956年版,第7873页。

存档。大和四年，为李德裕政敌牛僧孺、李宗闵为相当政时期①。"朝臣建言者"，很可能就是指这两位宰相。但反对者只是"建言"，而非裁决此事。如果牛、李二人曾以宰相身份对德裕奏请的内容进行裁处，德裕不会再提出"人责一状，留入堂案"。因此，堂案与宰相裁决国家政务没有必然联系。

据《旧唐书·武宗纪》，会昌元年（841）十二月，中书门下奏修实录体例：

> 又宰臣与公卿论事，行与不行，须有明据。或奏请允惬，必见褒称；或所论乖僻，因有惩责。在藩镇上表，必有批答，居要官启事者，自有著明，并须昭然在人耳目。或取舍存于堂案，或与夺形于诏敕，前代史书所载奏议，罔不由此。②

此条史料曾被学者们引用，证明堂案与中书门下裁处政务相关③。但这里所谓的"堂案"，是"史书所载奏议（论事）"的来源之一，奏议者可以是宰臣、公卿、藩镇官员或其他要官。对这些奏议进行取舍与夺者为皇帝，而非宰相，特别是宰相论事，不

---

① 参见李宗闵大和三年八月甲戌，以吏部侍郎平章事，四年六月己酉，改中书侍郎、平章事。牛僧孺大和四年正月辛卯，以兵部尚书平章事，全年在任。参见《新唐书》卷六三《宰相下》，中华书局 1975 年版，第 1720—1721 页。

② 《旧唐书》卷一八上，中华书局 1975 年版，第 589 页。《册府元龟》卷五五九《国史部·论议二》"李德裕"条略同，中华书局 1960 年版，第 6716 页。《唐会要》将此事系于会昌三年（卷六四《史馆杂录下》"会昌三年十月"条，上海古籍出版社 2006 年版，第 1315 页）。

③ 参见刘后滨：《唐代中书门下体制研究——公文形态·政务运行与制度变迁》，齐鲁书社 2004 年版，第 303—304 页；雷闻：《唐代帖文的形态与运作》，《中国史研究》2010 年第 3 期。

可能再由宰相"取舍"。故此处称对奏议的取舍只是"存于",而非"裁于"堂案。中书门下体制下,国家主要政务,无论是军国大政,还是常务都集中于中书门下,因此中书门下堂案的内容较三省制下政事堂堂案的内容要丰富得多,包括宰相和其他官员对军国大政以及常务发表议论的表状。参看以下史料:

> 后唐赵熙为起居郎。明宗天成二年(927)八月,熙奏:"今后凡内中公事,及诏书、奏对,应不到中书(中书门下)者,伏乞委内臣一人旋具抄录,月终关送史馆。"敕:"宜令枢密院学士阁至录送。"①

> 末帝清泰元年(934),史馆上言:"凡书诏,及处分公事、臣下奏议,望命近臣以时系日,录下史馆编修。"诏[端明殿学士韩]昭裔(胤)及枢密直学士李专美录送有司,行明宗时旧事也。②

根据上引史料可知:第一,后唐时期,与国家政务相关的公文主要分为诏书、处分公事的公文和臣下奏议三类(赵熙所谓"奏对"即史馆上言之"臣下奏议")。第二,除枢密院等内司处理的事务外,其他公文皆送至中书门下。后唐时期,多次强调施行唐制,唐后期公文交付的情况应基本同于此。可见,在中书门下体制下,臣下奏议多送至中书门下,故中书门下保有这类文书,进行存档,形成"堂案"。堂案与宰相处理政务没有直接关系。

---

① 《册府元龟》卷五六〇《国史部·记注》,中华书局1960年版,第6723页。

② 《册府元龟》卷五五七《国史部·采撰三》"韩昭裔(胤)"条,中华书局1960年版,第6692页。

由于史料缺乏,很难对唐及五代时期的堂案下一个精确的定义。就现有史料而言,三省制下,政事堂作为宰相议政场所,堂案很可能只是宰相对军国大政所发议论的表状在政事堂的存案。中书门下体制下,中书门下不但是军国大政的决策机构,也承担起裁决国家主要常务的职能,因此与国家政务相关的各类公文普遍集中于此。堂案包括宰相和其他官员对军国大政以及常务发表议论的表状在中书门下的存档。皇帝对存档于中书门下的奏议享有最终裁决权。堂案并非《唐国史补》所称"宰相判四方之事"所用之公文。

第二节　唐、五代时期中书门下体制下的堂判文书

唐代行政运行体制由三省制转型为中书门下体制,政务处理程序发生了实质变化,这种变化直接反映在公文运作方面。状是唐、五代时期与政务运行相关的上行公文形式,不仅可用作对国家政务发表意见,亦可用作向朝廷汇报公务,请求批示。状分为两类,即奏状和申状。奏状的呈递对象为皇帝;申状的呈递对象,在中央,则是具体职司(主要是最高行政机构)①。有诸多常务,中央百司和地方无权独立裁决,须通过申状,上呈最高行

---

① 　参见吴丽娱:《试论"状"在唐朝中央行政体系中的应用与传递》,见《文史》2008 年第 1 辑,中华书局 2008 年版。

政机构请示处理办法。唐代前期,尚书省作为国家最高行政机构,有权直接对中央百司和地方州府发布政令,接受并批示诸司和地方呈递的申状。符是尚书省发布政令和批示申状的公文。中书门下体制建立之后,中书门下逐渐取代尚书省,兼掌最高行政权,故其亦需要专用公文,以发挥唐代前期尚书省符的功用。堂帖是中书门下直接发布政令的公文形式,但并不用于批答申状①。

发与中书门下(政事堂)的申状亦被称为堂状②。堂状与制诏、章表同为唐后期最主体的公文形式③。大体可分为三类:诸司告知或请示政务④,单独呈递给中书门下的堂状;先呈递给中书门下,再经中书门下奏呈皇帝的堂状;在奏闻皇帝的同时,兼申中书门下的堂状⑤。对于第一类堂状,宰相可直接裁决,并将结果发回有司。对于后两类堂状涉及的政务,首先由宰相进行批答,提出初步处理意见,之后奏请皇帝御裁(覆奏)。可以推知,在中书门下体制下,必然有一种公文形式作为宰相批复

① 关于唐代堂帖的史料较多,雷闻在《唐代帖文的形态与运作》一文中对唐代堂帖史料进行过整理。其中清晰可见,堂帖是中书门下直接发出指挥诸司公事的公文,与申状无关。
② 参见[新罗]崔致远《桂苑笔耕集校注》卷六,其中共收录堂状十篇,都是发于中书门下的申状(党银平校注,中华书局2007年版,第134—158页)。
③ 李绅进士及第,自宪宗至武宗朝为官,所草公文包括"制诏、章表、堂状"三类,由其子李濬编辑成集。参见(唐)李濬:《慧山寺家山记》,《文苑英华》卷八二九,中华书局1966年版,第4376页。
④ 唐代上行公文就内容而言,主要分为报告和请示两类。参见叶炜:《释唐后期上行公文中的兼申现象》,《史学月刊》2020年第5期。
⑤ 参见吴丽娱:《试论"状"在唐朝中央行政体系中的应用与传递》,见《文史》2008年第1辑,中华书局2008年版。

堂状之用。

中书门下宰相裁处国家政务时,使用一种称为"堂判"的公文。生于晚唐、仕于南唐的刘崇远撰《金华子杂编》,其中略云:"宣宗以后,近代宰相堂判俊赡,无及路公岩者。"①《旧五代史》和《册府元龟》则记载了后唐末帝时,宰相马胤孙堂判被文士所讥之事②。身为宰相,路岩因堂判"俊赡"而扬名,马胤孙因堂判不当而蒙羞,故堂判文书与宰相的关系应该极为密切。

首先考察马胤孙堂判的具体内容。清泰年间,御史台定仆射与常侍行香次第,中书侍郎、平章事马胤孙令台司检旧例。御史台申状中书门下:"旧不见例,据南北班位,即常侍在前。"胤孙判此状曰:"既有援据,足可遵行,各示本官。"史称:"文士哂裔(胤)孙堂判有'援据'二字。"③可知,堂判是宰相马胤孙对御史台堂状的裁决公文。

唐、五代时期,诸多政务都在堂状和堂判的往复中得到解决。如《册府元龟》卷六四一《贡举部·条制三》略云:

> 是年(天成二年)四月,中书奏:"礼部贡院申,当司奉

---

① (南唐)刘崇远:《金华子杂编》卷上,周广业校注,《丛书集成初编》2840,中华书局1985年版,第4页。《唐语林》中亦有类似之语:"大中已后,宰相堂判无及路岩者"[(宋)王谠:《唐语林校证》卷二第158条,周勋初校证,中华书局1987年版,第102页]。

② 参见《旧五代史》卷一二七《马裔(胤)孙传》,中华书局1976年版,第1669—1670页;《册府元龟》卷三三五《宰辅部·不称》"刘昫"条,中华书局1960年版,第3961—3962页。

③ 《旧五代史》卷一二七《马裔(胤)孙传》,中华书局1976年版,第1669—1670页;《册府元龟》卷三三五《宰辅部·不称》"刘昫"条,中华书局1960年版,第3961—3962页。

今月六日敕,吏部流内铨状申,据白院状申,当司先准礼部贡院牒称:具成德军解送到前进士王蟾状,请罢摄深州司功参军应宏词举。前件人准格例应重科,合在吏部。其王蟾并解送吏部,请准例指纵者。当司遂具状申堂,奉判:送吏部分折(析)近年事例如何者。伏缘近年别无事例,今检《登科录》内,于伪梁开平三年(909)应宏词登科二人,前进士余渥、承旨舍人李愚。考官二人,司勋郎中崔景、兵部员外郎张贻宪者。再具状申堂,奉判:送吏部准例指挥者。其前进士王蟾应宏词,考官试官合在流内铨申请者。前进士王蟾请应宏词……"①

吏部根据格文和旧例,无法确定前进士王蟾该在何处应宏词举,两次"具状申堂(中书门下)",中书门下作出裁决后,将判文发回吏部,吏部"奉判"进行处理。"奉判",即奉中书门下"堂判","奉判"的内容即堂判的内容。

堂判的广泛应用,使我们可以进一步了解这类公文处理政务的范围。后晋宰相冯道"尝以堂判衡铨司所注官",引起判铨事史圭的不满②。后周显德五年(958),太常寺删集现行公事,提到诸郊坛庙御署祝版如遇皇帝巡省,则"准堂判于留守衔书御名祗应"③。后唐长兴四年(933),御史中丞龙敏在奏陈事之

---

① 《册府元龟》卷六四一《贡举部·条制三》,中华书局1960年版,第7690页。《五代会要》卷二二《宏词拔萃》"后唐明宗天成二年四月二日"条略同,上海古籍出版社2006年版,第357—358页。

② 参见《旧五代史》卷九二《史圭传》,中华书局1976年版,第1218页。

③ 《五代会要》卷一六《太常寺》"周显德五年闰七月"条,上海古籍出版社2006年版,第268页。

时,称御史台诸多公事需要申堂①,堂判当为处理御史台申堂事务的主要手段,如上引马胤孙堂判之例。僖宗朝宰相卢携通过堂判对多名地方官员做出惩处②。显然,宰相通过堂判裁决尚书省内诸司职掌、寺监、御史台等百司以及地方的堂状事宜。

天成二年,被南曹驳放的选人申状中书门下,要求宰相对其参选权限重新做出裁决。宰相向铨司下达堂判,令其"具新旧过格年限分析申上"③。次年,乡贡九经刘英甫于中书门下申状,提出以经义九十道代替旧格帖经的建议。宰相据状发出堂判,要求主管贡举的礼部"详状处分"④。这两条史料表明,宰相亦可通过堂判批答个人堂状,但是这类堂判不是回复给申状者本人,而是交由相应部门做出处理。

有一种情况需要注意。很多时候,皇帝亦会将奏状出付中书门下,由宰相先行裁决,再覆奏于皇帝。奏状转至中书门下后,有时宰相以堂帖的形式将奏状事务交由相关部门具体处理。天成三年,学士院需草拟发往高丽国的诏书,奏称:"其高丽国未曾有人使到阙,院中并无彼国诏书式样,未审呼卿呼汝,兼使何色纸书写及封裹事例,伏请特赐参酌详定报院。"该奏状交付

---

① 参见《册府元龟》卷五一七《宪官部·振举二》"长兴四年五月二十四日"条,中华书局 1960 年版,第 6179 页。

② 参见(南唐)刘崇远:《金华子杂编》卷下,周广业校注,《丛书集成初编》2840,中华书局 1985 年版,第 18 页。

③ 《五代会要》卷二〇《选事上》"天成二年三月二十四日"条,上海古籍出版社 2006 年版,第 334 页。

④ 《五代会要》卷二三《科目杂录》"天成三年二月十日"条,上海古籍出版社 2006 年版,第 372 页。

中书门下。中书门下据状发出堂帖,令"太常礼院林祈申堂"。礼官林祈按照堂帖要求,根据往例提出"请约赐新罗国王书诏体样修写"的建议。该建议由中书门下转奏皇帝,最后通过敕书下令"赐高丽国书诏,宜依赐新罗、渤海两蕃书诏体样修写"①。长兴三年,国子博士蔡同文奏请明宗修改祭奠文宣王四壁诸英之仪,中书门下亦帖礼院"检讨礼例分析"。礼院检《郊祀录》,制定出具体仪制,申状中书门下。中书门下将该仪制上奏皇帝,获得敕书批准②。在这种情况下,对于接受堂帖的诸司而言,堂帖是中书门下发出命令,直接指挥诸司运作的公文。虽然堂帖有时可以用于处理奏状内容,但并不用于批复堂状事宜。

通过考察史籍相关记载,推知《唐国史补》所言之"堂案",实际所指当为"堂判"。对于公事的书面裁决程序称为判案。堂判正是宰相判地方、百司之事的公文,即宰相对地方和中央百司的堂状进行批复,通过判案处理堂状事务的公文。堂判和堂帖的区别在于,堂判是中书门下对堂状的批示;堂帖是中书门下直接发出命令指挥公事的公文;并非堂判的对象是四方机构,堂帖的对象是在京百司③。《唐国史补》称:"宰相判四方之事有

---

① 《五代会要》卷一三《翰林院》"天成三年十二月二日"条,上海古籍出版社 2006 年版,第 226—227 页。

② 参见《五代会要》卷八《释奠》"后唐长兴三年五月七日"条,上海古籍出版社 2006 年版,第 127—128 页。

③ 对堂帖的应用对象是中央百司和地方的考证,可参见李全德:《从堂帖到省札——略论唐宋时期宰相处理政务的文书之演变》,《北京大学学报(哲学社会科学版)》2012 年第 2 期;雷闻:《唐代帖文的形态与运作》,《中国史研究》2010 年第 3 期;刘后滨:《唐代中书门下体制研究——公文形态·政务运行与制度变迁》,齐鲁书社 2004 年版,第 300—305 页。

堂案,处分百司有堂帖……"表明"判"与"处分"含义不同,
"判"当指"判案","处分"则指发号施令①。此句改为"宰相判
四方、百司之事有堂判,处分四方、百司有堂帖",应该更加
准确。

第三节　堂判、王言与政务裁决

第一类堂状,即单独申中书门下的堂状,宰相判案后,堂判
内容由中书门下直接下达相关机构执行,不必经过皇帝认可。
但有部分军国大政或常务需先申状中书门下,由中书门下以堂
判形式处理后,再奏呈皇帝审批。《册府元龟》卷一五四《帝王
部·明罚三》记载:

> [长兴]二年三月,礼部令史吴知已揩改太庙斋郎李谊
> 敕甲及堂判姓名为张昭,因伪出给优牒,与张昭斋郎。[候
> 补斋郎]吕图陈告其伪,捕讯于御史台。②

礼部负责补选太庙斋郎,经中书门下引验无误后上奏③。
宰相通过堂判批复礼部所申斋郎名单,经皇帝首肯,形成敕甲,
返回礼部,礼部根据敕甲向新入选斋郎出给优牒。礼部令史伪

---

① 宋人沈括称:"唐中书(中书门下)指挥事谓之'堂帖子'"[(宋)沈括:
《新校正梦溪笔谈》卷一《故事一》,胡道静校注,中华书局1957年版,第
24页]。

② 《册府元龟》,中华书局1960年版,第1867页。

③ 参见《五代会要》卷一六《礼部》"后唐天成三年十一月二十一日"条,
上海古籍出版社2006年版,第262—264页。

出优牒,必须同时篡改敕甲和堂判。

此外,自唐代后期,国家政务在奏闻皇帝的同时兼申状中书门下的情况并不少见。如《桂苑笔耕集》收录的十封堂状,所有内容都分别以表状形式发给了皇帝①。相关公务应该亦先由宰相裁决,再上呈皇帝审批②。乾符三年(877)六月,敕福建观察使李播、荆州刺史杨权古、蔚州刺史王龟范、璧州刺史张贽、濮州刺史韦浦、施州刺史娄傅会、刑州刺史王回、抚州刺史崔理、黄州刺史计信卿等:"刺史亲人之官,苟不谙详,岂宜除授。比为朕养百姓,非独荣尔一身,每念疲羸,实所伤叹。李播等九人授官之时,众词不可;王回等三人到郡无政,惟务贪求。实污方州,并宜停任。"③这封敕书正是以宰相卢携的堂判为依据发出的④。

在大部分情况下,皇帝对堂判内容进行最终裁处,都会全面

---

① 此前叶炜先生已经考证了《桂苑笔耕集》收录的八封谢状和贺状性质的堂状皆有与之内容对应的谢表和贺表存在(叶炜:《释唐后期上行公文中的兼申现象》,《史学月刊》2020年第5期)。《请降诏旨指喻两浙状》有"具状奏陈,请更飞诏止遏"之语;《请转官从事状》有"已具状申奏讫"之语(见[新罗]崔致远:《桂苑笔耕集校注》卷六,党银平校注,中华书局2007年版,第145页、第155页),表明这两封请示性堂状亦有与之内容对应的表(奏)状。

② 《请降诏旨指喻两浙状》称"伏惟相公赞成睿略,施展庙谋,俾陈两武之事端,唯仰一言之恩庇";《请转官从事状》称"伏惟相公庇护戎藩,激扬宾席,稍超常例,特授清资,略假润于丹青,许分荣于朱紫"([新罗]崔致远:《桂苑笔耕集校注》卷六,党银平校注,中华书局2007年版,第145、155页),都是请宰相裁决之语。如果此事先由皇帝裁决,只是通过堂状告知宰相,不会使用这类用语。

③ 《旧唐书》卷一九下《僖宗纪》,中华书局1975年版,第696页。

④ 参见(唐)刘崇远《金华子杂编》卷下:"卢公携入相三日,堂判福建观察使[李]播等九人,上官之时,众词疑惑;王回、崔程、郎幼复等三人,到任之后,政事乖张,并勒停见任"(第18页)。

肯定宰相的处理意见,甚至将堂判原文直接纳入正式王言之中。咸通九年(869),庞勋反叛,泗、滁两州刺史杜慆、高锡望奋力抗击。唯有和州刺史崔雍采取不抵抗政策,致使州城被洗劫一空。次年八月,和州防虞行官石侔等一百三十人状诉崔雍"将一千人兵士之命,赎拔己之一身"。懿宗随即下敕:"宜令宣歙观察使追崔雍收禁速勘,逐具事由申奏。"①同月,懿宗再下惩办崔雍的敕书:

> 当崔雍守郡之日,是庞勋肆逆之初。属狂寇奔冲,望风和好,置酒以邀贼将,启关而纳凶徒。城内不许持兵,皆令解甲,致使三军百姓,扏血相视,连头受诛。初闻奏陈,深骇观听。锡望守城而死,已有追荣;杜慆孤垒获全,寻加殊奖。既褒忠节,难赦罪人,玉石固分,惩劝斯在。将垂诫于四海,当何爱于一夫。其崔雍宜差内养孟公度专往宣州,赐自尽。②

根据《金华子杂编》,门下侍郎、平章事路岩曾判关于崔雍一事的堂状,其中有"锡望守城而死,已有追荣;杜慆孤垒获全,寻加殊奖"之语③。此语一字未改地出现在懿宗惩办崔雍的敕书中。《金华子杂编》又云:"崔雍为起居郎,出守和州。遇庞勋悖乱,贼兵攻和,雍弃城奔浙右。为路岩所构,竟坐此

---

① 《旧唐书》卷一九上《懿宗纪上》"咸通九年十一月"条,中华书局1975年版,第664页;"咸通十年八月"条,中华书局1975年版,第669页。
② 《旧唐书》卷一九上《懿宗纪》,中华书局1975年版,第669页。
③ 参见(唐)刘崇远《金华子杂编》卷上,周广业校注,《丛书集成初编》2840,中华书局1985年版,第4页。

见害。"①这很可能是指路岩通过堂判极力煽动懿宗的怒火,促使懿宗肯定了赐崔雍自尽的裁决。对崔雍一事的处理过程大致如下:宣歙观察使将关于崔雍的事由分别以堂状和奏状两种形式上呈朝廷。堂状送递中书门下后,宰相路岩负责判案。结果由中书门下(很可能就是路岩本人)面奏懿宗,故敕书称"初闻奏陈,深骇观听"。路岩提出赐死崔雍的建议得到懿宗认可,懿宗要求草敕官员根据路岩堂判对宣歙观察使上呈的奏状进行批答,发出惩办崔雍的正式敕书。根据敕书内容,除"初闻奏陈,深骇观听",以及最后"宜差内养孟公度专往宣州"等语,其他语句很可能皆为路岩判文原句。在路岩将崔雍一事处理结果奏明之前,懿宗对此事并不了解。他对此事的认知和处理,基本是基于路岩的判断②。但就原则而言,堂判仅是一种建议,皇帝可以行使否决权。

宰相通过堂判协助君主处理大量政务,故"后僖、昭时,杨复恭、西门季元(玄)欲夺宰相权,乃于堂状后帖黄指挥公事"③;"中

---

① (唐)刘崇远:《金华子杂编》卷上,周广业校注,《丛书集成初编》2840,中华书局1985年版,第7页。参见《新唐书》卷一五九《崔雍传》。据《唐语林》,崔雍和路岩曾同在崔铉幕府,因事相憾,故路岩因和州事陷崔雍于死地,见(宋)王谠:《唐语林校证》卷七第971条,周勋初校证,中华书局1987年版,第670页。

② 史称:"上(懿宗)荒宴,不亲庶政,委任路岩。"(《资治通鉴》卷二五一,中华书局1956年版,第8150页)如果是贤明或强势的皇帝,对于堂判的可否应该会更加有个人立场。

③ 《文献通考》卷五八《枢密院》,中华书局1986年版,第523页。

尉、枢密使皆得帖黄除吏"①。唐代末年,在宦官集团势力达到顶峰之际,权宦,特别是枢密使,通过帖黄的形式对堂状事务进行裁决,取代堂判的处理结果,以进一步攫取参政权力。故堂判是君相一体化裁决政务模式下最为核心的公文形式之一。

唐、五代时期中书门下体制最重要的特征即宰相机构中书门下呈现明显的政务官化倾向,兼掌最高行政权。就公文运行角度而言,堂案内容转变和堂判文书产生,正是中书门下作为军国大政的决策机构和常务主要裁决机构的重要表现。特别是堂判与堂帖共同发挥三省制下尚书省符的功用②,充分反映出中书门下对最高行政权的行使。

但是,有一点需要指出,堂判和堂帖并未完全取代尚书省符,尚书省仍可以通过符对中央诸司和地方发布政令,并批示申状事宜。然而,与三省制时期相比,尚书省符大幅度减少。堂帖和堂判才是发布政令、批复申状的主要公文。

---

① 《玉海》卷一六七《宋朝枢密院》,江苏古籍出版社、上海书店出版社1987年版,第3070页。

② 三省制下,尚书省符的主要作用有二:一是转发制敕王言;二是直接用以指挥中央事务性诸司和地方州府运作,包括对申状作出批复。中书门下体制确立后,中书门下通过敕牒发挥符的第一种功能。参见王孙盈政:《唐代"敕牒"考》,《中国史研究》2013年第1期。

第三章　五代时期的"宣"①

中书门下体制下,君主对裁决国家政务的参与程度呈现强化趋势。至五代时期,节度使们化家为国,更将作为藩镇之主的身份带入国家政权中。这一时期,行政运行体制延续了晚唐时期的发展趋势。同时战争频仍的背景也对行政运行体制的走向产生了不可忽视的作用。此时的行政运行体制是否已经开启二府制的先声,关键在于确定枢密院的性质和职能。新型王言"宣"的广泛应用,与枢密院在国家政务裁决中的作用紧密相关。对其进行考察,将有助于解决这一问题②,从而进一步明确

---

①　就广义而言,从君主接受意旨而发布,无论是口头,还是形成书面文字,皆可称"宣"。本章所讨论的则是狭义的"宣",即由枢密院发布作为正式王言的宣。

②　目前尚无研究五代时期宣类公文的专门论述。王铭先生曾就后晋时期的一封宣头进行个案考察,从而对五代宣类公文的应用做了相应归纳。其结论有进一步商榷的必要。参见王铭:《五代文书〈安审琦请射田庄宣头〉微探》,《浙江大学学报(人文社会科学版)》2010年第6期。戴显群先生在《关于五代宰相制度的若干问题》一文中,对宣与头子有简短论述,认为"五代枢密院的'宣'与中书门下的'敕'并行,是分割相权的典型表现"(《长沙电力学院学报(社科版)》2001年第3期)。此外,学者在研究宋代相关问题时,对五代宣类公文略有涉及。参见汪圣铎:《宋代头子、宣头考略》,《文献》2004年第1期;刘江:《宋朝公文的"检"与"书检"》,《北京大学学报(哲学社会科学版)》2012年第2期。

五代至北宋真宗朝行政运行体制的演进轨迹。

第一节　宣类公文的格式和类型

宋敏求《春明退朝录》载降宣故事:"按今有梁朝宣底二卷,载朱梁正(贞)明三年(917)、四年事,每事下有月日,云'臣李振宣'……梁朝以枢密院为崇政院,始置使,以大臣领之,任以政事。正(贞)明年是李振为使。当时以宣传上旨,故名曰'宣'。而枢密院所出文字之名也,似欲与中书'敕'并行。虽无所明见,疑降宣始自朱梁之时。"①董逌《广川书跋》录石氏藏后唐同光四年(926)三月宣:

> 昨以邺都叛乱,须议济师,相次更委嗣源同谋翦灭。不意忽因深夜寨内惊骚,遽至纷纭,权罢征讨。其城下一行大军,除邺都侧近分屯守把外,李绍荣并部领,且归阙下,见别举王师攻取。次兼李嗣源、李绍贞等为缘军乱,自负忧疑,不欲回赴阙庭。又未尽闻行止,恐是却归镇府,排戢军都,向背未知,堤防宜设。窃知恐有溃散兵士,逃背军都,结构凶徒,奔突城镇。
> 右奉圣旨,令诸处更切诚严师旅,管内遍切指挥,各令守把城池,安存户口,常加严备,勿失机宜。仍须不住差人探候,每事机飞状申奏。付晋州准此。同光四年三月十七日宣。

---

① （宋)宋敏求:《春明退朝录》卷下,诚刚点校,中华书局1980年版,第46—47页。

　　枢密使李

　　枢密使张①

　　贞明宣底与同光宣在格式上存在很大差异。贞明宣底,乃崇政使李振从末帝承旨,在崇政院形成留底之稿,并非正式发布的文本。如敏求所言:"凡公家文书之稿……枢密院谓之'底'……"②除宋敏求外,沈括亦对贞明宣底进行过考察③。二人皆未提到贞明宣底用印,因此没有用印的可能性非常高。同光宣则应是对外发出的宣文格式。董逌特别指出,此宣"以御前宝玺印出"④。《广慈禅院庄地碑》所引后晋天福六年(941)八月廿五日安审琦赐庄宣头,在日期(廿五日)上亦"有御□之印一颗"⑤。后晋开运三年(946)正月,曾"诏改铸天下合同印、书诏印、御前印,并以黄金为之"⑥,表明此前已存在非黄金质地的御前印。《玉海》载北宋太宗、真宗时期,"禁中所用,别有三印,曰天下合同印,中书奏覆状用之;曰御前印,枢密院宣命及诸司奏状用之;曰书诏印,翰林诏敕,别录敕牓用之。铸以金。"⑦

----

　　① (宋)董逌:《广川书跋》卷一〇,影印文渊阁四库全书本,第435页。

　　② (宋)宋敏求:《春明退朝录》卷下,诚刚点校,中华书局1980年版,第43页。

　　③ (宋)沈括:《新校正梦溪笔谈》卷一《故事一》第29条,胡道静校注,中华书局1957年版,第30页。

　　④ 参见(宋)董逌:《广川书跋》卷一〇,影印文渊阁四库全书本,第435页。

　　⑤ 《金石续编》卷一三《广慈禅院庄地碑》,见《石刻史料新编》第一辑第5册,新文丰出版公司1977年版,第3287页。

　　⑥ 《旧五代史》卷八四《少帝纪四》,中华书局1976年版,第1113页。

　　⑦ 《玉海》卷八四《太宗皇帝承天受命宝·雍熙书诏宝·真宗皇帝恭膺天命宝》,江苏古籍出版社、上海书店出版社1987年版,第1556页。

当为沿用五代制度。御前印的主要用途之一,即印于宣命。安审琦赐庄宣头上的"御□之印",必为"御前之印"①。御前印自后梁太祖时就已经存在②,很可能与宣文成为发布皇命的重要王言直接相关。宣式文书的一般格式应大致如下:

云云(某奏,云云)。

右奉圣旨,云云。付某司(某处、某人)准此。年月日宣(日期上用御前印)

枢密使具姓

(枢密使具姓)

沈括提到过后唐闵帝应顺元年(934)任命宰相刘昫判三司的堂检。

> 予尝购得后唐闵帝应顺元年案检一通,乃除宰相刘昫兼判三司堂检。前有拟状云:"具官刘昫。右,伏以刘昫经国才高,正君志切,方属体元之运,实资谋始之规。宜注宸衷,委司判计,渐期富庶,永赞圣明。臣等商量,望授依前中书侍郎兼吏部尚书、同中书门下平章事,充集贤殿大学士,兼判三司,散官勋封如故。未审可否? 如蒙允许,望付翰林降制处分。谨录奏闻。"其后有制书曰:"宰臣刘昫。右,可兼判三司公事,宜令中书门下依此施行。付中书门下准此,

---

① 王铭先生在录文时,直接将"御□之印"写成"御赐之印",不知依据为何(《五代文书〈安审琦请射田庄宣头〉微探》,《浙江大学学报(人文社会科学版)》2010年第6期)。

② (明)汪砢玉:《珊瑚网》卷二,影印文渊阁四库全书本,4a。

四月十日。"用御前新铸之印。①

此堂检所载制书,根据用印,明显是一封任命刘昫兼判三司的宣。可是除用印外,此宣与同光宣的格式大相径庭:无"右奉圣旨"的标志性用语,日期后无"宣"字,无枢密使具姓。这是因为其发布时间非常特殊。应顺元年二月,潞王从珂因受到猜忌发兵,力图"清君侧"。四月初,太后曹氏废闵帝为鄂王,六日从珂即位,是为末帝。十日,尚未任命枢密使②,无人承旨而宣,故导致格式上的变异。此宣与天福四年废除枢密院后的宣文格式完全一致。

梁宣底中,有云"宣头""宣命""宣旨"者③。此后的宣类公文,亦主要包括这三类。目前无法断定三者之间的区别,只知宣头亦可称为宣命。《册府元龟》分别载:

> 安重诲,明宗时为枢密使。诱河中副都指挥使杨彦温乘潞王阅马于皇龙庄,据城谋叛。王遣人诘之曰:"吾善侍汝,何苦为叛?"彦温报曰:"某非敢负恩。缘奉枢密院宣头,令某拒命,请公但归朝廷。"④

长兴元年(930)四月,皇子河中节度使从珂遣人口奏

---

① (宋)沈括:《新校正梦溪笔谈》卷一《故事一》第29条,胡道静校注,中华书局1957年版,第30页。

② 清泰元年四月丁亥,以宣徽北院使郝琼为宣徽南院使,权判枢密院(《旧五代史》卷四六《末帝纪上》,中华书局1976年版,第633页)。

③ (宋)宋敏求:《春明退朝录》卷下,诚刚点校,中华书局1980年版,第46页。

④ 《册府元龟》卷三三九《宰辅部·不忠》,中华书局1960年版,第4016页。

曰:"今月五日阅马于黄龙庄,衙内指挥使杨彦温据城谋叛,寻时诘问,称奉宣命。臣见在虞乡县,状候进止。"①

杨彦温口中的"枢密院宣头"即从珂遣人入奏时所称的"宣命"②。前引安审琦赐庄宣头,户部转牒时,亦将其称为宣命③。唐代君主令中书舍人草诏前,会先将其旨意书写成文,称为辞头。宣头可能亦为君主草书旨意之稿。因为有的宣头内容短少,无须重新拟旨,直接留底和发布,就有了宣头和正式宣命的混称。

目前所见"宣旨",处理的多为琐细之事。如"[开平]三年(909)宣旨:太保韩建每月旦、十五日入阁称贺,即令赴朝,余时不用入。示优礼也。"④"[长兴三年]十一月宣旨:在京臣寮不得进奉贺长至马及物色。"⑤显德元年(954)三月,后周世宗亲征河东,下令先以"宣旨"招谕辽、沁二州,如不受命,即进军讨伐⑥。

枢密院所发公文,除宣头外,又有头子。沈括云:"不关由

---

①　《册府元龟》卷一二三《帝王部·征讨三》,中华书局 1960 年版,第1476 页。

②　同样的记载见于《旧五代史》卷七四《杨彦温传》,中华书局 1976 年版,第 974 页;卷四一《明宗纪七》,中华书局 1976 年版,第 561—562 页。

③　参见《金石续编》卷一三《广慈禅院庄地碑》,《石刻史料新编》第一辑第 5 册,新文丰出版公司 1977 年版,第 3287—3288 页。

④　《册府元龟》卷三一九《宰辅部·褒宠二》"梁韩建"条,中华书局 1960年版,第 3779 页。

⑤　《册府元龟》卷一六八《帝王部·却贡献》,中华书局 1960 年版,第2029 页。

⑥　参见《册府元龟》卷一二六《帝王部·纳降》,中华书局 1960 年版,第1516 页。

中书直行下者谓之'宣',如中书之敕;小事则发头子,拟堂帖也。至今枢密院用宣及头子。"①头子与宣头,是完全不同的公文。宣头是宣的一种,属于王言;头子则体现枢密院对政务的裁决。直至宋代,依然同时存在这两种公文形式②。史籍所载五代时期以头子裁决公务的事例只有一则:"时周太祖以枢密使将白文珂等军西平三叛,还过洛阳,[西京留守王]守恩以使相自处,肩舆出迎。太祖怒,即日以头子命文珂代守恩为留守……"③欧阳修因此感叹:"若文珂、守恩皆位兼将相,汉大臣也,而周太祖以一枢密使头子易置之,如更戍卒……盖其习为常事,故特发于喜怒颐指之间,而文珂不敢违,守恩不得拒。太祖既处之不疑,而汉廷君臣亦置而不问,其上下安然而不怪者,岂非朝廷法制纲纪坏乱相乘,其来也远,既极而至于此欤!"④五代以宣头调任地方大员,属常态。欧阳氏之论,表明头子只是枢密院自出之文书,级别远不能与属于王言的宣头相比。有学者认为:"始于后唐,经由枢密院直接外发的'宣'和行遣小事的'头子',两者从并列运用到融合为篇幅短小的'宣头'公文。经过长期实践,至迟在后周时已摆脱了篇幅上的限制,从而成为专门的公文。"⑤是混淆了宣头与头子在性质和作用方面的区别。

---

① (宋)沈括:《新校正梦溪笔谈》卷一《故事一》第29条,胡道静校注,中华书局1957年版,第30页。标点据文意,径自改之。

② 参见汪圣铎:《宋代头子、宣头考略》,《文献》2004年第1期。

③ 《新五代史》卷四六《王守恩传》,中华书局1974年版,第513页。

④ 《新五代史》卷四六《王守恩传》,中华书局1974年版,第514页。

⑤ 王铭:《五代文书〈安审琦请射田庄宣头〉微探》摘要,《浙江大学学报(人文社会科学版)》2010年第6期。

第二节　宣类公文与国家政务裁决

沈括在《梦溪笔谈》中对宣类公文的最初形成有所记载：

> 晚唐枢密使自禁中受旨,出付中书,即谓之"宣"。中书承受,录之于籍,谓之"宣底"。①

虽然沈括误以为宣底为中书门下留底文稿,但出付中书门下的宣确实大量存在,自晚唐便成为裁决部分常务的基础。《唐昭宗实录》载对乾宁二年(895)贡举事的处理：

> [乾宁二年二月]己亥敕："……昨者崔凝所考定进士张贻宪等二十五人,观其所进文书,虽合程度,必虑或容请托,莫致精研。朕是以召至前轩,观其实艺,爰于经史,自择篇题……既鉴妍媸,须有升黜……其赵观文等四人,并卢瞻等十一人,并与及第。其张贻宪、孙溥、李光序、李枢、李途等五人所试诗赋,不副题目,兼句稍次,且令落下,许后再举。其崔砺、苏楷、杜承昭、郑稼等四人,诗赋最下,不及格式,芜颣颇甚……宜令所司落下,不令再举。其崔凝爵秩已崇,委寄殊重,司吾取士之柄,且乖慎选之图,辜朕明恩,自贻伊咎。委中书门下行敕处分奏来。其进士张贻宪等二十四人名,准此处分。赐陆扆、冯渥银器分物,其落下举人并

---

① (宋)沈括:《新校正梦溪笔谈》卷一《故事一》第12条,胡道静校注,中华书局1957年版,第25页。

赐绢三匹。"

中书门下覆奏:"……昨者宣召贡士,明试殿庭。题目尽取于典坟,赋咏用观其工拙。果周睿鉴,尽叶至公。升黜而惩劝并行,取舍而宪章斯在。其赵观文等二十四人,望准宣处分。崔凝商量,别状奏闻。"

丁未敕:"国家文学之科,以革隋弊。岁登俊造,委之春官。盖欲华实相符,为第一用。近寖讹谬,虚声相高。朕所以思得贞正之儒,以掌其事。而闻刑部尚书、知贡举崔凝,百行有常,中立无党,学窥典奥,文赡菁英。洎遍践清华,多历年数,累更显重,积为休声。遂辍其宪纲,任之文柄,宜求精当,稍异平常。朕昨者以听政之余,偶思观阅,临轩比试,冀尽其才。及览成文,颇多芜颣。岂宜假我公器,成彼私荣?既观一一之吹,尽乏彬彬之美。且乖朕志,宜示朝章。尚遵含垢之恩,俾就专城之任。勉加自省,勿谓无恩。可贬合州刺史。"[1]

乾宁二年,知贡举崔凝取士后,昭宗于武德殿亲自覆试,发布"己亥敕",下令落下包括状头张贻宪在内的九人,要求中书门下提出对崔凝的处分意见。中书门下随即覆奏,称赵观文等二十四人"望准宣处分"。因此,所谓己亥敕实际是以宣的形式出付宰相的。中书门下肯定了昭宗对及第进士的裁决,同时表示会遵照昭宗的指示对崔凝另作处理,通过商量状上奏。最终

---

① (五代)黄滔:《唐昭宗实录》,见《莆阳黄御史集·别录》,《丛书集成初编》,商务印书馆1936年版,第349—351页。

下"丁未敕",贬崔凝为合州刺史。在这一过程中,宣成为对崔凝知贡举取士不公之事处理的第一步,也是最核心的一步。己亥宣内容较为复杂,不可能是口头传达。此宣当以文字形式存底于枢密院,再将抄件交付中书门下。之后宰相对此宣进行覆奏。接下来应该还有两步。第一,发布对张贻宪等诸进士裁处的正式王言。第二,中书门下上关于崔凝的商量状,相当于"宣后商量状"。最后据此商量状下发处理崔凝的正式敕书,即丁未敕。在这一过程中,宰相根据君主的意旨对事务进一步处理,昭宗本人的主导作用通过宣充分体现出来①。

所谓"凡承上之旨,宣之宰相而奉行之。宰相有非其见时而事当上决者,与其被旨而有所复请者,则具记事而入,因崇政使(枢密使)闻,得旨则复宣而出之"②。这类与宰相交换意见,作为裁决政务基础的宣,在五代时期始终存在。

《旧五代史·职官志》和《明宗纪》分别载后唐确定三司使名之事:

> 洎明宗嗣位,思革其弊,未及下车,乃诏削除[租庸]使名,但命重臣一人判其事,曰判三司。至是,[张]延朗自许州入再掌国计,白于枢密使,请置三司名。宣下中书议其事。宰臣以旧制覆奏,授延朗特进、行工部尚书,充诸道盐铁、转运等使,兼判户部、度支事,从旧制也。明宗不从,竟

---

① 参见(五代)王定保:《唐摭言校证》卷一四《主司失意》"乾宁二年"条,陶绍清校证,中华书局2021年版,第612页。
② 《新五代史》卷二四,中华书局1974年版,第257页。

以三司使为名焉。①

　　[长兴元年八月]以前许州节度使张延朗为检校太傅、行兵(工)部尚书,充三司使。三司之有使额,自延朗始也。初,中书覆奏,授延朗诸道盐铁转运等使,兼判户部度支事。奏入,宣旨曰:"会计之司,国朝重事,将总成其事额,俾专委于近臣,贵便一时,何循往例,兼移内职,可示新规。张延朗可充三司使,班在宣徽使下。"②

张延朗入掌国计,希望可以以三司使为名,商量于其儿女亲家、枢密使安重诲。权势滔天的安重诲并不能自作主张。而是按照例行程序,以君主之名宣付中书门下处理。中书门下遵循旧例,将此职称为"诸道盐铁转运等使,兼判户部、度支事"。明宗不从,再以宣旨任命延朗为"三司使"。此事最终结果根据宣旨形成,贯彻的是明宗本人而非枢密使或宰相的意图。

　　世宗显德四年五月,中书门下奏:"准宣,法书行用多时,文意古质,条目繁细,使人难会,兼前后敕格,互换重迭,亦难详定。宜令中书门下并重删定,务从节要,所贵天下易为详究者……今奉制旨删定律令,有以见圣君钦恤明罚敕法之意也……臣等商量,望准圣旨施行,仍差侍御史知杂事张湜、太子右庶子剧可久、殿中侍御史帅汀、职方郎中邓守中、仓部郎中王莹、司封员外郎贾玭、太常博士赵砺、国子博士李光赞、大理正苏晓、太子中允王伸等一十人,编集新格,

---

① 《旧五代史》卷一四九《职官志》,中华书局1976年版,第1996页。
② 《旧五代史》卷四一《明宗纪七》,中华书局1976年版,第567页。

勒成部帙……候编集毕日,委御史台、尚书省四品以上及两省五品以上官参详可否,送中书门下议定,奏取进止。"诏从之。自是湜等于都省集议删定,仍令大官供膳。①

世宗以宣(又被称为"制旨""圣旨")要求中书门下重新删定律令。中书门下确定了具体的删定官,以及编集之后的律令如何最终被确定,得到世宗首肯。次年,《大周刑统》问世,世宗下令"颁行天下"②。在这一过程中,世宗本人依然发挥了主导作用。

除下达中书门下,指挥其辅助君主裁处政务的宣,直接对外发布皇命的宣文形式自后梁亦已存在,即宋敏求所言"疑降宣始自朱梁之时"。后梁贞明年间,宣底有三方面用途:除官、差官、宣事于方镇等③,这表明五代之初,通过宣命除授官职、差遣的情况并非罕见。不同于唐代宣命授官,在唐代,宣命授官是宣于宰相,再由两省发布正式王言④。自后梁起,宣命可以在正式王言发布之前,直接交给授官对象。朱友珪反叛即源于一封授官宣头。末帝即位后,发布诏书称:"……去岁郢王友珪尝怀逆节,已露凶锋……此际直先皇(太祖)寝疾,大渐日臻,博王乃密

---

① 《旧五代史》卷一四七《刑法志》,中华书局 1976 年版,第 1963—1964 页。

② 《旧五代史》卷一四七《刑法志》"显德五年七月"条,中华书局 1976 年版,第 1964—1965 页。

③ 参见(宋)宋敏求:《春明退朝录》卷下,诚刚点校,中华书局 1980 年版,第 46—47 页。

④ 参见《资治通鉴》卷二四四"大和七年六月壬申"条,中华书局 1956 年版,第 7885 页。

上封章,请严宫禁。因以莱州刺史授于郢王友珪,才睹宣头,俄行大逆……"①《资治通鉴》记载此事,"[乾化二年(912)]六月,丁丑朔,帝使[崇政院使]敬翔出友珪为莱州刺史,即令之官。已宣旨,未行敕。"②太祖病危之际,因博王友文(内定皇位继承人)请求,令崇政院使敬翔发出宣头,授友珪莱州刺史。接下来,本应发布正式的任官制敕。但为了让友珪尽快离开京师,敬翔以宣头直接授予友珪,在正式王言下达以前,即令其赴任。友珪没有质疑敬翔此举的合法性,而是迫不及待地谋反了。

此后,在处理政治危机、进行人员调动时,只使用宣命,成为常态。后唐闵帝即位之初,"[枢密使]朱弘昭、冯赟不欲石敬瑭久在太原,且欲召孟汉琼,[应顺元年二月]己卯,徙成德节度使范延光为天雄节度使,代汉琼;徙潞王从珂为河东节度使,兼北都留守;徙石敬瑭为成德节度使。皆不降制书,但各遣使臣持宣监送赴镇。"③这种没有按照法定授官程序的举动,亦导致从珂反叛。四月,曹太后废闵帝为鄂王,以从珂监国,令文称:"……爰自鄂王嗣位,奸臣弄权,作福作灾,不诚不信。离间我骨肉,猜忌我亲贤,不自制书,擅移藩邸……"④虽然臣下被要求接受宣

---

① 《旧五代史》卷八《末帝纪上》"乾化三年诏",中华书局1976年版,第115页;《册府元龟》卷二九五《宗室部·复爵》,中华书局1960年版,第3470—3471页。

② 《资治通鉴》卷二六八,中华书局1956年版,第8758页。

③ 《资治通鉴》卷二七九,中华书局1956年版,第9104页。

④ 《册府元龟》卷一一《帝王部·继统三》"末帝"条,中华书局1960年版,第125页。

命所授官职,但如果没有后续的正式王言,依然被看作是非法的。后周显德三年十月甲申,宣授赵匡胤同州节度使兼殿前都指挥使①。次年五月丁酉,再以其为滑州节度使,加检校太保,依前殿前都指挥使。史称:"今上(赵匡胤)以三年十月宣授同州节度使,未于正衙宣制,至是移镇滑台,故自永州防御使授焉。"②表明直至五代晚期,没有配合正式王言的授官宣命的合法性始终不能得到完全确立。

即便如此,诸多种类的官职都存在降宣授予的情况。墓志中,有仅承宣命任知官告院事、龙骧都虞候、西头供奉官和同州知客押衙者等③。在军情紧急之时,甚至使用空名宣命授官。

> 晋和凝为中书(侍)郎、平章事。高祖将幸邺都,时襄州安从进反状已彰。凝乃奏曰:"车驾离阙,安从进或有悖逆,何以待之?"帝曰:"卿意如何?"凝曰:"以臣料之,先人有夺人之心,临事即不及也。欲预出宣敕十数道,密付开封尹郑

① 参见《旧五代史》卷一一六《世宗纪三》,中华书局1976年版,第1550—1551页。

② 《旧五代史》卷一一七《世宗纪四》,中华书局1976年版,第1559页。显德元年十月壬子,以赵匡胤为永州防御使,依前殿前都虞候(《旧五代史》卷一一四《世宗纪一》,中华书局1976年版,第1521页)。

③ (五代)余谈:《晋故银青光禄大夫检校右散骑常侍右内率府率同正兼御史大夫上柱国郭(彦琼)墓志铭并序》,载周阿根:《五代墓志汇考》一一六,黄山书社2012年版,第314页;(五代)□宪:《后汉故青州刺史弘农杨(敬千)公墓志铭并序》,载周阿根:《五代墓志汇考》一五八,黄山书社2012年版,第433页;《王进威墓志》,周阿根:《五代墓志汇考》一七五,黄山书社2012年版,第477页;(五代)张濯:《有周故幽州卢龙军右教练使关(钦裕)府君墓志铭并序》,载周阿根:《五代墓志汇考》一八三,黄山书社2012年版,第500页。

王,令有缓急,即旋填将校姓名,令领兵击之。"帝从之。①

空名宣敕的存在,表明宣命授官是被普遍接受的。

除授官宣命,其他宣命可以单独行下,无须配合正式王言,处理的往往是国家常务。后晋天福七年敕规定:"应内外诸司诸使,及诸道州府,凡有诸色公事,须具奏闻……如事关机密,即准先降宣命,宝封斜角,不题事目通下。"②后汉乾祐二年(949)冬,"近臣奏前资朝官判官在外藩居止,其间轻薄求利者,能以词说,摇动藩臣。乃下宣命,但是前资朝官从事,并来京中居止。"③后周广顺元年(951),镇宁军节度使皇子柴荣奏请:"属州帐内有羊猪纸炭等户,并羊毛红花紫草及进奉官月科,并是影占大户。凡差役者,是贫下户。今并欲放免为散户。"得到宣命认可。④ 显德二年八月二十四日宣头,发布改正的盐法⑤。另

---

① 《册府元龟》卷三一四《宰辅部·谋猷四》,中华书局1960年版,第3711页。《旧五代史》卷一二七《和凝传》略同,中华书局1976年版,第1673页。《资治通鉴》卷二八二"高祖天福六年十月"条载此事:"凝请密留空名宣敕十数通,宣出于枢密院,敕出于中书门下;时并枢密院于中书。"(中华书局1956年版,第9229页)汪圣铎先生考证:"宋朝的敕告、宣头、札子是因颁给对象不同而有高低贵贱之分的,官职高的用敕告,较低的用宣头……"参见汪圣铎《宋代头子、宣头考略》,《文献》2004年第1期。在后晋空名宣敕的使用方面,可能也存在这种区别。

② 《册府元龟》卷六一《帝王部·立制度二》"天福七年二月甲辰敕",中华书局1960年版,第687页。

③ 《册府元龟》卷六三四《铨选部·条制六》"乾祐二年十二月敕"注,中华书局1960年版,第7604页。

④ 参见《册府元龟》卷一六〇《帝王部·革弊二》"广顺元年四月"条,中华书局1960年版,第1937页。

⑤ 参见《五代会要》卷二七《盐铁杂条下》,上海古籍出版社2006年版,第429页;《册府元龟》卷四九四《邦计部·山泽二》,中华书局1960年版,第5915页。

外,宣也用于处理极为琐细之事。后唐长兴元年七月,河北转运司张演因伪出宣头,支钱三贯,令外甥交领,被镇州上奏①。显德六年,自南唐归顺的李中以两亲在堂,请求归乡奉养,获宣头批准②。宣类公文处理的事务和发布程序,与敕牒存在相似之处③。敕牒无须加盖御印或进画,故宣类公文与敕牒相比,更能体现君主在国家政务裁决中的作用。

第三节 宣类公文与枢密院的关系

五代之际,枢密院的性质如何,与君主存在何种关系,是极为复杂的问题。这一时期,确实存在宰相不直接裁决军事要务的情况,但军政之权是否由枢密院掌握,需要进一步考察。乾化元年五月,梁太祖召诸宰相,称:"军旅之间,朕自制断,朝廷庶务,实赖卿等协心翊佐。待兵罢后,事无大小,一委中书,当无暇食也。"④据此,"戎将之超宠异数,咸宜发宸旨,靡由宰司。"⑤五

---

① 参见《册府元龟》卷九二四《总录部·诈伪》"张演"条,中华书局1960年版,第10916页。

② 参见(南唐)李中:《己未岁冬捧宣头离下蔡》,见《全唐诗》卷七四八,中华书局1960年版,第8525页;《捧宣头许归侍养》,《全唐诗》卷七四八,中华书局1960年版,第8527页。

③ 参见王孙盈政:《唐代"敕牒"考》,《中国史研究》2013年第1期。

④ 《册府元龟》卷三一九《宰辅部·襃宠二》"薛贻矩"条,中华书局1960年版,第3779页。

⑤ 《册府元龟》卷二一四《闰位部·权略》"乾化元年"条,中华书局1960年版,第2561页。

代政权分立,战乱频仍,国家政务很自然地划分为军旅之务与朝廷庶务。诸立国君主皆为节度使出身,长期亲身裁决军务,建国之后亦延续这一权力。梁太祖所立原则被以后诸朝遵循。同光三年,尚为蕃汉总管的明宗私取邺库御甲五百联,庄宗得知后,愤然曰:"军政在吾,安得为子奏请!吾之细铠,不奉诏旨强取,其意何也?"①明宗即位后,质问枢密使安重诲企图自讨淮南。重诲惶恐奏称:"兴师命将,出自宸衷,必是奸人结构,臣愿陛下穷诘所言者。"②后晋废枢密院之初,高祖向宰相冯道访以军谋,冯道对曰:"征伐大事,在圣心独断。臣书生,惟知谨守历代成规而已。"高祖的态度是"以为然"③。故无论枢密院存在与否,军政决断当出于君主,是五代时期君主、宰相,甚至枢密使都公认的准则。

后唐末帝清泰二年(935),宰相卢文纪上疏称:"臣等谬处台衡,奉行制敕,但缘事理,互有区分,军戎不在于职司,钱谷非关于局分,苟陈异见,即类侵官……"看似民政、军政和财政由中书门下、枢密院和三司分掌。只是,卢文纪提出的建议却是恢复延英议政,"伏望圣慈,俯循故事,或有事关军国,谋系否臧,

---

① 《旧五代史》卷三五《明宗纪一》,中华书局 1976 年版,第 487 页。

② 《旧五代史》卷六六《安重诲传》,中华书局 1976 年版,第 874 页。宰相王建立向明宗建议:"诸道军职,唯守本处,转迁乞罢宣补之命。"明宗拒绝称:"其节度使以山河是托,与牧宰有殊,系自朕怀,难拘常限。"(《册府元龟》卷三一四《宰辅部·谋猷四》"王建立"条,中华书局 1960 年版,第 3706 页)亦表明君主对军事的掌控。

③ 《资治通鉴》卷二八二"天福四年八月辛丑"条,中华书局 1956 年版,第 9207 页。冯道又称:"臣在明宗朝,曾以戎事问臣,臣亦以斯言答之"(《旧五代史》卷一二六《冯道传》,中华书局 1976 年版,第 1659 页)。

未果决于圣怀,要询访于臣辈,则请依延英故事,前一日传宣。或臣等有所听闻,切关利害,难形文字,须面敷扬,臣等亦依故事,前一日请开延英。当君臣奏议之时,只请机要臣僚侍立左右……"①"机要臣僚"所指当然是唐代延英议政便侍立左右的枢密使。故五代之际,君相至少在主观上并没有设枢密院以掌军权的意图。后晋高祖废枢密院。出帝即位后,宰相冯道等上表,请依旧置,提出的理由是"窃以枢密使创自前朝,置诸近侍,其来已久,所便尤多"②。枢密使属于"近侍",而非军务的裁决者。

身为近侍的枢密使作为"机要臣僚",凭借功劳或君主宠信,染指国家事务的各个方面和层面。明宗朝,安重诲"以佐命功臣,处机密之任,事无大小,皆以参决,其势倾动天下"③。"闵帝即位,[冯]赟、[朱]宏昭并典机密"④,"宏昭以为由己得立,故于庶事高下在心"⑤。因冯、朱专权,宰相李愚甚至公开表示不满:"吾君延访,鲜及吾辈,位高责重,事亦堪忧。"⑥王朴因

---

① 《旧五代史》卷四七《末帝纪中》"清泰二年七月丁巳"条,中华书局1976年版,第650—651页。卢文纪上奏全文及末帝批答见《册府元龟》卷三一四《宰辅部·谋猷四》"卢文纪"条,中华书局1960年版,第3708—3710页。

② 《旧五代史》卷八一《少帝纪一》"天福七年七月"条,中华书局1976年版,第1070页。

③ 《新五代史》卷二四《安重诲传》,中华书局1974年版,第251—252页。

④ 《册府元龟》卷九三五《总录部·构患》"朱宏昭、冯赟"条,中华书局1960年版,第11022页。

⑤ 《旧五代史》卷六六《朱弘昭传》,中华书局1976年版,第877页。

⑥ 《资治通鉴》二七八"长兴四年十二月"条,中华书局1956年版,第9097—9098页。

"见信于世宗","外事征伐,而内修法度。"①相反,与君主关系并非契合的枢密使,会选取明哲保身之道。后唐长兴中,"时范延光、赵延寿虽为枢密使,惩安重海以刚愎得罪,每于政事不敢可否。"②"房暠,末帝清泰中与赵延寿同为枢密使。是时,[枢密直学士]薛文遇、[副使]刘延朗之徒居中用事。暠虽处密勿,其听用之言十不得三四,俱随势可否,不为事先。"③

当身兼枢密使的宰相被猜忌,都请去枢密之职,而非相权。后唐庄宗时,由于"嬖幸疾之于内,勋旧怨之于外","[郭]崇韬屡请以枢密使让李绍宏,上不许;又请分枢密院事归内诸司以轻其权……"④后晋高祖时,握有重兵的范延光听信宦者谗言,不满桑维翰,维翰"恳求免职,只在中书"⑤。杨邠数度逆后汉隐帝之意,为隐帝所怨,求解枢密使。宣徽北院使吴虔裕认为:"枢密重地,难以久居,当使后来者迭为之,相公辞之是也。"⑥王峻心忌后周太祖旧时偏裨郑仁诲等,"即求解枢密以探上意,太祖

---

① 《新五代史》卷三一《王朴传》,中华书局 1974 年版,第 343 页。

② 《资治通鉴》卷二七七"长兴二年五月己卯"条,中华书局 1956 年版,第 9059 页。

③ 《册府元龟》卷三三五《宰辅部·自全》,中华书局 1960 年版,第 3957 页。

④ 《资治通鉴》卷二七三,中华书局 1956 年版,第 8915 页。郭崇韬三次上表及庄宗批答见《册府元龟》卷三三一《宰辅部·退让二》"后唐郭崇韬"条,中华书局 1960 年版,第 3912—3913 页。

⑤ 《旧五代史》卷一四九《职官志》"晋天福四年四月"条,中华书局 1976 年版,第 1995 页。

⑥ 《资治通鉴》卷二八九,中华书局 1956 年版,第 9421—9422 页。参见《旧五代史》卷一〇三《隐帝纪下》"乾祐三年四月辛巳"条,中华书局 1976 年版,第 1367 页。

慰劳之。峻多发书诸镇,求为保荐,居数日,诸镇皆驰骑上峻书,太祖大骇。峻连章求解,因不视事"①。正是因为五代之际,枢密使多以外臣处内廷重地,与君主的关系极为特殊和敏感,才会出现上述情况。

后梁创建,枢密使(崇政院使)被正式赋予"备顾问,参谋议"之权②。君主既然亲身裁决军政大事,与枢密使商议最多的自然是这方面内容,故枢密院在军务方面的参与特别突出。而宣文使用日益频繁,则是君主借枢密院,进一步参与国家政务处理的反映。宣,作为王言,体现的是君主而非枢密使的意旨。后唐明宗宠爱继子从珂,以其为河中节度使。枢密使安重海认为"从珂非李氏子,后必为国家患,乃欲阴图之"③,指使牙内指挥使杨彦温趁从珂阅马黄龙庄时,闭城以叛,称奉枢密院"宣头(宣)",请从珂归朝廷。诸史籍分别称安重海所发之宣是"矫宣中旨""矫诏""矫以帝命"④。宣需要枢密使具姓,并加盖御前印。此事发生于长兴元年四月,只有安重海一人在枢密使任。故安重海署姓后,应该是在明宗不知情的情况下,偷盖了御前印(或加盖伪造的御前印)。即使安重海

---

① 《新五代史》卷五〇《王峻传》,中华书局 1974 年版,第 565 页。

② 参见《资治通鉴》卷二六六"开平元年四月"条,中华书局 1956 年版,第 8674 页。

③ 《新五代史》卷二四《安重海传》,中华书局 1974 年版,第 253 页。

④ 参见《册府元龟》卷四七《帝王部·慈爱》,中华书局 1960 年版,第 538 页;《旧五代史》卷四六《末帝纪上》,中华书局 1976 年版,第 627 页;《新五代史》卷二七《药彦稠传》,中华书局 1974 年版,第 298 页;《资治通鉴》卷二七七,中华书局 1956 年版,第 9041 页。

"独绾大任,臧否自若"①,正式的宣文必须经过君主首肯,否则只能"矫诏"。

后汉乾祐三年十一月丙子,皇城使李业等在隐帝的许可下,诛杀枢密使杨邠、侍卫都指挥使史宏肇、三司使王章,夷其族。同日,隐帝"遣腹心赍密诏往澶州、邺都,令澶州节度使李洪义诛侍卫步军都指挥使王殷,令邺都屯驻护圣左厢都指挥使郭崇、奉国左厢都指挥使曹英害枢密使郭威及宣徽使王峻"②。丙戌,昭圣太后下诰,有"而又潜差使臣,矫赍宣命,谋害枢密使郭威、宣徽使王峻、侍卫步军都指挥使王殷等"之语③。郭威改朝之后,亦发布敕书称:"……朕方在外藩,亦遭谗构,密降宣命,潜遣行诛……"④隐帝授意李业等内使政变,企图诛杀的对象包括两员枢密使:在朝的杨邠和在外领兵的郭威。因此,在杨邠被杀之后,所降"谋害枢密使郭威"的宣命,必无枢密使具姓⑤,只有

---

① 《旧五代史》卷六六《安重诲传》,中华书局 1976 年版,第 874 页。

② 《旧五代史》卷一〇三《隐帝纪下》,中华书局 1976 年版,第 1370 页。

③ 参见《旧五代史》卷一〇三《隐帝纪下》,中华书局 1976 年版,第 1373 页。

④ 《册府元龟》卷六六《帝王部·发号令五》,中华书局 1960 年版,第 741 页。

⑤ 以苏逢吉"权知枢密院"是在发出诛杀郭威宣命之后。参见《旧五代史》卷一〇三《隐帝纪下》,中华书局 1976 年版,第 1370 页。任命苏逢吉"权知枢密院"的公文亦为宣。参见《册府元龟》卷九四一《总录部·殃报》"汉苏逢吉"条,中华书局 1960 年版,第 11091 页;《旧五代史》卷一〇八《苏逢吉传》,中华书局 1976 年版,第 1425 页。此外,在发出令苏逢吉"权知枢密院"的宣后,"寻令草制正授,制入,闻邺兵至澶州乃止。"(《旧五代史》卷一〇八《苏逢吉传》,中华书局 1976 年版,第 1425 页)参见《新五代史》卷三〇《苏逢吉传》,中华书局 1974 年版,第 329 页。

御前之印,表明此旨出自隐帝。没有御前印的宣,不合法;没有枢密使具姓的宣,则无须置疑。

枢密院在后晋高祖之际,曾一度被废。

> 唐制,枢密使常以宦者为之,自梁用敬翔、李振,至庄宗始用武臣,而权重将相,高祖时,以宰相桑维翰、李崧兼枢密使,[刘]处让与诸宦者心不平之。[杨]光远之讨[范]延光也,以晋重兵在己掌握,举动多骄恣,其所求请,高祖颇裁抑之。处让为光远言:"此非上意,皆维翰、崧等嫉公耳!"光远大怒。及兵罢,光远见高祖,诉以维翰等沮己,高祖不得已,罢维瀚等,以处让为枢密使。处让在职,凡所陈述,多不称旨。处让丁母忧,高祖遂不复拜枢密使,以其印付中书而废其职。①

宰相兼任枢密使,导致宦官心中不满,理由为"唐制,枢密使常以宦者为之"。如果后晋时期,枢密院已经完全发展为外朝机构,宦官不会企图重夺枢密之权。刘处让在枢密使职任上,"凡所陈述,多不称旨",即没有很好地发挥"备顾问、参谋议"的职能,导致枢密院最终被废。在这一过程中,高祖的处理方式颇耐人寻味。"[天福四年四月]甲申,废枢密院,以印付中书,院事皆委宰相分判。以副使张从恩为宣徽使,直学士、仓部郎中、司徒诩,工部郎中颜衍并罢守本官。"②枢密院印被交付中书门下,事务皆由宰相分判。除枢密院三官改职外,职司人吏转隶中

---

① 《新五代史》卷四七《刘处让传》,中华书局1974年版,第526—527页。
② 《资治通鉴》卷二八二,中华书局1956年版,第9201页。

书门下①。按照常理，"宣"已经没有存在的必要，相关事务可以通过经行中书门下的公文，如敕牒等进行裁处，但宣类公文却得以保留。在废除枢密院一年之后，高祖特意将枢密承旨改称"承宣"②，以与宣类公文对应。《广慈禅院庄地碑》所引安审琦赐庄宣头即在天福六年发出③。

> 晋昌军节度使安审琦奏：臣近于庄宅营田务请射到万年县春明门陈知温庄一所、泾阳临泾教坊庄、孙藏用庄、王思让庄三所。营田依例输纳夏秋省租。逐庄元不管园林桑枣树木、牛具，只有沿庄旧管田土，一切见系庄宅司管属。欲割归县，久远承佃，供输两税。伏候指挥。

> 右件庄，可赐安审琦充永业。宣令安审琦收管，依例供输差务。仍下三司指挥交割。付安审琦准此。天福六年八月廿五日廿五二字上有御□之印一颗④

此宣头无"右奉圣旨"的字样，无枢密使具姓，无"宣"字，只保留了象征王言身份的"御前之印"。既然枢密院事由宰臣分判，宣式公文理应改由判事宰相具姓，其他格式不变。但中书门

---

① 参见《五代会要》卷二四《枢密使》"开运元年六月"条，上海古籍出版社 2006 年版，第 377 页。

② 参见《旧五代史》卷七九《高祖纪五》"天福五年四月丙午"条，中华书局 1976 年版，第 1039—1040 页；卷一四九《职官志》"晋天福五年四月丙午"条，中华书局 1976 年版，第 2001 页。

③ 又，天福六年夏，成德军节度使安重荣亦称："昨奉宣头及累传圣旨，令臣凡有往复契丹，更须承奉，当候彼生头角，不欲自起衅端，贵守初终，不愆信誓"(《旧五代史》卷九八《安重荣传》，中华书局 1976 年版，第 1303 页)。

④ 《金石续编》卷一三《广慈禅院庄地碑》，见《石刻史料新编》第一辑第 5 册，新文丰出版公司 1977 年版，第 3287 页。

下在此宣头发布过程中却没有任何参与。史籍明确记载,高祖废枢密院的真正原因是"惩唐明宗之世安重诲专横"①。因此,高祖不是想废掉枢密院,而是需要一个完全听命于自己的枢密院,通过宣命体现君主的意旨。宣命处理的事务不能改由敕牒处理,而是要绕过中书门下。改隶中书门下的枢密院吏职正是在君主的直接指挥下,协助君主发布宣命。

五代之际,行政运行体制由中书门下体制向二府制过渡,最主要的表现即枢密院性质和职能的转变。在唐代,宦官枢密使通过传递公文和参与延英议政,非法侵夺的"备顾问,参谋议"的职能被正式赋予枢密院(崇政院),枢密院成为名副其实的"机要之司"。由于君主亲身裁决军务要事,枢密使在这一方面发挥的作用更为明显。获得君主宠信的枢密使往往在国家大政的裁决中拥有比宰相更大的权力。反之,宰相则正常行使其权力。

枢密院原本沟通君主与宰相关系的媒介功能没有改变。君主更多地经枢密院出付宣文,指挥中书门下处理大量国家政务。

与此同时,枢密院开启外朝化进程。唐代后期建立起的庞大的内诸司体系,改由士人接掌。作为内诸司长官的枢密使亦主要由士人担任。具有皇帝私人秘书和顾问性质的翰林学士和端明殿学士等开始走出内廷。内廷与外朝的界限趋于模糊。君主借助所谓的内廷机构,进一步掌控朝政,更多地介入国家政务处理。经行枢密院的王言——宣,开始用以直接、单独发布皇

---

① 《资治通鉴》卷二八二,中华书局 1956 年版,第 9201 页。

命,使用日益频繁。宣类公文裁决政务的种类与敕牒存在重叠之处,但无须经过中书门下和三省,充分体现了君主的意旨。

五代时期,诸政权君主并没有将军事职能赋予枢密院,使其与中书门下对掌大权的明确指导思想。枢密院作用的增强,更多的是对中书门下宰相机构职掌的侵夺。诸政权对枢密院职能和枢密院长官人选的反复调整,特别是以宰相兼任枢密使,与其说是对文武之权分合的梳理,不如说是对内廷和外朝关系的重新整合。真正的二府体制则要等到北宋真宗朝才正式确立。

附　五代时期御札含义与功用的演变

任何朝代都存在御笔亲书的正式王言与非正式王言(私的王言),今人很难从内容方面对二者进行区分。但是,就法律地位和受付流程而言,二者却迥然有别。当御笔亲书用以裁决国家政务的公文逐渐发展为正式王言,且数量日益增多,往往表明君主进一步走向国家政务处理的前台。这种情况直接导致宰相机构职能的受限。

唐代后期藩镇纷争,最终开启五代时局,诸节度使化家为国,藩镇属官系统需要迅速转变为国家官僚系统。但藩镇政务运作远不及中央繁复细致,且节度使通常身处藩镇政务,特别是军务裁决的核心,与军国大政均由宰相协助君主形成决策的中书门下体制并不完全吻合。在这种形势下,充分体现君主意图的御札在更广泛的应用中逐渐形成固定模式。参见以下三封御札:

[天成三年(928)正月]寻降御札曰:"朕以邺都望幸,

暂议省巡。虽宣命已行,而忧勤是厉。切缘禁军家口,元住洛京,般取或在道涂,已到未经信宿。念其辛苦,动系忧劳,所宜别选良辰,以副朕意。今改三月十三日。故兹札示。"①

乾祐元年(948),敕曰:"朕祗膺景命,肇启鸿图,适当建号之初,宜举正名之典……但君父之名贵于易避,臣子之敬难以斥尊,苟触类以妨言,必迂文而害理。况宗庙方建,禋祀匪遥,祝嘏将期于正辞,称谓所宜于稽古。爰从改革,庶叶典章,凡百臣寮,当体朕意。今改名㬚。故兹札示,想宜知悉。"②

世宗显德元年(954)三月癸未,内出御札曰:"朕自遘闵凶,再经晦朔,山陵已卜,日月有期,未忘荼蓼之情,岂愿干戈之役。而河东刘崇幸灾乐祸,安忍阻兵,乘我大丧,犯予边境,勾引蕃寇,抽率乡兵,杀害生灵,觊觎州郡。朕为万姓之父母,守先帝之基局,闻此侵凌,难以启处。所宜顺天地不容之意,从骁雄共愤之心,亲御甲兵,往宁边鄙,务清患难,敢避驱驰。凡在众多,当体兹意。朕取此月十一日,亲率大军取河阳路亲征。应沿路排当,并不得差遣百姓,科配州县,及于人户处借索劫掠。远近节度、刺史并不得辄离理所,求赴朝觐。应诸司各宜应奉公事者,即仰从驾;诸无事者,不在扈随。务从省要,免至劳烦。故兹札示,想宜知悉。"③

①　《册府元龟》卷一一四《帝王部·巡幸三》,中华书局 1960 年版,第1361—1362 页。

②　《册府元龟》卷三《帝王部·名讳》,中华书局 1960 年版,第 38—39 页。

③　《册府元龟》卷一一八《帝王部·亲征三》,中华书局 1960 年版,第1413—1414 页。

三封御札分别发布于后唐明宗、后汉隐帝和后周世宗朝。在格式上,结语固定为"故兹札示(想宜悉知)",此"札"字区别于其他正式王言;在文中,通常会出现"凡百臣僚""凡在总多"等面向群臣或臣民的用语。据此,绝大部分御札在载入史籍时必定省略了结语"故兹札示,想宜悉知"。

五代存在发布赦宥的御札。

[清泰]二年(935)五月乙巳御札曰:"……今岁,爰自初夏,稍属愆阳,朝昏正积于焦劳,祈请果垂于甘泽……言念狴牢之人,属此郁蒸之候,苦毒之状,所不能言。况当长养之时,特降哀矜之令。应王京诸道州府见禁囚徒,自五月十二日已前,除五逆十恶、光火劫舍、持杖杀人、官典犯赃、伪行印信、合造毒药外,委逐处长吏,据已发觉未发觉已结正未结正,不在追呼支蔓,只正身招罪,便疾速断遣,并见欠省司钱物外,诸罪无轻重,一切释放……凡百庶官,宜体朕意。"①

这封御札亦被称为"德音"②,面向全体臣僚。唐代中后期,德音主要包括赏赐、蠲免和赦宥三种③。《册府元龟》卷九三《帝王部·赦宥》所载五代赦宥文基本称制、敕,其内容除了涉及德音的三个内容,还有对被赦宥地区的一些具体处理④。清

---

① 《册府元龟》卷九三《帝王部·赦宥一二》,中华书局1960年版,第1113—1114页。

② 参见《旧五代史》卷四八《末帝纪下》"清泰三年三月戊午"条,中华书局1976年版,第659页。

③ 参见禹成旼:《唐代德音考》,《中国史研究》2006年第2期。

④ 参见《册府元龟》卷九三《帝王部·赦宥》,中华书局1960年版,第1110—1120页。

泰二年御札（德音）只有赦宥方面的内容,相比于其他被称为"制""敕"的赦文更为简单。此御札发布后,引发了白文审事件。

> 卢损,末帝清泰三年为御史中丞。初延州保安镇将白文审,郡之剧贼,高行周作镇时,差人往替,不受代属。前年春扰乱,文审专杀郡人赵思谦等十余人,后经赦放罪。去年春,思谦弟思诲诣阙诉兄之冤,帝亦素知文审之凶恶,密令本道捕之下狱……罪未尽疑,乃追赴京师,连坐者二十八人,系台狱。方按鞫,属五月十二日御札,自今年五月十二日已前,除五逆十恶、放火劫舍、持杖杀人外,并委长吏,如已得事情,或未见赃验,不在追穷枝蔓,以所招疾速断遣。损为人轻易,即破械释文审,后奏。帝大怒,复收文审诛之。堂帖勘台,公文云:"奉德音释放,不得追领祗证。"中书诘云:"御札云'不在追穷枝蔓',无'不得追领祗证'六字,擅添改敕语。"①

御史台接到的赦宥德音就是御札形式。御史中丞卢损未能正确理解御札用语,误纵囚徒,导致明宗大怒,中书门下称其"擅添改敕语"。最终,大理寺断卢损失出罪人,责授右赞善大夫,知杂侍御史韦税、侍御史魏逊和王岳均遭贬官②。

---

① 《册府元龟》卷五二二《宪官部·谴让》,中华书局 1960 年版,第6237 页。

② 参见《旧五代史》卷四八《末帝纪下》"清泰三年三月戊午"条,中华书局 1976 年版,第 659 页。

另外,宋代以御札发布南郊大礼的惯例①,在后周已经出现。

> [广顺三年(953)]十月戊申,内出御札曰:"……朕以来年正月一日于东京有事于南郊,宜令所司各备仪注,务从省约,无致劳烦。凡有供需,并用官物,府县不得因便差配。诸道州府不得以进奉南郊为名,辄有率敛。庶俾严静,以奉郊禋,中外臣僚,当体予意。"②

《册府元龟》卷一〇三《帝王部·招谏二》载有六封五代君主要求臣僚上封章言事的御札,时间自后唐庄宗至后周世宗朝,应该同样是以"故兹札示,想宜悉知"作为结尾③。

目前为止,未见后梁御札的史料,最早发布大诏令的御札出现于后唐庄宗时。最初,御札首先由禁中发往中书门下,再由中书门下转发受付对象。

> [同光三年(925)]闰十二月甲午,赐中书门下诏曰:……朕纂承凤历,嗣守鸿图,三载于兹,万机是总……今则潜按方区,备聆谣俗,或力役罕均其劳逸,或赋租莫辨于后先,但以督促为名,烦苛不已。被甲胄者何尝充给,趋朝省者转困支持,州闾之货殖全疏,天地之灾祥屡应。以至星辰越度,旱涝不时,农桑失业于丘园,道殣相望于郊野,生灵

---

① 参见《文献通考》卷五一《职官考五·中书省》,中华书局1986年版,第463页。

② 《册府元龟》卷三四《帝王部·崇祭祀三》,中华书局1960年版,第374页。

③ 参见《册府元龟》卷一〇三《帝王部·招谏二》,中华书局1960年版,第1229—1232页。

及此,寝食宁遑……百辟之内,群后之间,莫不有尽忠者被掩其能,抱器者艰陈其力。或草泽有遗逸之士,山林多屈滞之人,尔所不知,吾将安访!卿等位尊调鼎,名显代天……当宜历告中外,急访英髦。应在仕及前资文武官已下,至草泽之士,有济国治民、除奸革弊者,并宜各献封章,朕当选择施行……①

同光三年秋,天下大水,京师乏食尤甚,故"庄宗以朱书御札诏百僚上封事"②。从"应在仕及前资文武官已下,至草泽之士,有济国治民、除奸革弊者"的称谓,可知受付者最终为全体臣民。此御札却是"赐中书门下诏",故中书门下会将此御札转发,进一步行下。

明宗朝中前期,由中书门下受付后转发御札的方式,其应用达到高潮。

[天成元年]五月丁巳,内出御札一封,赐宰臣晓示文武百寮:"每日正衙常朝外,五日一度赴内殿起居。宰臣、百官于文明殿庭谢。其中书非时有急切公事,请开延英,不在此限。"③

[天成二年八(九)月]己未御札,就中书示谕曰:"……朕取十月七日亲幸汴州。其沿路一行宿食顿递,可下三司排当,务从简俭,不得劳扰人户。至于扈从兵师,亦已严行

---

① 《旧五代史》卷三三《庄宗纪七》,中华书局1976年版,第462页。
② 《新五代史》卷五四《李琪传》,中华书局1974年版,第617页。
③ 《册府元龟》卷一〇八《帝王部·朝会二》,中华书局1960年版,第1285页。

诚约,兼告谕东北道诸侯,不得迎驾朝觐。"①

[天成]三年正月丁巳,内出御札曰:"……今月七日据巡检军使浑公儿口奏,称有百姓二人以竹竿习战斗之事。朕昨初闻奏报,实所不容,率尔传宣,令付石敬瑭处置。今旦安重诲敷奏,方知悉是幼童为戏。既载聆谠议,方觉失刑……亦以浑公儿诳诬颇甚,敬瑭详覆稍乖,致人当枉法而殂,处朕于有过之地。今减常膳十日,以谢幽枉。其石敬瑭是朕懿亲,合施规谏,既兹错误,宜示省循,可罚一月俸。浑公儿决脊杖二十,仍削在身职衔,配流登州,常知所在。其小儿骨肉,各赐绢五十匹,粟麦各百石,便令如法埋葬。兼此后在朝及诸道州府,凡有极刑,须子细裁遣,不得回循。付中书门下。"百僚进表称贺。②

从后两封御札的内容看,最终受付对象都是内外臣僚。特别是天成三年正月御札,除了对浑公儿一事进行处理外,更重要的是要求"此后在朝及诸道州府,凡有极刑,须子细裁遣,不得回循",故发布后有"百僚进表称贺"的程序,但此御札最初却是"付中书门下"。在重大礼仪之事的讨论中,明宗亦是通过御札与以宰臣为首的朝臣进行沟通,以贯彻自己的主张。

[天成]二年春,宰臣郑珏等上言曰:"……臣闻自古英主入绍洪基,莫不慎固远图,凝思往事,敬宗尊祖,追养存

---

① 《册府元龟》卷一一四《帝王部·巡幸三》,中华书局 1960 年版,第 1361 页。

② 《册府元龟》卷一五一《帝王部·慎罚》,中华书局 1960 年版,第 1829 页;卷一七五《帝王部·悔过》,中华书局 1960 年版,第 2109 页。

诚,广殊号于园陵,展异仪于玺绂,春秋殷荐,霜露永怀。又闻两汉以诸侯王入继帝统,则必易名上谥,广孝称皇,载于诸王故事,孝德皇、孝仁皇、孝元皇是也。伏异(冀)圣慈,猥从人愿,许取皇而荐号,兼上谥以尊名,改置园陵,仍增兵卫。"御札报曰:"……宜依上表施行。"诏礼院定其仪制。太常博士王丕等引汉桓帝入嗣尊其祖河间孝王曰孝穆皇帝,蠡吾侯曰孝崇皇帝为例,请付太常定谥议。刑部侍郎、权判太常卿马缟复议曰:"……伏缘礼院,已曾奏闻,难将两汉故事,便述尊名。"右仆射李琪集百寮议曰:"马缟所奏,礼有按据,乞下制,令马缟虔依典册,以述尊名。"帝手诏报曰:"……缟则以征事上言,深观动静;朕则以奉先为切,虑致因循。须定一涂,以安四庙。可特委宰臣与百官详定,集两班于中书,逐班各陈所见。"唯李琪等请于祖祢二室先加帝字。宰臣合众议而奏曰:"……今臣等商量,所议追尊四庙,望依御札,并加帝号。兼请于洛京选地立庙。"中旨令就应州旧宅立庙,余依。①

上引第一封御札肯定了宰相郑珏请求对明宗生身父祖"许取皇而荐号,兼上谥以尊名,改置园陵,仍增兵卫"的上表。因为太常礼院在定仪制的过程中,就是否给追尊者同时使用"皇""帝"二字产生分歧,故明宗再以御札要求百官于中书门下集议,同时表明自己赞同太常博士王丕按两汉加二字故事定制。

①　《册府元龟》卷五九三《掌礼部·奏议二一》,中华书局1960年版,第7099—7100页。

宰臣合众议上奏称"望依御札,并加帝号"。

同光四年四月,明宗继位之初至长兴二年(931)二月,安重诲在枢密使任上。因庄宗朝兼任枢密使和宰相的郭崇韬以悲剧收场,明宗需要重新调整内廷(枢密使)与外朝(宰相)之间的关系,以找到最佳制衡点。"重诲自明宗龙潜时得给事左右……随从征讨,凡十余年,委信无间,勤劳亦至。洎邺城之变,佐命之功,独居其右。"故在任期间,"独绾大任,臧否自若"①。为确保自己更好地行使议政职能,并不具备较高文化素养的安重诲在明宗身边设置了端明殿学士二人②。宰相选授,亦操纵于重诲之手③。安重诲当权期间,形成了以内廷支配外朝的局面,中书门下更多地作为政务执行机构。天成三年正月癸丑,明宗向中书门下发布御札:"朕今月七日巡幸邺都。逾月之内,却驻梁苑。其沿路宿食顿递,并仰三司预专排比,不得辄扰人户。""时将幸大名也,六卿家口才自洛阳迁于汴水,颇亟闻顺动,初有难色。及至百官上表,圣虑未回,颇有狂说。定州王都正多疑虑,人情相恐,军士惶惑,在位咸不敢言。赵凤手疏于安重诲,直谕其事。重诲自惊,具白于帝。翌日,诏罢行期,内外谧然安帖。"④巡幸邺都的决定是明宗与安重诲达成的,身为宰相的赵

① 《旧五代史》卷六六《安重诲传》,中华书局 1976 年版,第 873—874 页。

② 参见《资治通鉴》卷二七五,中华书局 1956 年版,第 8985—8986 页。

③ 参见《旧五代史》卷五八《郑珏传》,中华书局 1976 年版,第 779 页;卷六七《赵凤传》,中华书局 1976 年版,第 889 页;卷六七《豆卢革传》,中华书局 1976 年版,第 884 页。

④ 《册府元龟》卷一一四《帝王部·巡幸三》,中华书局 1960 年版,第 1361—1362 页。

凤想使君主收回成命,也只能先行说服安重诲(赵凤为相出于安重诲的主张),再由其向明宗进言。御札的应用与君主、枢密使和宰相的关系显然可见。代表君主个人意旨的非正式王言,这一时期通过两条渠道下发:一是御札发付中书门下,再由其宣下;二是加盖御前印的宣类公文经行枢密院发付受文对象,与正式王言取得了同等的地位。

明宗朝前期,作为朱书御札功用逐渐固定化的分水岭,还有一则史料需要注意。和凝写于明宗朝的《宫词百首》①其一:"欲封丹诏紫泥香,朱篆龙文御印光。汗涣丝纶出丹禁,便从天上凤衔将。"②自唐穆宗时期至五代,用朱书书写的王言只有御札一种。此诗中所描写的王言既然是以朱书篆字所写,且为君主亲笔,又出自禁中,必为御札无疑。此御札上盖有御印。很可能在明宗时期,由于广泛应用,为区别于加盖御前印的宣类公文,御札也开始盖印。

长兴二年闰五月,安重诲被诛杀后,御札发布流程发生了变化。三年七月,因宋、亳、颍等州遭受严重水灾,枢密使范延光、赵延寿奏请官仓赈贷及支借种子。丁未,内出御札,未经中书门下,直接"示百僚"曰:"今年州府遭水潦处,已下三司各指挥本州府支借麦种及等第赈贷斛食。仰逐处长吏,切加安存,不得辄有差使。如户口流移,其户下田园、屋宅,仰村邻节级,长须主管,不得信令残毁。候本户归日,具元本桑枣根数及什物数目交

①　参见林淡丹:《和凝研究》,厦门大学中国古代文学专业 2009 年硕士学位论文,第 17—30 页。

②　《全唐诗》卷七三五,中华书局 1960 年版,第 8397 页。

付,不得致有欠少。本户未归,即许邻保请佃供输。若入务时归业,准例,收秋后交付。"①天福元年(936)十二月庚寅,"御札宣示百寮",要求其上封章②。后周太祖继位之初,以"御札宣示群臣",规定诸道常贡不需进献的种类,此御札有"诸州府更有旧例,所进食味,其未该者,宜奏取进止",以及"告于中外,宜副朕心"之语③。这些御札应该是直接在朝堂宣读之后,再发付相关机构。

据张祎先生考察,宋代御札形式分别两种。第一种即"布大号令者",用于宣布改元,在太庙、南郊和明堂举行重大典礼,格式为"敕内外文武百寮……故兹札示,想宜知悉"。第二种即文献中有时称为"御前札子"的公文,也可简称"御札",以"付某某"结尾④,君主有时会使用其下达指令。根据上文,五代御札多是发布重大号令,但内容不局限于宣布改元或重大礼仪的举行,还包括宣布君主出幸往还或征战、要求上封章、赦宥、州府县地位升降、免贡,甚至君主改名等。出现"付某某(司)"字样的除天成三年正月处理浑公儿事件的御札,还有同年正月癸丑御札:"朕今月七日巡幸邺都。逾月之内,却驻梁苑。

---

① 《册府元龟》卷一〇六《帝王部·惠民二》,中华书局1960年版,第1269—1270页。

② 参见《册府元龟》卷一〇三《帝王部·招谏二》,中华书局1960年版,第1230页。

③ 参见《册府元龟》卷一六八《帝王部·却贡献》"周太祖广顺元年正月庚辰御札",中华书局1960年版,第2030页。

④ 参见张祎:《制诏敕札与北宋的政令颁行》,北京大学2009年博士学位论文,第54—56页。

其沿路宿食顿递,并仰三司预专排比,不得辄扰人户,付中书门下准此。"①根据上文,明宗中前期的御札都是先发付中书门下,再由中书门下转发,故这一时期应该不存在所谓御札和御前札子的区别,所有御札都是"付中书门下(准此)"。在这句之后,很可能仍有"故兹札示"的字样。御札和宣类公文比较,宣类公文无须经行外朝,更便于君主直接参与政务裁决。故经过明宗前期的过渡,御札基本专门用于发表重大政治活动或政治表态,不再用于处理国家政务,与宣类公文分别承担不同的职能。

御札作为私人信件,五代仅存一例,亦在明宗朝前期。《新五代史》卷六六《马殷传》云:"天成二年,请建行台。明宗封殷楚国王……乃遣尚书右丞李序持节以竹册封之。"②《十国春秋》记载此事:"[天成二年]秋八月,唐册礼使、尚书右丞李序至于潭州。序持节奏朝廷朱书御札,许自开国立台,承制置官属,分天子之半仗焉。"③故李序此行持有册立马殷为楚国王的册书,以及明宗写给马殷的御札,答应其建行台的请求。此御札乃是赋予马殷的私人信件,由专使专达,不同于发布大号令或是对具体事务进行批示的御札,故无须经过中书门下。五代之际,与

---

① 《册府元龟》卷一一四《帝王部·巡幸三》,中华书局 1960 年版,第1361—1362 页。
② 《新五代史》卷六六《马殷传》,中华书局 1974 年版,第 824 页。
③ 《十国春秋》卷六七《楚一·武穆王世家》,徐敏霞等点校,中华书局1983 年版,第 944 页。

藩国国君联系,仍以玺书为主①。

在唐代,君主御笔亲书的王言,无论公私,为数都不多。私的王言主要用以私人通信和裁处极其琐细之事,唐代前期主要有墨诏和手诏等。正式王言除极少数处理政务外,也用作君主与藩王、重臣或宗室之间的信件(包括御批)。当墨诏和手诏不再全部是君主亲笔之后,需要有新的名词来称谓御笔亲书的文字(公文),御札的词性开始由动词向名词转化。

五代中央行政运行体制在继承中书门下体制的基础上,不断调整内廷与外朝的关系。内外忧患的政局使得君主在有意无意之间进一步加强自身在国家政务裁决中的作用。御札在经过后唐庄宗和明宗中前期的调整后,形成了基本固定的文书格式、封印制度和运行流程,与处理国家各类事务的宣类公文分别承担起不同的功用,作为发布重大政治主张、以示诚意的王言。

---

① "庄宗平蜀,[马]殷大惧,表求致仕,庄宗下玺书慰劳之。"(《新五代史》卷六六《马殷传》,中华书局 1974 年版,第 824 页)吴越王钱俶上言四月十日夜杭州火,沿烧府署殆尽。后周世宗命内臣赍玺书恤问。参见《册府元龟》卷一三六《帝王部·慰劳》"显德五年四月丁丑"条,中华书局 1960 年版,第 1652 页。世宗与南唐通信,亦用玺书。参见《册府元龟》卷一一八《帝王部·亲征三》,中华书局 1960 年版,第 1417—1418 页。

表 2　《册府元龟》所载五代时期巡幸亲征类御札表

	发布日期	发布目的	《册府元龟》所载内容	《旧五代史》所载称谓和内容
1	后唐天成三年八（九）月己未	对汴州（宣武军）节度使朱守殷防范用兵	朕取十月七日亲幸汴州，可下三司排当，务从简当。至于扈从兵士，亦已严行诫约，兼告谕东北道诸侯，不得迎驾朝觐。	御札 朕取十月七日亲幸汴州。
2	天成三年正月癸丑	对义武军节度使王都防范用兵	朕今取七日巡幸邺都。逾月之内，却驻梁苑。其沿路食顿，并仰三司预专排比，扰人户，付中书门下催此。	诏取今月（十）七日亲幸邺都。
3	天成三年正月壬戌		朕以邺都望幸，暂议省巡……所宜别造良辰，今改三月十三日。故兹札示。	
4	天成三年二月丁酉	因巡幸邺都御札，王都疑惑，人士惶恐相恐，军士惶惑	凡在中外，当体朕怀。先取今月十三日巡幸邺都权停。	诏巡幸邺都宜停。
5	天成四年二月己酉	平定王都叛乱	取今月十三日归洛都。	诏取今月二十四日车驾还东京。

	发布日期	发布目的	《册府元龟》所载内容	《旧五代史》所载和谓和内容
6	后晋天福六年七月甲申	讨安重荣	取今月五日暂幸洛都，沿路供顿并委所司以官物排比，州县官不得科率人户。其随驾苗稼，中外官员，并马步兵士等，不得扰人，贱踏苗稼，宜体朕心。前均州刺史刘彦洞为随驾御营使。遣护圣右厢都指挥使梁汉璋等，领兵士（八）指挥在郡都，赐放文武百官朝参两日，取便进发。	御札 取八月五日暂幸邺都，沿路供顿，并委所司以官物排比，州县不得科率人户。
7	天福八年二月庚戌	契丹将人寇	宜取今月十一日还幸东京。应沿路州府并不用修饰行宫，开治道路，并以官物供给，勿令科敛人户。侧近州长吏，勿来朝觐。凡在逗迤，宜体朕怀。	御札 取今月十一日车驾还东京，沿路州府并不用修饰行宫，并以官物供给；食宿顿递，文武臣僚除有公事合随驾外，并先次进发。
8	后汉天福十二年九月戊寅	讨杜重威	取今月二十九日车驾起离阙下，暂幸澶魏。已来凡百士庶，宜体朕意。	诏以杜重威叛命，取今月二十九日暂幸澶、魏。

续表

序号	发布日期	发布目的	《册府元龟》所载内容	《旧五代史》所载称谓和内容
9	后周广顺元年十二月戊子	刘崇攻晋州甚急	广顺元年，河东刘崇与契丹围晋州，命峻为行营都部署。至陕驻留数夕，刘崇攻晋州路，取晋州甚急，大祖忧其不守。及议亲征，先令谕峻，峻攻泽州路，人与[王]峻会合，峻遭驿骑驰奏，请不行幸。时已降御礼，行有日矣。	诏以刘崇入寇，取当月三日暂幸西京。
10	广顺二年四月乙卯	慕容彦超反叛，曹英等攻克兖州久未克	凡我臣寮，当体兹意。朕取五月五日进发，离京赴兖州城下慰劳营行将士。会路侧近节度防御团练使刺史不得离本州府，来赴朝觐。其随驾一行供顿并取系省钱物勾当。仍预告报一路州县，并不得别有排比。其随从臣寮内外诸司官中已有供给，州县亦不得别有排比，亦已指挥破费祇供。其要载动用什物车乘，亦得供应。如阙少之时，候见宣命，即得供应，只不得预前排比。或吏都及诸色人子路途中路入取索，并不须什居。时热，不用至行在。诸店肆买卖所须付居，先还价钱，两京留司百官至行在。沿路所指挥行之，亦依此施行。车驾回日，亦依此施行。	诏取来月五日，车驾赴兖州城下，慰劳将士。

续表

	发布日期	发布目的	《册府元龟》所载内容	《旧五代史》所载称谓和内容
11	显德元年三月癸未	讨刘崇	凡在众多，当体兹意。朕取此月十一日，亲率大军取河阳路亲征。应沿路排当，并不得差遣百姓。科配州县及于人户处借索动掠。远近节度刺史并不得辄离理所，求赴朝觐；诸道司各宜应奉公事者，即仰从驾，不在扈随。务从省要，免至劳顿。故兹札示，想宜知悉。	诏以刘崇入寇，车驾取今月十一日亲征。
12	显德三年正月庚子	征淮南	宜取此月内车驾进发，暂幸准上。凡关旧仪，有司准式。	诏取此月八日幸准南。
13	显德四年正月戊申	征淮南	今取二月内暂幸准上。应自来缘路供备，务从省略。凡有费用，并以官物支备，所在不得科配。其诸约束条件，一如近年巡按之例。	诏取来月幸准南。
14	显德四年十月戊辰	征淮南	凡在中外，当体朕怀。今取此月内暂幸准上。应沿来往沿路供备，务从省略。凡有费用，所在不得科配官物供备。	诏取来月内车驾暂幸准上。
15	显德六年三月丙寅	征讨契丹	今取此月内驾幸沧州。已来应沿路排顿，并以官物无余依例。	诏以北境未复，取此月内幸沧州。

下　篇

　　本篇为个案研究。通过对尚书省行用的主要官文书进行分析,确定尚书省在国家政务运行中所处的地位;通过展现御史台性质的转化,揭示其对尚书省地位和职掌的影响;通过对使职和内诸司使的功能进行探讨,明确使职、差遣与职事官之间的关系,南衙与北司之间的关系;以礼部侍郎与知贡举的任职情况为切入点,展示五代诸朝尚书省剩余职掌的运作情况以及当时的官制特色。

第一章 官文书与唐代中书门下体制下的尚书省

最能清晰、准确展现中国古代行政运行体制的文字莫过于政府所发的官文书。在唐代,官文书主要指诸官府机构间使用的与行政运作相关的文书形式,不包括君臣之间的文书往来,即"'官文书',谓在曹常行,非制、敕、奏抄者"①。

唐代前期三省制下,官府机构间使用的官文书主要有符、关、移、牒、刺和解六种。据《唐律疏议》,这六种官文书在发出、执行过程中如果出现稽缓、代署或误毁及丢失现象,相关人员会受到同样的处罚②。为治唐史者所熟知的敦煌文书 P.2819《唐开元(公元七一九或七三七年)公式令残卷》中保存了符、关、

---

① 《唐律疏议》卷九《职制律》"稽缓制书官文书"条,中华书局 1983 年版,第 197 页。参见黄正建:《唐代"官文书"辨析——以〈唐律疏议〉为基础》,见武汉大学中国三至九世纪研究所编:《魏晋南北朝隋唐史资料》第三十三辑,上海古籍出版社 2016 年版,第 31—39 页。

② 参见《唐律疏议》卷九《职制律》"稽缓制书官文书"条,中华书局 1983 年版,第 196—197 页;卷一〇《职制律》"事直代判署",中华书局 1983 年版,第 203 页;卷二七《杂律》"弃毁亡失制书官文书条",中华书局 1983 年版,第 514 页。

移、牒四种官文书格式,并在注释中提到了刺和解①。

前文已论,三省制下,三省长官同为法定宰相,三省分别协助本省长官承担宰相机构的部分职能。尚书省内,都省为左右仆射裁决国家常务的机构,率领其下六部二十四曹行使最高行政权,中央诸寺监与地方州府皆在其政令指挥之下。尚书省是名副其实的"天下政本",在三省中居于首要地位。开元十一年(723),中书令张说奏改政事堂为中书门下,作为宰相机构,中书门下体制初步确立。此后,中书门下日益政务官化,在德、宪之际最终取代尚书省,成为国家常务裁决的主体。在这一过程中,尚书省力图在维持原有职权的基础上,尽量调整自身以适应新体制。通过对官文书及其运作变化的探讨,可以更加清晰地展现尚书省在中书门下体制下的地位、职能以及与相关机构之间的关系。

第一节　诸官文书的内容及应用范围

首先,简要了解一下符、关、移、牒、刺和解六种官文书。

诸官文书的内容和发受文机构在《唐六典》和《开元公式令残卷》中有所涉及。《唐六典》卷一称:"尚书省下于州,州下于县,县下于乡,皆曰符。"②同书卷一九和卷二三分别记载司农寺

---

① 参见唐耕耦、陆宏基编:《敦煌社会经济文献真迹释录》第二辑,全国图书馆文献缩微复制中心 1990 年版,第 556—558 页。

② 《唐六典》卷一《尚书都省》注,中华书局 1992 年版,第 10—11 页。

太仓署"给公粮者,皆承尚书省符"①;将作监"凡内外缮造,百司供给,大事则听制、敕,小事则俟[尚书]省符"②。《开元公式令残卷》中的符式即尚书省下于寺监者③。从现有史料看,符的使用范围就限于此。三省制下,在中央,符是尚书省的专用文书,作为最高行政机构指挥诸寺监和地方州府运作的官文④;在地方,符用于上级行政机构对管内直属下级机构发令。

"诸司自相质问,其义有三,曰:关、刺、移。关谓关通其事,刺谓刺举之,移谓移其事于他司。"⑤公式令所给出的关文格式,是尚书省诸司之间的相关式:

关式

吏部　　　　　　　为某事。

兵部云云。谨关。

年月日

主事姓名

吏部郎中具官封名。　令史姓名

---

① 《唐六典》卷一九《司农寺》"太仓署令、丞职掌"条,中华书局1992年版,第527页。

② 《唐六典》卷二三《将作监》"将作监丞职掌"条,中华书局1992年版,第594页。

③ 唐耕耦、陆宏基编:《敦煌社会经济文献真迹释录》第二辑,全国图书馆文献缩微复制中心1990年版,第557页。

④ 《开元公式令残卷》形成于中书门下体制初步确立后不久,公文格式基本上反映的仍然是三省制时的情况。尚书省以最高行政机构身份发出的符分为两类,一是以符式将制敕王言转发给寺监或地方州府,要求其执行之;二是以符式直接对寺监和地方州府政务发令,进行指挥,即本章主要考察的符式官文。

⑤ 《唐六典》卷一,中华书局1992年版,第11页。

书令史姓名

右尚书省诸司相关式。其内外诸司同长

官而别职局者,皆准此。判官署位,准郎中。①

注释云:"其内外诸司,同长官而别职局者皆准此",可以有两种解释。第一,同长官而别职局的内外诸司,使用与尚书省诸司相同的关式;其他关系的机构行关时,采用别的格式。第二,照目前史学界通常的理解,关文只能在同一长官下的同级别官府之间使用②。但是,这种说法存在问题。《唐六典》有"京师诸司有符、移、关、牒下诸州者,必由于都省以遣之"之语③。显然中央有机构可向诸州行关,而中央任何机构与诸州都不可能是"同长官而别职局"。再参见以下史料:

[天宝]七载(748)五月十五日诏:"……历代帝王肇迹之处,未有祠宇者,所由郡置一庙享祭,取当时将相德业可称者二人配享……令郡县长官,春秋二时择日,粢盛蔬馔时果,配酒脯,洁诚致祭……历代帝王庙,每所差侧近人不课户四人,有阙续填,仍关户部处分。"④

诏书令郡县长官将续填服务历代帝王庙之不课户事宜关户

---

① 唐耕耦、陆宏基编:《敦煌社会经济文献真迹释录》第二辑,全国图书馆文献缩微复制中心 1990 年版,第 556 页。

② 参见[日]中村裕一:《唐代公文书研究》,汲古书院 1996 年版,第208—218 页;雷闻:《关文与唐代地方政府内部的行政运作——以新获吐鲁番文书为中心》,《中华文史论丛》2007 年第 4 期。

③ 参见《唐六典》卷一《尚书都省》,中华书局 1992 年版,第 11 页。

④ 《唐会要》卷二二《前代帝王》,上海古籍出版社 2006 年版,第 501—502 页。标点由笔者据文意修改。

部。这是地方长官向尚书省相关机构行关,即下对上的关文。

长庆二年(822),国子祭酒韦乾度奏:"当监四馆学生,每年有及第阙员,其四方有请补学生人,并不曾先于监司陈状,便自投名礼部,计会补署。监司因循日久,官吏都不检举,但准礼部关牒收管,有乖大学引进之路……"①这是礼部补署学生名单后,向国子监关通此事,即尚书省向对口寺监下发关文。又会昌二年(842)正月,太常礼院奏称:"准监察御史关牒,今月十三日祀九宫贵神,已敕宰相崔珙摄太尉行事。"②太常礼院与监察御史分属太常寺与御史台,二者亦非"同长官"。这是平行官府之间的关文往来。可见关文的使用并不局限于"同长官而别职局者"。任何关系的机构之间皆可使用关文,只是关文格式不同而已。公式令所载只是每种官文书的其中一个格式。

诸官文书中,唯有刺的用途不甚明确。《文心雕龙》载:"百官询事,则有关刺解牒……刺者,达也。诗人讽刺,周礼三刺,事叙相达,若针之通结矣。"③所谓"刺举","举"本有"言"之意,因此刺用于发言以通信息。《唐六典》卷二七记述太子家令寺主簿职掌,"凡寺、署之出入财物,役使工徒,则刺詹事"④,这里的"刺",即此意。公式令残卷载有尚书都省下省内曹司牒,

---

① 《唐会要》卷六六《(东都)国子监》,上海古籍出版社2006年版,第1372页。所谓"关牒"即关,"牒"字是对公文的统称。

② 《册府元龟》卷五九二《掌礼部·奏议二〇》"会昌二年正月四日"条,中华书局1960年版,第7078页。

③ (南朝)刘勰:《文心雕龙注》,范文澜注,人民文学出版社1962年版,第457、459页。

④ 《唐六典》,中华书局1992年版,第697页。

其注释称："应受刺之司于管内行牒，皆准此。"尚书省二十四曹对都省行刺，有学者因此推断凡同一官司内各部门向领导部门发文即为刺①；或认为受刺之司与上刺的官府之间存在上下级关系②。东宫建制，詹事府处于都省的地位，家令寺在其管内，二者的关系相当于都省和诸曹。家令寺上詹事府用刺，似乎证实了上述推断。但史籍中其他关于刺的记述，否认了这种说法。《唐律疏议》卷一〇《职制律》称诸事"应行下而不行下及不应行下而行下者，各杖六十"。"事应行下而不行下，不应行下而行下者"，"谓应出符、移、关、牒、刺而不出行下，不应出符、移、关、牒、刺而出行下者"。③据此，包括刺在内的这五种官文书都有下行的功用（此处没有提及"解"，因其只能上行）。

> ［姚元崇］开元初为紫微令。时左（右）丞相刘幽求有女出适，刺所司举旧例赐物。元崇奏曰："自神龙以来，或有承恩宰相男女婚礼，皆得赐物。事出一时，不合著例，此后望停。"从之。④

右丞相（仆射）刘幽求因女儿出嫁，通过向所司（当为礼部）

---

① 参见刘俊文：《唐律疏议笺解》卷九《职制律》"稽缓制书官文书"条笺释三，中华书局1996年版，第772页。

② 参见卢向前：《牒式及其处理程序的探讨——唐公式文研究》，见北京大学中国中古史研究中心编：《敦煌吐鲁番文献研究论集》第三辑，北京大学出版社1986年版，第339页。

③ 《唐律疏议》卷一〇《职制律》"事应奏不奏"条，中华书局1983年版，第202—203页。

④ 《册府元龟》卷三一七《宰辅部·正直二》，中华书局1960年版，第3741页。

行刺,要求按照旧例赐物,被宰臣姚元崇阻拦。这是刘幽求以尚书省长官身份向省内机构下发刺文,虽因私事,却是公办。所以姚元崇才会通过上奏,获得君主批示,正式阻止此事。

> [贞元]十二年(796)四月,御史中丞王颜奏:"吏部、兵部、礼部侍郎、郎中、员外郎,共一十二员,起去年十一月一日,至今年三月三十日,并不朝。臣比谓选限内不朝,实凭格敕,去三月二十一日辍朝,前件官并阙奉慰。臣刺中书门下省并兵部、吏部,检敕格无文……"①

有唐一代,无论行政运行体制发生了何种变化,御史台与三省、六部之间都不存在任何隶属关系。因为中书、门下两省,以及兵部和吏部都设有保存制敕的甲库,御史台请它们回复是否有某些官员可以在特定情况下不朝参的规定,得到否定答案②。这是非相管隶的机构之间通过刺沟通信息。

目前所见,唐代刺文运行都是在中央诸司之间进行的,前引《唐六典》所载京师诸司下于诸州的官文书中,未提及刺。宋初,参知政事张洎亦称"京百司有符牒关刺"③。可能刺仅在中央机构之间行用,地方没有资格使用这种义书。

---

① 《唐会要》卷二四《朔望朝参》,上海古籍出版社 2006 年版,第 544 页。

② 类似的情况还有后唐清泰二年,因雨天,移班廊下。移班台吏董瑾引仆射在中丞、三院御史之下,引起仆射不满。御史台"寻刺都省,请检讨旧仪"。参见《五代会要》卷六《文武百官朝谒序》,上海古籍出版社 2006 年版,第 104 页。《册府元龟》卷五一七《宪官部·振举二》"清泰二年十一月"条略同,中华书局 1960 年版,第 6180 页。

③ (清)徐松辑:《宋会要辑稿》职官一之七一,中华书局 1957 年版,第 2365 页。

移的内容和发受文机构的关系都很明确,"移谓移其事于他司","内外诸司非相管疑(隶)者,皆为移。"①此不多赘。

牒的应用范围最为广泛,且不受内容限制,"九品已上公文皆曰牒。"②公式令残卷记载的牒式用于都省对省内发文,扩展至受刺之司对管内皆可使用这种牒式③。不过,既然九品以上公文皆可称牒,故牒是诸官府之间的通用官文书。根据卢向前的研究,除补牒外,牒分为牒上牒、牒下牒和平行牒,通过不同格式和用语,区别发文和受文机构的关系④。

就解而言,唐代史料没有关于其内容的概括性记述⑤。《文心雕龙》载:"解者,释也。解释结滞,征事以对也。"⑥虽然解亦用于询事,《唐六典》却未将其与关、刺、移列为一类。这

---

① 唐耕耦、陆宏基编:《敦煌社会经济文献真迹释录》第二辑,全国图书馆文献缩微复制中心 1990 年版,第 556 页。

② 《唐六典》卷一《尚书都省》,中华书局 1992 年版,第 11 页。

③ 参见唐耕耦、陆宏基编:《敦煌社会经济文献真迹释录》第二辑,全国图书馆文献缩微复制中心 1990 年版,第 557 页。

④ 参见卢向前:《牒式及其处理程序的探讨——唐公式文研究》,见北京大学中国中古史研究中心编:《敦煌吐鲁番文献研究论集》第三辑,北京大学出版社 1986 年版,第 351—352 页。关于牒文格式的研究,参见[日]赤木崇敏:《唐代前半期的地方公文体制——以吐鲁番文书为中心》,见邓小南等主编:《文书·政令·信息沟通——以唐宋时期为主》,北京大学出版社 2012 年版,第 119—165 页;《唐代官文书体系とその変遷——牒、帖、状を中心に——》,载[日]平田茂树、[日]远藤隆俊主编:《東アジア海域叢書(外交史料から十~十四世紀を探る)》,汲古书院 2013 年版,第 31—75 页。

⑤ 参见刘安志:《唐代解文初探——敦煌吐鲁番文書を中心に——》,[日]土肥义和、[日]气贺泽保规主编:《敦煌·吐鲁番文書の世界とその時代》,汲古书院 2017 年版,第 123—156 页。

⑥ (南朝)刘勰:《文心雕龙注》,范文澜注,人民文学出版社 1962 年版,第 459 页。

是因为它的应用范围有特殊限定。公式令残卷云:"凡应为解向上者,上宫(官)向下皆为符"①,故解是与符对应的上行文书。符可以作为对解的批答(询事);解亦可以作为对符的响应(征事以对)②。但有一点需要注意,即符不仅仅用于对应解,其用途要大得多。解是下对上的发文,在中央,尚书省既然是唯一发符的机构,因而亦是唯一接受解的机构。通过与诸寺监、地方州府符与解的往复,尚书省管辖范围内的常务得以解决。

综上,六种官文书都有其应用范围。符是上对下的发文,在中央只有尚书省行用,解则作为与符相对应的上行官文书。这两种官文书在尚书省与相关官府之间往来,是尚书省作为最高行政机构的主要体现。移用于非管隶关系的机构之间。关与牒可通用于任何关系的官府之间,通过具体的文书形式可以显示出发受文机构的地位或关系。刺的情况比较模糊,当可行用于中央任何关系的官府间,地方官府很可能没有资格接受或发出刺文。

---

① 唐耕耦、陆宏基编:《敦煌社会经济文献真迹释录》第二辑,全国图书馆文献缩微复制中心 1990 年版,第 558 页。

② 解与符的关系,以及解文的运作程式,参见刘安志:《吐鲁番出土唐代解文についての雑考》,见[日]荒川正晴、[日]柴田幹夫主编:《シルクロードと近代日本の邂逅:西域古代資料と日本近代仏教》,勉诚出版社 2016 年版,第 71—100 页;黄楼:《吐鲁番文书所见北凉解文的复原及相关问题研究》,《敦煌研究》2016 年第 3 期。

第二节　中书门下体制下尚书省与
诸官府机构的关系

——以官文书为中心

　　唐代三省制下,从中央到地方各级官府机构的地位、职能都有法可依,彼此之间的关系较为明确。但随着中书门下体制的确立,国家常务裁决的主体发生转变,诸机构的职能呈现多样化,彼此之间的关系重新进行了调整。

一、尚书省与中书门下的关系

　　中书门下体制确立后,中书门下成为诸官府之上的宰相机构,且日益政务官化,最终兼掌国家最高行政权,尚书省、诸寺监以及地方各级官府都受中书门下领导。只是中书门下并没有接收尚书省的发符权,而是使用了一种新的专用文书——堂帖,发挥尚书省符的作用,以指挥包括尚书省在内的天下百司。帖是公式令以外的官文书形式,是上对下的发文,主要行用于具有直接统属关系的官府之间①。堂帖的应用,清楚显明中书门下作为宰相机构对中央百司和地方的实际统御地位。

　　尚书省诸司向中书门下所发官文书,多采用牒式。《唐会

---

　　① 堂帖的形态和运行模式,以及相关研究成果,参见雷闻:《唐代帖文的形态与运作》,《中国史研究》2010 年第 3 期。

要》卷五八《尚书省诸司中·左右司郎中》略云：

> 贞元五年正月,左司郎中严况奏："按公式令,应受事,据文案大小,道路远近,皆有程期,如或稽违,日短少差,加罪。今请程序(式)……如符牒至三度固违不报,常务通计违八十日以上,要务通计违四十日已上,按典请决六十,判官请吏部用阙。长官及勾官既三度不存勾当,五品以上,请牒上中书门下殿罚,六品以下,亦请牒吏部用阙……"①

尚书都省负责勾检行政效率,由于多有地方官员未按程期执行公务,都省左司郎中奏请用牒报知中书门下违规的中高级官员名单,以施惩戒。"牒上"之语,表明都省地位低于中书门下。

同样,省内二十四曹向中书门下行牒,亦采用牒上牒。同书卷八一《考上》略云：

> [贞元]七年八月,考功奏："准考课令,诸司官皆据每年功过行能,定其考第……自今以后,诸司朝官,皆须据每年功过行能,仍比类格文,定其升降,以书考第,不得一例申中上考。应诸司长官书考不当,三品已上具衔牒上中书门下,四品已下依格令,各准所失轻重降考。"②

考功曹负责每年的官员考课,如果诸司长官没有根据所属官员的实际功过定考,三品以上者,由考功通过牒上牒呈中书门下处分。

---

① 《唐会要》,上海古籍出版社 2006 年版,第 1176 页。
② 《唐会要》,上海古籍出版社 2006 年版,第 1781 页。

尚书省诸司,无论是都省,还是二十四曹,对中书门下行牒都要使用牒上牒。根据卢向前对牒式的分析,发文机构和受文机构处于以下两种关系时,使用牒上牒式。第一,受文机构相对发文机构属于"官虽统摄而无状例";第二,受文机构相对发文机构属于"于所辖而有符帖例",发文时,省略"牒上"字样①。在这种情况下,发文机构处于受文机构的直接统摄下。中书门下体制下,中书门下宰相机构统御百司,都省和诸曹都在堂帖指挥下,属于"于所辖而有符帖例",故其对中书门下使用的应是省略牒上字样的牒式文书。

二、尚书省与诸寺监的关系

三省制下,尚书省是最高行政机构,诸寺监是事务执行机构。尚书省通过对寺监下符,指挥政务运作,诸寺监以解上尚书省,与之沟通。中书门下成为宰相机构后,二者都处于中书门下堂帖指挥下。符与解这两种官文形式是否仍然行用于省寺之间,是明确二者关系的关键,也是明确尚书省是否完全沦为事务执行机构的关键。

肃宗朝,名臣吕諲逝,太常博士独孤及议吕諲谥号,称:"今奉符,令必用二字,且以忠配肃。"②代宗时,梁肃代太常寺答苏端对杨绾谥号的驳议,亦称"今奉符,谓公(杨绾)与元载交游,

---

① 参见卢向前:《牒式及其处理程序的探讨——唐公式文研究》,见《敦煌吐鲁番文献研究论集》第三辑,北京大学出版社1986年版,第351—352页。
② (唐)独孤及:《重议吕諲》,《文苑英华》卷八四〇,中华书局1966年版,第4439页。

尝为载荐引,载之咎恶,悉归于公"①。唐制,"诸职事官三品已上、散官二品已上身亡者,其佐史录行状申考功,考功责历任勘校,下太常寺拟谥讫,覆申考功……"②太常寺两次所奉之"符",都为考功所下,表明尚书省对寺监有下符权。但这只是肃、代之际的情况,并不能以此确定唐代后期尚书省始终保有这一权力。

然而,在中书门下体制下,诸寺监确实存在不少以解上省司的情况。

> 韦乾度为国子祭酒。穆宗长庆二年闰十月奏:"……臣既忝守官,请起今已后,应四馆有阙,其每年请补学生者,须先经监司陈状,称请替某人阙,监司则先考试,通毕,然后具姓名申礼部,仍称堪充学生。如无监司解申,请不在收管之限……"③

国子监通过考试确定补入中央官学的学生名单,这一名单以解文申送礼部批准。文宗曾命令礼部侍郎高锴,"常年宗正寺解送人,恐有浮薄,以忝科名。在卿精拣艺能,勿妨贤路"④。宗正寺贡举人,亦以解送至礼部参加考试。寺监对尚书省用解,

① (唐)梁肃:《代太常答苏端驳杨绾谥议》,《文苑英华》卷八四○,中华书局1966年版,第4441页。
② 《唐六典》卷二《尚书省吏部》"考功郎中职掌"条注,中华书局1992年版,第44页。
③ 《册府元龟》卷六○四《学校部·奏议三》,中华书局1960年版,第7254页。
④ 《太平广记》卷一八一《李肱》引《云溪友议》,中华书局1961年版,第1352页。

反之,尚书省对寺监的下符权力应未完全消失。只是二者间的符、解往来,相对于三省制时大幅度减少而已。

省寺之间亦存在牒文行用。《唐会要》卷八〇《谥法下·杂录》略云:

> [贞元]十四年,都省奏:"请谥家子弟及门生故吏,请立限,未葬以前陈状。其家在遐远,及别有事故者,任至一年内陈状。到考功一月内检勘,下太常礼院,受牒后,一月内定,牒报考功……未立节限以前,合请谥未请者,家在城者,任六个月内于所司申请。家在外者,亦许至一年内申请。立节限后,如过限久,全不请谥。其中有善恶尤著,可存劝诫,请委考功访察行实,便请牒下太常礼院定谥……"①

前论考功令太常寺(礼院)定官员谥号,本使用符,这里所用文书却被称为牒。很可能是因为尚书省行政权日趋削弱,下符权随之萎缩,原本使用符的一些情况,改用了牒。

再来看寺监发于省司的牒文。韩愈在任国子祭酒时,曾作《国子监论新注学官牒》:

> 国子监应今新注学官等牒。
>
> 准今年赦文:委国子祭酒选择有经艺堪训导生徒者以充学官。近年吏部所注,多循资叙,不考艺能。至令生徒不自劝励。伏请非专诵经传,博涉坟史,及进士五经诸色登科人,不以比拟。其新受官上日,必加研试,然后放上,以副圣

---

① 《唐会要》,上海古籍出版社 2006 年版,第 1762 页。

朝崇儒尚学之意。具状牒上吏部,仍牒监者。谨牒。①

虽然中书门下体制下,尚书省发出政令,指挥寺监运作的权力极为有限,省、寺关系有所转变,但是尚书省地位在上,寺监在下的局面依旧。尚书省诸司向寺监行牒,是"牒下",寺监(长官)向省司行牒,是"牒上"。寺监机构对于省司,依然处于"于所辖而有符帖例"的地位。根据卢向前的结论,牒下型牒文如果发于"于所辖而无符帖例"者,卷首作某司"牒某司",不缺字②。省司对寺监行牒,可能使用的是省略"牒某司"字样的牒式。寺监对省司发文时,则使用省略"牒上"字样的牒式。

三、尚书省与地方州府的关系

中书门下体制下,尚书省对诸州府发符的权力亦得以保留。上引贞元时期的史料:

贞元五年正月,左司郎中严涚奏:"按公式令,应受事,据文案大小,道路远近,皆有程期,如或稽违,日短少差,加罪。今请程序(式),常务计违一月以上,要务违十五日以上不报,按典请决二十,判官请夺见给一季料钱,便牒户部收管。符牒再下犹不报,常务通计违五十日以上,要务通计违二十五已上,按典请决四十,判官夺料外,仍牒考功与下考。如符牒至三度固违不报,常务通计违八十日以上,要

① (唐)韩愈:《韩愈文集汇校笺注》卷三〇,刘真伦、岳珍校注,中华书局2010年版,第2996—2997页。

② 参见卢向前:《牒式及其处理程序的探讨——唐公式文研究》,见《敦煌吐鲁番文献研究论集》第三辑,北京大学出版社1986年版,第352页。

务通计违四十日已上,按典请决六十,判官请吏部用阙。长官及勾官既三度不存勾当,五品以上,请牒上中书门下殿罚,六品以下,亦请牒吏部用阙……"①

"符牒"即符。都省负责将省内诸曹指挥政务的符下到地方,并监督地方在规定时间内执行,回报省司。虽然地方没有按期执行,在效率上出现严重问题,但尚书省对地方的政令权通过符得以体现。

在尚书省下符,对地方发出命令的同时,地方采用解,响应尚书省。

[大中]六年(852)七月,考功奏:"……又近日诸州府所申考解,皆不指言善最,或漫称考秩,或广说门资,既乖令文,实为繁弊。自今以后,如有此色,并请准令降其考第。又准考课令,在中上以上,每进一等,加禄一季;中中者守本禄;中下以上,每退一等,夺禄一季……自今以后,每省司校考毕,符牒到州后,仰当时便具升降与夺事由申请……又诸道所申考解,从前十月二十五日到都省,都省开拆,郎官押尾后,至十一月末方得到本司,开拆多时,情故可见。自今以后,伏请准南曹及礼部举选解例,直送当司开拆……"②

诸州府对管内官员的考课结果,以解文申送考功,考功校定后,以符的形式下发给诸州府。此外,地方的选举相关事,亦通

---

① 《唐会要》卷五八《尚书省诸司中·左右司郎中》,上海古籍出版社2006年版,第1176页。
② 《唐会要》卷八二《考下》,上海古籍出版社2006年版,第1788—1789页。

过解文直接上呈尚书省负责机构吏部南曹和礼部(贡院)。考课与选举都是国家重要常务,在这两方面,尚书省的政令权显然可见。

在中书门下体制下,尚书省下发给地方的符,尚有实物存世:

> 尚书省司门
>
> 　　福寿寺僧圆珍,年肆拾叁。行者丁满,年伍拾,并随
>
> 　　身衣、道具、功德等。
>
> 韶广两浙已来关防主者,上件人贰,今月　　日
>
> 得万年县申:称今欲归本贯觐省,并往诸道州
>
> 府巡礼名山祖塔。恐所在关津守捉不练行由,请
>
> 给过所者。准状勘责状同。此正准给,符到奉行。
>
> 　　　　　　　　　　　　　主事袁参
>
> 都官员外郎　　判依　　　　令史戴敬宗
>
> 　　　　　　　　　　　　　书令史
>
> 　　大中玖年拾壹月拾伍日下
>
> 　　　蒲关十二月四日勘出
>
> 　　　　　　丞郢①

民众通过关津的通行证——过所,由所在地向尚书省司门曹申请,司门以符批复。这封晚唐时期的过所,表明有唐一代尚书省始终保有对地方的下符权。

---

① 藏于日本三井寺。图版、录文见[日]中村裕一:《唐代制敕研究》,汲古书院 1991 年版,第 495 页。

尚书省与地方亦有牒文往来。大和四年(830),祠部上言:

> 又伏准元和元年(806)二月十日敕,京城及诸州府寺观铜钟因有破损,须更制造者,请令州府申牒所司奏闻。敕下许以本钟再铸,不得更别添铜者。其诸州府近日皆不守敕文,擅有鼓铸,自今已后,并令申省。①

诸州府以牒向所司,即尚书省祠部报告重制寺观铜钟事,被称为"申牒",申是下级机构向上级机构行文的用语,"申牒"即"牒上"。反之,省司下州府当然为"牒下"。其具体形式应同于省寺之间的牒文形式。

经过上述分析,可以得出如下结论:第一,中书门下对包括尚书省在内的天下百司使用堂帖,表明其宰相机构的统御地位。尚书省诸司以牒式官文发往中书门下,采用牒上牒式,表明其地位低于中书门下。由于省司对中书门下属于"于所辖而有符帖例",因此应使用省略"牒上"字样的牒式。第二,中书门下体制下,寺监以解上尚书省的情况始终存在,推测省司以符下寺监的情况亦未消失。第三,尚书省与地方州府依然以符和解往来处理公务。第四,省司与寺监及地方亦有牒文往来。省司发牒,使用省略"牒某司"字样的牒下牒式;寺监和地方州府发牒则使用省略"牒上"字样的牒上牒式。第五,尚书省下符的权力明显缩小,有一些公务在三省制下通过发符指挥,在中书门下体制下则采用牒下的形式(这种情况在省寺之间更为突出)。

---

① 《册府元龟》卷四七四《台省部·奏议五》,中华书局1960年版,第5659—5661页。

可见,尽管宰相机构中书门下取代尚书省,兼掌最高行政权,但是尚书省的政令权并未完全消失,在一些情况下,尚书省依然有权对寺监和地方州府发出政令,后者亦须遵照执行,故尚书省与寺监、地方州府虽同在中书门下统御之下,其性质却有本质差别。寺监、地方地位低于尚书省的情况从未改变。

唐代行政运行体制转型,其实质最主要体现在尚书省与中书门下的权力转换。只是尚书省(台)自西晋以来就发展为宰相机构,虽然在唐代三省制下,尚书省长官需要和中书、门下两省长官共同行使宰相权力,但由于尚书省拥有最高行政权,因此在三省中居于主导地位。中书门下体制确立后,尚书省虽然丧失了最高行政机构的地位,但保留了一定政令权,且无论法律条文,抑或正统观念,都依然强调尚书省的重要性。确定尚书省与诸机构之间的关系,是比较困难的。这就导致了尚书省与不同关系的机构间多用牒文往来。因为九品以上公文皆可称牒,使用牒式,不必考虑文书的内容和行用范围,只要确定发受文机构的地位高下即可,既方便,也不容易引起官府间的纷争。北宋司马光所撰《司马氏书仪》"公文"类,只保留了一份官文书格式,即牒式[1],亦反映出唐代后期至五代,牒逐渐发展成为应用最频繁的官文书。

此外,中书门下体制确立后,至五代时期,尚书省与其他机构的关文行用也明显增多。关与牒类似,不受发受文机构关系

---

[1]　(宋)司马光:《司马氏书仪》卷一,《丛书集成初编》1040,中华书局1985年版,第3—4页。

的限制,是官府之间通用的文书。例如《唐会要》卷七七《贡举下·科目杂录》记载:

> 大和元年十月,中书门下奏:"凡未有出身未有官,如有文学,只合于礼部应举。有出身有官,方合于吏部赴科目选……其三礼、三传、一史、三史、明习律令等,如白身,并令国学及州府,同明经,一史、三礼、三传同进士,三史当年关送吏部……"①

国子监与州府某些贡举人就是以关文送至吏部的。又后唐同光二年(924)三月,中书门下奏:"……其州县官任满三考,即具关申送吏部格式,候敕除铨注,其本道不得差摄官替正授者。"②周显德三年(956)十月下敕:"应诸司寺监,今后收补职役人等,并须人材俊敏,身言可采,书札堪重,履行清谨。勒本司关送吏部,引验人才,校考笔札。"③

在中书门下体制下,各种机构往往呈现不止一种职能。特别是在宰相机构政务官化,政令、事务机构职能交叉,使职职权增大的背景下,牒与关逐渐成为应用最普遍的官文书形式,不失为解决官府间复杂关系的一种途径。尚书省较多使用这两种官文,正是其地位变迁的反映。

---

① 《唐会要》,上海古籍出版社 2006 年版,第 1657 页。

② 《五代会要》卷一九《刺史》,上海古籍出版社 2006 年版,第 312 页。标点由笔者据文意修改。

③ 《五代会要》卷一七《杂录》,上海古籍出版社 2006 年版,第 278 页。《册府元龟》卷六三四《铨选部·条制六》"显德三年十月诏"略同,中华书局 1960 年版,第 7609 页。

第三节　财政三司的下"符"权与
尚书省之间的关系

在中书门下体制下,使职、差遣进一步兴盛,与职事官系统共同处理国家事务。户部、度支和盐铁转运三司,是唐后期最为重要的使职,取代尚书省户部四曹,成为国家财政主要机构①。在使职体系中,财政三司是仅有的拥有下符权的机构。

先来看户部使司。宝历二年(826),户部侍郎、判户部崔元略②上奏:

> 伏准《贼(赋)役令》,内外六品已下官,及京司诸色职掌人,合免课役……伏请自今以后,应诸司见在官,及准式合蠲免职掌人等,并先于本司陈牒责保,待本司牒到,然与给符……其孝子、顺孙、义夫、节妇及割股奉亲,比来州府悬免课役,不由所司覆。请从今已后,应有此色,敕下后,亦须

① 财政三司中,户部使司(判户部)和度支使司(判度支)是由尚书省户部曹和度支曹发展而来。因此,唐代后期在称谓上并不区分户部使司和户部曹,度支使司和度支曹,史籍中所谓"户部"即"户部使司","度支"即"度支使司"。参见陈明光:《唐代后期并存着两个户部司吗——对〈唐代户部使司与原户部司异同辨〉的质疑》,《历史研究》1992年第6期;何汝泉:《从会昌元年〈中书门下奏〉看唐后期户部的使职差遣》,《中国社会经济史研究》1994年第2期。

② 户部侍郎崔元略即判户部者。参见严耕望:《唐仆尚丞郎表》卷三《通表中·吏户礼尚侍》"宝历元年、二年"条,上海古籍出版社2007年版,第171—172页。考证参见同书卷一二《考辑四下·户侍》"崔元略"条,第710页。

先牒臣当司。如不承户部文符,其课役不在免限。①

户部使司的长官崔元略所上奏请表明该司有权通过符,蠲免官员、诸色职掌人以及百姓的课役。

度支使司下符的实例相对更多。其支用地方经费、财物,就是通过下符的方式。早在广德二年(774)就规定:"自今已后,除正租税及正敕并度支符外,余一切不在征科限。"②度支符与正敕一样,被视为征税凭证。德宗朝,刑部侍郎奚陟负责调查京兆尹李充破用京兆钱谷一案,证实其中一部分是承"度支符牒"而被支用③。贞元中,度支使要以两京道旁槐树为车,更栽小树,亦"先符牒渭南县尉"④。

盐运使司也拥有同样的权力。肃、代之际,多次出任度支、盐铁转运等使的刘晏处理财政事务有一套原则:"至于句检簿书,出纳钱谷,必委之士类;吏惟书符牒,不得轻出一言。"⑤这里提到的度支、盐运使所行文书,只有"符牒"一种,因此盐铁转运使和度支使一样,以此指挥公务。只是刘晏任使时,盐运使尚未成为固定使职,当其成为固定使职后,很可

---

① 《册府元龟》卷四七四《台省部·奏议五》,中华书局 1960 年版,第 5659 页。

② 《唐大诏令集》卷六九《广德二年南郊赦》,中华书局 2008 年版,第 385 页。

③ 参见《旧唐书》卷一四九《奚陟传》,中华书局 1975 年版,第 4022—4023 页。

④ (唐)李肇:《唐国史补校注》卷上,聂清风校注,中华书局 2021 年版,第 112 页。

⑤ 《资治通鉴》卷二二六"德宗建中元年"条,中华书局 1956 年版,第 7285 页。

能继承了这种权力。

财政三司之所以拥有下符权,正是因为它们被看作属于尚书省的机构。会昌元年二月,中书门下就户部、度支郎官的差判上商量状:

> 伏以南省六曹,皆有职分,若各守官业,即不因循。比来户部、度支两司,尚书侍郎多奏请诸行郎官判钱谷文案,遂令本司郎吏束手闲居,至于厅事,皆为他官所处。臣等商量,请自今已后,其度支、户部钱谷文案,望悉令本司郎官分判,不在更请诸行郎官限。仍委尚书侍郎,同诸司例,便自于司内选择差判,不必更一一闻奏。①

此商量状清楚指明户部、度支二使司为"南省(尚书省)六曹"之属;户部、度支郎官即属户部、度支使司;户部尚书和侍郎亦被看成两司的负责人。

唐代习惯上将尚书省六部二十四曹统称为"省司"。财政三司设立以后,也成为"省司"指代的对象。首先看户部使司。大中六年五月有敕略云:"今年京畿及西北边稍似时熟,即京畿人家,竞搬运斛斗入城,收为蓄积,致使边塞粟麦,依前踊贵。兼省司和籴,亦颇艰难……"②唐后期,和籴经费出自户部使司③,此处的"省司和籴",即"户部使司和籴"。度支使司的情况完

---

① 《唐会要》卷五七《尚书省诸司下·户部员外郎》"会昌元年二月"条,上海古籍出版社2006年版,第1195—1196页。

② 《唐会要》卷九〇《和籴》,上海古籍出版社2006年版,第1944页。

③ 参见李锦绣:《唐代财政史稿》(下卷),北京大学出版社2001年版,第906—910页。

全相同。开成三年(838)四月,度支使杜悰奏:"水运院旧制在代州。开成二年,省司以去营田发运公事稍远,遂奏移院振武。臣得水运使司空舆状,兼往来之人备言移院不便,请依旧却移代州。"①此处,度支使亦以"省司"自称。虽然盐铁转运使司并非从尚书省属下机构直接发展而来,却亦可用"省司"指代。五代的后唐政权在制度上极力效法唐代,以突显其正统地位。"后唐长兴四年(933)五月七日,诸道盐铁转运使奏:诸道州府盐法条流元末,一概定夺,谨具如后:应食颗盐州府,省司各置榷粜折博场院,应是乡村,并通私商兴贩……前项所定夺到盐法条流,其应属州府捉获抵犯之人,便委本州岛府检条流科断讫申奏,别报省司……"②这里的"省司"所指正是盐运使司。

此外,财政三司亦有共同被称为"省司"的情况。会昌六年,度支使崔元式奏状称:"准今年七月二日敕,诸道所出次弱绫绢纱等,宜令禁断。若旧织得行使,仍委所在官中收纳。如辄更有织造行便(使),买卖同罪,须指射出次弱物州府,令户部、度支、盐铁三司同条流闻奏者。省司先牒左藏库,勘到所出次弱匹帛州府名额……"③既然是"户部、度支、盐铁三司同条流闻奏","牒左藏库,勘到所出次弱匹帛州府名额"的"省司"当然是

---

① 《册府元龟》卷四九八《邦计部·漕运》,中华书局1960年版,第5971页。

② 《五代会要》卷二六《盐铁杂条上》,上海古籍出版社2006年版,第422—425页。

③ 《册府元龟》卷五〇四《邦计部·丝帛》,中华书局1960年版,第6057页。

三司的总称。

中书门下体制下,使职体系进一步发展,至德、宪两朝,大多数使职,包括财政三司,实质上处于中书门下的领导下,三司只是名义上属于尚书省。但是三司却紧紧抓住尚书省,以"省司"自居,以获得只有尚书省才拥有的下符权,在一定程度上突破中书门下的限制,更多地染指国家财政权力。财政三司拥有下符权再一次证明,尚书省的政令权并未完全消失,其性质绝不能仅仅定性为事务执行机构。

唐代三省制下,尚书省是全国最高行政机构,掌握指挥中央事务性机构和地方州府的政令权,因此被称为"会府",是名副其实的"天下政本"。虽然宰相机构中书门下在开元十一年正式成立,并承担愈来愈多的国家常务,但是直到五代时期,尚书省依然是官方心目中的"会府",在名义上保有"天下政本"之名。①

唐代中书门下体制下,裁处国家日常政务的核心出现了名实相分离的现象。虽然中书门下成为百司的实际统御机构,通过发布堂帖承担了主要的指挥常务的工作,却没有获得法律正式承认的最高行政机构的地位。一方面因为尚书省(台)自西晋以来作为"天下政本"的地位不能轻易抹杀,更主要的是尚书省部分政令权得以保留,通过与诸寺监以及地方州府的符、解往来,参与到国家常务的裁决过程中,甚至连只在名义上属于尚书

---

① 参见王孙盈政:《天下政本——从公文运行考察尚书省在唐代中书门下体制下的地位》,《历史教学》2012 年第 24 期。

省的财政三司都可以以符式官文发令。这使得尚书省与其他中书门下领导下的机构迥然不同。虽然尚书省的政令权与三省制时相比，被极大地削弱，与其他机构通过牒、关处理常务的情况更多，但是官文形式却表明尚书省处于更高的地位。

第二章　论唐代后期御史台的
　　　　　政务官化

当中书门下体制进一步确立之时,御史台开始脱离单纯的司法监察机构身份,积极参与到唐后期的国家常务运作中,成为除中书门下之外,在地位和职掌方面对尚书省产生最深远影响的机构。

第一节　肃宗至德宗前期的御史台长官

安史之乱爆发后,肃宗于灵武匆忙即位。战乱之中,国家机器无法正常运转。在李林甫以胡人为节度使的政策和杨国忠专权直接导致战乱的背景下,新即位的肃宗对宰相怀有不信任心理。除了依靠权宦李辅国和布衣李泌进行统治外,肃宗亦借助于本作为监察机构的御史台的长官,分宰相之权。代宗广德元年(763)正月,安史之乱结束。十月,吐蕃陷长安,旋退。自此至德宗贞元(785—805)前期,唐王朝处于全面的战后恢复期。开元十一年底,中书门下自成立之日起,直接握有对军国大政的决策权,并逐渐取代尚书省兼掌最高行政权。这种对尚书省最高行政机构职能和权力进行侵夺的表现,即政务官化。如前所论,战后,唐朝统治者认为只有重建唐前期的三省制,才能重现升平景象,因此恢复期改革的核心是恢复三省制下尚书省全国最高行政机构的地位。由于中书门下的政务官化趋势日益加强,代、德二帝通过赋予御史台长官(御史大夫和长官化的通判官御史中丞)对军国大政和重要常务的发言权,以遏制宰相权力膨胀。

至德二载(757),颜真卿于凤翔朝见肃宗,官拜御史大夫,"军国之事知无不言,为宰相所忌,出为同州刺史。"①大历(766—779)中,代宗为了制约权相元载,"征[江西观察使李]栖筠入朝,内制授御史大夫"②,"栖筠正身守道,无所顾惮,以酬任遇之恩……中朝选用,帝皆密访于栖筠。栖筠尽心,知无不为,四五年间,载充位而已。"③李栖筠以御史大夫的身份,成为代宗中枢决策的参与者,致使宰相的议政权被极大地削弱。栖筠入朝前,代宗先征河南尹张延赏为御史大夫,其目的亦是"渐收(元)载权,以肃朝政"④。德宗初年,御史台长官与权相的矛盾持续不断,且愈演愈烈。建中时(780—783),"严郢为京兆尹

---

① 《旧唐书》卷一二八《颜真卿传》,中华书局 1975 年版,第 3592 页。
② 《册府元龟》卷八〇四《总录部·义四》"裴冑"条,中华书局 1960 年版,第 9558 页。
③ 《册府元龟》卷五一五《宪官部·刚正二》"李栖筠"条,中华书局 1960 年版,第 6162 页。
④ 《册府元龟》卷五二一《宪官部·不称》"张延赏"条,中华书局 1960 年版,第 6222 页。

兼御史中丞,时杨炎为相,恶其异己,诬以他罪,削兼中丞。"①卢
杞为相期间,亦视御史大夫为其专权的大敌。"[太常卿兼御史
大夫韦]伦处朝,数论政得失,宰相卢杞恶之,改太子少保。"②汾
州刺史刘暹"刚肠嫉恶,历典数州,皆为廉使畏惧",卢杞"恐暹
为御史大夫,亏沮己之所见,遽称荐[于]顷为御史大夫,以其柔
佞易制也"。③ 这一时期,台谏合流初见端倪。这种现象有利于
御史台长官凭借宪官身份,获得一定的议政权,对军国大政的决
策产生实质影响。这种超越监察权限的举动,显然为君主所默
许。贞元初,御史台长官依旧可以对朝政进行干预。御史中丞
窦参"数蒙召见,论天下事,又与执政多异同,上(德宗)深器之,
或参决大政。时宰颇忌之,多所排抑,亦无以伤参"④。此前,宰
相皆可将敌对的宪官罢职,而窦参的政治生涯却丝毫没有受到
影响。可见,至德宗朝前期,御史台长官的议政权已经相对
稳固。

君主在默许御史台长官参决军国大政的同时,还通过正式
的王言授予其在国家重要常务方面的发言权。广德年间规定:
"文武百官及诸色人等,有论时政得失上封事状者,出后,宜令
左右仆射、尚书及左右丞、诸司侍郎、御史大夫、中丞等于尚书省
详议可否,具闻奏。其所上封事,除常参官外,及有词理可观,或

---

① 《册府元龟》卷九二〇《总录部·仇怨二》"严郢"条,中华书局1960年
版,第10877页。

② 《新唐书》卷一四三《韦伦传》,中华书局1975年版,第4688页。

③ 《旧唐书》卷一四六《于顷传》,中华书局1975年版,第3966页。

④ 《旧唐书》卷一三六《窦参传》,中华书局1975年版,第3746页。

干能堪用者,亦宜具言。如详议官中,或见不同者,即任别状奏闻。"①根据《唐律疏议》,不便于事的规定皆须经尚书省议定奏闻②。战后初期,需要重新制定、施行各类改革方案,为确保改革顺利、有效地进行,君主临时令拥有司法权限的御史大夫、中丞协同尚书省仆尚丞郎参决庶务。只是这一举措导致宪宗朝以后整个御史台进一步脱离单纯的监察机构身份,在国家政务运作流程方面,对尚书省产生了消极影响。

贞元三年,恢复三省制的改革以失败告终。此后,德宗对臣下显露出极度不信任的态度,御史台开始长期不任命长官③。宪宗即位后,君臣关系恢复正常,"军国枢机尽归之宰相"④,中书门下体制趋于稳固。元和(806—820)初,李元素以凤望召拜为御史大夫,"中外企听风采。"⑤只是御史台长官不再是肃宗至德宗朝前期的御史台长官,不复介入中枢决策,且丧失了对重要常务的参决权。但御史台却从整体上呈现出更为明显的政务官化倾向,并逐渐在唐后期国家常务运行中占据一席之地。

---

① 《唐大诏令集》卷一〇五《令台省详议封事诏》,中华书局 2008 年版,第 536 页。
② 参见《唐律疏议》卷一一《职制律》"律令式不便辄奏改行"条,中华书局 1983 年版,第 229 页。
③ 《新唐书》卷一四七《李元素传》:"[御史]大夫,自贞元后难其人不补"(中华书局 1975 年版,第 4763 页)。
④ 《册府元龟》卷五八《帝王部·致治》,中华书局 1960 年版,第 657 页。
⑤ 《新唐书》卷一四七《李元素传》,中华书局 1975 年版,第 4763 页。

第二节　御史台职能的政务官化

三省制下,法律明确规定:"凡制、敕施行,京师诸司有符、移、关、牒下诸州者,必由于[尚书]都省以遣之。"①都省用以转发制敕和在京诸司公文的文书是"符",尚书省成为中央公文下行的最主要通道。当公文经行都省时,都省行使行政勾检权,负责检违失,并要保证公文内容在规定时间内下达并执行②。换言之,都省对国家常务履行行政监察权。唐前期,奏抄是裁处日常庶务的最主要公文。中央百司和地方府州的常务基本通过状的形式汇总于尚书省,按照内容分别由尚书省相关曹司根据法令规定提出处理意见,制成奏抄,上呈君主画"闻"后施行。与国家常务有关的上行公文亦由尚书省承担传递职责。同时,尚书省也作为君主与中央百司、地方,以及中央百司之间联系的桥梁。这些都是尚书省作为最高行政机构的表现。

当三省制向中书门下体制转型过程中,中央诸机构之间的权力界限被打破,职能趋于模糊。安史之乱中断了唐代行政运行体制的演进进程。经过战后的短暂调整,中书门下体制日益

---

① 《唐六典》卷一《尚书都省》"左右司郎中员外郎职掌"条注,中华书局1992年版,第11页。

② P.2819《唐开元(公元七一九或七三七年)公式令残卷》存尚书省符式,注云:"其出符者,皆须案成并案送都省检勾……其余公文及内外诸司应出文书者,皆准此"(唐耕耦、陆宏基编:《敦煌社会经济文献真迹释录》第二辑,全国图书馆文献缩微复制中心1990年版,第558页)。

稳固,诸机构逐渐在这一体制下重新明确了自身的地位与职能。一个机构具有多重职能,是唐代中书门下体制的显著特征。最初,君主意图通过赋予御史台长官对军国大政和重要常务的发言权遏制宰相权力过度膨胀,在一定程度上保障了尚书省的权益。但这也导致了元和以后御史台在保持监察机构职能的同时,日益介入最高行政权,呈现出明显的政务官化倾向,对尚书省形成冲击。

首先御史台在国家政务运行过程中,承担起部分公文传递工作。韩愈在担任袁州刺史期间,曾奏《钱重物轻状》,称:

> 右,臣伏准御史台牒,准中书门下帖,奉进止:钱重物轻,为弊颇甚。详求适变,可以便人。所贵缗货通行,里闾宽息,宜令百寮随所见作利害状者。①

御史台通过牒文将中书门下发布皇命的公文转发给受文机构或个人。据此,李锦绣特别指出:"由御史台而不是尚书省向地方下牒,殊值注意。"②宰相机构发出的公文由御史台行下,是唐后期出现的新情况。

御史台亦负责转发制敕王言。李商隐曾于开成四年(839)

---

① (唐)韩愈:《韩愈文集汇校笺注》卷二七,刘真伦、岳珍校注,中华书局2010年版,第2835页。标点由笔者据文意修改。"中书门下帖"即"中书门下牒"。唐人有时"帖""牒"混用。根据御史台此牒,元稹亦作奏状,称"右,臣伏见中书门下牒,奉进止,以钱重物轻,为病颇甚,宜令百寮各随所见,作利害状,类会奏闻者"。(唐)元稹:《钱重物轻议》,《元稹集校注·补遗》卷二,周相录校注,上海古籍出版社2011年版,第1458页。

② 李锦绣:《唐代财政史稿》(下卷),北京大学出版社2001年版,第192页注2。

为前御史中丞高元裕作谢表:"臣伏准御史台牒,奉恩旨,以臣
不先觉察妖贼贺兰进兴等,宜罚两月俸料者。"①此"恩旨"当为
敕旨或敕牒。高元裕接到由御史台牒转发的罚其俸的王言。御
史台"牒"成为转发制敕的途径之一。早在文宗前期,经御史台
发布的制敕已不在少数。大和三年(829),要求给事中"自尚书
省、御史台所有制敕及官属累授不当,宜封章上论"②。可见,御史
台是与尚书省并重的王言下发途径。御史台下发各类公文
书,明显有别于"凡制、敕施行,京师诸司有符、移、关、牒下诸州
者,必由于都省以遣之"的规定。既然部分文书改经御史台行
下,那么相应的勾检工作应该同时转由御史台承担。

唐后期,奏抄的使用大幅度减少,中央百司和地方府州的常
务基本上通过奏状上达君主批复。虽然奏状通常经中书省转
呈,但是御史台在奏状上行过程中亦起到一定作用。《册府元
龟》卷四九七《邦计部·河渠二》记载:

> [元和]十四年五月,御史台奏:"据山南(东南)东道观
> 察使孟简状奏,称得复州刺史许志雍状,请于复、郢二州界
> 内修筑郑敬古隄,是兼塞断鸬鹚港,壅截界水开地,有利于
> 当道。又据荆南观察使裴武奏称,山南东道筑堤及塞鸬鹚
> 港,有害于当道。"③

---

① (唐)李商隐:《为渤海公谢罚俸表》,《李商隐文编年校注》,刘学锴、余
恕诚校注,中华书局 2002 年版,第 370 页。

② 《册府元龟》卷六五《帝王部·发号令四》"大和三年八月诏",中华书
局 1960 年版,第 723 页。

③ 《册府元龟》,中华书局 1960 年版,第 5954 页。

　　两道观察使修筑水利方面的奏状，不是通过中书省，而是由御史台呈递于君主。上奏事项又是普通常务处理，而非任何违法乱纪的事件。虽然御史台在转呈文状的过程中并没有提出处理意见，但很可能对两道奏状的内容进行了归纳截取，只将核心问题转达给君主。由于史料缺乏，目前并不能确定何种内容的奏状须经御史台转呈。不过，诸道奏状上达御史台，可能与诸道节度、观察等使带宪衔有关，这类官员名义上隶属御史台。考虑到唐后期诸道长官带宪衔的普遍性，地方诸多常务都可能是通过御史台转呈君主的。台司在日常政务运行中承担起传递文书的职能，正是其政务官化的主要表现之一。

　　御史台在承担文书传递工作的同时，开始作为行政机构与君主之间，诸行政机构之间联系的纽带。开成元年，御史台奏请："秘书省管新旧书五万六千四百七十六卷，长庆二年（822）已前并无文案。大和五年已后，并不纳新书。今请创立簿籍，据阙添写卷数，逐月申台。"得到文宗批准①。由于秘书省未能按规定从事写书工作，大中三年（849）正月，御史台准敕牒省"应写书及校勘书籍，至岁末闻奏者，令勒楷书等，从今年正月后，应写书四百一十七卷"。五年正月，秘书省即"牒报御史台，从今年正月已后，当司应校勘书四百五十二卷"②。御史台负责将已

---

　　①　参见《旧唐书》卷一七下《文宗下》"开成元年秋七月戊辰"条，中华书局1975年版，第566页。
　　②　分见《唐会要》卷三五《经籍》，上海古籍出版社2006年版，第753、754页。

行制敕发给相关事务机构，并监察制敕内容的执行情况，作为君主与事务机构之间的中介。

> [元和]十五年二月，太常寺奏："内外命妇，请至朝贺参奉前五日，宗正寺、光禄(寺)、内侍省计会进名，御史台具集日，转牒诸司，余准元和元年敕处分。"依奏。①

宗正寺、光禄寺和内侍省都是事务性机构，承担命妇朝参过程中的具体工作。宗正寺等提供的信息由御史台牒相关诸司，是因为朝参事宜由御史台监察的缘故。但是转牒与朝参相关的公文，以协调诸司运作，则是政务官化的反映。通过御史台传递信息，诸事务机构协同承担某项工作。

御史台还积极将其在常务运行过程中的司法监察职能扩展为行政监察职能。为保证中央及地方各级官府有效运作，御史台多次提出重要建议，并被采纳。贞元四年，御史台通过商量状奏请诸文案必须按期发报②。大和年间，御史台曾作出有关诸州刺史发日以及因亲勒留官员赴任的规定，获得敕书批准③。此外，唐后期两次明确下令大规模恢复四等官制的敕令，都是根据御史台的要求施行的。

> [大和九年]九月甲子诏："京诸司少卿监、少尹等并大卿监、大尹分曹视事，同裨大政。河南、太原等七州少尹及大

---

①　《唐会要》卷二六《命妇朝皇后》，上海古籍出版社 2006 年版，第 576 页。

②　参见《唐会要》卷五八《尚书省诸司中·左右司郎中》"贞元五年正月"条，上海古籍出版社 2006 年版，第 1176 页。

③　参见《唐会要》卷六八《刺史上》"大和五年五月"条，上海古籍出版社 2006 年版，1425—1426 页；卷七九《诸使下·诸使杂录下》"大中三年三月"条，上海古籍出版社 2006 年版，第 1716—1717 页。

都督府左右司马、诸州上佐等,亦如之。"并从宪司之请。①

　　大中四年七月,御史台奏:"司农寺文案,少卿不通判,有乖《六典》。"敕旨:"自今已后,九寺三监少列,宜与大卿通判文案。"②

四等官制是唐前期各级官府主要的行政运行模式,安史之乱前后逐渐遭到破坏,特别是通判官的虚衔化。御史台要求恢复通判一级职能,以利于政务处理,显然远远超出对不法之事的监察和弹劾。其对行政事务及行政效率的监管,已经深入整个唐代常务运行中。

安史之乱后,御史台职能的政务官化是中书门下体制发展的组成部分。肃宗至德宗朝前期,君主赋予御史台长官在军国大政和重要常务方面的发言权,使台司脱离了单纯的监察机构身份,借此介入国家常务运作。御史台转发诸种公文,履行行政勾检职能和监察职能,并在国家常务处理过程中起到纽带作用,分担了本属于尚书省的工作。

第三节　御史台对尚书省政令权和事务权的侵夺

御史台在国家常务运行过程中,分担了本属尚书省的工作,

① 《册府元龟》卷六一《帝王部·立制度二》,中华书局1960年版,第681页。

② 《唐会要》卷六五《太常寺》,上海古籍出版社2006年版,第1343页。

职能呈现政务官化倾向。与此同时,御史台还直接插手尚书省六部二十四曹负责的各类具体常务。唐前期,尚书省行使最高行政权,六部诸曹具有政令机构和事务机构双重属性。诸曹对中央百司和地方府州发出政令,指挥其具体执行,同时亦亲自处理某些重要事务,如铨选、贡举等。御史台政务官化也表现在侵夺尚书省政令权和事务权两个方面。

有唐一代,御史台的监察御史对尚书省诸司事务负有直接的监督职能:"若在京都,则分察尚书六司,纠其过失……"①御史台正是通过对尚书省部曹事务的监察,进而成功地将部分事务转由自身负责。这一过程始于开元年间,但至宪宗时,御史台才较多地获得了相关权限。元和元年,御史中丞武元衡称"御史台公事至重"②,原因之一即台司履行了部分原属于尚书省诸曹的权力。

首先考察吏部。御史台负责吏部所掌选官和条流诸机构官吏方面的事宜,其表现主要有二:一是与吏部共同勘检官员文案;二是亲身厘革官员定制。贞元四年九月下诏:"应被举官等令御史台及吏部检校勘资次,勿令逾越。"③会昌二年(842)赦文规定"自今后并须准格用荫,人数年限不得逾越。委吏部及御史台严加觉察,据其选授"④。吏部南曹负责勘检选人资历。

---

① 《唐六典》卷一三《御史台》"监察御史职掌"条,中华书局1992年版,第382页。

② 《唐会要》卷二四《朔望朝参》"元和元年三月"条,上海古籍出版社2006年版,第545页。

③ 《册府元龟》卷六九《帝王部·审官》"贞元四年九月癸酉诏",中华书局1960年版,第780页。

④ 《会昌二年四月二十三日上尊号赦文》,见《文苑英华》卷四二三,中华书局1966年版,第2145页。

御史台和吏部一同对荐举和门荫选人进行资格认证，并非行使监察权，而是亲身参与政务处理。贞元初前后，御史台曾代替吏部全权领导藩镇叛乱后重新设定官吏员额的工作。陆贽草《贞元改元大赦制》和《平朱泚后车驾还京大赦制》，分别要求"其内外员及京城诸使名目，委御史审勘会商量"①；"应在京百司色役人及流外等，委御史大夫，即与诸司使长官审详商议，据见所掌事之闲剧，定额闻奏。"②内外官员、京城诸使以及流外吏职和诸司色役人的定额由御史台条流，而无任何吏部官员参与。上述情况表明，御史台联合吏部共同承担或单独承担了吏部部分事务性工作。

御史台在唐后期国家财政体系中更是具有不可忽视的作用。御史台官员通过多种手段插手国家财政事务，财政官员亦借助御史台法权增加威势，双方形成紧密的联系，对尚书省户部造成严重影响。这种情况已由众多学者从不同角度和层面进行过阐述，此不多赘。

礼部方面。御史台并没有直接插手礼部最重要的贡举事务，却对礼部、祠部其他事务诸多干涉。元和二年，太常博士王泾请停玄、肃、代、德、顺五宗降诞日为节假，即是由御史大夫李元素与太常卿高郢联合上奏的③。且《唐会要》记载此事时，将李元素列于高郢之前，表明御史台在此事中的主导地位。会昌

① （唐）陆贽：《陆贽集》卷二，王素点校，中华书局 2006 年版，第 45 页。
② （唐）陆贽：《陆贽集》卷一，王素点校，中华书局 2006 年版，第 35 页。
③ 参见《唐会要》卷二九《节日》"元和二年二月"条，上海古籍出版社 2006 年版，第 634—635 页。

元年，因以往的令式、制敕对于丧葬之礼减刻过多，致使士庶之家多有逾越，御史台"酌量旧仪，创立新制"，重新条流京城文武百寮及庶人丧葬事宜，得到敕旨批准①。奏状虽称"臣忝宪司，理当禁止"，但这显然是御史台在其监察事务范围内，通过对违法现象的规范进而获得了相应的政令权。祠部负责国忌日行香方面的政令，御史台负责监察具体仪式。开成四年，停行香之仪，国忌日相应规定的重新确定却是由御史台上奏的②。这也是御史台通过监察国忌日的违规举动获得的相关政令权。

唐后期，兵部最终丧失了对国家军队的控制权。有一点值得注意，即在彍骑制度取代府兵制的过程中御史台通过担任相应的使职、差遣，对彍骑队伍的拣择拥有极大的权力。"［开元］二十九年闰四月敕：'应简三卫彍骑，宜令京畿采访使御史中丞张倚兼知，不须更别差使。从今已后，使有移改，亦当令一中丞相知勾当。'③御史中丞负责拣点彍骑兵员。肃宗朝又下敕"宜令御史大夫充彍骑使，令御史充判官"④，确立了御史台对彍骑军队的领导。府兵兵籍本由兵部所掌，既然御史台官担任彍骑使，其兵籍很可能属御史台。库部所领馆驿之事，亦由御史台官以馆驿使的身份全权负责。会昌元年二月，御史大夫陈

---

① 参见《唐会要》卷三八《葬》"会昌元年十一月"条，上海古籍出版社2006年版，第816—817页。

② 参见《唐会要》卷二三《忌日》"开成四年十月"条，上海古籍出版社2006年版，第526页。

③ 《唐会要》卷七二《府兵》，上海古籍出版社2006年版，第1538页。

④ 《唐会要》卷七八《诸使中·诸使杂录上》"乾元二年七月九日敕"，上海古籍出版社2006年版，第1702页。

夷行因武宗要求"所置馆驿,鞍马什物、兼作人多少,及功价资课,每年破用,取何色钱物添修支遣,其驿马数,勘每驿见欠多少,速具分析奏来"上商量状①,表明馆驿具体事务由御史台负责,其政令权亦归御史台,体现出使职对职事官系统权力的双重侵夺。

御史台作为司法监察机构,有权对违法之事进行推按。唐后期,御史台对刑部的影响主要体现在御史台司法权上升,导致刑部权限相对下降。《新唐书》卷九七《魏谟传》略云:

> 中尉仇士良捕妖民贺兰进兴及党与治军中,反状具,帝(文宗)自临问,诏命斩囚以徇。御史中丞高元裕建言:"狱当与众共之。刑部、大理,法官也,决大狱不与知,律令谓何?请归有司。"未报。[魏]谟上言:"事系军,即推军中。如齐民,宜付府县。今狱不在有司,法有轻重,何从而知?"帝停决,诏神策军以官兵留仗内,余付御史台。②

御史中丞要求将由宦官所断刑狱归大理寺、刑部重审,皇帝却将其归御史台,显然御史台行使了本属于大理寺、刑部的部分权力。自天宝年间,御史台参与推狱的情况增多,朝廷对御史台知东西推者的规定屡有变化。《唐会要》卷六二《御史台下·推事》记载了这一过程③。元和五年八月,御史台推事官员最后固定为六人,东西推分别由侍御史、殿中侍御史和推

---

① 参见《唐会要》卷六一《御史台中·馆驿使》"会昌元年二月"条,上海古籍出版社 2006 年版,第 1254 页。
② 《新唐书》,中华书局 1975 年版,第 3883 页。
③ 参见《唐会要》,上海古籍出版社 2006 年版,第 1273—1275 页。

官各一人组成①，人数较唐前期增加两倍。御史台又从借用刑部、大理寺法直勘刑狱，改为自置法直一名②。唐代诸司法直以明法及第人充任，是法律方面的专门人才。御史台自置法直，表明其司法权加重。自贞元年间，开始出现以御史疏理在京诸司禁囚的情况③。大和四年，将疏理囚徒的御史专称为疏决囚徒使④。御史台官员频繁疏理囚徒，不同于唐前期"凡有犯罪者……在京诸司，则徒以上送大理，杖以下当司断之"⑤。大理寺本应接受刑部政令并执行，御史台对大理寺推狱权力的侵夺间接削弱了刑部的司法政令权。

　　工部负责都城建设。殿中侍御史于两京城内分知左、右巡，各察所巡之内不法之事，二者职权本无干涉。但是左右巡使在察非法事的过程中，为了方便工作，逐渐对楼街整齐提出建议。如大和五年七月，左右巡使要求"百姓及诸街铺守捉官健等舍屋外，余杂人及诸军诸使官健舍屋并令除拆"⑥。唐后期，工部职权多被诸使分夺，左右巡使虽然对工部的影响较小，但也获得

---

　　①　参见《册府元龟》卷五一六《宪臣部·振举一》"开成元年二月"条记载改由第三、第四殿中侍御史知推，中华书局 1960 年版，第 6172 页。

　　②　参见《唐会要》卷六〇《御史台上·御史台》"贞元八年正月"条，上海古籍出版社 2006 年版，第 1227 页。

　　③　参见《唐会要》卷四〇《君上慎恤》"贞元十三年四月敕"，上海古籍出版社 2006 年版，第 841—842 页。

　　④　参见《唐会要》卷七九《诸使下·诸使杂录下》"大和四年五月敕"，上海古籍出版社 2006 年版，第 1710 页。

　　⑤　《唐六典》卷六《尚书刑部》"刑部郎中、员外郎"条，中华书局 1992 年版，第 189 页。

　　⑥　《唐会要》卷八六《街巷》"大和五年七月"条，上海古籍出版社 2006 年版，第 1867—1868 页。

了一些本属工部的政令权。

整体而言,御史台对尚书省权力的分割涉及六部部分曹司,包括政令权直接转归御史台,御史台官通过担任使职处理本由省司所掌的某些事务,进而获得相应政令权。此外,御史台还直接参与由诸部曹亲身处理的事务,如铨选和推狱。御史台政令权和事务权的获得,亦是其政务官化的重要表现。

唐后期,御史台绝非仅为司法监察机构,其职能和权力具有明显的政务机构特征,此点毫无疑问。但是,御史台的政务官化倾向却是有限的。上文已经提到,开元十一年以前,尚书省之所以是国家最高行政机构,最主要的一点是省司通过奏抄处理地方府州和中央百司在法律规范内的常务,即在国家常务处理过程中拥有裁决权。唐后期,法律范围外的常务激增,奏状取代奏抄成为上奏常务的主要文书。奏状通过中书省或御史台呈递给君主。当奏状经过御史台时,御史台对奏状内容没有裁决权(恢复旧制期间,御史台长官可与尚书省长官对封事类奏状进行参决,但这一权力只持续了较短时间)。通常君主在接到奏状后,会将大部分奏状出付中书门下提出处理意见,再覆奏于君主作出最后批示。因此中书门下体制下,中书门下宰相机构行使国家最高行政权。即使御史台在唐后期的常务运行中起到重要作用,却仍与国家最高行政机构有着本质区别。

综上所述,安史乱后,在中书门下体制确立和发展的过程中,御史台通过长官参决军国大政和重要常务,逐渐脱离了单纯的司法监察机关身份。宪宗朝以后,御史台在职能和权力方面已经呈现出明显的政务官化倾向。台司负责传递部分公文,行使行政勾检职能和监督职能,分掌尚书省部曹的部分具体政令权和事务权,在国家常务运行过程中承担重要责任。但由于御史台对于国家主要常务没有裁决权,因此就本质而言,依然是国家司法监察机构。

第三章　再论唐代的使职、差遣

　　唐代建立之初,职事官即有正官、兼任、检校、摄、判、知①等诸种形式。除正官以外,其他形式在某种程度上都具有临时差遣性质,即在职事官系统内部已经蕴含着使职化因素。在职事官系统之外,新兴的唐王朝又另设诸多使职、差遣,以参与国家兴建的各项工作。高宗、武则天时期,随着政治、经济和军事形势的变化,职事官机构内部更多的职掌使职化,以使职机制运作②;中央更频繁地设立使职、差遣处理诸种事务。开元、天宝(713—756)以后,这种趋势进一步发展,形成独立的使职体系③。自 20 世纪 60 年代,已有多位学者对于唐代使职、差遣进行了系统深入的研究,最基本的结论是"本司之官不治本司之

---

　　① 据《唐律疏议》卷二《名例律》"无官犯罪"条:"内外官敕令摄他司事者,皆为检校。若比司,即为摄判。"(中华书局 1983 年版,第 43 页)"知"最初通常作"知某某事",后常作"权知某官",似不受"本司"或"他司"的限制。

　　② 参见雷闻:《隋与唐前期的尚书省》,见吴宗国主编:《盛唐政治制度研究》,上海辞书出版社 2003 年版,第 68—118 页;刘后滨:《唐代中书门下体制研究——公文形态·政务运行与制度变迁》第四章《使职的发展及其文书体现与中书门下体制的建立》,齐鲁书社 2004 年版,第 136—181 页。

　　③ 参见刘后滨:《唐代中书门下体制研究——公文形态·政务运行与制度变迁》,齐鲁书社 2004 年版,第 197—221 页。

事,要差遣他官来判决;本司之官要治本司之事,须有特别诏令予以交待"①,即职事官系统完全以使职机制运作;"唐代中后期,过去以职为员,以散为号的制度逐渐遭到破坏。出现了以'使'为实,以'职'为号的新制度。也就是说,只有使职才有实际职掌,而所带职事官反与实际事务无涉,仅仅是表示其身份地位与迁转的名号,与阶官意义同,故谓之阶官化"②,即使职体系已经彻底取代了传统职事官系统,成为处理国家政务的主体。但上述论断并不符合唐代的官制特征。故笔者将重新考察唐代使职、差遣与职事官系统之间关系,明确使职、差遣在国家政务裁处方面的地位与作用,从而对承前启后的唐代中央官制进行准确定位。

第一节　职事官系统内部的使职化运作

有唐一代,职事官系统内部的差遣现象比比皆是,即职事官机构职掌以使职机制运作,或谓之使职化。

一、"本司之官不治本司之事,要差遣他官来判决;本司之官要治本司之事,须有特别诏令予以交待。"

史学界通常认为这在唐代(特别是后期)是普遍现象。实

---

① 陈仲安、王素:《汉唐职官制度研究》,中华书局 1993 年版,第 99 页。

② 张国刚:《唐代阶官与职事官的阶官化》,见张国刚:《唐代政治制度研究论集》,文津出版社 1994 年版,第 217 页。

际上,在唐代,上述两种情况都极为罕见。"本司之官不治本司之事,要差遣他官来判决",史籍中仅见两例。天宝初,孙逖草《授韦陟达奚珣等吏部侍郎礼部侍郎制》[①],同时任命"礼部侍郎、权知吏部侍郎"韦陟为吏部侍郎,"中书舍人、权知礼部侍郎"达奚珣为礼部侍郎。显然,有一个时期韦陟和达奚珣分别任礼部侍郎和权知礼部侍郎。此制盛赞韦陟和达奚珣权知吏部侍郎和权知礼部侍郎的工作,称二人"顷膺时事之委,深得选贤之称",完全没有提到韦陟担任礼部侍郎的表现,表明韦陟只承担了权知吏部侍郎的职责,并未行使礼部侍郎权力。似乎可作为"本司之官不治本司之事,要差遣他官来判决"的明证。但这其实是一个特例。天宝二载正月,两员吏部侍郎苗晋卿、宋遥因涉嫌在选事中营私舞弊被贬[②]。推知在紧要情况下,"美声盈路"的礼部侍郎韦陟临时被差往吏部,整顿铨选;同时委任中书舍人达奚珣负责当年贡举,放春榜。随后,韦陟和达奚珣皆改任正官,可见朝廷并不认可本官在任,却由他官掌权的制度。

另外一例见《金石萃编》卷一〇二所载朱巨川起居舍人、试知制诰告身。该告身中吏部官员列衔包括:

> 朝议郎、权知吏部侍郎、赐绯鱼袋 [邵] 说
>
> 正议大夫、吏部侍郎未上
>
> 朝议大夫、吏部侍郎、上柱国、吴县开国男、赐紫金鱼袋未上

---

① 参见《文苑英华》卷三八七,中华书局 1966 年版,第 1975 页。
② 参见《旧唐书》卷一一三《苗晋卿传》,中华书局 1975 年版,第 3350 页。

朝议郎、权知吏部侍郎、赐绯鱼袋臣詵[1]

此告身颁于建中元年(780)八月。当时两名正任吏部侍郎张镒[2]和某氏不知何故皆未上,等于吏部侍郎之位空缺(非在任不治事),两位权知侍郎在告身上签名。

到目前为止,笔者并未见到有诏令专门任命"本司官治本司事"。只有一些史料表明这种情况可能存在。其中最有说服力的是宦官韦某的仕宦经历。"天宝初拜朝议郎,判宫闱令,知本局事……寻加朝议大夫,拜内给事(中),判本官事……"[3]韦某在任宫闱令和内给事时,皆有加衔以示本官有实权,表明无加衔者当为虚职。但这种情况是否存在于除内侍省外的其他职事官机构,尚无法确定[4]。此外,玄宗曾下诏斥责吏、兵两部"知铨侍郎"[5],看似两部侍郎若非专门委任,则不知铨。然而,除大历八年(773)二月,吏部侍郎徐浩和薛邕因以权谋私而先被停知选事,大约三个月后正式黜官外[6],目前尚未发现侍郎在任却不掌选的情况。因此,即使存在职事官需要特别受命才可治事的

---

① 《石刻史料新编》第一辑(三),新文丰出版公司1977年版,第1701页。

② 告身中的"朝议郎、吏部侍郎、上柱国、吴县开国男、赐紫金鱼袋"者为张镒。考证见严耕望:《唐仆尚丞郎表》卷一〇《辑考三下·吏侍》"张镒"条,上海古籍出版社2007年版,第588—589页。

③ (唐)于肃:《内给事谏议大夫韦公神道碑》,见《文苑英华》卷九三一,中华书局1966年版,第4897页。

④ 唐代宗朝出现"检校尚书省某官、知(尚书)省事"的任官形式。这是一种荣誉衔,无实际权力。

⑤ (唐)孙逖:《诫励吏兵部侍郎及南曹郎中制》,见《文苑英华》卷四六五,中华书局1966年版,第2373页。

⑥ 参见《旧唐书》卷一二《代宗纪》"大历八年二月丁卯"条,中华书局1975年版,第301页;"五月乙酉"条,中华书局1975年版,第302页。

现象,亦属特例。

唐代职事官系统内部虽然存在临时差遣官员负责(检校、摄、判、知)他官事务的情况,但通常只有在本官缺任时才会发生。只要本司之官在任,基本上都要治理本司之事,亦无须诏令特别交代。

二、本官在任,且有实权,再差遣某官"知""摄"

中宗时,修订《神龙历》,从事该项工作者包括太史令付忠志、瞿昙悉达和知太史局事迦行志等①。太史局设有太史令二员,此时皆有任命,又以迦行志"知太史局事",很可能是因为有重大的造历活动,特派一员官员共同监领其事,以示重视。根据唐代对官衔的设定,"知太史局事"者的职权和地位同于太史令。以迦行志"知太史局事",相当于多设一员太史令。

类似的情况还有武后前期,武攸暨承制授命为"兼知司礼寺(太常寺)事",上表让官称"况此司礼分职,见有二卿,并在官联,事且无缺"②。可见,法律规定下的司礼卿和少卿各一人皆在任,并履行职务。武后要求武攸暨知该寺事务,很可能与当时大量设置员外官、试官的背景有关。武攸暨贵为皇亲国戚,不能以员外官处之,故改为权知某司事,与正官同掌实权。所要注意

---

① 参见(唐)李峤:《神龙历序》,见《文苑英华》卷七三六,中华书局1966年版,第3833页。

② (唐)李峤:《为定王(武攸暨)让兼知司礼寺事表》,见《文苑英华》卷五七八,中华书局1966年版,第2982页。《旧唐书》卷一八三《武攸暨传》直接称其为"司礼卿",中华书局1975年版,第4738页。

的是,上述情况都不属于常例,并尚未见于玄宗以后。且虽有临时设职,原职事官皆有实权。

也有正官在,差遣他官权掌正官某项具体职务的情况。例如高安长公主丧葬之仪,玄宗"遣大鸿胪(刘知柔)持节赴吊,京兆尹(张暐)摄鸿胪护丧事"[①]。鸿胪卿的职掌包括监护一品官员的丧事。刘知柔已经充任吊祭使,故张暐以摄官身份监护公主丧事。这样,鸿胪卿的职掌实际上被一分为二:监护丧事和除此之外的其他事务。换言之,张暐虽然摄鸿胪卿,但只作为监护公主丧葬者,并不参与鸿胪寺的日常工作。

三、本官在任,在其上再设总判者

贞元二年(786)初,宰相崔造改革官制,"诏宰相齐映判兵部,李勉判刑部,刘滋判吏部、礼部,崔造判户部、工部。"[②]此时,兵部、刑部、工部尚书以及吏部、户部、兵部、刑部侍郎都在任上[③],却又差遣宰相分判诸部,形成了尚书省六部之上的新一级领导。这次改革是在特定背景下,为强化宰相对尚书省的控制而进行的,持续时间极短,同年底即宣告失败。

四、专知官

唐代前期,已有专知官存在,如吏部长官知铨,考功员外郎

---

① 《新唐书》卷八三《高安公主传》,中华书局 1975 年版,第 3649 页。
② 《旧唐书》卷一二《德宗上》"贞元二年正月癸丑"条,中华书局 1975 年版,第 352 页。
③ 参见严耕望:《唐仆尚丞郎表》卷四《通表下·兵刑工尚侍》,上海古籍出版社 2007 年版,第 272 页。

知贡举,御史台主簿知黄卷等,这些专知事务成为职事官职掌中不可或缺的组成部分。此外,下属机构由直属上级机构的长官、通判官以权知方式掌管的现象在初唐亦已出现,如司农卿、少卿知农圃监①。开元以后,新的专知官兴起,如礼部侍郎知贡举,吏部员外郎判南曹;寺监重要的署级机构,亦多由本寺通判官以"专知要务"的形式负责。

可以肯定的是,专知官的出现,并未导致专知要务者脱离本职工作。以知贡举者为例。唐代前期,知贡举的官员是吏部考功员外郎。除贡举外,考功员外郎还要与本曹郎中一起"掌内外文武官吏之考课"②。即在知贡举的同时,仍然从事考功曹的工作。开元以后,礼部侍郎知贡举,同时掌天下礼仪、祠祭、燕飨等政令③。据神道碑文,贞元年间,顾少连任礼部侍郎时,"明典礼以正威仪,变乐府而和上下,错综经术,辨论俊造,黜浮伪而尚敦素,所以观人文而化天下也"④,清楚表明,顾氏既掌贡举,又掌礼乐等礼部常务。

----

① 唐前期农圃监属司农寺,开元二十三年省(《唐六典》卷十九司农寺司农卿、少卿职掌条注,中华书局 1992 年版,第 524 页)。武德元年,韦云起曾以司农卿判农圃监事(《旧唐书》卷七五《韦云起传》,中华书局 1975 年版,第 2632 页)。武士棱任司农少卿,被"委以农圃之事"(《旧唐书》卷五八《武士棱传》,中华书局 1975 年版,第 2317 页)。

② 《唐六典》卷二《尚书吏部》"考功郎中、员外郎职掌"条,中华书局 1992 年版,第 41 页。

③ 参见《唐六典》卷四《尚书礼部》"礼部尚书、侍郎职掌"条,中华书局 1992 年版,第 108 页。

④ (唐)杜黄裳:《东都留守顾(少连)公神道碑》,见《文苑英华》卷九一八,中华书局 1966 年版,第 4832 页。

殿中省由通判官殿中少监专知尚食。殿中少监何怀昌"权兼六局,职备大朝,肴膳无废于供储,劳绩共多于修举"①,可知其掌管殿中省六局,同时在供给皇帝膳食的工作中表现良好。专知尚食的殿中少监,并非仅仅负责所知事务,还要担当殿中省通判官的工作。因此,唐代所谓的"专知",其实是"兼专知"的含义。

唐代职事官系统内部的使职化运作,主要是当某个职位空缺,任命他官"检校、判、摄、知(权知)",即没有正官在任时,令他官以某种形式行使正官权力,等于兼任正官。上述诸现象,除专知官外,多是在特殊情况下出现的。即使在使职、差遣非常兴盛的唐后期,也并不普遍。就专知官而言,只是将职事官机构中的某一职掌交由某官专门负责,该官员仍需担当其本职全部工作。因此,职事官机构内的使职化机制对职事官机构的正常运作没有产生实质影响。

第二节　职事官与使职、差遣之间的关系

由于使职、差遣兴盛,在职事官系统以外逐渐形成了单独的使职体系,与职事官共同运作。职事官被任命为某使不是随意

---

① (唐)卢谏卿:《唐故银青光禄大夫检校工部尚书守右领军卫上将军兼御史大夫上柱国庐江郡开国公食邑二千户赠太子太子少保何(文哲)公墓志铭并序》,见周绍良、赵超主编:《唐代墓志汇编续集》大和〇二〇,上海古籍出版社2001年版,第894页。

的,在很大程度上取决于其所任职事官职掌,官员所任的官与使之间存在紧密联系。

一、担任与职事官职掌相近的使职、差遣

很多职事官经常固定被差派担任与职事官职掌相近的使职、差遣。这一点在寺监长官方面最为明显。如太常卿任礼仪使,太仆卿或殿中监任闲厩使,将作大匠任内作使,少府监任中尚使,诸如此类。其所任使职工作原本是其职事官职掌的一部分,后从所属机构中分离,以使职的形式单独设置。原机构的官员本就较熟悉这些业务,由其任使,可谓驾轻就熟。

二、由于所掌事务相关,担任相应使职、差遣

唐代多以财臣掌营建。"韦机为司农少卿,受诏简较东都督营田园苑之事。高祖(宗)谓之曰:'两都是朕东西二宅也。今之宫馆,隋代所造,岁序既淹,渐将颓顿。欲有修造,又费财力,如何?'机奏曰:'臣任司农,向已十年,前复省费,今见贮钱三十万贯,若以供葺理,可不劳而就也。'帝大悦。"[1]高宗与韦机的对话表明以财臣总营建之工乃为借其财力。德宗朝,户部尚书裴延龄也曾奉敕修筑望仙楼及其夹城[2]。

---

① 《册府元龟》卷六二〇《卿监部·举职》"韦机"条,中华书局1960年版,第7460页。

② 参见《唐会要》卷三〇《杂记》"贞元十二年八月六日"条,上海古籍出版社2006年版,第654页。

此外,刑部、兵部长官多任财政三司使。元和(806—820)中后期,"盐运使由刑部尚书、侍郎掌判,正含有融合盐运系统职官与国家法官于一,赋予盐运官监督、审计财务行政职权之意。"①而"咸通、乾符、中和、光启(860—888)之时,唐战争频仍,战火连绵,军费成为国家重大财政负担,供军成为国家财政最主要目的,[故此]由兵部侍郎、尚书代替原来的户部尚书、侍郎判度支、盐铁、户部……"②,刑、兵二部长官在不同时期出任财政三司使,皆与其本职密切相关。

三、借助本官的地位,表明对该使职的重视

贞元五年,"及[窦]参为相,领度支使,帝(德宗)以[班]宏久司国计,因令为副。且谓班宏曰:'朕以窦参为使,藉其宰相,以临远方。众务悉委卿,勿为辞也。'"③虽然宰相不是一个具体的职事官职,但此条史料表明,德宗以窦参为度支使的目的是借助其原来职务提高所任使职的地位。

有时,还会先以某官权摄三公,再授命其担任重要使职、差遣。高祖崩,即以"[高]士廉摄司空,营山陵制度"④。文德皇

---

①　李锦绣:《唐代财政史稿》(下卷),北京大学出版社 2001 年版,第 168—169 页。

②　李锦绣:《唐代财政史稿》(下卷),北京大学出版社 2001 年版,第 206 页。

③　《册府元龟》卷四七八《台省部·交恶》"班宏"条,中华书局 1960 年版,第 5711 页。

④　《旧唐书》卷六五《高士廉传》,中华书局 1975 年版,第 2443 页。

后崩,则以阎立德摄司空,营昭陵①。这种情况下,本官与使职之间虽然没有业务上的关系,却有身份方面的必然联系。

在以上三种情况中,前两种情况比较常见。可见职事官与其担任的使职、差遣之间往往或是职权类似,或是职务相关,某官任某使,绝非偶然。

需要特别说明的是,无论何种情况,担任使职的职事官本官皆有实权。笔者对此曾有所探讨②。这里再以财政三司使为例,简要论之。元和六年,王播时任刑部侍郎、盐铁转运使。"是时,天下多故,大理议谳,科条丛繁,播悉置格律坐隅,商处重轻,剖决如流,吏不能窜其私。"③可见,身为盐铁使的王播很好地履行了本职事官刑部侍郎的职责。李巽在成为度支、盐铁使后,迁任吏部尚书,"其为天官(吏部尚书),已婴寝患,犹与郎吏切劘奏书,去缴绕之科,禁绝私回于胥吏。士之得调者,多受赐焉"④,可谓对本职工作鞠躬尽瘁。朝廷任命官员担任与本职事官职掌相近或事务相关的使职、差遣,目的是使其在官与使两个岗位上都充分发挥才能。担任使职、差遣的官员,即使使职工作繁重,也必须负责本职事官的工作。

---

① 参见《旧唐书》卷七七《阎立德传》,中华书局 1975 年版,第 2679 页。
② 参见王孙盈政:《再论唐代尚书省四等官制的执行——以长官、通判官任职情况为中心》,《求是学刊》2010 年第 6 期。
③ 《新唐书》卷一六七《王播传》,中华书局 1975 年版,第 5115 页。
④ (唐)权德舆:《唐故银青光禄大夫守吏部尚书兼御史大夫充诸道盐铁转运等使上柱国赵郡开国公赠尚书右仆射李(巽)公墓志铭并序》,《权德舆诗文集》卷二二,郭广伟点校,上海古籍出版社 2008 年版,第 341 页。

第三节 唐王朝促使使职、差遣回归
职事官系统的努力

利用使职、差遣裁决国家政务更具灵活性,但职事官系统内部的使职运作机制,以及使职与职事官两套体系并存,却造成了官制方面的混乱。因此,在发展使职体系的同时,尽可能促进使职体系纳归国家旧有官制系统,一直是唐王朝的指导思想,故多有相关措施出台。

第一,尽力保持使职与职掌相近的职事官机构同一套班底。上文已经列举了职事官多固定担任与其职掌相近的使职、差遣的实例。诸使有权力自择署僚。他们所辟的使职属下往往就是其职事官机构的下僚。以礼仪使为例。杜黄裳以太常卿连为崇陵、丰陵礼仪使,"择其僚以备损益,于是河东裴墰以太常丞,陇西辛秘以[太常]博士用焉。"①"择其僚以备损益",是诸使选择属官时的普遍情形。郑余庆以右仆射担任详定礼仪使,"复奏刑部侍郎韩愈、礼部侍郎李程为副使,左司郎中崔郾、吏部郎中陈珮、刑部员外郎杨嗣复、礼部员外郎庾敬休并充详定判官。"②其副使和判官均为仆射的属官。

唐王朝甚至通过制敕明确规定从职掌相近的职事官机构中

---

① (唐)柳宗元:《裴墰崇丰二陵集礼后序》,《柳宗元集校注》卷二一,尹占华等校注,中华书局 2013 年版,第 1446 页。

② 《旧唐书》卷一五八《郑余庆传》,中华书局 1975 年版,第 4165 页。

任命使职下僚的原则。"天宝四载四月敕：'将作监所置……内作使典，亦不得辄取外司人充……'"①将作监本掌京、都内外二作，后内作分出，单设使职，内作使多由将作监长官兼任。根据此敕，内作使属官必须出自将作监内部。文宗开成三年（838），曾下制书："应京有司有专知别当及诸色职掌等……起今已后，各于本司见任官寮之中，拣择差署，不得别更奏官。"②武宗会昌年间（841—846），还要求度支、户部钱谷文案"悉令本司郎官分判"，"委[户部]尚书侍郎，同诸司例，便自于司内选择差判"。③可见，对新旧体系的合一，维持原有官制的运转，唐王朝颇费心思。

第二，唐王朝竭力确保职事官在任履行职责。如上文所述，职事官担任使职、差遣，通常并不妨碍其从事本职工作。反之，当一些职事官担任差遣性质的工作，需要长期离职，朝廷则尽可能不让这些人再占用正员职事官名额。

以出使的尚书省郎官为例。郎官出使分为两类。一类是委派至地方，承担某些特定工作，主要是监察访闻之职。这类出使具有临时性，一旦完成出使任务，即返回中央，重新投入本职工作。另一类是使下郎官，即兼任诸使判官或出任幕府府僚的官员。此类郎官数量众多。因为郎官是尚书省运作的基本力量，

① 《唐会要》卷六六《将作监》，上海古籍出版社 2006 年版，第 1367 页。
② 《册府元龟》卷六三一《铨选部·条制三》"开成三年十二月诏"，中华书局 1960 年版，第 7573 页。
③ 《唐会要》卷五九《尚书省诸司下·户部员外郎》"会昌元年二月"条，上海古籍出版社 2006 年版，第 1195 页。

朝廷多次下令使下郎官不能承担本职工作者,须脱离尚书省诸曹,不得占用省内名额。自肃宗朝,使下郎官开始以检校官的身份出现①。至大历十四年下敕明令郎官充使,绝本司务者,改为检校官②。贞元二年则要求诸司、诸使不得奏请现任郎官任使③。自宪宗朝,刑部尚书、侍郎出任盐铁使成为惯例,刑部郎官多有参与判盐铁案者。文宗朝颇为重视法官工作,刑部公务众多,为了避免使职工作影响刑部郎官处理本曹事务,大和五年(831)下敕"刑部郎中,诸司诸使,更不得奏请充职"④。当判案郎官职事官事务繁重,不能兼顾时,朝廷毅然停其使下工作。可见,唐王朝坚守出任使职的职事官不影响本职工作的原则。

第三,权知某务者如果在权知职位上表现良好,往往被正式授以该官,以确保其更加合法、合理地履行职务。其中,最典型的就是权知贡举的中书舍人。大多数中书舍人在第一年知举后,即被任命为礼部侍郎,继续负责下一两年的贡举⑤,掌贡者不再是临时差遣,而是名实相符拥有该项权力的职事官。其他权知者的情况大致同于此。"奚陟为刑部侍郎,知吏部选事,铨

---

①　参见《旧唐书》卷一二六《陈少游传》,中华书局 1975 年版,第 3563 页。这一时期,"检校官"只是挂名,并不承担实际工作。

②　参见《唐会要》卷六二《御史台下·出使》"大历十四年六月敕",上海古籍出版社 2006 年版,第 1277 页。

③　参见《唐会要》卷五四《省号上·中书省》"贞元二年五月二十八日敕",上海古籍出版社 2006 年版,第 1089 页。

④　《唐会要》卷五九《尚书省诸司下·刑部员外郎》"大和五年四月敕",上海古籍出版社 2006 年版,第 1217 页。

⑤　参见严耕望《唐仆尚丞郎表》卷三《通表中·吏户礼尚侍》礼侍部分的考证(上海古籍出版社 2007 年版,第 144—222 页)。

综平允,有能名"①,"居一年,授权知吏部侍郎,又一年即真。"②
奚陟从知铨到正拜吏部侍郎的过程,充分显示了唐王朝希望由
职事官,而非使职、差遣负责国家常务的意愿。

以职事官为主导,辅以使职处理国家主要常务,是唐王朝力
图遵守的原则。

第四节　再度使职化倾向的出现

使职、差遣设立之初,最重要的特点就是由君主钦定,在执
行任务时绕过宰相,直接上承君命,极具灵活性。但至贞元、元
和之际,大多数使职、差遣已经职事官化,处理事务,接受的是宰
相而非君主的指令,其任免在很大程度上亦取决于宰相。虽名
为使职,与原职事官机构已经没有实质分别。由于职事官机构
办事程序烦琐且过于死板的特点并未改变,国家政务运行仍然
需要借助使职、差遣的灵活运作机制,故国家官制系统再度呈现
使职化倾向。

一、在职事官化的使职之外,兴起新的使职

以财政使职为例。三司使是唐代后期最为重要的使职,一

①　《册府元龟》卷六三七《铨选部·平直》"奚陟"条,中华书局1960年
版,第7646页。
②　(唐)刘禹锡:《唐故朝议郎守尚书吏部侍郎上柱国赐紫金鱼袋赠司空
奚(陟)公神道碑》,《刘禹锡集》卷二,《刘禹锡集》整理组点校,中华书局1990
年版,第30页。

度成为君主用以抗衡宰相的工具。但三司使在元和年间职事官化，处于宰相的领导下①。晚唐战争频仍，为及时筹措军费和行政费用，以保障唐王朝的延续，再次设立临时性财政使职，主要包括延资库使、催勘等使、发运使及租庸使四类，在唐末国家财政中起到了维系、缓和的作用②。

二、使职、差遣中的权判现象

如果担任使职、差遣者因故不能履行职责，朝廷便会再度临时差遣他人承担该项工作。长庆三年（823），判度支案的刑部郎中韦词被差使京西勾当和籴，由主客员外郎白行简暂代判案。当韦词返回后，白行简即"合归本司"③。受差遣判度支案者另有使命，在此差遣之外另派官员临时判案。"［咸通］十三年（872）三月，以吏部尚书萧邺、吏部侍郎独孤云、考官职方郎中赵蒙、驾部员外郎李绍考试宏词选人。试日，萧邺替，差右丞孔温裕权判。"④担任考官，属于临时差遣。因故需要替换考官，并没有给新考官正式的名分，而是以"权判"为名，作为替补人选。使职、差遣本属于临时特派性质，此外又形成了另一层差遣。无

① 参见李锦绣：《唐代财政史稿》（下卷），北京大学出版社 2001 年版，第 145 页。

② 参见李锦绣：《唐代财政史稿》（下卷），北京大学出版社 2001 年版，第 217 页。

③ 《唐会要》卷五九《尚书省诸司下·度支员外郎》"长庆三年十二月"条，上海古籍出版社 2006 年版，第 1198 页。

④ 《册府元龟》卷六四四《贡举部·考试二》，中华书局 1960 年版，第 7719 页。

论白行简,还是孔温裕,皆为被临时差遣的差遣官员。

三、加衔的专知官

前文已经提到,开元以后寺监通判官多有专知本司要务者,属于差遣的一种。专知要务,本应全权负责专知工作,但事实却有所不同。元和十五年六月,宪宗皇帝祔享太庙,有司错将宪宗室祝版划为睿宗室祝版,进署官、知庙宗正少卿李子鸿因"专司庙事,错进祝文",停现任①。李子鸿为宗正少卿专知太庙者,进署祝版为其职掌的一部分,但其官衔中却再加"进署官"衔,具有临时差遣的意味。这表明,唐代后期的专知官职掌被分割,由临时差遣的官员负责,出现了专知官之外的专知官,尽管此职可能仍由原专知官兼任。

四、固定使职再度改为临时设立

礼仪使掌管朝廷日常定礼。刘后滨先生将礼仪系统使职定为固定职掌,作为使职行政系统确立的标志之一②。但根据吴丽娱的研究,礼仪使在开元、天宝以后至德宗即位初相沿设立,贞元、元和至文宗时期只是不定期设置。中晚唐以后,在礼仪应用方面发挥主要作用的是太常寺下设的职事官机构礼院,修葺太庙、南郊与宗祠祔享等礼仪大事完全以太常礼院奏报

---

① 参见《唐会要》卷一八《缘庙裁制下》,上海古籍出版社 2006 年版,第 424 页。

② 参见刘后滨:《唐代中书门下体制研究——公文形态·政务运行与制度变迁》,齐鲁书社 2004 年版,第 208 页。

为依据①,礼仪使再度成为处理突发事务的临时性使职。

唐代政府极力保持使职体系重归职事官系统。但由于唐代后期有许多新型事务出现,并不在职事官系统的处理范围内,且需要得到迅速、有效的解决,使职的继续存在自有其必要性和合理性,因此,新的使职和职事官机构部分职掌使职化运作依然是国家政务处理过程中不可或缺的因素。

以上探讨了唐代使职、差遣与职事官(系统)关系中的一些模糊之处。不可否认,唐代使职、差遣兴盛,致使职事官机构丧失了大量职权,甚至是重要职权。但使职体系和职事官机构内部以使职机制运行,对职事官系统运作模式的影响却是有限的。除个别部门(如户部诸曹)因主要权力被侵夺而相对闲散外,职事官系统整体上保持正常运作,与使职、差遣共同处理国家日常政务,绝非职事官系统内部官员皆以使职机制运作,或使职体系完全取代职事官系统成为国家常务处理的主体。

使职、差遣与职事官存在紧密联系,无法脱离职事官系统而单独存在,担任使职、差遣的职事官亦须同时履行本官职能。唐王朝促进使职体系回归原官制系统的举措始终没有停止,这些举措收到了一定成效。然而,为了保证国家政务的运作效率,动荡不安的唐王朝不得不在已经职事官化的使职之外,另立新的使职、差遣,以配合中央官制的发展进程。最终至北宋元丰改制以前,真正形成了以使为实、以官为虚的体制。

---

① 参见吴丽娱:《唐代的礼仪使和大礼使》,《中国社会科学院历史所学刊》第五集,商务印书馆 2008 年版,第 127—156 页。

在唐代从三省制向中书门下体制演进的进程中，使职、差遣的发展是最突出的现象，伴随着政治、社会形势的转变，从应对大量新型突发性事务，到参与国家常务处理，再到重新应对法令范畴之外的事务，从代表君主的特派员，到宰相领导下的官员，再到临时性的职务，从非经常性设置，到使职性机制出现，再到国家政务运作的重要补充，使职、差遣的变化与唐代行政运行体制的转型环环紧扣。使职、差遣体系不仅是唐代行政运行体制演进的见证，且本身就是这一进程的重要组成部分。

第四章　再论唐代的宣徽使

《宋史》卷一六八《职官八》载王旦语："唐设内诸司使,悉拟尚书省:如京,仓部也;庄宅,屯田也;皇城,司门也;礼宾,主客也。"①唐代后期,宦官专权,除神策军系统外,存在着大量由宦官担任的内诸司使,构成了庞大的内诸司系统。内诸司大致分为两类:第一类是与中枢权力相关的内司,以枢密使为首;第二类是参与各类日常庶务的内司。王旦所言即后者,据其所言,掌庶务之内诸司在建制和职权方面,与尚书省相近。尚书省统辖(六部)二十四司协同运作。至晚至武宗初年,内二十四司已经形成②。因此,在内二十四司之上,应该存在一个类似尚书省的领导机构。到目前为止,学者们普遍认为这个机构是宣徽使领导的宣徽院。王永平先生首先对此进行了专门研究,其结论为"宣徽使的地位类似于唐初尚书省长官的地位;而它在内廷的

---

①　《宋史》,中华书局1977年版,第4003页。

②　参见(唐)杜牧:《唐故东川节度使检校右仆射兼御史大夫赠司徒周公(墀)墓志铭》,《杜牧集系年校注》卷七,吴在庆校注,中华书局2008年版,第713页。

地位则是仅次于中尉、枢密使的宦官首领"①。李锦绣在王永平研究的基础上,归纳出"宣徽使在唐代后期发展成为东内大明宫的领导机构,'掌综领内诸司及三班内侍之籍,郊祀、朝会、宴飨、供帐之事,应内外进奉,悉检视其名物',成为类似尚书省一样负责大明宫宦官事务的机构,因此,大明宫内诸司及杂物均隶属于宣徽,宣徽成为大明宫的代表……"②。全建平先生指出宣徽使与内诸司存在业务上的隶属关系,并称其为内诸司的"总管家"③。根据上述学者的结论,以宣徽使为长官的宣徽院应该是以大明宫为主体的掌庶务内诸司的领导机构。如果宣徽使具有此种地位,宦官集团就形成了完整的政令兼事务机构体系,加之枢密使等对中枢权力的介入,内诸司可以置身于南衙职官系统之外,独立运作。因此宣徽院是否是掌庶务内司的主管,关系到唐后期行政运行体制的格局。

第一节　宣徽殿与宣徽院

《唐两京城坊考》记载大明宫布局:"由紫宸而东,经绫绮殿、浴堂殿、宣徽殿……温室殿、明德寺,以达左银台门"④,可知

---

① 王永平:《论唐代宣徽使》,《中国史研究》1995 年第 1 期。

② 李锦绣:《唐代财政史稿》(下卷),北京大学出版社 2001 年版,第441 页。

③ 参见全建平:《唐代宣徽使再认识》,《兰州学刊》2009 年第 9 期。

④ (清)徐松:《增订唐两京城坊考》卷一,李建超增订,三秦出版社 1996年版,第 31 页。

宣徽殿位于大明宫东侧,与浴堂等殿位置相近。浴堂、宣徽两殿自德宗朝开始在帝王日常生活中居于重要地位。白居易《陵园妾》一诗描绘了守陵宫人对宫廷生活的想往,其中有"遥想六宫奉至尊,宣徽雪夜浴堂春"①之句,只是二殿的作用不尽相同,浴堂殿是皇帝召对臣下的主要宫殿,而宣徽殿则更倾向于作为娱乐场所使用②。

正是由于宣徽殿的这种功用,以宣徽殿为基础形成了院级机构,与娱乐活动相关的人员名籍逐渐隶属宣徽。"自贞元(785—805)已未(来),选乐工三十余人出入禁中,号宣徽院长入供奉……"③宝历(825—827)中,又以球工纳籍宣徽院④。在这一过程中,宫廷其他人吏也开始名列宣徽。王建写《宫词》百首,其一称:"往来旧院不堪修,近敕宣徽别起楼"⑤,表明内司工匠当属籍宣徽。最晚至宪宗前期,六宫内人名籍亦列于宣徽院,

---

① （唐）白居易:《白居易集笺校》卷四《陵园妾》,朱金城笺校,上海古籍出版社 1988 年版,第 239 页。

② 唐德宗曾亲自于宣徽殿试御马,举行球宴。元稹诗《望云骓马歌并序》中有"朝廷无事忘征战,校猎朝回暮球宴。御马齐登拟用槽,君王自试宣徽殿"之句,所载即贞元时事［（唐）元稹:《元稹集编年笺注（诗歌卷）》,杨军笺注,三秦出版社 2002 年版,第 187 页］。

③ 《册府元龟》卷一六〇《帝王部·革弊二》"元和八年四月乙未条",中华书局 1960 年版,第 1929 页。

④ 参见《玉海》卷一六七《宫室·府·院》"唐宣徽院条",江苏古籍出版社、上海书店出版社 1987 年版,第 3069 页。

⑤ （唐）王建:《王建诗集校注》卷一〇,尹占华校注,巴蜀书社 2006 年版,第 487 页。此句或作"教近宣徽别起楼",如此,"宣徽"所指当为宣徽殿,或因内人列籍宣徽院,故此就近起楼;或作"教近金銮别起楼",则与宣徽没有关系。

白居易就有"宫女出宣徽"①之语。

从德宗至敬宗朝,宣徽院规模不断扩大,很可能在这一阶段,已经分为南北两院设置。除内宫人吏外,大量供奉官也隶名宣徽。有学者认为,供奉官系统包括承旨、库家、内养和供奉官四级②。目前可见的有宣徽供奉官、宣徽库家和宣徽承旨。最早的"宣徽供奉官"出现于宪宗即位之后③。

随着宣徽院的发展,一些掌庶务的内诸司使开始冠有"宣徽"的名号,包括宣徽含光使、宣徽小马坊使、宣徽鹰鹞使、宣徽鸡坊使、宣徽内库使、宣徽酒坊使、宣徽修造使等。但要注意的是,这些使职以"宣徽"为名,并非因其所掌事务在大明宫,由宣徽使领导。如含光殿和小马坊并不位于大明宫内,含光殿在大明宫西,包括一个球场,属于禁苑的一部分;小马坊则位于东内苑。二者都服务于皇室的马球活动④,其下的球工隶属宣徽院,当为含光使和小马坊使冠名"宣徽"的原因。修造使前加"宣徽"二字,应该出于同样的理由。修造使为营建方面的内使,属

---

① (唐)白居易:《白居易集笺校》卷一《贺雨》,朱金城笺校,上海古籍出版社 1988 年版,第 1 页。

② 李锦绣就"库家"一职做过专门考证,且对唐代后期内供奉官体系得出相应结论。参见《唐代财政史稿》(下卷),北京大学出版社 2001 年版,第 443—451 页。

③ 参见(唐)王源中:《唐故内坊典内银青光禄大夫行内侍省内侍上柱国高阳郡开国公食邑二千户许(遂忠)公墓志铭并序》,见周绍良、赵超主编:《唐代墓志汇编续集》大和○二四,上海古籍出版社 2001 年版,第 899 页。

④ 小马坊使在唐末成为掌管国家马政的机构,但起初设置并非为此。后蜀花蕊夫人作《宫词一百首》,其一略云:"自从拣得真龙种一作骨,别置东头小马坊。"(《全唐诗》卷七九八,中华书局 1960 年版,第 8978 页)很可能讲的就是唐代小马坊设立的起因。

下有诸色工人或匠人,名籍列于宣徽院,故称"宣徽修造使"。可见,某些内司机构或使职名带"宣徽",只是因为其所属人吏列籍宣徽院。

第二节　宣徽使与掌庶务内诸司使地位之比较

不容否认,宣徽使在唐代最终发展成为仅次于神策军中尉和枢密使的宦官职掌。但是宣徽使并非自设立之日起就具有尊崇的地位,其地位上升经历了一个较长的过程。笔者将结合这一过程,分析宣徽使与掌庶务之内诸司使的关系。首先将目前已知唐代担任宣徽使(含副使)的宦者以表格形式列出,以方便下面的讨论。

文献中,"宣徽使"一职最早出现于德宗朝①。目前确知姓名的宣徽使,最早一例为宝历年间的冯志恩。确知任使时官品者最早一例为权宦仇士良的长子仇从广。他在会昌三年出任宣徽使时,散官为从三品银青光禄大夫,职事官为从五品下的内给事,官品比起其他三例在会昌、大中年间任使者要高出许多。这

---

① 参见(宋)王谠:《唐语林校证》卷五 697 条,周勋初校证,中华书局1987 年版,第 478 页。有宦者在大历末"擢居宣徽"。参见(唐)元佐:《大唐故朝议郎行宫闱令充威远军监军上柱国赐紫金鱼袋西门(珍)大夫墓志铭并序》,见周绍良主编:《唐代墓志汇编》元和一一九,上海古籍出版社 1992 年版,第2032 页。这很可能指大历十四年(779)五月唐德宗即位初,而非唐代宗朝。且西门珍担任的并不确定就是宣徽使。

表 3 唐代宣徽使表

时间	职位	人物	散官、职事官	升任官职	史料来源
宝历二年十二月前	宣徽使	冯志恩			册府元龟 153
宝历二年十一月	宣徽使	闾弘约			旧唐书 17 上
宝历二年十一月	宣徽副使	刘弘逸			同上
文宗朝	宣徽北院副使	康约言			集古录 9
会昌三年(843)	宣徽使	仇从广	银青光禄大夫(从三品)、内给事(从五品下)		文苑英华 932
会昌六年至大中五年(851)	宣徽北院使	刘遵礼	宣义郎(从七品下),后朝散大夫(从五品下),内仆局令(正八品下)	宣徽南院使	墓志汇编咸通 072
大中五年	宣徽南院使	刘遵礼	朝散大夫,内仆局令	大盈库使,宫闱局令	同上
大中七年	宣徽南院使	阎知诚	朝散大夫,掖庭局令从(七品下)	平卢军节度监军使	墓志汇编续集大中 063
大中七年	宣徽北院副使	严季寔			新唐书 207

续表

时间	职位	人物	散官、职事官	升任官职	史料来源
大中十三年	宣徽南院使	王居方			资治通鉴 249
大中十三年	宣徽北院使	齐元简			同上
咸通二年（861）	宣徽使	杨公庆			资治通鉴 250
咸通十年	宣徽使	杨复恭		枢密使	新唐书 208
广明元年（880）	宣徽使	李顺融		枢密使	资治通鉴 253
中和四年（884）	宣徽南院使	刘景宣			说郛 90
中和四年	宣徽北院使	田献铢			同上
景福二年（893）	宣徽北院使	吴承泌	右监门卫将军（从三品）	枢密使	墓志汇编乾宁 005
乾宁三年（896）	宣徽使	元公讯			资治通鉴 260
天复二年（902）	宣徽南院使	仇承坦		右神策中尉	资治通鉴 263

应该是因其父身份而获得的特殊待遇。然而要注意一点，仇士良为会昌初年重点打击的对象，武宗成功迫使其放弃权柄，因此不可能给其子实权职位。之后担任宣徽北院使的刘遵礼，散官先是从七品下的宣义郎，后为从五品下的朝散大夫，职事官仅为正八品下的内仆局令。升任南院使后，散品和职事品皆未改变。间知诚在大中七年任南院使时，官品基本同于刘遵礼。因此，刘遵礼和间知诚的官品，应该是会昌至大中中期宣徽使所任散、职官的普遍情况。任宣徽使者，绝非高官。不过，大中中期以后，宣徽使的重要性有所提高。大中十三年宣宗大渐，企图以夔王接位，除两枢密使外，亦托孤于宣徽南院使王居方。而宣徽北院使齐元简则与左神策军中尉结为另一集团，成功迎立郓王，是为懿宗[1]。至此，宣徽使已成为宦官集团最重要的职掌之一，只是其地位并没有实质改变。至咸通七年，宣徽使在除神策军系统的内司中，位列枢密使（长官）和掌庶务内司使，包括飞龙使及副使、内园使和庄宅使之后[2]。咸通十年任宣徽使的杨复恭，丁忧后直接起复为枢密使，表明直至此时，宣徽使地位才得到显著提高。此后，宣徽使升任枢密使基本成为定制。僖宗后期出任南院使的刘景宣于昭宗朝最终登上神策中尉之位[3]。在设立约百年后，宣徽使超越了所有掌庶务的内司使，成为除神策中尉

① 参见《资治通鉴》卷二四九"宣宗大中十三年条"，中华书局1956年版，第8075—8076页。

② 参见（唐）郁知言：《记室备要》中卷，见赵和平编：《敦煌表状笺启书仪辑校》，江苏古籍出版社1997年版，第92—99页。

③ 参见《旧唐书》卷二〇上《昭宗纪》"大顺二年十二月丙子朔"条，中华书局1975年版，第747页。

（观军容使）、枢密使外最显赫的宦官职掌。朱全忠诛灭宦官以前，宣徽使的地位依然呈上升趋势。天复二年，宣徽使仇承坦未经枢密使，直升右神策军中尉。而此前任神策中尉者，则以枢密使为阶梯。

可见，宣徽使成为内廷中仅次于神策中尉和枢密使的职掌，是唐末的事情。大多数掌庶务的内使设立于贞元、元和之际，与这一时期积极活跃于政治舞台的众多内使相比，宣徽使可谓默默无闻，存世文献、碑志几乎没有其踪迹。即使在宝历以后，也很难找到有关宣徽使活动或职掌的记载。甚至到了其重要性已经有所提高的大中后期，相关史料仍然少之又少。两《唐书》宦者传中，有独立传记，曾任宣徽使者只有杨复恭一人。在这种情况下，很难断定宣徽使与内诸司使的关系。就尚书省而论，唐代后期二十四司郎官无论品级还是地位，都低于尚书省实际长官左右丞。使职没有品级，为确定使职地位的高下，往往参照任使者的散官、职事官品。一般情况下，任使者的官品越高，表明该使职的地位越高。

根据存世主要史料，可确定其散官、职事官（至少其一）及任职时间的掌庶务内诸司使，共有五十四人次，依据与尚书省诸司相对应的原则进行排列。其中，散官最低者为从八品上的承奉郎，最高者为从一品开府仪同三司；职事官最低者为正九品下的内侍省内仆局丞，最高者为从二品武官诸卫上将军。他们的散官在五品以上者居多。五十四人中，确知其散官者四十一人，五品（含五品）以上者三十七人，五品以下者四人。确知职事官者五十一人（含员外置），五品以上者二十六人，五品以下者二

表 4　唐代内诸司使表

对应曹司	使名	人物	时间	本官	史料来源
金部	大盈库使	孟再荣	元和三年七月	云麾将军（从三品）、左监门卫将军（从三品）员外置	全唐文补遗 7-489
		仇士良	大和七年	冠军大将军（正三品）、内侍（从四品下）知省事	文苑英华 932
		荣守义	大和九年	右领军卫上将军（从二品）	新唐书 207
		似先义逸	会昌三年以后	朝散大夫（从五品下）、内给事（从五品下）	全唐文补遗 7-126
		刘遵礼	大中五年	朝散大夫、内仆局令（正八品下）、后宫闱局令（从七品下）	墓志汇编咸通 072
	琼林库使	似先义逸	宝历时？	朝散大夫、内仆局令	全唐文补遗 7-125
		许遂忠	大和二年	银青光禄大夫（从三品）、内侍	墓志汇编续集大和 024
		马元贽	会昌二年	朝议大夫（正五品下）、奚官局令（正八品下）	会昌一品集别集 6
		李敬实	大中中	掖庭局令（从七品下）	墓志汇编续集大中 078

续表

对应曹司	使名	人物	时间	本官	史料来源
仓部	如京使	马某	元和十五年	朝议郎（正六品上）、内府局令（正八品下）员外置	墓志汇编续集长庆001
礼部	教坊使	吴全纲	咸通十一年至十二年	朝散大夫、内府局令	墓志汇编续集乾符019
膳部	内酒坊使	彭献忠	贞元二十年	正议大夫（正四品上）、内侍	文苑英华932
主客	鸿胪礼宾使	王意通	代、德之际	朝散大夫	墓志汇编大中032
		李辅光	元和四年以前	内侍、知内侍省事	墓志汇编元和083
		刘弘规	敬宗初	特进（正二品）、右武卫上将军	会昌一品集别集6
		刘渶渼	大和三年至五年	银青光禄大夫、内寺伯（正七品下）	墓志汇编续集会昌008
	内外客省使	似先义逸	文宗时	朝散大夫、内仆局令（正五品下）	全唐文补遗7-126
驾部	牛羊使	似先义逸	宝历初	银青光禄大夫、内侍监（正三品），兼充监门卫大将军	全唐文补遗7-125
		刘渶渼	大和九年至开成元年		墓志汇编续集会昌008
	内飞龙使	鱼朝恩	代宗朝	开府仪同三司（从一品），行内侍省（正四品下）、内侍监（正三品），兼充监门卫大将军	文苑英华399

续表

对应曹司	使名	人物	时间	本官	史料来源
		彭献忠	元和元年、二年	内侍,后忠武将军(正四品上),右武卫将军	文苑英华 932
		刘弘规	元和年间	朝议大夫,内常侍	会昌一品集别集 6
		韦元素	宝历二年十二月	后上将军	册府元龟 665
		马存亮	大和五年二月	开府仪同三司	册府元龟 670
		王归长	大中十一年	宫闱局令	旧唐书 18 下
		刘遵礼	咸通三年至至三年五月	朝散大夫,掖庭局令,后内侍	墓志汇编咸通 072
库部	军器使	某氏	大中十四年以前	内寺伯	全唐文补遗 7-164
		袁某		内寺伯	墓志汇编大中 162
	弓箭库使	鱼朝恩	代宗朝	开府仪同三司,行内侍监,兼充监门卫大将军	文苑英华 399
		王英进	德宗朝	内侍	墓志汇编会昌 037
		李辅光	元和四年以前	内侍,知内侍省事	墓志汇编元和 083
		似先义逸	大中四年以前	朝散大夫,内给事	全唐文补遗 7-126
		刘遵礼	大中七年至八年	朝散大夫,宫闱局令	墓志汇编咸通 072

续表

对应曹司	使名	人物	时间	本官	史料来源
	营葺使	刘遵礼	大中十三年至咸通三年	朝散大夫,宫闱局令,后掖庭局令	同上
		同知诚	会昌六年	征事郎(正八品下),内仆局丞(正九品下)	墓志汇编续集大中063
		孟秀荣	大中元年至三年	承奉郎(从八品上),内仆局丞员外置	墓志汇编续集大中035
		刘遵礼	大中十四年	朝散大夫,宫闱局令	墓志汇编咸通072
工部	武德使	刘元尚	开元末至天宝中	云麾将军,左监门卫将军,摄省事	金石萃编90
	毡坊使	焦仙晟	会昌四年	内常侍,行内寺伯(令)	墓志汇编续集会昌019
	毡坊使	刘溪涮	大和九年	银青光禄大夫,内给事	墓志汇编续集会昌008
	染坊使	吴全镒	咸通十一年	朝散大夫,内府局令	墓志汇编续集乾符019
		高兑从	会昌三年至四年	掖庭局	墓志汇编续集大中006
		同知诚	大中三年	宣义郎(从七品下),内仆局丞	墓志汇编大中063
屯田	庄宅使	吐突承璀	元和五年	后左卫上将军,知内侍省事	新唐书20

续表

对应曹司	使名	人物	时间	本官	史料来源
		刘弘规	敬宗初	特进,右武卫上将军	会昌一品集别集 6
		似先义逸	文宗时	朝散大夫,内寺伯	全唐文补遗 7-126
		田绍宗	大中五年	特进,知□□	全唐文补遗 7-2
		刘遵礼	大中八年至九年	朝散大夫,宫闱局令	墓志汇编咸通 072
		刘遵礼	咸通七年	朝散大夫,内侍,后银青光禄大夫	同上
虞部 水部	总监使	李升荣	会昌三年至四年	正议大夫,内寺伯	墓志汇编续集会昌 029
		杨玄略	会昌六年至大中元年	朝请大夫,内仆局令	墓志汇编续集咸通 020
		杨玄略	大中四年至大中五年	大中大夫(从四品上),内仆局令	同上
	内园使	杨某	元和十三年六月	内给事	金石萃编 66
		许遂忠	长庆四年至宝历元年	银青光禄大夫,内侍	墓志汇编续集大和 024

十四人,一人由五品以下官升任至五品以上。其中任内侍省五局令者(从七品下或正八品下)共十五人(一人后升迁)。目前确知散官品的四员宣徽使,一为从三品银青光禄大夫,三为从五品下的朝散大夫(一员由从七品下的宣义郎升任)。确知职事官品的五员宣徽使,一任从三品武官诸位将军,一任从五品下的内给事,三任五局令。可知绝大多数内诸司使的品级都不低于宣徽使。因此,从任使者的官品考察,没有证据表明宣徽使是内诸司的领导者。

再根据转迁路线考察宣徽使在内司中的地位。以刘遵礼为例,他从会昌六年至大中八年先后出任宣徽北院使、宣徽南院使、大盈库使、内弓箭库使、庄宅使。据墓志,其间没有降职的暗示,且任大盈库使时职事官品还有所提升①。可见这一时期,宣徽南院使的地位低于大盈库使、内弓箭库使和庄宅使。根据写于懿宗朝的《记室备要》,至咸通中,庄宅使的地位依然超过宣徽使。就使职转迁而言,显然有部分掌庶务的内使排在宣徽使前。

被冠以"宣徽"名号的内使,地位也不一定低于宣徽使。李磎草《授内官韩坤范等加恩制》,此诏书恩赏三人,排位依次是宣徽小马坊使、宣徽含光使和宣徽南院副使②。宣徽南院为上院。如果宣徽使是"宣徽"诸使的领导者,其副使绝不会列于宣

---

① 参见(唐)刘瞻:《唐故内庄宅使银青光禄大夫行内侍省内侍员外置同正员上柱国彭城县开国子食邑五百户赐紫金鱼袋赠左监门卫大将军刘(遵礼)公墓志铭并序》,见周绍良主编:《唐代墓志汇编》咸通〇七二,上海古籍出版社1992年版,第2435页。

② 参见《文苑英华》卷四一八,中华书局1966年版,第2118页。

徽诸使之后。

以上,对宣徽使与掌庶务的内诸司使地位进行了考察,可知直至唐末以前,掌庶务的所谓"内二十四司"使职,都有位列宣徽使前者,因此宣徽使不会是内诸司的领导。

此外,如果宣徽南北院使相当于尚书省实际长官左右丞,应该具有如下权限:首先,对内司进行管辖,即所谓"居纲辖之地";其次,对内司使的任免拥有较大发言权;最后,对内司文案有勾检、发付的权力。但是上述三点,通过现有史籍、碑志和出土文书,皆无任何线索可寻。

郑璘撰《唐重修内侍省碑》,记载乾宁三年重修内侍省,包括仿二十四司而建的诸多内司机构。领导这项工作的是两枢密使宋道弼和景务修,并非宣徽使。有一点特别需要注意,内侍省下机构为掖庭、宫闱、奚官、内仆、内府五局。乾宁年间重建之司并非五局,而是内诸司,却被时人称为"重修内侍省"。目前确知职事官的枢密使共有五人次,都带有"知内侍省事"的头衔①。

---

① 这五人次为梁守谦(元和四年)、刘弘规(元和九年?)、刘弘规(元和后期至长庆末?)、王归长(大中十一年七月)、吴承泌(□□二年)。王归长的任职情况见《旧唐书》卷一八下《宣宗纪》"大中十一年七月条",中华书局1975年版,第638页。梁守谦、吴承泌分见本人墓志,(唐)雷景中:《唐故右神策军护军中尉□□□□开府仪同三司行右卫上将军知内侍省事上柱国邠国公食邑三千户食实封三百户赠扬州大都督□定梁(守谦)公墓志铭并序》,见周绍良主编:《唐代墓志汇编》大和一○一二,上海古籍出版社1992年版,第2103页;(唐)裴廷裕:《大唐故内枢密使特进左领军卫上将军知内侍省事上柱国濮阳郡开国侯食邑千户食实封百户吴(承泌)公墓志并序》,同书乾宁○○五,第2533页。刘弘规见其神道碑,(唐)李德裕:《唐故左神策军护军中尉兼左街功德使知内侍省事刘(弘规)公神道碑》,见《李德裕文集校笺·别集》卷六,中华书局2018年版,第632—637页。

既然内司被视为属内侍省的机构,那么身兼"知省事"的枢密使作为内司名义上的领导,自有其合理性。《记室备要》中所记宦官职掌,排在第三位者为"长官"。所谓"长官",所指并不明确。由于《记室备要》没有列出枢密使一职,成为一大疑问。笔者以为,此"长官"即枢密使。因为"长官"的职掌为"秉握璇枢,调和玉烛",这显然是对皇帝身边参与枢机决策之人的描写,符合枢密使的身份。将其称为"长官",是因为枢密使在名义上是整个内司(包括依然被称为"内侍省"的掌庶务内司)的领袖,并非单指其枢密院负责人的身份。上文所列宣徽使,却无一人"知内侍省事"。另外需要注意的是,宣徽院不在此次重建的范围内①。这再次提供了一个佐证,就是宣徽院与以大明宫为首的掌庶务内司关系并不密切,其机构性质与掌庶务内司有所区别。

第三节　宣徽使的职掌

关于宣徽使的职掌,史籍中最详细的记载如下:

> 唐中世以后,置宣徽院,以宦者主之。其大朝贺及圣节上寿,则宣徽使宣答。徐度《却扫编》曰:"宣徽使,本唐宦者之官,故其所掌皆琐细之事。本朝更用士人,品秩亚二府,有南、北院,南院比北院资望尤优,然其职犹多因唐之

---

① 　此时,宣徽院已经移至大明宫前朝与国家政治活动密切相关的区域,宣徽院、枢密院和中书省自北至南排列。参见王孙盈政:《唐代宣徽院位置小考》,《唐史论丛》第19辑,三秦出版社2014年版,第64页。

旧。赐群臣新火,及诸司使至崇班、内侍、供奉、诸司工匠、兵卒名籍,及三班以下迁补、假故、鞫劾,春秋及圣节大宴,节度迎授恩命,上元张灯,四时祠祭,契丹朝贡,内庭学士赴上,督其供帐,内外进奉名物,教坊伶人岁给衣带,郊御殿、朝谒圣容,赐酺,国忌,诸司使下别籍分产,诸司工匠休假之类。"①

其中能够证实的是,宣徽使掌内诸司下诸工匠及部分供奉官名籍,其余职掌皆无从考证。因为这些都是后人根据所在世代宣徽院的情况而记录的。《记室备要》在"贺宣徽使"条中,只称:"厶官博达多能,硕学众望。今者功高武库,宠极班行"②,从中无法推论出宣徽使的职务。

唐代宣徽使的职责究竟如何?《文献通考》卷五八称:"枢密、宣徽院皆始于唐。然唐之《职官志》及《会要》略不言建置本末。盖因肃、代以后,特设此官以处宦者,其初亦无甚司存职业,故史所不载。及其后宦者之势日盛,则此二官日尊。"③这里肯定了宣徽院的职掌和地位都有一个发展过程。上文言及宣徽院兴起与皇帝的娱乐活动相关,另一处为宫廷提供玩乐节目的机构是教坊,乐工和球工分别列籍宣徽院和教坊。因此宣徽使最初的工作可能与教坊使有相似之处。《唐语林》记载:

① 《资治通鉴》卷二四三"穆宗长庆三年四月丙申"条注,中华书局 1956 年版,第 7825 页。

② (唐)郁知言:《记室备要》中卷,见周绍良主编:《敦煌表状笺启书仪辑校》,江苏古籍出版社 1997 年版,第 96 页。

③ 《文献通考》卷五八《职官考一二·宣徽院》,中华书局 1986 年版,第 526 页。

开府[宋璟]孙沈亦知音。贞元中,集《乐录》三卷,德宗览而善焉……又召至宣徽,张乐使观焉。曰:"设有舛乖,悉可言之。"沈沈吟曰:"容臣与乐官商榷条奏。"上使宣徽使就教坊与乐官参议数日。二使奏上:"乐工多言沈曾不留意,不解声调,不审节拍,兼有聩病,不可议乐。"上颇异之。①

在这则故事中,宣徽使和教坊使共同从事音律相关事宜。

但是,随着宣徽院的日益发展,宣徽使的职责发生了实质性变化。《文献通考》叙述其本源时,把宣徽使和枢密使相提并论,推测二者在职掌、建制,甚至发展方向上,存在相似之处。再参考碑志材料对宣徽院的评价。吴承泌于景福二年被任命为宣徽北院使,以宣徽院为"宥密之地",表示非其所愿②。刘遵礼墓志云:"亲承顾问,莫厚于宣徽……"③根据志文,宣徽使最重要的职责在于"亲承顾问",这正是宣徽院被称为"宥密之地"的原因。枢密、宣徽分东西南北院相对设置,"枢密、宣徽四院使,拟于四相也"④。在唐代,为"相"者,原则上不厘细务。这些对宣徽院(使)的评价都与掌"琐细之事"背道而驰。

---

① （宋）王谠:《唐语林校证》卷五第 697 条,周勋初校证,中华书局 1987 年版,第 478 页。

② 参见周绍良主编:《唐代墓志汇编》乾宁〇〇五,上海古籍出版社 1992 年版,第 2533 页。

③ 周绍良主编:《唐代墓志汇编》咸通〇七二,上海古籍出版社 1992 年版,第 2435 页。

④ （五代）孙光宪:《北梦琐言》卷六《内官改创职事》,贾二强点校,中华书局 2002 年版,第 141 页。

宣徽院没有在唐末清除宦官集团的过程中被废弃，而是改由士人掌管。对宣徽院的改革分为两步。天祐元年（904）闰四月戊申，"敕内诸司惟留宣徽等九使时惟留宣徽两院、小马坊、丰德库、御厨、客省、阁门、飞龙、庄宅九使。外，余皆停废……以蒋玄晖为宣徽南院使兼枢密使，王殷为宣徽北院使兼皇城使……皆［朱］全忠之腹心也。"①首先要注意的是，宣徽使在保留的内诸司使中，已经超过飞龙、庄宅诸使，处于首位。其次，虽然任使者的身份发生变化，但是宣徽使的职权没有转换。此点表明宣徽使（院）在当时不可或缺。如果宣徽使的职责确如《却扫编》所载，只是负责琐碎庶务，根本不再具有存在价值，完全可以随掌庶务内司被废除。再次，接任宣徽两院使者，乃朱全忠亲信之人，此举显然是为朱氏篡位做准备。故此时的宣徽院，绝对处于唐代中枢权力的核心地位。此后，宣徽院再次发生变化。天祐二年二月十六日敕，"只置宣徽院使，以权知枢密事王殷充，副使以赵殷衡充。其枢密使并宣徽南院使并停，所司勒归中书。宣徽院人吏不得私出本院，与人交通。诸道句当事人，亦不得到院，凡有公事，并于中书论请。"②由此，宣徽院在唐末，与枢密院共同参与国家中枢决策，这一点非常明确，因此它并非掌庶务的机构。唐后期，以大明宫为主体的掌庶务之内司，属于内侍省，带有"知省事"头衔的枢密使是其名义上的长官。

----

① 《资治通鉴》卷二六四，中华书局1956年版，第8631—8632页。
② 《唐会要》卷七九《诸使下·诸使杂录下》，上海古籍出版社2006年版，第1720页。参见《旧唐书》卷二〇下《哀帝纪》"天祐二年十二月庚子敕"，中华书局1975年版，第803页。

第四节　余　论

前面已经论证了宣徽使与掌庶务内司之间不存在紧密关系,"知内侍省事"的枢密使也只是内司名义上的领导,现存有关枢密使的史料数量可观,并未见其领导掌庶务内司的痕迹。那么掌庶务内司在哪个机构领导下从事日常工作,是一个需要思考的问题。

唐代中后期,宰相日益政务官化,取代尚书省成为国家最高行政机构。南衙职官系统参与国家常务,小事由本司依照法定原则自行处理,大事主要根据皇帝和宰相的决策。在诸多情况下,皇帝颁布制敕提出对某事的处理原则,交由相关部门制定具体措施,相关部门制定具体措施后,由宰相先行审批,再呈递给皇帝作出最终裁决①。而掌庶务内司处理常务的程序亦是如此。

会昌六年,宣宗登基,一改武宗打击佛教势力的措施。五月,大赦天下,大赦文要求"上都两街先各留寺两所,依前委功德使收管,其所添寺,于废寺中拣择堪修建者"。大赦文属于制敕的一种,主要根据宰相的商量进行拟定②。两街功德使是主

---

① 相关程序参见刘后滨:《唐代中书门下体制研究——公文形态·政务运行与制度变迁》,齐鲁书社 2004 年版,第 272—281 页。

② 参见魏斌:《"伏准赦文"与晚唐行政运行》,《中国史研究》2006 年第 1 期。

管宗教事务的内使,他们据赦文选出修建的寺院,并对寺院重新命名,之后上奏称:

> 准今月五日赦书节文,上都两街先各留寺两所,依前委功德使收管,其所添寺,于废寺中拣择堪修建者。臣今左街谨具拣择置寺八所及数内回改名额,分析如后……谨定拣择添置及改名额分析如前。①

此奏得到赦旨认可。在恢复京城寺院一事中,两街功德使成为皇帝和宰相决议的执行者。

在武宗灭佛的过程中,亦可清楚看出两街功德使与宰相的关系。日本僧人圆仁记述了较为详细的情形:

> 城中两街功德使帖诸寺:不放出僧尼,长闭寺门……又准宰相李绅闻奏,因起此条流。其僧眩玄当诳赦罪,准赦斩首讫。左右街功德使帖诸寺,勘隶僧尼财物。准赦条流,天下大同。诸州府、中书门下牒行。京城内仇军容拒赦,不欲条流。缘赦意不许,且许请权停一百日内。帖诸寺:不放僧尼出寺。左街功德使奏:准赦条流僧尼……奉赦:左右街功德使奏,准去年十月七日后诸道如有此类,并准此处分……各委功德使,自条流闻奏。②

由于宰相李绅的上奏被武宗批准,以赦的形式下达,故两街

---

① 《唐会要》卷四八《寺》,上海古籍出版社 2006 年版,第 999—1000 页。《唐会要》将此奏的时间定为会昌六年正月,误。参见《旧唐书》卷一八下《宣宗纪》"会昌六年五月"条,中华书局 1975 年版,第 615 页。

② [日]圆仁:《入唐求法巡礼行记校注》卷三,[日]小野胜年校注,白化文等修订校注,花山文艺出版社 1992 年版,第 404—405 页。

功德使需要起条流。虽然权宦仇士良非法拒敕,李绅的意见最后仍然得到落实。这同样表明,内司需要遵行皇帝与宰相对政务的裁决。

从形式上看,宦官集团形成了庞大的掌庶务的内司体系,这一体系分夺了职事官系统的部分事务权(非政务权),相对于职官系统有一定的独立性。但就实质而言,掌庶务内司并非在枢密使或宣徽使的全权指挥下,如遇重大事务,则需承制敕,即根据皇帝和宰相的意志行事。以大明宫为首的掌庶务内司本身,没有形成独立的政令—事务体系。

唐代后期,行政运行体制为中书门下体制,其主要特征即中书门下宰相机构在国家日常政务的裁处过程中居于主导地位,尚书省—寺监体系与南衙使职体系都在其领导之下。由于宦官权势的膨胀,掌庶务内司分担了职官系统的部分工作。如果掌庶务内司之上有一个固定的领导机构,可对其发号施令,势必会形成独立的政务系统,与南衙职官系统完全脱离,对尚书省、寺监处理、执行政务造成的干扰将是不可估量的。国家官僚体制最终将在一片混乱中崩溃。事实上,完全独立的北司体系并不存在,内诸司使职与尚书省—寺监体系以及南衙使职同样在中书门下的领导下,协同运作。

第五章　五代时期官制发展与
尚书省所存重要职掌

——以礼部侍郎与知贡举任职情况为中心

五代诸政权的官制发展既延续了晚唐发展的轨迹,亦有自身的独特之处。开元(713—741)以后,因为负责主持贡举事务,礼部侍郎的人选备受重视。虽然存在中书舍人权知贡举、翰林学士居中重试和中书门下复试后放榜等因素的影响,但只要礼部侍郎在任,他就是主持贡举的唯一人选。上述情况反映出唐代后期临时差遣发展,内廷官员对朝政产生影响和中书门下政务官化等特征,以及官职相分抑或相合的矛盾。以五代时期礼部侍郎和知贡举者身份和职能的变化为视角,同样可以进一步揭示这一时期中央官制的演进特色。

第一节　五代诸朝礼部侍郎与
知贡举者考证

一、后梁的礼部侍郎与知贡举

(一) 开平元年(907,四月建国)

1.翰林学士承旨、礼部侍郎张策(冬始任)

《旧五代史》卷一八《张策传》:"太祖受禅,改工部侍郎,加承旨。其年冬,转礼部侍郎。明年,从征至泽州,拜刑部侍郎、平章事,仍判户部,寻迁中书侍郎。"(第 245 页)卷四《太祖纪四》载:"[开平二年]四月……以翰林奉旨学士张策为刑部侍郎、平章事"(第 60 页)。

2. 知贡举(无)

后梁以四月建国,故本年无知贡举。

（二）开平二年

1. 翰林学士承旨、礼部侍郎、知贡举张策(四月改任,参见"开平元年"条)

2. 翰林学士承旨、礼部侍郎、知贡举张策(四月改任,参见"开平元年"条)

（三）开平三年

1. 礼部侍郎、知贡举封舜卿

《旧五代史》卷六八《封舜卿传》载:"仕梁,为礼部侍郎,知贡举。开平三年,奉使幽州,以门生郑致雍从行,复命之日,又与致雍同受命入翰林为学士。"(第 902 页)《册府元龟》卷九三九《总录部·讥诮》"封舜卿"条同(第 11064 页)。而《册府元龟》卷五一三《词臣部·稽缓》载:"封舜卿唐末为礼部侍郎、知贡举。梁开平中,与门生郑致雍同受命入翰林为学士。"据《旧五代史》卷三《太祖纪三》,开平元年十月,封舜卿时任中书舍人(第 54 页)。故封舜卿当在此后升任礼部侍郎、知贡举。《登科记考》考证,开平二年封舜卿以中书舍人放春榜,后为礼部侍郎[(清)徐松撰,赵守俨点校:《登科记考》,中华书局 1984 年版,第 937 页];郑致雍为郑雍,开平二年进士(第 936 页)。但所引史料,未载郑雍为何年进士。周腊生《五代状元初始职任考》（《盐城师范学院学报（人文社科版）》2014 年第 2 期）将郑雍列为开平三年进士。

2. 礼部侍郎、知贡举封舜卿

（四）开平四年

1. 礼部侍郎、知贡举萧顷

《旧五代史》卷五八《萧顷传》载："顷入梁,历给谏、御史中丞、礼部侍郎、知贡举,咸有能名。自吏部侍郎拜中书门下平章事……"（第 787 页）《册府元龟》卷四五八《台省部·德望》"后唐萧顷"条略同（第 5439 页）。《册府元龟》卷六一三《刑法部·定律令五》："梁太祖开平三年十一月,诏太常卿李燕、御史［司］宪萧顷、中书舍人张衮、户部侍郎崔沂、大理卿王鄯、刑部郎中崔诰共删定律令格式。"（第 7357 页）开平三年十一月,萧顷尚在御史司宪任上,目前可以确定开平五年至贞明二年任知贡举者,故萧顷当在开平四年任职,放春榜。

2. 礼部侍郎、知贡举萧顷

（五）开平五年（五月改元乾化,911）

1. 礼部侍郎薛廷珪

《旧五代史》卷一三二《韩逊传》载："开平中……梁祖嘉之,自是累加官至中书令,封颍川郡王。逊亦善于为理,部民请立生祠堂于其地,梁祖许之,仍诏礼部侍郎薛廷珪撰文以赐之,其庙至今在焉。贞明初,逊卒于镇。"据《资治通鉴》卷二六七,韩逊封王日为"开平三年三月丙戌"（第 8707 页）;卷二六九,卒于"乾化四年五月"（第 8784 页）。《册府元龟》卷四三六《将帅部·继袭》"韩逊"条,亦载其卒于贞明初(第 5181 页)。《新五代史》卷四〇《韩逊传》称:"贞明中,逊卒。"(第 438 页)故薛廷珪在开平三年三月以后至贞明初(乾化四年五月?)以前,曾任礼侍。根据其他礼部侍郎和知贡举在任年份,薛廷珪任职应该在开平五年、乾化二年间。

2. 兵部尚书、知贡举姚洎

《册府元龟》卷六四一《贡举部·条制三》载有开平四年十二月兵部尚书、知贡举姚洎的上奏(第 7688 页),故姚洎开平四年十二月在知贡举任上,放开平五年春榜。《旧五代史》卷一四八《选举志》将姚洎上奏系于开平元年四月,当误(第 1977 — 1978 页)。

(六) 乾化二年

1. 礼部侍郎薛廷珪(参见"开平五年"条)

2. 左仆射、知贡举杨涉

《五代会要》卷二三《缘举杂录》载:"乾化元年十二月,以尚书左仆射杨涉知礼部贡举,非常例也。"(第 365 页)《册府元龟》卷六四一《贡举部·条制三》"乾化元年十二月"条同(第 7688页)。故杨涉乾化元年十二月在任,放乾化二年春榜。

(七) 乾化三年

1. 礼部侍郎、知贡举、翰林学士(承旨?)郑珏

《旧五代史》卷五八《郑珏传》载:"入梁为补阙、起居郎,召入翰林,累迁礼部侍郎充职。"(第 778 页)《资治通鉴》卷二六九载:"[贞明二年十月]丁酉,以礼部侍郎郑珏为中书侍郎、同平章事。"(第 8807 页)《册府元龟》卷六五一《贡举部·谬滥》载:

"乾化中,翰林学士郑珏连知贡学(举)。"(第 7803 页)卷九一七
《总录部·改节》载:"后唐聂屿……郑珏之再主礼闱,与乡人赵
都俱赴乡荐。"因乾化四年停举,乾化五年十一月改元,故郑珏
乾化三年、乾化五年以翰林学士、礼部侍郎的身份两次知贡举。
至贞明二年十月丁酉,改中书侍郎入相。又有记载称郑珏为承
旨学士:"召入翰林为学士,历考功员外郎、右司郎中,皆知制
诰,正授舍人,翰林承旨,转礼部侍郎。"(《册府元龟》卷九四五
《总录部·附势》,第 11135 页)"梁太祖即位,拜左补阙。梁诸
大臣以[张]全义故数荐之,累拜中书舍人、翰林学士奉旨"(《新
五代史》卷五四《郑珏传》,第 619 页)。

2. 礼部侍郎、知贡举、翰林学士(承旨?)郑珏

(八) 乾化四年

1. 礼部侍郎、翰林学士郑珏(参见"乾化三年"条)

2. 知贡举(无)

此年停举(《文献通考》卷三〇《选举三》"五代登科记总
目",第 282 页)。

(九) 乾化五年(十一月改元贞明)

1. 礼部侍郎、知贡举、翰林学士郑珏(参见"乾化三年"条)

2. 礼部侍郎、知贡举、翰林学士郑珏(参见"乾化三年"条)

(十) 贞明二年

1. 礼部侍郎、翰林学士郑珏(十月改任,参见"乾化三年"
条)

2. 礼部侍郎、翰林学士郑珏(参见"乾化三年"条)

（十一）　贞明三年

1. 礼部侍郎（存疑）

2. 礼部尚书、知贡举薛廷珪

《册府元龟》卷七二九《幕府部·辟署四》载："崔棁,梁永（贞）明三年举进士。主文薛廷珪爱其才,擢升甲科。"（第8680页)《登科记考》载薛廷珪撰《赠太尉葛从周神道碑》的官衔为"银青光禄大夫、礼部尚书、权知贡举、上柱国"（第943页）。

（十二）　贞明四年

1. 礼部侍郎（存疑）

2. 知贡举（存疑）

（十三）　贞明五年

1. 礼部侍郎（存疑）

2. 知贡举（存疑）

（十四）　贞明六年

1. 礼部侍郎卢协（四月始任）

《旧五代史》卷一〇《末帝纪下》载贞明六年四月辛酉,"以前吏部侍郎卢协为礼部侍郎"（第143页）。

2. 知贡举（存疑）

（十五）　贞明七年（五月改元龙德,921）

1. 礼部侍郎（存疑）

2. 知贡举（无）

此年停举（《文献通考》卷三〇《选举三》"五代登科记总目",第282页）。

（十六）龙德二年

1. 礼部侍郎（存疑）

2. 知贡举（存疑）

（十七）龙德三年（四月改朝）

1. 礼部侍郎韦说

《新五代史》卷二八《豆卢革传》载："庄宗已灭梁，革乃荐韦说为相……［韦说］后事梁为礼部侍郎。"（第301页）《旧五代史》卷三〇《庄宗纪四》载同光元年十一月丁巳"以朝散大夫、礼部侍郎韦说守本官、同平章事"（第419页）。韦说当在后梁灭亡之前为礼部侍郎，新朝未改任，后直接入相。

2. 知贡举（无）

此年停举（《文献通考》卷三〇《选举三》"五代登科记总目"，第282页）。

（十八）存疑

1. 礼部侍郎李琪（贞明二年十月以后至龙德年间？）

《旧五代史》卷五八《李琪传》载："累迁户部侍郎、翰林承旨……贞明、龙德中，历兵、礼、吏侍郎……迁御史中丞，累擢尚书左丞、中书门下平章事。"（第783页）《册府元龟》卷五五七《国史部·采撰》载："梁李琪，贞明中历兵、礼、吏侍郎"（第6689页）。

2. 礼部侍郎、知贡举卢文亮（度？）（贞明年间？）

杨紫□《唐故罗林军□银青光禄大夫行尚书兵部侍郎知制诰上柱国范阳县开国男食邑三百户卢（文亮）公权厝记并序》："充职期月，迁小□、知制诰，加以金组。俄为右司正郎。司言之称,喧于中外,紫微真秩,两加成命。寻乃首冠玉堂……天临笔砚之泽,于斯一□□□,陟民部戎曹二侍郎。依前视草,时以籍之重,论者金其才可,乃拜春官,振滞□才,颇叶于公议……俄转右辖,一入禁苑,十有五年,扬历三署,华显十资,所谓稽古之人也。洎右辖归南官,兼判二铨,加驭贵之阶,开上等而食邑。复为五兵侍郎,佐丞相□史笔,仍总选部东铨事。同光初,王师收复中原,六合混一。是时内则缺官,复诏入掌诰,密勿之地,平阆霄汉。"(《五代墓志汇考》五五,第128—129页)据此,卢文亮在同光以前曾以礼部侍郎知贡举,在贞明年间任礼部侍郎、知贡举的可能性较大。

考诸史籍,无此人。《册府元龟》卷五五三《词臣部·谬误》:"梁太祖开平三年四月,翰林学士郑珏、卢文度以书诏漏略王言,罚两月俸。"(第6640页)《旧五代史》卷七《太祖纪七》载:"[乾化二年二月]戊寅,至贝州,命四丞相及学士李琪、卢文度、知制诰窦赏等十五人扈从……"(第105页)《旧五代史》卷三〇《庄宗纪四》载同光元年十一月丁巳"以吏部侍郎、史馆修撰、判馆事卢文度为兵部侍郎,充翰林学士"(第419页)。卢文度任官与墓主颇为吻合。

二、后唐的礼部侍郎与知贡举

(一)同光元年(923,四月建国)

1.礼部侍郎韦说(十一月丁巳以后,加平章事入相)

《旧五代史》卷三〇《庄宗纪四》载同光元年十一月丁巳"以朝散大夫、礼部侍郎韦说守本官、同平章事"(第419页)。卷三二《庄宗纪六》载同光二年六月甲戌"礼部侍郎、平章事韦说加中书侍郎"(第 437 页)。

2. 知贡举(无)

四月建国,此年无贡举事。

(二) 同光二年

1. (1)礼部侍郎、平章事韦说(六月改任,参见"同光元年"条)

(2)礼部侍郎、知贡举裴皞(九月由中书舍人、知贡举升任)

同光二年三月,裴皞以中书舍人接替赵顼知贡举,九月戊申,正式任礼部侍郎(《旧五代史》卷三二《庄宗纪六》,第 440 页)。至天成二年四月己丑,改任户部侍郎(《旧五代史》卷三八《明宗纪四》,第 522 页)。《旧五代史》卷三二《庄宗纪六》又载:"[同光三年四月]礼部贡院新及第进士四人,其王澈改为第一,桑维翰第二,符蒙正第三,成僚第四。礼部侍郎裴皞既无黜落,特议宽容。"(第 448 页)《旧五代史》卷九二《裴皞传》载"皞累知贡举,称得士,宰相马裔孙、维翰皆其所取进士也",且自为诗,有"三主礼闱年八十"之句(第 1219 页)。

2. (1)户部侍郎、知贡举赵顼

《旧五代史》卷三一《庄宗纪五》载:"[同光二年三月]尚书户部侍郎、知贡举赵顼卒,以中书舍人裴皞权知贡举。"(第 432 页)

(2)中书舍人、知贡举裴皞,九月升任礼部侍郎,仍知贡举

(三) 同光三年

1. 礼部侍郎、知贡举裴皞(参见"同光二年"条)

2. 礼部侍郎、知贡举裴皞（参见"同光二年"条）

（四）同光四年（四月改元天成，926）

1. 礼部侍郎、知贡举裴皞（参见"同光二年"条）

2. 礼部侍郎、知贡举裴皞（参见"同光二年"条）

（五）天成二年

1.（1）礼部侍郎裴皞（四月改任，参见"同光二年"条）

（2）礼部侍郎、知制诰、翰林学士承旨李愚

《旧五代史》卷三八《明宗纪四》载天成二年四月己丑"以礼部侍郎裴皞为户部侍郎，以翰林承旨、守中书舍人李愚为礼部侍郎充职"（第522页）。卷四〇《明宗纪六》载天成四年八月丁未"以翰林学士承旨、礼部侍郎、知制诰李愚为兵部侍郎，职如故"（第553页）。《旧五代史》卷六七《李愚传》称其"蜀平，就拜中书舍人。师还，明宗即位……俄以本职权知贡举"（第893页）。故李愚在任礼侍前，先以中书舍人知贡举，放天成二年春榜。

2. 中书舍人、知贡举、翰林学士承旨李愚，后任礼部侍郎、知制诰、翰林学士承旨

（六）天成三年

1. 礼部侍郎、知制诰、翰林学士承旨李愚（参见"天成二年"条）

2. 兵部侍郎、知贡举赵凤

《旧五代史》卷六七《赵凤传》载："是冬（天成二年冬），权知贡举。"（第889页）《册府元龟》卷六四一《贡举部·条制三》载："〔天成〕三年春，赵凤知贡举。"（第7691页）故赵凤于天成二年冬知贡举，放三年春榜。

（七）天成四年

1.（1）礼部侍郎、知制诰、翰林学士承旨李愚（八月改任，参见"天成二年"条）

（2）礼部侍郎卢詹（八月始任）

《册府元龟》卷六五一《贡举部·谬滥》载："明宗天成四年，中书舍人、知贡举卢詹进纳春关状，内漏，失五经四人姓名，罚一月俸。"（第7803页）《旧五代史》卷四〇《明宗纪六》载天成四年八月丁未"以中书舍人卢詹为礼部侍郎"（第553页）。卷四二《明宗纪八》载长兴二年九月壬寅"礼部侍郎卢澹为户部侍郎"（第582页）。故卢詹先以中书舍人知贡举，八月正任礼部侍郎。

2. 中书舍人、知贡举卢詹

（八）长兴元年（930，二月改元）

1. 礼部侍郎卢詹（参见"天成四年"条）

2. 右散骑常侍、知贡举张文宝

《旧五代史》卷四〇《明宗纪六》载天成四年十一月戊辰，"以刑部侍郎张文宝为右散骑常侍。"（第555页）卷四二《明宗纪八》载长兴二年闰五月庚寅，"以右散骑常侍张文宝为兵部侍郎。"（第579页）《旧五代史》卷四一《明宗纪七》载长兴元年六月壬子，中书门下奏："详覆到礼部送今年及第进士李飞、樊吉、夏侯珙、吴泂、王德柔、李谷等六人，望放及第。其卢价等七人及宾贡郑朴，望许令将来就试。知贡举张文宝试士不得精当，望罚一季俸。"（第566页）故张文宝以右散骑常侍、知贡举，放长兴元年春榜。

（九）长兴二年

1.（1）礼部侍郎卢詹（九月改任，参见"天成四年"条）

（2）礼部侍郎封翘（九月始任）

《旧五代史》卷四二《明宗纪八》载长兴二年九月壬寅，"以中书舍人封翘为礼部侍郎"（第582页）。

2. 知贡举封翘（？）

长兴二年九月，封翘以中书舍人改任礼部侍郎，放长兴二年春榜的可能性较大（参见上条）。

（十）长兴三年

1.（1）礼部侍郎郑韬光（十一月始任）

《旧五代史》卷四三《明宗纪九》载长兴三年十一月庚子，"以工部侍郎郑韬光为礼部侍郎。"（第596页）卷四六《末帝纪上》载清泰元年八月壬申，改任刑部侍郎（第638页）。

2. 考功员外郎、知贡举卢华

《偶隽》云：[张]文蔚长兴二年卢华榜下进士八人，与张沔、吴承范、殷鹏、范禹偁为学士（《十国春秋》卷二五《张文蔚传》注，第350页）。卢华的身份为考功员外郎（《广卓异记》卷一三《同年五人为翰林学士》），但《旧五代史》卷九二《吴承范传》记载吴承范及第时间乃长兴三年春（第1219页）。故卢华很可能长兴二年底以考功员外郎知贡举，放三年春榜（参见胡可先：《〈登科记考〉匡补续编》，《文献》1988年第2期）。

（十一）长兴四年

1. 礼部侍郎郑韬光（参见"长兴三年"条）

2. 主客郎中、知贡举、知制诰、翰林学士和凝

《旧五代史》卷一二七《和凝传》载:"唐天成中,入拜殿中侍御史,历礼部、刑部员外郎,改主客员外郎、知制诰,寻诏入翰林充学士,转主客郎中充职,兼权知贡举。"(第1672页)《册府元龟》卷六四二《贡举部·条制四》载有长兴四年二月,"知贡举"和凝的奏状(第7696页),故和凝放长兴四年春榜。

(十二) 清泰元年(长兴五年、应顺元年,四月改元)

1.(1)礼部侍郎郑韬光(八月改任,参见"长兴三年"条)

(2)礼部侍郎杨凝式(八月至十一月在任)

《旧五代史》卷四六《末帝纪上》载清泰元年八月壬申,"以前工部侍郎杨凝式为礼部侍郎。"(第638页),同年十一月壬戌,改任户部侍郎(640页)。

(3)礼部侍郎卢导(十一月始任)

《旧五代史》卷四六《末帝纪上》载清泰元年十一月甲子,"以中书舍人卢导为礼部侍郎。"(第640页)卷四七《末帝纪中》载清泰二年五月甲寅,改任尚书右丞(第648页)。《旧五代史》卷九二《卢导传》载:"长兴末,为中书舍人,权知贡举。"(第1220页)《宋史》卷二六二《刘涛传》载:"清泰初,中书舍人卢导受诏主文……"(第9078页)故知卢导长兴末年以中书舍人知贡举,放次年春榜。

2.中书舍人、知贡举卢导

(十三) 清泰二年

1.(1)礼部侍郎卢导(五月改任,参见"清泰元年"条)

(2)礼部侍郎、翰林学士马胤孙(五月始任)

《旧五代史》卷四七《末帝纪中》载清泰二年五月丙辰,"以翰林学士马裔（胤）孙为礼部侍郎"，且"充职如故"（第648页）。卷四八《末帝纪下》载："［清泰三年三月］丙午，以翰林学士、礼部侍郎马裔（胤）孙为中书侍郎、同平章事。"（第658页）《容斋五笔》卷七《门生门下见门生》载："予以《五代登科记》考之……后十年，裔（胤）孙为翰林学士，以清泰三年放进士十三人……"［（宋）洪迈：《容斋随笔》，上海古籍出版社1978年版，第890页］故知马胤孙以翰林学士、礼部侍郎知贡举，放清泰三年春榜。

2. 礼部尚书、知贡举王权

《旧五代史》卷九二《王权传》载："月余，入为右庶子，迁户兵吏三侍郎、尚书左丞、礼部尚书判铨。清泰中，权知贡举，改户部尚书……"（第1222页）卷四七《末帝纪中》载清泰二年五月庚申，"以礼部尚书王权为户部尚书"（第648页）。故知王权以礼部尚书知贡举，放清泰二年春榜。

（十四）清泰三年

1.（1）礼部侍郎、翰林学士、知贡举马胤孙（三月改任，参见"清泰二年"条）

（2）礼部侍郎张昭远（四月辛未至七月己酉在任）

《旧五代史》卷四八《末帝纪下》载："［清泰三年四月］辛未，以中书舍人、史馆修撰张昭远为礼部侍郎……"（第663页）"［清泰三年七月］己酉，以礼部侍郎张昭远为御史中丞……"（第663页）

（3）礼部侍郎、端明殿学士吕琦（清泰三年七月己酉至天福二年正月乙丑在任）

《旧五代史》卷四八《末帝纪下》载清泰三年七月己酉，"以御史中丞吕琦为礼部侍郎，充端明殿学士。"（第663页）卷七六《高祖纪二》载："〔天福二年正月〕乙丑，以端明殿学士、礼部侍郎吕琦为检校工部尚书、秘书监。"（第995页）清泰三年十一月，后晋建立，年号天福，吕琦至次年二月改职。

2.礼部侍郎、翰林学士、知贡举马胤孙（三月改任，参见"清泰二年"条）

三、后晋的礼部侍郎与知贡举

（一）天福元年（936，十一月建国）

1.礼部侍郎、翰林学士、知枢密院事桑维翰（十一月至闰十一月丙寅在任）

《旧五代史》卷七六《高祖纪二》载天福元年十一月，"以节度掌书记桑维翰为翰林学士、守尚书礼部侍郎、知枢密院事"（第991—992页），闰十一月丙寅，改任入相（第992页）。

2.知贡举（无）

此年后晋十一月建国，无贡举事。

（二）天福二年

1.礼部侍郎、翰林学士和凝，后改礼部侍郎、端明殿学士，再兼判度支（正月庚申始任）

《旧五代史》卷七六《高祖纪二》载天福二年正月庚申，"以翰林学士、工部侍郎和凝为礼部侍郎，依前充职。"（第995页）六月，"翰林学士、礼部侍郎和凝改端明殿学士。"（第1004页）卷七七《高祖纪三》载天福三年正月丙寅，"端明殿学士、礼部侍郎和凝兼判度支"(第1013页),十一月,"改尚书户部侍郎充职"(第1021页)。

2. 中书舍人、知贡举王延

《旧五代史》卷一三一《王延传》载:"逾年,以水部员外知制诰迁中书舍人,赐金紫。清泰末,以本官权知贡举……来春,以[崔]颀登甲科。其年,改御史中丞……"(第1725页)《册府元龟》卷六五一《贡举部·清正》亦称:"王延,后唐清泰中为中书舍人、权知贡举。"(第7800页)《旧五代史》卷七六《高祖纪二》载:"[天福二年五月]戊寅,以中书舍人、权知贡举王延为御史中丞……"(第1002页)故王延在后唐清泰末始负责贡举事,放天福二年春榜。

(三) 天福三年

1.(1)礼部侍郎、端明殿学士、兼判度支和凝(十一月改任,参见"天福二年"条)

(2)礼部侍郎吕琦(十一月始任)

《旧五代史》卷七七《高祖纪三》载"[天福三年十一月]丙辰,以秘书监吕琦为礼部侍郎"(第1022页)。卷七八《高祖纪四》载四年九月丙申,"礼部侍郎吕琦改刑部侍郎"(第1032页)。

2. 兵部侍郎、知贡举、翰林学士承旨崔棁

《旧五代史》卷九三《崔棁传》:"天福初,以户部侍郎为学士承旨。尝草制,为宰相桑维翰所改,棁以唐故事,学士草制有所改者,当罢职,乃引经据争,维翰不能诘,命权知二年贡举。"(第1232页)《新五代史》卷五五《崔棁传》载:"晋高祖时,以户部侍郎为学士承旨,权知天福二年贡举。"(第636页)但《册府元龟》

卷六四二《贡举部·条制四》(第7698页)和《旧五代史》卷一四八《选举志》(第1978—1979页)记载晋高祖天福三年三月翰林学士承旨、兵部侍郎、权知贡举崔棁的奏状。故崔棁所放当为三年春榜。

(四) 天福四年

1.(1)礼部侍郎吕琦(九月改任,参见"天福三年"条)

(2)礼部侍郎李详(九月始任)

《旧五代史》卷七八《高祖纪四》载天福四年九月丙申,"中书舍人李详改礼部侍郎"(第1032页)。

2.知贡举(无)

此年停举(《文献通考》卷三〇《选举三》"五代登科记总目",第282页)。

(五) 天福五年

1.礼部侍郎、知贡举张允(三月始任)

《旧五代史》卷七九《高祖纪五》载:"[天福五年]三月丁卯朔,右散骑常侍张允改礼部侍郎。"(第1038页)卷八一《少帝纪一》载天福八年五月辛卯,"以礼部侍郎张允为御史中丞"(第1077页)。卷一〇八《张允传》载其"[天福]五年,迁礼部侍郎,凡三典贡部"。故知张允放六年、七年、八年春榜。

2.知贡举(无)

此年停举(《文献通考》卷三〇《选举三》"五代登科记总目",第282页)。

(六) 天福六年

1.礼部侍郎、知贡举张允(见"天福五年"条)

2.礼部侍郎、知贡举张允(见"天福五年"条)

（七）天福七年

1.礼部侍郎、知贡举张允(见"天福五年"条)

2.礼部侍郎、知贡举张允(见"天福五年"条)

（八）天福八年

1.(1)礼部侍郎、知贡举张允(五月改任,见"天福五年"条)

(2)礼部侍郎、知贡举吴承范(五月始任,六月病卒)

《旧五代史》卷八一《少帝纪一》载天福八年五月辛卯,"以中书舍人吴承范为礼部侍郎"(第1077页),六月,"礼部侍郎吴承范卒。"(第1078页)卷九二《吴承范传》载:"少帝嗣位,迁礼部侍郎,知贡举,寻遘疾而卒……"(第1219页)

(3)礼部侍郎、知贡举符蒙(六月始任)

《旧五代史》卷八一《少帝纪一》载天福八年六月丁卯,"以给事中符蒙为礼部侍郎"(第1078页)。卷八三《少帝纪三》载:"[开运元年九月]己丑,礼部侍郎符蒙卒。"(第1095页)《唐才子传校笺》卷一○《孟宾于》载诸史记载天福九年,孟宾于在礼部侍郎符蒙榜卜及第(傅璇琮主编,中华书局1990年版,第486—487页)。故知符蒙以礼部侍郎放天福九年春榜。

2.礼部侍郎、知贡举张允(五月改任,见"天福五年"条)

（九）天福九年(944,七月改元开运)

1.礼部侍郎、知贡举符蒙(九月卒,见"天福八年"条)

2.礼部侍郎、知贡举符蒙(九月卒,见"天福八年"条)

（十）开运二年

1.(1)礼部侍郎边蔚(五月始任?)

《旧五代史》卷一二八《边蔚传》："晋少帝嗣位,拜左散骑常侍,判广晋府事,转工、礼二部侍郎,再知开封府事。开运初,出为亳州防御使……"(第1693页)据《旧五代史》卷八二《少帝纪二》,"[天福八年十月]己巳,以左散骑常侍、权知开封府事边蔚为工部侍郎,依前知府事"(第1083页),开运二年五月壬子,"以工部侍郎边蔚为户部(礼部?)侍郎,依前权知开封府事……"(第1108页)卷八四《少帝纪四》又称三年八月庚午"以前亳州防御使边蔚为户部侍郎"。后晋时期,礼部侍郎任职基本没有空缺。唯独天福九年(开运元年)九月符蒙卒后,至开运二年十二月,长达一年零三个月,没有记载礼部侍郎的任命。故开运二年五月,边蔚所任为礼部侍郎的可能性极高。

(2)礼部侍郎卢价(十二月始任)

《旧五代史》卷八四《少帝纪四》载:"[开运二年十二月]辛未,以工部侍郎卢价为礼部侍郎……"(第1112页)"[开运三年八月]庚午……以礼部侍郎卢价为刑部侍郎……"(第1116—1117页)

2. 工部尚书、知贡举窦贞固

《旧五代史》卷一四八《选举志》(第1980—1981页)、《册府元龟》卷六四二《贡举部·条制四》(第7700页)和《旧五代史》卷八三《少帝纪三》(第1098页)分别载有工部尚书、知贡举窦贞固开运元年十一月和闰十二月关于贡举改为夜试的奏状。故知其放开运二年春榜。

(十一) 开运三年

1.(1)礼部侍郎卢价(八月改任,见"开运二年"条)

（2）礼部侍郎、枢密直学士边光范,后任翰林学士、知制诰,仍直枢密院（八月始任）

《旧五代史》卷八四《少帝纪四》载开运三年八月庚午,"以枢密直学士、左散骑常侍边光范为礼部侍郎充职。"（第1116—1117页）卷八五《少帝纪五》载:"［开运三年十月］己丑,以枢密直学士、礼部侍郎边光范为翰林学士……"（第1121页）《宋史》卷二六二《边光范传》称其在为翰林学士后,"仍直枢密院。"（第9079页）《旧五代史》卷一○○《高祖纪下》载后汉建立后的天福十二年六月,"尚书礼部侍郎边光范为卫尉卿"（第1333页）。

2. 工部尚书、知贡举王松

《旧五代史》卷八四《少帝纪四》载开运二年八月,"以工部尚书王松权知贡举"（第1110页）,"［开运三年］七月壬辰……以工部尚书王松为礼部尚书……"（第1116页）故知王松以工部尚书知贡举,放开运三年春榜。

四、后汉的礼部侍郎与知贡举

（一）天福十二年（947,二月建国）

1.（1）礼部侍郎边光范（六月改任,见"开运三年"条）

（2）礼部侍郎边归谠（六月始任）

《旧五代史》卷一○○《高祖纪下》载,天福十二年六月,"以左散骑常侍边归谠为礼部侍郎"（第1333页）。卷一○一《隐帝纪上》载乾祐元年二月丁未,"以礼部侍郎边归谠为刑部侍郎"（第1344页）。

2. 左丞、知贡举张昭

《册府元龟》卷六五一《贡举部·清正》载:"张昭初仕晋为左丞,少帝开运三年命知贡举。来岁属契丹犯阙,而诸侯受赂请托甚峻。昭未尝摇动,但务公平,时皆服其镇静,得钜儒之体。"(第7800页)故知其开运三年知贡举,放天福十二年春榜。

(二)乾祐元年(948)

1.(1)礼部侍郎边归谠(二月改任,见"天福十二年"条)

(2)礼部侍郎司徒诩(二月始任)

《旧五代史》卷一〇一《隐帝纪上》载乾祐元年二月,"以工部侍郎司徒诩为礼部侍郎。"(第1344页)卷一一一《太祖纪二》载广顺元年二月辛亥,"以礼部侍郎司徒诩为刑部侍郎"(第1469页),故知其任礼部侍郎至后周建立之初。卷一二八《司徒诩传》称其"汉初,除礼部侍郎,凡三主贡举"(第1692页)。因乾祐元年放春榜者为王仁裕,故司徒诩所放三榜在乾祐二年、三年和广顺元年。

2.户部侍郎、翰林学士承旨、知贡举王仁裕

《旧五代史》卷一〇〇《高祖纪下》载天福十二年六月,"以左散骑常侍王仁裕为户部侍郎,充翰林学士承旨"(第1333页)。卷一〇一《隐帝纪上》载乾祐元年四月甲午,"以翰林学士承旨、户部侍郎王仁裕为户部尚书",依前充职(第1347页)。《十国春秋》卷四四《王仁裕传》记载其乾祐初知贡举(第644页)。

(三)乾祐二年

1.礼部侍郎、知贡举司徒诩(见"乾祐元年"条)

2.礼部侍郎、知贡举司徒诩

（四）乾祐三年

1. 礼部侍郎、知贡举司徒诩（见"乾祐元年"条）

2. 礼部侍郎、知贡举司徒诩

五、后周的礼部侍郎与知贡举

（一）广顺元年（951）

1.（1）礼部侍郎、知贡举司徒诩（二月改任，见"乾祐元年"条）

（2）礼部侍郎赵上交（二月始任）

《旧五代史》卷一一一《太祖纪二》载广顺元年二月辛亥，"以秘书监赵上交为礼部侍郎"（第1469页）。卷一一二《太祖纪三》载广顺二年八月甲申，"以礼部侍郎赵上交为户部侍郎"（第1483—1484页）。又载："［广顺三年二月］癸酉，以户部侍郎、知贡举赵上交为太子詹事。"（第1490—1491页）卷一四八《选举志》载广顺二年二月礼部侍郎赵上交对贡院诸科考试题目的改革建议（第1981页）。故赵上交任礼部侍郎，放广顺二年春榜，后以户部侍郎知贡举，放三年春榜。

2. 礼部侍郎、知贡举司徒诩（见"乾祐元年"条）

（二）广顺二年

1.（1）礼部侍郎、知贡举赵上交（八月改任，见"广顺元年"条）

（2）礼部侍郎、翰学承旨徐合符（八月始任）

《旧五代史》卷一一二《太祖纪三》载广顺二年八月甲申，"以中书舍人、史馆修撰判馆事徐台符为礼部尚书（侍郎），充翰林学士承旨"(第1483页)。卷一一三《太祖纪四》载广顺三年七月,"以翰林学士承旨、尚书礼部侍郎徐台符为刑部侍郎充职。"(第1497页)《册府元龟》卷六四二《贡举部·条制四》载有广顺三年九月"翰林学士承旨、刑部侍郎、知制诰、权知贡举徐台符"的奏状,要求对贡举之事改革(第7700—7701页)。故徐台符放显德元年春榜。

2. 礼部侍郎、知贡举赵上交(见"广顺元年"条)

(三)广顺三年

1.(1)礼部侍郎、翰林学士承旨承旨徐台符(七月改任,见"广顺二年"条)

(2)礼部侍郎边光范(七月乙未至十月在任?)

《旧五代史》卷一一三《太祖纪四》载"[广顺三年七月]乙未,以御史中丞边光范为礼部侍郎"(第1497页)。

(3)礼部侍郎、知制诰、翰林学士鱼崇谅(十月始任)

《旧五代史》卷一一三《太祖纪四》载广顺三年十月,"以前翰林学士、工部侍郎鱼崇谅为礼部侍郎,充翰林学士。"(第1499页)《册府元龟》卷五五〇《词臣部·选任》载:"周鱼崇谅……广顺三年复征之……授礼部侍郎、知制诰,充翰林学士"(第6605—6606页)。

2. 户部侍郎、知贡举赵上交(见"广顺元年"条)

(四)显德元年(954)

1. 礼部侍郎刘温叟(七月始任)

《旧五代史》卷一一四《世宗纪一》载:"[显德元年七月]丙申,以中书舍人史馆修撰、判馆事刘温叟为礼部侍郎,判馆如故。"(第 1519 页)"〔显德二年四月〕戊午以礼部侍郎刘温叟为太子詹事。"(第 1528 页)卷一一五《世宗纪二》载"显德二年三月壬辰,尚书礼部贡院进新及第进士李覃等一十六人所试诗赋、文论、策文等",下诏称"礼部侍郎刘温叟失于选士,颇属因循,据其过尤,合行谴谪,尚视宽恕,特与矜容"(第 1527—1528 页)。故刘温叟放显德二年春榜。

2. 刑部侍郎、知制诰、翰林学士承旨、知贡举徐台符(见"广顺二年"条)

(五)　显德二年

1.(1)礼部侍郎、知贡举刘温叟(四月改任,见"显德元年"条)

(2)礼部侍郎、翰林学士窦仪(四月始任)

《旧五代史》卷一一四《世宗纪一》载"〔显德二年四月〕戊午,以翰林学士、给事中窦仪为礼部侍郎,依前充职"(第 1528 页)。《宋史》卷二六三《窦仪传》:"刘温叟知贡举,所取士有覆落者,加仪礼部侍郎,权知贡举……俄以父病,上表解官……父卒,归葬洛阳……终丧,召拜端明殿学士。"(第 9093 页)窦仪终丧后,拜端明殿学士在显德四年九月己丑(《旧五代史》卷一一七《世宗纪四》,第 1561 页)。故窦父当卒于显德二年六月。窦仪未放三年春榜。

2. 礼部侍郎、知贡举刘温叟(见"显德元年"条)

(六)　显德三年

1. 礼部侍郎(未知)

2. 右谏议大夫、知贡举刘涛

《宋史》卷二六二《刘涛传》载:"显德初,就改太常少卿,俄拜右谏议大夫。四年,再知贡举。"(第9078页)故知显德三年放春榜者当为刘涛,以右谏议大夫知贡举。《旧五代史》卷一一八《世宗纪五》载显德五年三月庚子诏,曰:"知贡举、右谏议大夫刘涛选士不当,有失用心,责授右赞善大夫,俾令省过,以戒当官。"(第1570—1571页)故知刘涛显德四年仍以右谏议大夫再知贡举,放显德五年春榜。

(七) 显德四年

1. 礼部侍郎、端明殿学士窦仪(九月始任)

《旧五代史》卷一一七《世宗纪四》载:"[显德四年九月]己丑,以前翰林学士、礼部侍郎窦仪为端明殿学士,依前礼部侍郎。"(第1561页)卷一二〇《恭帝纪》载:"[显德六年九月]甲子,以端明殿学士、礼部侍郎窦仪为兵部侍郎充职……"(第1595—1596页)

2. 翰林学士、中书舍人、知贡举申文炳

《旧五代史》卷一三一《申文炳传》:"广顺中,为学士,迁中书舍人、知贡举。显德五年秋,以疾解职,授左散骑常侍。"(第1726页)《宋史》卷四四〇《李度传》称:"李度,河南洛阳人。周显德中举进士……时翰林学士申文炳知贡举……"(第13020页)申文炳知贡举应在显德年间,而显德各年只有四年知贡举者不确定,故为申文炳放榜之年。

(八) 显德五年

1. 礼部侍郎、端明殿学士窦仪(见"显德四年"条)

2. 右谏议大夫、知贡举刘涛(见"显德三年"条)

表 5　五代诸朝礼部侍郎与知贡举表

朝代	年份	礼部侍郎		知贡举		
		姓名	职掌	姓名	本官	内职
后梁	开平元年（四月建国）	张策（冬始任）		无		
	开平二年	张策（四月改任）				
	开平三年	封舜卿		封舜卿		
	开平四年	萧顷		萧顷		
	开平五年（五月改元乾化）	薛廷珪		姚洎	兵部尚书	
	乾化二年	薛廷珪 孔续（五月前后在任?）		杨涉	左仆射	
	乾化三年	郑珏	翰林学士	郑珏		翰林学士
	乾化四年	郑珏	翰林学士	停举		
	乾化五年（十一月改元贞明）	郑珏	翰林学士	郑珏		翰林学士
	贞明二年	郑珏（十月改任）	翰林学士			

续表

朝代	年份	礼部侍郎		知贡举		
		姓名	职掌	姓名	本官	内职
后梁	贞明三年	李琪		薛廷珪	礼部尚书	
	贞明四年	卢文亮（度）				
	贞明五年			卢文亮（度）		
	贞明六年	卢协（四月始任）				
	贞明七年（五月改元龙德）			停举		
	龙德二年					
	龙德三年	韦说		停举		
后唐	同光元年（四月建国）	韦说	平章事（十一月加）	赵颀	户部侍郎	
	同光二年	韦说（六月改任）裴皞（九月始任）	平章事	裴皞（放春榜）	中书舍人	

续表

| 朝代 | 年份 | 礼部侍郎 | | 知贡举 | | |
		姓名	职掌	姓名	本官	内职
	同光三年	裴皞		裴皞		
	同光四年（四月改元天成）	裴皞		裴皞		
	天成二年	裴皞（四月改任）李愚（四月始任）	翰林学士承旨、知制诰	李愚	中书舍人	翰林学士承旨、知制诰
	天成三年	李愚	翰林学士承旨、知制诰	赵凤	兵部侍郎	
后唐	天成四年	李愚（八月改任）卢詹（八月始任）		卢詹	中书舍人	
	天成五年（二月改元长兴）	卢詹		张文宝	右散骑常侍	
	长兴二年	卢詹（九月改任）封翘（九月始任）		封翘？	中书舍人	

朝代	年份	礼部侍郎		知贡举		
		姓名	职掌	姓名	本官	内职
后唐	长兴三年	郑韬光（十一月始任）		卢华	考功员外郎	
	长兴四年	郑韬光		和凝	主客郎中	翰林学士、知制诰
	应顺元年（四月改元清泰）	郑韬光（八月改任）		卢导	中书舍人	
		杨凝式（八月至十一月在任）				
		卢导（十一月始任）				
	清泰二年	卢导（五月改任）		王权	礼部尚书	
		马胤孙（五月始任）	翰林学士			
	清泰三年	马胤孙（三月改任）	翰林学士	马胤孙		翰林学士
		张昭远（四月至七月在任）				
		吕琦（七月始任）	端明殿学士			

续表

朝代	年份	礼部侍郎		知贡举		
		姓名	职掌	姓名	本官	内职
后晋	天福元年（十一月建国）	桑维翰（十一月至闰十一月在任）	翰林学士，知枢密院事			
	天福二年	和凝（正月始任）	翰林学士，后改端明殿学士，后加兼判度支	王延	中书舍人	
	天福三年	和凝（十一月改任）	端明殿学士，兼判度支	崔棁	兵部侍郎	翰林学士承旨
		吕琦（十一月始任）				
	天福四年	吕琦（九月改任）		停举		
		李详（九月始任）				
	天福五年	张允（三月始任）		停举		
	天福六年	张允		张允		
	天福七年	张允		张允		

朝代	年份	礼部侍郎		知贡举		
		姓名	职掌	姓名	本官	内职
	天福八年	张允（五月改任）		张允		
		吴承范（五月始任，六月病卒）				
		符蒙（六月始任）				
	天福九年（七月改元开运）	符蒙（九月卒）		符蒙		
后晋	开运二年	边蔚（五月始任）？	知开封府事	窦贞固	工部尚书	
		卢价（十二月始任）				
	开运三年	卢价（八月改任）				
		边光范（八月始任）	枢密直学士、后翰林学士、知制诰，仍直枢密院	王松	工部尚书	
后汉	天福十二年	边光范（六月改任）		张昭	左丞	
		边归谠（六月始任）				

续表

朝代	年份	礼部侍郎		知贡举		
		姓名	职掌	姓名	本官	内职
后汉	乾祐元年	边归谠（二月改任）		王仁裕	户部侍郎	翰林学士承旨
		司徒诩（二月始任）				
	乾祐二年	司徒诩		司徒诩	集贤殿学士？	
	乾祐三年	司徒诩		司徒诩	集贤殿学士？	
后周	广顺元年	司徒诩（二月改任）		司徒诩		
		赵上交（二月始任）				
	广顺二年	赵上交（八月改任）		赵上交		
		徐台符（八月始任）	翰林学士承旨			
	广顺三年	徐台符（七月改任）	翰林学士承旨	赵上交	户部侍郎	
		边光范（七月乙未至十月）				
		鱼崇谅（十月始任）	翰林学士、知制诰			

续表

朝代	年份	礼部侍郎		知贡举		
		姓名	职掌	姓名	本官	内职
后周	显德元年	刘温叟（七月始任）	判馆事	徐台符	刑部侍郎	翰林学士承旨、知制诰
	显德二年	刘温叟（四月改任）	判馆事	刘温叟		
	显德三年	窦仪（四月至六月在任）	翰林学士	刘涛	右谏议大夫	
	显德四年	窦仪（九月始任）	端明殿学士	申文炳	中书舍人	翰林学士
	显德五年	窦仪	端明殿学士	刘涛	右谏议大夫	
	显德六年	窦仪（九月改任）	端明殿学士	窦俨	中书舍人	翰林学士

（九）显德六年

1. 礼部侍郎、端明殿学士窦仪（九月改任，见"显德四年"条）

2. 中书舍人、翰林学士、知贡举窦俨

《宋史》卷二六三《窦俨传》："拜中书舍人……父忧去职，服阕，复旧官。南征还。诏俨考正雅乐，俄权知贡举。"（第9096页）显德五年三月，世宗平淮南。故窦俨放六年春榜。《旧五代史》卷一一八《世宗纪五》载："［显德五年］六月庚午，命中书舍人窦俨参定雅乐。"（第1573页）又载同年十一月丁未，"诏翰林学士窦俨，集文学之士，撰集《大周通礼》《大周正乐》，从俨之奏也。"（第1576页）卷一一九《世宗纪六》显示，直至显德六年十月，在窦俨判太常寺、翰林学士任上（第1596页）。故窦俨在以中书舍人知贡举，放显德六年春榜时，带翰林学士衔。

第二节　五代诸朝礼部侍郎和
知贡举的任职特色

一、后梁

后梁于开平元年（907）四月建国，故同年无贡举之事，另有三年停举（乾化四年、贞明七年和龙德三年），共放十三榜。与其他政权相比，后梁史料较为缺乏。目前能确定担任礼部侍郎者九人次，知贡举放春榜者八人次，其中五榜为礼部侍郎所放，占总榜数的62.5%。另外三位放春榜者，本官分别是左仆射、兵部尚书和礼部尚书,都是尚书省内机构长官。故后梁皆以尚书省官员知贡举,改变了唐代中后期礼部侍郎不在任时,多以中书舍人知举放榜的惯例。

开平五年(五月改元乾化),薛廷珪任礼部侍郎,姚洎以兵部尚书知贡举,放春榜。这是礼部侍郎在任,而由别官知举放榜的开端。郑珏以礼部侍郎、翰林学士知贡举,放乾化五年(是年十一月改元贞明)和贞明二年两榜,乃首次由内廷官员直接负责贡举事。翰林学士知举,后梁仅此一例,占总榜数的12.5%。

后梁对科举之事甚为看重,除封舜卿外,知贡举者皆为文章出众之士①。由三品以上尚书省官员知贡举,可能是在乱世武人当权的情况下,确保进士科地位的手段。

唐代职事官体系内部虽然存在临时差遣官员负责(检校、摄、判、知)他官事务的情况,但通常只有在本官缺任时才会发生。只要本司之官在任,基本上都要治理本司之事,亦无须诏令特别交代。后梁打破这一传统,迈出了"本司之官不治本司之事,要差遣他官来判决"②的第一步,职事官势必进一步阶官化。

在唐代,内朝和外廷的界限区分严格。翰林学士如要掌贡,必须提前出院。五代之际,随着中书门下与枢密院(崇政院)关系重新确立,内外朝的界限逐渐被打破,内朝之臣多被差遣处理外朝事务。以翰林学士知贡举即属于这种情况。

---

① 《旧五代史》卷六八《封舜卿传》:"舜卿虽有文辞,才思拙涩……"(中华书局1976年版,第902页)。

② 陈仲安、王素:《汉唐职官制度研究》,中华书局1993年版,第99页。

二、后唐

后唐于同光元年(923)四月建国,故同年未举行贡举事,共放十三榜,礼部侍郎和放榜者基本都能确定。其中礼部侍郎放三榜(马胤孙为翰林学士,计入翰林学士放榜数),占总榜数的23%。中书舍人、知贡举者放五榜(李愚为翰林学士承旨、知制诰),占总榜数的38.4%。知贡举的中书舍人放榜后皆升任礼部侍郎。除礼部侍郎外,尚书省官员放四榜,占总榜数的30.7%,其本官分别为兵部侍郎、考功员外郎、主客郎中(翰林学士、知制诰)与礼部尚书。考功员外郎本负责别头试,其知贡举的长兴三年(932)可能出现了某种特殊情况,故临时承担此项工作。主客郎中和凝放榜时带翰林学士、知制诰衔,官品虽低,却是掌文之官。被赋予此职,当与和凝本身的学术素养密切相关。还有一榜为右散骑常侍所放,亦属延续唐例。除有三榜放榜者带翰林学士衔(其一为承旨,占总榜数的23%)外,还有一员礼部侍郎带内廷端明殿学士头衔。

后唐延续了后梁时期的官制变化:一是存在礼部侍郎在任,而以他官知贡举的情况,礼部侍郎放榜的比例大幅度下降;二是内廷学士依然可以直接负责贡举,比例较后梁还有上升。此外,后唐恢复了中书舍人权知贡举后升任礼部侍郎的惯例。但除裴皞外,其他中书舍人在升任礼部侍郎后,并未继续负责贡举事务。这种情况表明以大唐王朝继承者自居的后唐在官制变革方面的矛盾,既希望重现唐制,又要顺应官、职相分离的发展趋势。

五代之际,以六部侍郎加平章事的情况几乎绝迹。韦说在后唐建立之初,以礼部侍郎入相,属于特例。

三、后晋

后晋共放八榜(天福元年十一月建国,当年春榜为后唐清泰三年榜。天福四年、五年停举)。天福二年放榜者是清泰三年所任命的中书舍人王延,乃延续后唐旧制。后晋本身并未授命中书舍人负责贡举。天福六年至九年的四年里,皆由礼部侍郎掌贡放榜,占总榜数的 50%。另外可知三榜放榜者,本官分别为兵部侍郎(翰林学士承旨)和两位工部尚书。即所知榜次放榜者皆为尚书省官员。带翰林学士衔者一人,占总榜数的 12.5%。

礼部侍郎十人次中,建国之初,桑维翰曾在极短的时间内以礼部侍郎、翰林学士的身份知枢密院事,这是礼部侍郎首次与枢密院事务相关联。出帝一朝,边光范以礼部侍郎直枢密院,后加翰林学士、知制诰,仍直枢密院。和凝以礼部侍郎先后加翰林学士和端明殿学士衔。故礼部侍郎与内廷要职仍有紧密联系。和凝兼判度支,边蔚知开封府事。礼部侍郎判财政三司,兼任京师地区行政长官,都是史上首例,亦是五代时期的个案。

后晋高祖天福年间,进行了大规模的官制改革。首先,促使在五代获得巨大发展的使职、差遣重回职事官系统。天福二年十一月,中书门下奏:"文官除端明殿、翰林学士、枢密院学士、中书省知制诰外,有兼官、兼职者,仍各发遣本司供事。"高祖画"可"①。随后,促使内朝职权重回外朝机构,废置翰林院、枢密

---

① 《册府元龟》卷一○八《帝王部·朝会二》,中华书局 1960 年版,第 1290—1291 页。《五代会要》卷五《朔望朝参》"晋天福二年十一月"条略同,上海古籍出版社 2006 年版,第 86—87 页。

院及与之密切相关的端明殿学士之职。故天福三年以后至开运初年,礼部侍郎负责全部贡举事宜,且无人带有内廷职衔。

少帝开运元年再度改革,反高祖之道而行之,所有被废或停置的机构、官职皆得以重设和运作。二年和三年的贡举由工部尚书权知放榜,其中三年有礼部侍郎在任。与此同时,礼部侍郎边蔚被差遣"知开封府事",边光范以礼部侍郎的身份,同时在枢密、翰林两院,并知制诰。礼部侍郎完全脱离礼部职掌。

四、后汉

后汉共放四榜,放榜者包括两员礼部侍郎(占总榜数的50%),一员左丞和一员户部侍郎,依然完全由尚书省官员负责贡举事宜。只是放榜者都为通判官,而无长官。王仁裕以户部侍郎知贡举时,为翰林承旨,其他礼部侍郎和知贡举者无内职。

后汉推翻后晋开运年间的改革原则,再度以礼部侍郎掌举,礼部侍郎重新承担礼部要务。后汉君主与枢密使关系几度紧张,内廷与外朝的关系并不稳定,当为放春榜者仅一人带内廷职衔的主要原因。

五、后周

后周在九年时间里,共放九榜。其中三榜为礼部侍郎所放,占总榜数的33.3%(司徒诩在后汉最后两年连知贡举,故放广顺元年榜是延续后汉职务);两榜分别为户部侍郎、刑部侍郎,即尚书省通判官所放;两榜为中书舍人所放;两榜为右谏议大夫所放。其中有三人次带翰林院官衔,占总榜数的 33.3%。两位中书舍人知贡举后皆未升任礼部侍郎。赵上交在以礼部侍郎知贡举放榜后,改任户部侍郎知贡举,再放一榜。礼部侍郎知贡举,改官后负责次年贡举,是有史以来首次。

目前能确定除显德三年外其他年份的礼部侍郎,共七人(其中窦仪两任)。四人带内职,包括三人带翰林院衔,一人次加端明殿学士衔,占总人数的 57%。

后周九榜,礼部侍郎放三榜,中书舍人放两榜。从表面上看,有回归唐王朝官制的迹象。但实际上,与唐王朝促使官、职合一的举措恰好相反。唐代中书舍人如果在知贡举任上表现良好,就会升任礼部侍郎,继续负责接下来一两年的贡举事务。而申文炳放显德四年春榜后,直至显德五年解职,都没有改官。窦俨放显德六年春榜后,改任判太常寺。且这两位中书舍人知贡举时都担任翰林学士。因此,二人掌贡并非重新采用唐制,而是延续五代以内廷翰林学士直接掌贡举的措施。显德二年接替刘温叟担任礼部侍郎、知贡举的窦仪亦任翰林学士,只是还未放春榜,就因父病解官。显德五年,右谏议大夫刘涛未带翰林学士衔掌贡,则由翰林学士李昉覆试,刘涛以"选士不当,有失用心,责授右赞善大夫"[1]。故显德二年以后,翰林学士对贡举的参与程度颇高。此外,赵上交以礼部侍郎知贡举后,迁任户部侍郎,再

---

① 《旧五代史》卷一一八《世宗纪五》"显德五年三月庚子诏",中华书局1976 年版,第 1570—1571 页。

知贡举,反而导致贡举事务与礼部侍郎相分。《宋史》卷二六二《边光范传》载:

> 复为礼部侍郎。时礼部侍郎于贡部或掌或否,光范拜官,将及秋试,乃言于执政曰:"单门偶进,何言名第。若他曹公事,光范不敢辞;若处文衡,校阅名贤,品藻优劣,非下走所能。"执政曰:"公晋末为翰林、枢密直学士,勿避事也。"及期,光范辞疾不出,乃以翰林学士承旨徐台符掌之,时论多其自知。①

边光范于广顺三年七月任礼部侍郎时,并未恳辞。秋试以前,边光范向宰相提出不愿知贡举未果。表明礼部侍郎虽然在名义上负责知贡举,实际与贡举事并不存在必然联系。当边光范"辞疾不出",改以"翰林学士承旨徐台符掌之",舆论的反映竟然是"多其自知"。史籍只提到徐台符的内廷职掌,而完全忽略其本官,故内职掌贡显然在当时被认为合法、合理。这一时期,内廷职掌被差遣负责外廷要务属于正常现象,而外朝职官更多地呈现阶官化倾向。

第三节　五代时期行政运行体制的发展

通过对五代诸朝的礼部侍郎和知贡举者进行考察,与唐代相比,五代时期行政运行体制最主要的两个特征,一是官与职进

---

① 《宋史》卷二六二《边光范传》,中华书局 1977 年版,第 9080 页。

一步相分离,即职事官进一步阶官化,二是内廷职掌外朝化趋势明显。

第一,自后梁起,开始出现礼部侍郎在任,却另外差遣他官知贡举的情况。在唐代,礼部侍郎除专知贡举外,还作为礼部通判官,承担与国家礼乐、祭祀等相关的工作。但五代之际,很难看到礼部侍郎参与此类事务。这固然与五代乱世礼制衰微有关,但也与尚书省职能虚化,礼部侍郎进一步脱离本职密不可分。

> [天福]五年八月,详定院奏:"先奉诏,正冬二节朝会,旧仪废于离乱之时,兴自和平之代,将期备物,全系用心,须议择人,同为定制。其正冬朝会礼节乐章二舞行列等事,宜差太常卿崔悦、御史中丞窦贞固、刑部侍郎吕錡、礼部侍郎张允,与太常等官一一详定,礼从新意,道在旧章,庶知治世之和,渐见移风之善……"①

这是目前仅见五代之际礼部侍郎参与礼乐事宜的史料。但礼部侍郎张允只是被临时差派,与其他官员共同详定正冬朝会礼节乐章二舞行列等事,且在太常卿的领导下。官、职相分的程度可见一斑。后晋开运二年九月,以中书舍人卢价为工部侍郎。"价久次纶闱,旧例合转礼部侍郎或御史中丞,宰臣冯玉拟此官,桑维翰以为资望浅,不署状。无何,维翰休沐数日,玉独奏行之……"②同年十二月,卢价升任礼部侍郎;次年八月改任刑部

---

① 《册府元龟》卷五七〇《掌礼部·作乐六》,中华书局 1960 年版,第 6848—6849 页。
② 《旧五代史》卷八四《少帝纪四》,中华书局 1976 年版,第 1110 页。

侍郎;改朝后的乾祐元年二月,再转兵部侍郎①。卢价本官的升迁路线,表明官、职相分后,职事官更多地作为官员身份高低的符号。故五代诸朝共放四十七榜,礼部侍郎所放只有十七榜,占 36.1%。

第二,翰林学士(承旨)作为内廷密职,在唐代只是被君主临时差遣覆试及第进士。五代之际,却已经亲身至贡院担任考官放春榜。四十七榜中,翰林学士(含承旨)放十榜,占总榜数的 21%。此外,五代还存在以礼部侍郎为本官的翰林学士或端明殿学士出任财政使职的情况。这同样表明翰林学士于外朝负责事务的范围广泛,以及包括礼部侍郎在内的六部侍郎,主要作用只是作为翰林学士等职转迁的本官而已。

第三,当有礼部侍郎负责贡举,或将中书舍人、知贡举者升任礼部侍郎时,多是重申唐制,或在进行将使职、差遣重归职事官系统的改革之时,如后唐初期和后晋高祖朝。但是,这类举措一是时间短暂,二是其最终目的并非还权职事官机构,有时还会导致职事官进一步与本职相分,或内廷职权外朝化趋势扩大。故对包括礼部在内的尚书省而言,意义微乎其微。

除了上述官制变化外,贡举事宜也延续了唐代中书门下详覆与如有不公的议论,则由翰林学士覆试的惯例。中书门下,特别是权相对贡举结果的干预非常明显。五代时期,共有五榜出现了覆试或黜落的情况,后唐同光三年和后周广顺三年、显德二

---

① 参见《旧五代史》卷八四《少帝纪四》,中华书局 1976 年版,第 1112、1116—1117 页;卷一〇一《隐帝纪上》,中华书局 1976 年版,第 1344 页。

年以及显德五年由翰林学士覆试,后唐长兴元年由宰相直接黜落不合格进士。

> 是岁(同光三年),试进士科者数十人,[礼部侍郎]裴皞精选其文,惟得王彻辈。或谮毁于宣徽使李绍宏曰:"今年新进士不由才进,各有阿私,物议以为不可。"绍宏诉于郭崇韬,因奏令卢质覆试。①

> 是岁(广顺三年),户部侍郎赵上交权知贡举,上交尝诣[王]峻,峻言及一童子,上交不达其旨,榜出之日,童子不第,峻衔之。及贡院申中书门下,取日过堂,峻知印,判定过日。及上交引新及第人至中书,峻在政事堂厉声曰:"今岁选士不公,当须覆试。"……翌日,峻奏上交知举不公,请致之于法……②

同光三年和广顺三年,都因权相认为取士不公,奏请君主进行处理。王峻更是借此以泄私愤。卢质覆试后,下敕"自今后,应礼部常年所试举人杂文策等,候过堂日,委中书门下准本朝故事细加详覆,方可奏闻"③。中书门下(权相)可以通过法定程序和权势直接影响贡举结果。对于贡举相关规定,宰相也可进行干预,如长兴元年右散骑常侍张文宝知贡举,"中书奏落进士数人,仍请诏翰林学士院作一诗一赋,下礼部,为举人格样。"④

---

① 《册府元龟》卷六四一《贡举部·条制三》"同光三年三月敕",中华书局1960年版,第7688—7689页。

② 《旧五代史》卷一三〇《王峻传》,中华书局1976年版,第1714页。

③ 《册府元龟》卷六四一《贡举部·条制三》"同光三年三月敕",中华书局1960年版,第7689页。

④ 《旧五代史》卷九二《李怿传》,中华书局1976年版,第1224页。

　　显德初,[刘涛]就改太常少卿,俄拜右谏议大夫。四年,再知贡举。枢密使王朴尝荐童子刘谱于涛,涛不纳,朴衔之。时世宗南征在迎銮,涛引新及第人赴行在。朴时留守上都,飞章言涛取士不精。世宗命翰林学士李昉覆试,黜者七人。①

　　王朴为枢密使时,并没有兼任宰相,故其只能凭借世宗的信任以上疏的形式言明此事,而不能直接提出处理意见。

　　显德二年二月壬戌,下诏:"诸有司局公事者,各宜举职……"②故当三月覆试黜落进士十二人后,要求"其将来贡举公事,仍令所司别具条理以闻"③。但是,四月接任礼部侍郎的窦仪带翰林学士头衔,礼部贡举事具体条款的制定实际交到了内廷官员的手中。

　　从上述诸次贡举覆试、黜落的情况可以看出,礼部贡举事宜的处理都与当时的官制发展进程和改革原则相对应。在五代乱世,尚书省职能日益减少,权力进一步衰弱,正是当时官制的主要特征之一。

　　五代诸朝延续了晚唐中书门下体制的发展轨迹,中书门下政务官化的趋势并未减缓,宰相可以对贡举结果进行详覆,并制定贡举条例等;内廷对外朝事务的干预依然存在,翰林学士居中覆试进士的情况仍有出现。此外,在士人承担内使职掌后,内廷

---

　　① 《宋史》卷二六二《刘涛传》,中华书局1977年版,第9078页。
　　② 《旧五代史》卷一一五《世宗纪二》,中华书局1976年版,第1527页。
　　③ 《旧五代史》卷一一四《世宗纪二》,中华书局1976年版,第1527—1528页。

进一步突破其界限,直接走到前朝插手国家重要常务,如亲身领导贡举事,甚至制定贡举条款。职事官职能继续向全面阶官化迈进,本官在任,却由临时差遣者负责其事务的事例大量存在。礼部侍郎不但与贡举事务没有必然联系,也不再承担礼部通判官职掌。除个别朝代的个别君主有促使职事官系统运作的举措外,使职、差遣得到了前所未有的发展。

结　　语

第一,自唐代建立至五代结束,尚书省在国家政务运行过程中的地位和职能逐渐呈现名实相分离的特色;尚书省"天下政本"之含义几经变化。唐代伊始,尚书省延续自两晋以来作为宰相机构的地位,即"百官之元本,庶绩之枢机"①。"天下政本"尚书省的职责包括议政权和监督百官执行权中的施政权。只是伴随着政事堂会议的发展,三省长官等并为宰相,政事堂会议取代八座议政,尚书省本身承担的"枢机之任"实际不复存在。虽然其继续拥有"政本"的身份,但是手中只剩下施政权。尚书省"政本"之含义与两晋至隋相比,已经发生实质转变。只是省司的施政权处于相对稳定的状态,作为国家最高行政机构,尚可担当"政本"的名号。三省制下,中书省的地位有逐渐升高的趋势。在太宗、武后两朝,因储君问题,君主曾力图确保以尚书省—门下省为核心的政务运行体系,但随着新形势和新问题的不断出现,律令制国家逐渐解体,行政运行体制的转型只是时

---

① 《宋书》卷六《孝武帝纪》"孝建元年正月戊申诏",中华书局 1974 年版,第 114 页;《册府元龟》卷一九一《闰位部·政令》"孝建元年正月戊申诏",中华书局 1960 年版,第 2306—2307 页。

间问题。

第二，开元十一年，中书门下体制初步确立，经由玄宗不断调整，日趋稳固。但安史之乱突然爆发，打乱了新的行政运行体制的发展进程。战后初期，几度进行恢复旧制的改革，却均以失败告终。尚书省与中央其他行政机构和职掌等，职能趋于模糊。至宪宗一朝，国家政务裁决中心的地位最终被宰相机构获得。但由于旧有观念的存在，各种政治势力错综复杂的斗争，新旧体制交替过程中产生的矛盾，中书门下并没有在法律上取得国家最高行政机构的认定。同时，以枢密使、宣徽使为首的庞大的内诸司体系虽然全方位介入国家政务，却不能脱离职事官系统而单独存在。相反，尚书省的"会府"地位与"天下政本"身份却被反复强调。这种情况一直持续到五代时期。

第三，五代时期，内诸司使基本由朝臣担任，行政运行体制开始由中书门下体制向二府制过渡。内外朝分明的界限被打破，使职、差遣体系取代职事官系统的趋势进一步加强。尚书省内的重要职掌愈发丧失，以使职机制运作的情况愈发明显。虽然诸政权也有恢复省寺职权和罢黜使职的改革，但是尚书省地位的衰落依然不可逆转。

第四，在中书门下体制下，敕牒公文随即出现。中书门下用于发布政令、批答堂状的专用公文最终固定为"堂帖"与"堂判"。这三类公文共同起到了尚书省符牒的主要功用。中书门下在国家重要政务以及部分礼法疑难的集议中，起到直接组织、领导的作用，或居于主导地位。中书门下的政务裁决核心地位明确无疑。

　　在体制转型过程中,君主越发走向国家政务处理的前台。御札含义发生变化,朱书御札产生,在不同朝代的政务裁决过程中起到了不同程度的作用,有时甚至成为国家政务处理的基础。五代时期,御札和宣类王言甚至绕过中书门下,成为君主意旨最直接的表达方式。尚书省"天下政本"之名,在历经二百余年的岁月后,仅剩一个空头衔。

　　第五,正是由于尚书省和中书门下施政权的交接,几乎持续了有唐一代,因此在中书门下体制运行过程中,始终无法完全消除三省制的烙印。尚书省与中书门下、诸寺监、御史台及地方州府等的关系并非固定化。

参 考 文 献

一、文献

（一）官、私修史籍等

（唐）杜佑：《通典》，王文锦等点校，中华书局 1988 年版。

（唐）李林甫等：《唐六典》，陈仲夫点校，中华书局 1992 年版。

（后晋）刘昫等：《旧唐书》，中华书局 1976 年版。

（元）马端临：《文献通考》，中华书局 1986 年版。

（宋）欧阳修等：《新唐书》，中华书局 1975 年版。

（宋）欧阳修等：《新五代史》，中华书局 1974 年版。

（梁）沈约：《宋书》，中华书局 1974 年版。

（宋）司马光：《资治通鉴》，中华书局 1956 年版。

（宋）宋敏求编：《唐大诏令集》，中华书局 2008 年版。

（宋）孙逢吉：《职官分纪》，中华书局 1988 年版。

（元）脱脱等：《宋史》，中华书局 1977 年版。

（宋）王溥：《唐会要》，上海古籍出版社 2006 年版。

（宋）王溥：《五代会要》，上海古籍出版社 2006 年版。

（宋）王钦若等编：《册府元龟》，中华书局 1960 年版。

（宋）王应麟编：《玉海》，江苏古籍出版社、上海书店出版社 1987 年版。

（清）吴任臣：《十国春秋》，徐敏霞等点校，中华书局 1983 年版。

（清）徐松编：《宋会要辑稿》，中华书局 1957 年版。

（宋）薛居正等：《旧五代史》，中华书局 1976 年版。

（唐）长孙无忌等：《唐律疏议》，刘俊文点校，中华书局 1983 年版。

（二）文集、诗集

（唐）白居易：《白居易集笺校》，朱金城笺校，上海古籍出版社 1988 年版。

（唐）白居易：《白居易文集校注》，谢思炜校注，中华书局 2011 年版。

〔新罗〕崔致远：《桂苑笔耕集校注》，党银平校注，中华书局 2007 年版。

（清）董诰等编：《全唐文》，中华书局 1983 年版。

（唐）杜牧：《杜牧集系年校注》，吴在庆校注，中华书局 2008 年版。

（唐）韩愈：《韩愈文集汇校笺注》，刘真伦、岳珍校注，中华书局 2010 年版。

（唐）韩愈：《韩昌黎文集注释》，阎琦校注，三秦出版社 2004 年版。

（五代）黄滔：《莆阳黄御史集》，《丛书集成初编》1863，商务印书馆 1936 年版。

（宋）李昉等编：《文苑英华》，中华书局 1966 年版。

（唐）李德裕：《李德裕文集校笺》，傅璇琮等校笺，中华书局 2018 年版。

（唐）李商隐：《李商隐文编年校注》，刘学锴、余恕诚校注，中华书局 2002 年版。

（南朝梁）刘勰：《文心雕龙注》，范文澜注，人民文学出版社 1962 版年。

（唐）刘禹锡：《刘禹锡集》，《刘禹锡集》整理组点校，中华书局 1990 年版。

（唐）刘禹锡：《刘禹锡集笺证》，瞿蜕园笺证，上海古籍出版社 1989 年版。

（唐）柳宗元：《柳宗元集校注》，尹占华、韩文奇校注，中华书局 2013 年版。

（唐）陆贽：《陆贽集》，王素点校，中华书局 2006 年版。

（清）彭定求等编：《全唐诗》，中华书局 1960 年版。

（唐）权德舆：《权德舆诗文集》，郭广伟校点，上海古籍出版社 2008 年版。

（唐）王建：《王建诗集校注》，尹占华校注，巴蜀书社 2006 年版。

（唐）王维：《王维集校注》，陈铁民校注，中华书局 1997 年版。

（宋）王禹偁：《小畜集》，《钦定四库全书荟要》，吉林出版集团 2005 年版。

（宋）徐度：《却扫编》，《丛书集成初编》2791，商务印书馆 1936 年版。

（唐）颜真卿：《颜真卿集》，（清）黄本骥编订，凌家民点校、简注、重订，黑龙江人民出版社 1993 年版。

［日］圆仁：《入唐求法巡礼行记校注》，白化文等校注，花山文艺出版社 1992 年版。

（唐）圆照：《代宗朝赠司空大辨正广智三藏和上表制集》，载大藏经刊行会编：《大正新修大藏经》，新文丰出版股份有限公司 1983 年版。

（宋）袁说友等编：《成都文类》，赵晓兰整理，中华书局 2011 年版。

（唐）元稹：《元稹集校注》，周相录校注，上海古籍出版社 2011 年版。

（唐）元稹：《元稹集编年笺注（诗歌卷）》，杨军笺注，三秦出版社 2002 年版。

（唐）张九龄：《张九龄集校注》，熊飞校注，中华书局 2008 年版。

（唐）张说：《张说集校注》，熊飞校注，中华书局 2013 年版。

（唐）张鷟：《〈龙筋凤髓判〉校注》，田涛、郭成伟校注，中国政法大学出版社 1996 年版。

周绍良主编：《全唐文新编》，吉林文史出版社 1999 年版。

（三）笔记小说

（宋）李昉等编：《太平广记》，中华书局 1961 年版。

（唐）李肇：《唐国史补校注》，聂清风校注，中华书局 2021 年版。

（唐）刘肃：《大唐新语》，许德楠、李鼎霞点校，中华书局 1984 年版。

（唐）裴庭裕：《东观奏记》，田廷柱点校，中华书局 1994 年版。

（宋）钱易：《南部新书》，黄寿成点校，中华书局 2002 年版。

（宋）沈括：《新校正梦溪笔谈》，胡道静校注，中华书局 1957 年版。

（宋）宋敏求：《春明退朝录》，诚刚点校，中华书局 1980 年版。

（五代）孙光宪：《北梦琐言》，贾二强点校，中华书局 2002 年版。

（宋）王谠：《唐语林校证》，周勋初校正，中华书局 1987 年版。

（五代）王定保：《唐摭言校证》，陶绍清校证，中华书局 2021 年版。

（五代）刘崇远：《金华子杂编》，周广业校注，《丛书集成初编》2840，中华书局 1985 年版。

（宋）叶梦得：《石林燕语》，侯忠义点校，中华书局 1984 年版。

（四）其他

（唐）李吉甫：《元和郡县图志》，贺次君点校，中华书局 1983 年版。

（宋）司马光：《司马氏书仪》，《丛书集成初编》1040，中华书局 1985 年版。

（唐）圆照：《大唐贞元续开元释教录》，载大藏经刊行会编：《大正新修大藏经》，新文丰出版股份有限公司 1983 年版。

（明）汪砢玉：《珊瑚网》，影印文渊阁四库全书本。

（元）辛文房：《唐才子传校笺》，傅璇琮主编，中华书局 1987 年版。

（清）徐松：《增订唐两京城坊考》，李健超增订，三秦出版社 1996 年版。

（清）徐松：《登科记考》，赵守俨点校，中华书局 1984 年版。

二、文书

［日］池田温：《中国古代籍帐研究》，东京大学东洋文化研究所 1979 年版。

唐长孺主编：《吐鲁番出土文书》（图录本），文物出版社 1996 年版。

［日］小田久义主编：《大谷文书集成》（壹），法藏舍 1984 年版。

赵和平编：《敦煌表状笺启书仪辑校》，江苏古籍出版社 1997 年版。

三、金石

（宋）董逌：《广川书跋》，影印文渊阁四库全书本。

（清）陆增祥：《八琼室金石补正》，《石刻史料新编》第 1 辑，新文丰出版股份有限公司 1977 年版。

（清）王昶：《金石萃编》，《石刻史料新编》第 1 辑，新文丰出版股份有限公司 1977 年版。

吴钢主编：《全唐文补遗》（第 1—9 册），三秦出版社 1994—2007 年版。

张沛编著：《昭陵碑石》，三秦出版社 1993 年版。

（清）赵钺等：《尚书省郎官石柱题名考》，中华书局 1992 年版。

中华石刻数据库，中华书局。

周阿根主编：《五代墓志汇考》，黄山书社 2012 年版。

周绍良主编：《唐代墓志汇编》，上海古籍出版社 1992 年版。

周绍良等主编：《唐代墓志汇编续集》，上海古籍出版社 2001 年版。

四、专著

岑仲勉：《郎官石柱题名新考订（外三种）》，上海古籍出版社 1984 年版。

陈仲安、王素：《汉唐职官制度研究》，中华书局 1993 年版。

杜文玉：《五代十国制度研究》，人民出版社 2006 年版。

黄正建主编：《中晚唐社会与政治研究》，中国社会科学出版社 2006 年版。

雷家骥：《隋唐中央权力结构及其演进》，东大图书公司 1995 年版。

李斌城等：《隋唐五代社会生活史》，中国社会科学出版社 1998 年版。

李锦绣：《唐代制度史略论稿》，中国政法大学出版社 1998 年版。

李锦绣：《唐代财政史稿》（下卷），北京大学出版社 2001 年版。

李锦绣：《敦煌吐鲁番文书与唐史研究》，福建人民出版社 2006 年版。

李全德：《唐宋变革期枢密院研究》，国家图书馆出版社 2009 年版。

［日］砺波护：《唐代政治社会史研究》，同朋舍 1986 年版。

刘后滨：《唐代中书门下体制研究——公文形态·政务运行与制度变迁》，齐鲁书社 2004 年版。

刘俊文：《敦煌吐鲁番唐代法制文书考释》，中华书局 1989 年版。

刘俊文：《唐律疏议笺解》，中华书局 1996 年版。

罗永生：《三省制新探——以隋和唐前期门下省职掌与地位为中心》，中华书局 2005 年版。

毛蕾：《唐代翰林学士》，社会科学文献出版社 2000 年版。

宁志新：《使职制度研究（农牧工商编）》，中华书局 2005 年版。

孙国栋：《唐宋史论丛》，上海古籍出版社 2010 年版。

唐长孺：《山居存稿》，武汉大学出版社 2013 年版。

王兴振：《北魏王言制度研究》，甘肃人民美术出版社 2018 年版。

王永兴:《唐勾检制研究》,上海古籍出版社 1991 年版。

吴廷燮:《唐方镇年表》,中华书局 1980 年版。

吴宗国主编:《盛唐政治制度研究》,上海辞书出版社 2003 年版。

严耕望:《唐史研究丛稿》,新亚研究所 1969 年版。

严耕望:《唐仆尚丞郎表》,上海古籍出版社 2007 年版。

袁刚:《隋唐中枢体制的发展演变》,文津出版社 1994 年版。

郁贤皓:《唐刺史考全编》,安徽大学出版社 2000 年版。

赵雨乐:《唐宋变革期之军政制度——官僚机构与等级之编成》,文史哲出版社 1994 年版。

张国刚:《唐代政治制度研究论集》,文津出版社 1994 年版。

郑学檬:《五代十国史研究》,上海人民出版社 1991 年版。

［日］中村裕一:《唐代制敕研究》,汲古书院 1991 年版。

［日］中村裕一:《唐代官文书研究》,中文出版社 1991 年版。

［日］中村裕一:《唐代公文书研究》,汲古书院 1996 年版。

［日］中村裕一:《隋唐王言の研究》,汲古书院 2003 年版。

周道济:《汉唐宰相制度》,大化书局 1987 年版。

祝总斌:《两汉魏晋南北朝宰相制度研究》,北京大学出版社 2017 年版。

五、论文

陈明光:《论晚唐中枢权力分配格局的变动》,载朱雷主编:《唐代的历史与社会》,武汉大学出版社 1997 年版。

陈明光:《唐代后期并存着两个户部司吗——对〈唐代户部使司与原户部司异同辨〉的质疑》,《历史研究》1992 年第 6 期。

陈寅恪:《论韩愈》,《金明馆丛稿初编》,上海三联书店 2001 年版。

陈仲安:《唐代的使职差遣制》,《武汉大学学报》1963 年第 1 期。

［日］赤木崇敏:《唐代前半期的地方公文体制——以吐鲁番文书为中心》,载邓小南等主编:《文书·政令·信息沟通——以唐宋时期为主》,北京大学出版社 2012 年版。

［日］赤木崇敏:《唐代官文书体系とその変遷——牒、帖、状を中心に——》,载［日］平田茂树、远藤隆俊主编:《東アジア海域叢書(外交史料

から十~十四世紀を探る)》,汲古书院 2013 年版。

[日]大津透:《唐律令国家的预算——仪凤三年度支奏抄·四年金部旨符试释》,苏哲译,《敦煌研究》1997 年第 2 期。

戴国玺:《汉代公文形态新探》,《中国史研究》2015 年第 2 期。

戴显群:《关于五代宰相制度的若干问题》,《长沙电力学院学报(社科版)》2001 年第 3 期。

邓小南:《走向"活"的制度史——以宋代官僚政治制度史研究为例的点滴思考》,《浙江学刊》2003 年第 3 期。

董劭伟、张金龙:《唐前期吏部尚书职掌考》,《求索》2007 年第 9 期。

杜文玉:《唐代内诸司使考略》,《陕西师范大学学报》1999 年第 3 期。

杜文玉:《唐代吴氏宦官家族研究》,《唐史论丛》第二十辑,三秦出版社 2015 年版。

樊文礼、史秀莲:《唐代公牍文"帖"研究》,《中国典籍与文化》2007 年第 4 期。

方诚峰:《从唐宋宰相概念论君主支配模式》,《史学月刊》2021 年第 3 期。

郭锋:《唐尚书都省简论》,《中国史研究》1989 年第 3 期。

郭桂坤:《"五花判事"、"六押"与唐代的政务运作》,《中古中国研究》第二卷,中西书局 2019 年版。

郝松枝:《汉唐时期尚书省的演变》,《陕西师范大学学报》1998 年第 2 期。

何汝泉:《唐代使职的产生》,《西南师范大学学报》1987 年第 1 期。

何汝泉:《武则天时期的使职与唐代官制的变化》,《中国唐史学会论文集》,三秦出版社 1989 年版。

何汝泉:《从会昌元年〈中书门下奏〉看唐后期户部的使职差遣》,《中国社会经济史研究》1994 年第 3 期。

何汝泉:《唐代户部使的产生》,《历史研究》1995 年第 3 期。

胡宝华:《读〈唐代中书门下体制研究〉——以唐代封驳制度为中心》,《中国史研究》2014 年第 1 期。

黄楼:《吐鲁番文书所见北凉解文的复原及相关问题研究》,《敦煌研究》2016 年第 3 期。

黄正建:《唐代"官文书"辨析——以〈唐律疏议〉为基础》,《魏晋南北朝隋唐史数据》第三十三辑,上海古籍出版社 2016 年版。

赖瑞和:《唐代宰相的使职特征和名号》,《中华文史论丛》2014 年第 3 期。

雷闻:《从 S.11287 看唐代论事敕书的成立过程》,《唐研究》第一卷,北京大学出版社 1995 年版。

雷闻:《关文与唐代地方政府内部的行政运作——以新获吐鲁番文书为中心》,《中华文史论丛》2007 年第 4 期。

雷闻:《唐代帖文的形态与运作》,《中国史研究》2010 年第 3 期。

李锦绣:《唐"王言之制"初探》,载李铮、蒋忠新主编:《季羡林教授八十华诞纪念论文集》,江西人民出版社 1991 年版。

李湜:《论唐代宰相中书门下二省制》,《中国史研究》1996 年第 2 期。

梁尔涛:《唐李元轨墓志所涉北门学士问题献疑》,《中原文物》2010 年第 6 期。

刘安志:《唐代解文初探——敦煌吐鲁番文书を中心に——》,载[日]土肥义和、气贺泽保规主编:《敦煌·吐鲁番文书の世界とその时代》,汲古书院 2017 年版。

刘安志:《吐鲁番出土唐代解文についての雑考》,载[日]荒川正晴、柴田幹夫主编:《シルクロードと近代日本の邂逅:西域古代资料と日本近代仏教》,勉诚出版社 2016 年版。

刘后滨:《论唐高宗武则天至玄宗时期政治体制的变化》,《唐研究》第三卷,北京大学出版社 1997 年版。

刘后滨:《安史之乱与唐代政治体制的演进》,《中国史研究》1999 年第 2 期。

刘后滨:《从敕牒的特性看唐代中书门下体制》,《唐研究》第六卷,北京大学出版社 2000 年版。

刘后滨:《唐代中书门下体制下的三省机构与职权——兼论中古国家权力运作方式的转变》,《历史研究》2001 年第 2 期。

刘后滨:《唐后期使职行政体制的确立及其在唐宋制度变迁中的意义》,《中国人民大学学报》2005 年第 6 期。

刘江:《宋朝公文的"检"与"书检"》,《北京大学学报(哲社版)》2012

年第 2 期。

刘兆君:《隋唐三省宰相制度辩》,《辽宁师范大学学报》1991 年第 1 期。

刘兆君:《汉唐时期尚书省的演变》,《陕西师范大学学报》1998 年第 6 期。

卢向前:《牒式及其处理程式的探讨——唐公式文研究》,《敦煌吐鲁番文献研究论文集》第三辑,北京大学出版社 1986 年版。

卢向前:《从中晚唐政治社会变化看唐宋变革——评黄正建主编〈中晚唐社会与政治研究〉》,《唐研究》第十三卷,北京大学出版社 2007 年版。

楼劲:《伯 2819 号残卷所载公式令对于研究唐代政制的价值》,《敦煌学辑刊》1987 年第 2 期。

楼劲:《唐代的尚书省—寺监体制及其行政机制》,《兰州大学学报》1988 年第 2 期。

罗永生:《唐前期三省地位的变化》,《历史研究》1992 年第 2 期。

罗祎楠:《刘后滨〈唐代中书门下体制研究——公文形态·政务运行与制度变迁〉》,《中国学术》第 22 辑,商务印书馆 2006 年版。

毛阳光:《洛阳新出土唐〈刘祎之墓志〉及其史料价值》,《史学史研究》2012 年第 3 期。

[日]内藤湖南:《概括的唐宋时代观》,载刘俊文主编:《日本学者研究中国史论著选译》第一卷,中华书局 1992 年版。

[日]内藤乾吉:《唐代的三省》,载刘俊文主编:《日本学者研究中国史论著选译》第八卷,中华书局 1992 年版。

宁志新:《唐朝使职若干问题研究》,《历史研究》1999 年第 2 期。

宁志新、董坤玉:《唐朝三省的权力格局及其地位变化》,《河北学刊》2008 年第 5 期。

[日]鸟谷弘昭:《唐代の吏部南曹について》,《立正史学》六五。

祁德贵:《论唐代给事中的主要执掌》,《中国史研究》1995 年第 1 期。

任士英:《略论唐代三省体制下的尚书省及其变化》,《烟台师范学院学报》1998 年第 3 期。

仝建平:《唐代宣徽使再认识》,《兰州学刊》2009 年第 9 期。

汪圣铎:《宋代头子、宣头考略》,《文献》2004 年第 1 期。

王东洋:《六朝隋唐时期考功郎隶属及其职掌之变化》,《史学集刊》2007 年第 3 期。

王铭:《五代文书〈安审琦请射田庄宣头〉探微》,《浙江大学学报(人文社会科学版)》2010 年第 6 期。

王孙盈政:《再论唐代尚书省四等官制的执行——以长官、通判官任职情况为中心》,《求是学刊》2010 年第 6 期。

王孙盈政:《天下政本——从公文运行考察尚书省在唐代中书门下体制下的地位》,《历史教学》2012 年第 24 期。

王孙盈政:《唐代宣徽院位置小考》,《唐史论丛》第 19 辑,三秦出版社2014 年版。

王永平:《论唐代宣徽使》,《中国史研究》1995 年第 1 期。

魏斌:《"伏准赦文"与晚唐行政运行》,《中国史研究》2006 年第 1 期。

吴枫、关大虹:《中唐时期三省制度的削弱与变化》,《东北师大学报》1982 年第 2 期。

吴浩:《〈唐仆尚丞郎表〉考补》,《扬州教育学院学报》2007 年第 4 期。

吴丽娱:《论唐代财政三司的形成发展及其与中央集权制的关系》,《中华文史论丛》1986 年第 1 期。

吴丽娱:《试论"状"在唐朝中央行政体系中的应用与传递》,《文史》第83 辑,中华书局 2008 年版。

吴丽娱:《下情上达:论两种"状"的应用与唐朝的信息传递》,《唐史论丛》第十一辑,三秦出版社 2009 年版。

薛明扬:《论唐代使职的功能与作用》,《复旦学报》1990 年第 1 期。

杨际平:《隋唐宰相制度的几个问题》,《浙江学刊》1988 年第 3 期。

杨友庭:《三省六部制的形成及其在唐代的变化》,《厦门大学学报》1983 年第 1 期。

叶炜:《释唐后期上行公文中的兼申现象》,《史学月刊》2020 年第 5 期。

叶炜:《唐代集议述论》,载王佳晴、李隆国主编:《断裂与转型:帝国之后的欧亚历史与史学》,上海世纪出版股份有限公司、上海古籍出版社2017 年版。

叶炜:《信息与权力:从〈陆宣公奏议〉看唐后期皇帝、宰相与翰林学士的政治角色》,《中国史研究》2014 年第 1 期。

［韩］禹成旼：《唐代德音考》，《中国史研究》2006 年第 2 期。

俞钢：《唐后期中书、门下侍郎平章事职权的变化及特点》，《文史》第 39 辑，中华书局 1994 年版。

俞钢：《唐后期宰相结构研究——专论六部侍郎平章事职权的变化》，《上海师范大学学报》1993 年第 3 期。

袁刚：《唐代的五花判事和六押制度》，《安徽史学》1996 年第 4 期。

张达聪：《论比部职掌的演变和唐代的比部审计制度》，《江汉论坛》1994 年第 7 期。

张富祥：《〈梦溪笔谈〉记事疑误检例》，《古籍整理研究学刊》2011 年第 5 期。

张国刚：《唐代阶官与职事官的阶官化述论》，《中华文史论丛》1989 年第 2 期。

［日］中村圭尔：《晋南北朝における符》，《人文研究》，《大阪市立大学文学部纪要》第四十九卷，1997 年。

周腊生：《五代状元初始职任考》，《盐城师范学院学报（人文社科版）》2014 年第 2 期。

六、学位论文

丁义珏：《宋代的御前文字》，硕士学位论文，北京大学中国古代史专业，2009 年。

李卫：《〈唐仆尚丞郎表〉订补》，硕士学位论文，华中师范大学历史文献学专业，2013 年。

林淡丹：《和凝研究》，硕士学位论文，厦门大学中国古代文学专业，2009 年。

王安础：《禅让文章研究》，硕士学位论文，华东师范大学中国古代文学专业，2017 年。

王建峰：《唐代刑部尚书研究》，博士学位论文，山东大学中国古代史专业，2007 年。

张建利：《唐代尚书左右丞初探》，硕士学位论文，北京大学，1992 年。

张祎：《制诏札敕与北宋的政令颁行》，博士学位论文，北京大学中国古代史专业，2009 年。

本书发表相关论文

1.《唐代宗、德宗两朝"恢复旧制"的改革与尚书省转型》，叶炜主编：《唐研究》第二十七卷，北京大学出版社 2022 年版，第 357—376 页。

2.《唐代"敕牒"考》，《中国史研究》2013 年第 1 期。

3.《堂案、堂判与唐、五代中书门下体制下的政务运作》，包伟民、刘后滨主编：《唐宋历史评论》第十一辑，社会科学文献出版社 2023 年版，第 11—24 页。

4.《五代时期的"宣"》，袁行霈主编：《国学研究》第四十五卷，中华书局 2021 年版，第 49—62 页。

5.《官文书与唐代中书门下体制下的尚书省》，武汉大学中国三至九世纪研究所编：《魏晋南北朝隋唐史资料》第三十九辑，上海古籍出版社 2019 年版，第 130—145 页。

6.《论唐代后期御史台的政务官化》，《陕西师范大学学报（哲社版）》2013 年第 1 期。

7.《再论唐代的使职、差遣》，《历史教学》2016 年第 20 期。

8.《再论唐代的宣徽使》，《中华文史论丛》2018 年第 3 期。